法兰西浪漫史

(Theodore Zeldin)
[英] 西奥多·泽尔丁 / 著
吕晓志 / 译

A History of French Passions
Ambition & Love

野心
与
爱情

中信出版集团 | 北京

图书在版编目（CIP）数据

法兰西浪漫史. 野心与爱情 /（英）西奥多·泽尔丁著；吕晓志译. -- 北京：中信出版社，2021.6
书名原文：A History of French Passions: Ambition and Love
ISBN 978-7-5217-2462-2

Ⅰ. ①法… Ⅱ. ①西… ②吕… Ⅲ. ①文化史 – 法国 Ⅳ. ① K565.03

中国版本图书馆 CIP 数据核字（2020）第 226042 号

法兰西浪漫史——野心与爱情

著　　者：[英] 西奥多·泽尔丁
译　　者：吕晓志
出版发行：中信出版集团股份有限公司
（北京市朝阳区惠新东街甲 4 号富盛大厦 2 座　邮编　100029）
承 印 者：天津丰富彩艺印刷有限公司

开　　本：880mm × 1230mm　1/32　　印　　张：12　　字　　数：312 千字
版　　次：2021 年 6 月第 1 版　　印　　次：2021 年 6 月第 1 次印刷
京权图字：01-2019-4128
书　　号：ISBN 978-7-5217-2462-2
定　　价：59.00 元

服务热线：400-600-8099
投稿邮箱：author@citicpub.com

目录

前言

《法兰西浪漫史》可以用欣赏系列小说的方式来进行阅读，这种系列小说的每一部都从不同的角度讲述了一个家庭或者社区的故事。本系列中的每一章、每一卷都可以独立阅读，它们各自都有出人意料的内容，因为我的本意是展示一个和人们想象中不同的法国；它们各自都有英雄与反英雄的人物群体，因为我认为法国不是由一个人、一个阶级或一套既定的规则主宰的。然而，从总体来看，书中描绘法国的诸多不同侧面的目的是让读者重新不带偏见地审视法国，审视这个国家的人与众不同的习性嗜好、装腔作势的特有姿态，以及该国所经历的种种苦痛。作为一个国家，法国的这些特质经常触怒它的邻国，即使它已经赢得了它们的钦佩，甚至是喜爱之情。

这部历史著作与小说的相似之处不止于此，因为我试图将历史学家的关注点与小说作家的关注点结合起来。历史学家通常主要关注公众生活、争论性话题和社会运动，所以就把私生活和个人情感的领域留给了小说作家。因为我认为人类的行为是混乱和模糊的，没办法只把它简单呈现为对荣耀、正义和自由的追求，而且我认为根本不可能对人类的动机做出任何证明，所以我所写的不是一个由因果关系串联的、一般性的国家故事。相反，我从独立的个体出发，试图展现该个体所受到的来自内外的种种压力。我把他的压力、困扰归纳为六个方面：野心、爱、冲突、骄傲、品位和焦虑。

本书讨论的是前两个问题。对野心的研究——对希望与嫉妒，欲望与挫折，傲慢、贪婪与模仿的研究——使得我们把被认为是社会诸多弊病的罪魁祸首的阶级斗争置于显微镜之下。我关注的是人们对自己的感觉，而不是想当然地认为他们的行为主要由个人经济状况决定。我研究了金钱、安全、名誉、权力、幸福、娱乐各自的致命吸引力，它们将一个国家隐秘地划分为不同的阶层。我试图深入了解人们在职业、人生方向、对成功的理解及如何取得成功这些方面所做的不同选择的意义，我还试图展现法国人是如何从竞争中遭受折磨并受到鼓舞的，他们也因为疯狂而犯了许多错误。

爱是另一种我们需要研究的导致变化的革命力量。人们通常认为成年男性的活动会决定历史的进程，而关于这一群体如何应对女性和儿童的挑战，历史上却鲜有记载。男人并不完全是通过家庭来统治社会的，因为家庭生活是基本规范这一理论只是一种错误的观念——正如我即将展示的那样。在男性统治的世界中，女性在某些方面确实处于严重劣势，但女性也有自己的世界，她们拥有一种不同的权力。同样，儿童也发展出了他们特有的对家庭和学校的抵抗形式。我们研究爱就是为了展现：法律法规是多么无力；任何叛逆即使是悄无声息地秘密进行的，也可以结出硕果；外表的尊重和体面是如何掩盖内里的紧张和混乱的。

我在这本书中使用的写作方法是在法国人周围竖起许多面镜子，以便我们从不同的角度审视他们；这一系列的其他几卷书则将这些主题延伸到了他们的个性深处。为了让读者适应我提供的千变万化的视野，他们必须愿意暂时忘却他们的历史知识，就像他们在看印象派或立体派的画作时必须忘却对传统画作的审美一样。我希望阅读这本书不仅能让读者改变他们对法国人和法国历史的态度，更重要的是，能让他们重新发现自我。

引言

一项民意调查显示，法国人认为自己是世界上最聪明的人。其实，所有国家的人——正如在世界范围内进行的同样的民意调查所显示的那样——都认为自己很聪明，但法国的确是最看重智力的国家，因为富有智慧是法国人最欣赏的优点。这本书的目的之一就是研究法国人尊崇智力的形象，评估智力、理性及思想在法国人生活中的地位，解释法国的知识分子为何会受到如此高的推崇，并探讨这种现象产生的结果。我希望这会有助于阐明这一时期的法国与其他国家的不同之处。我认为，知识分子在法国历史中扮演的角色需要受到格外关注，并作为研究的基础，唯有如此，我们才能穿越令人困扰的、漫长的、充满冲突的法国历史的迷雾。因为知识分子不仅在这些历史冲突中起了主导作用，还对这些冲突进行了阐释说明和分类归纳，从而影响了后人对历史上这些冲突的看法。是知识分子制定了他们声称对国家造成了分裂的重要议题，也是他们定义了那些关乎成败的原则。他们的观点成为公认的真理，以至于这些观点会主导事件的形成，因为新出现的争议正好在他们定义好的范畴之内。他们赋予了历史学家一个理论框架，让后者可以很方便地把过去的事件记录下来，但这个框架并不一定是唯一可以被使用的框架。我们需要更仔细地研究框架发生变化的原因，而且无论如何都要给其他观点留出空间。

对法国近代史的阐释通常有两种方式。传统的方式是把它表现为革命和反革命之间展开斗争的画卷。从这一方式来看，法国在政治、宗教和意识形态上都处于根本的分裂状态，社会动荡、暴力丛生和无休止的论战是其表现形式。另一种阐释历史的方式是把这些斗争看作社会分裂的表面现象，其目的是揭露虽然民主取得了胜利，但权力却集中在资产阶级内部，甚至只集中在资产阶级的一小部分人手中，集中在几百个家庭中的事实。资产阶级的胜利被认为是革命的成果，而随后的历史是资产阶级巩固其地位和人民群众试图推翻其统治的历史。这两种解释历史的方式都强调了把法国人分为不同阶层的因素。第一种解释研究的是原理——这个国家产生的不同政治理念对解释发生的事件至关重要。第二种解释揭示的是，经济特权的不平等及其社会弊端展现了革命的不完全性，并表明从革命原则到革命实践道阻且长。我们诚然可以以当事人的口吻描述发生的历史，但党派和个人偏见是否扭曲了他们的观点，他们的党派内部是否如领导人声称的那样存在不同政见，那些改革者在咒骂过去时是否也在某些方面墨守成规，社会阶层之间的敌意是否真的像某些时候表现的那样绝对，这些问题都值得一问。法国人的共同信仰、态度和价值观往往跨越意识形态和阶级，难以被翔实描述，因为在政治纷争的混乱中，这些很少被提及。但如果要正确地看待这些分歧，评估其局限和重要性，则需要考虑这些未被明言的假设。我们不仅要知道法国人为了什么而争吵，而且要知道争吵在他们的生活中处于何等地位，这对我们的理解是很有帮助的。家庭就是一个无可争议的社会组织的例子，是某些典型的具有法国特色的行为的根本来源。与此同时，紧张的家庭关系可能会像政治分歧一样造成分裂。这是一个几乎无人涉足过的主题，也是亟待产生新见解的领域。我本人在这方面的贡献只是试探性的和探索性的，对法国社会的固有特征做进一步研究似乎还有更大的空间，这类研究对改善法国历史研究的不均衡状态很有意义，因为一直以来都是社会事件、变革、发展、各种运动和风潮等更受人关注。[1]

我并不是说我要去定义法国人永恒不变的灵魂、思想或性格，但这是很多人都热衷于谈论的事情，我也会试图探讨他们为什么相信这样一种永恒的存在。造成这一现象的原因值得研究，然而要理解这一点，我们首先必须摆脱民族主义的观点，这种观点仍然在不知不觉中主导着许多著作：我们不应该仅仅因为法国大革命的宣称，就理所当然地认为法国在1848—1945年这一时期是一个统一的国家。法国历史往往是从统治者的视角出发，围绕着其对自身权力的关注来被讲述的。事实上，这一时期的法国社会由许多生活形态各异的群体组成。我试图描述其中一些问题、野心、争斗和挫折，它们构成了这本书的重要部分。

确实有一种强大的社会运动试图掌控和统一不同阶层，这就产生了斗争，而这场斗争在很多方面都比广为人知的关于君主制和共和制的争论更为彻底。众所周知，中央集权在革命中幸存了下来，但对它的抵制也幸存了下来，这种抵制远比人们意识到的更为强烈。这场斗争不仅是政治上的斗争，而且是智力的、文化的和社会的斗争。要想了解一个国家，人们不仅需要研究这个国家的事件，还要研究与这个国家相关的神话的传播及民众对国家的态度的变化。神话的创造者——知识分子——和政治家一样值得特别关注。

如今的作者习惯在一本历史书的开头先为其不足之处道歉。这不是谦虚，也不仅仅是约定俗成的惯例：历史写作者常常处于艰难的、不确定的状态。在过去，历史在人文科学中有很高的地位。当时的革命青年也常常满腔热情地去听历史讲座——这些讲座有时是民族运动的里程碑。历史学习曾经是政治生活的一部分，然而后来却不再如此。尽管仍然有人致力于将历史培养成“通识教育”学科，但历史学科紧跟哲学脚步，其实在很大程度上已经成为一种智力练习，甚至只是一种娱乐消遣——当其通俗易懂、可读性强时。社会科学承担了历史学科提供广泛概括和普遍解释的任务。总的来说，历史学家不再声称他们可以传授四海皆准的伟大真理，也不宣称他们即将发现这些真理。即使是那些勇于研究新途径或挖掘新资源的活跃的小团体，也不再有如此奢望。

这种情形也许是历史研究不断野心勃勃地扩展其研究对象范围的必然结果，生活中没有哪一个方面是历史学者不想加以研究的。扩大历史研究范围的趋向并不新鲜：伏尔泰、麦考莱和米什莱反对把历史研究的重点都放在国王和议会上。但直到现在①，这貌似仍然是一场艰苦卓绝的改革运动，实现目标的艰难由此可见一斑。文献资源的不足阻碍学术前进的步伐，而新的研究兴趣点又把研究的视野拉得更远。人类丰富多彩的活动很难被压缩在一卷书中，也没有人能够独立理解其全部内容。一个写通史的人几乎不可能奢望他的作品能实现自己的初心。

现在的历史学家比以往任何时候都多，但矛盾的是，人们反而更难全面了解过去了。现在有待阅读的东西实在太多了。如果要写一部1848—1945年的法国通史，就需要熟悉那些年出版的书。我估计大约有100万本这种类型的书（平均每年会出现约1万本新书）。如果一个人每天读一本书，那么10年下来，他只能读完3 650本，而且读的不过是随机抽取的样本。当然期刊和报纸也少不了，1865年至少有2 000种，1938年有近8 000种，20世纪50年代有15 000种。还有些手稿材料，这些材料散布于国家的、省级的、教会的、商业的和私人的档案馆中，尽管备受时间摧残，其体积仍然庞大。除了这个时代的产物，我们还需要阅读现代历史学家所写的关于这一时期的著作。法国历史年鉴列出了9 246本/篇仅在1970年这一年出版/发表的书和文章。1969年的统计显示，1789年

① 本书英文原版首次出版于20世纪70年代中期。——编者注

以来，法国的大学共有 1 380 篇关于历史研究的博士论文，其中有 640 篇是关于法国的，更不用说数量比这多得多的硕士论文，抑或是其他国家的大学正在进行的有关法国历史的研究了。随着高等教育的发展，其学术产出正呈现惊人的增长态势。1945 年之后的 20 年里，美国的大学授予的历史博士学位数量增加了四倍。然而，没有一位历史学家可以仅局限于阅读同时代或本国的书籍，他们也不能忽视同根系的其他学科——社会学、经济学、心理学、政治学、文学等——的研究及这些研究的参考书目。如果这些参考书是用不同语言写成的，那阅读的任务就更让人望而生畏了。所以，一个人在任何时候都不会觉得自己已经足够胜任撰写一部通史的工作。[2]

现在的研究正在以一种日益深入的方式进行，但研究的范围越来越窄。这种专业化在历史学科的不同分支之间已经造成了沟通上的障碍。例如，经济史和历史人口学中的新兴科研方法在某些方面用的是数学的知识，这就需要一种完全不同的训练方式。这种详细的研究和这些新兴的方法往往可以带来非常有原创力的结果，但问题是把这种研究结果有效传播出去非常困难。更糟的是，历史研究不是循序渐进地直线进行的，而且它的目标不明确，它不像医学研究那样可以把治疗某种特定的疾病作为明确的目标。每一代人的研究兴趣点都会转移，宏伟的研究计划也会慢慢搁浅。历史学科中的新发现、新成果被收入教科书的速度很慢，而且通常都会被人想方设法归于传统框架之中，而不是从根本上改变旧有知识体系。对个人而言，要在一段广阔复杂的历史中获得独立的视角是非常困难的。因此，尽管很多旧有的历史观点已经被专家证明是错误的，但它们仍然顽强地存在着。

以上即是历史学家们，包括我，在书前写致歉词的部分原因。但在我看来，这些困难还有它们的另一面。如今的历史研究比以往任何时候都更充满活力、更具独创性和技巧性。面对大量新材料，我们需要的不是一蹶不振的绝望心态，而是一种全新的研究方法，这种新方法显然不同于过去历史学家期待把所有可能用到的书都搬到自己图书馆的时期所用的方法。阿克顿勋爵[①]在谈到法国大革命时说道："几年后，一切秘密都会变得众所周知。"他错了。现在看来，历史是一门永远不会发掘全部真相的学科。我们把历史建设成一门科学的尝试取得了丰硕的成果，但我们最好可以取其精华，而不必让19世纪的理想成为我们的桎梏。不管怎样，自然科学家已经放弃了19世纪的理想中所包含的关于方法论的幻想。历史可以继续向自然科学和社会科学学习，但自称是当前最流行的某个学科分支并不会提高其威望。

历史学科有自己的吸引力和优点，它可以把不利情形变为有利条件。在一个专业化程度日益提高的时代，历史仍然是最自由的学科，尽管其学科内部存在一些困难。生活的方方面面都是它能研究的内容；它不产生最终的答案，但它允许学生自己探索；它给学生提供最充分的空间，以使每个人都能以自己的方式去探寻真相。阿克顿勋爵主编的《剑桥近代史》的撰稿者曾被要求确保读者不知晓他们分别撰写了哪些内容，这在当时是可以接受的，因为那时人们认为真相在等待人们去发现和总结，而如今已经不同了。历史学家承认，不管他们多么谨慎，他们对事实的选择和使用都会受到他们自己个性的影响。他们从历史中所看到的，必然会部分地受他们独特的眼光、他们所受的教育和教养以及他们个人的兴趣和偏见影响。除了某些数字统计，很少会出现两个人在同一段历史中所看、所得、所感完全相同的情况。历史是一门要求人们在欣赏人物和事件时充分利用自己的个性、想象力和同情心的学科，压抑自己个性的、麻木的研究者是无法完成历史研究的任务的。历史专业能力很容易就能获得，但历史学家需要从更广泛的人生经验和更广博的人类品质

① 阿克顿勋爵（Lord Acton，1834—1902），英国剑桥大学历史教授，历史学家、理论政治家，19世纪英国知识界和政治生活中最有影响力的人物之一。——编者注

中受益，他们很难像有些科学家那样在20多岁时就达到事业巅峰。历史学家的目标之一就是尽可能扩大他们与世界的接触面，无论这种接触是以多么间接的方式进行的。

历史研究是一种个人经验，其中的主观因素非常值得重视，尤其是在其他许多学科研究变得越来越技术性的时候。承认历史学家是戴着有色眼镜看待问题的——他们对事件原因的很多主观性阐释只是因为这种阐释对他们自己来说是连贯而真实的——并不是在承认错误，而是表明每位历史学家都可以在作品中表达自我。当然，历史学家对细节的掌控越小心翼翼，他们就越有可能令人信服。但是，因为历史学家使用文学体裁作为他们的媒介，他们不仅有机会证明某个观点，还有机会唤起一个时代的氛围——用当代人还未曾看到的意义和特征来重建一个时代。所有的年轻人都急于与时俱进，急于相信某种历史流派——社会的、意识形态的或统计学的——才是正确的。跟他们不同，我相信历史研究所采用的丰富多变的研究方法才是该学科真正的力量源泉，也会是让其发扬光大的真正原因。

但我不认为历史只是为了给人提供乐趣或为了满足古文物爱好者的好奇心而被设计出来的，它不仅仅是艺术或八卦消息。它也不是一种奢侈品，而是每一代人对自己的时代不断进行的重新评估的重要组成部分，是关于什么值得保留、什么需要舍弃这一持续论题的重要组成部分。在我看来，与当今大众关注的热点脱节，并不是“学术性”历史写作的必要前提。相反，我认为历史学家可以更清晰地思考当下社会的理想、习惯和制度，因为在这些理想、习惯和制度中，总是藏着历史的影子。

因此，我没有按时间顺序来撰写历史——有几部按此框架写作的著作在这方面做得已经相当好了。我的方法是分析性的，也就是说，我会试着理顺法国社会不同的构成元素和不同的生活方面，并对它们及它们之间的相互关系进行独立的研究。我希望历史学家对法国所做的传统性概括会因为我的这种撰写方式变得生动起来，从而才有可能使人们看到这些概括是如何被创造的，是由谁创造的，其含义是什么，以及概括中隐藏了什么。我的重点是去理解法国人的价值观、野心与抱负、人际关系及影响他们思维模式的因素，这种特殊的阐述方法意味着我会遗漏很多方面，但我对我的书从不以全面自夸。

第一部分

第一章

装腔作势的资产阶级

资产阶级是近代历史的主要角色。由于法国贵族和君主政体在大革命中被推翻，因此在大革命之后的一个半世纪里，法国资产阶级的地位明显高于其他任何阶级，以至于“法国”和“资产阶级”这两个词被合并成一个概念：法国资产阶级（la France bourgeoise）。有人认为，正是在这个时期，资产阶级获得了自信，他们不再渴望进入旧有的等级制度，而是寻求如何将它替换掉。资产阶级发展了自己的道德标准和经济理论，并形成了一个精神统一的开创性阶级。[1] 与此同时，它也遭到了历史上最激烈的联合攻击、讽刺和仇恨。这些年的历史事件所处的时代背景，我们称为资产阶级时代，这个概念包含多种含义。任何对法国研究的第一步都必须澄清其意义，并评估其作为一种解释工具的价值。

理解“法国资产阶级”这个词有两种方式。它首先意味着资产阶级的思想态度的支配力量。从这个定义来看，资产阶级的兴起可以追溯到16世纪或更早，他们的崛起不是借助于自身的政治或经济力量，而是因为其与宫廷、贵族和教会所鼓吹的理想观念相左的行为准则和思维方式逐渐赢得越来越多的人的认可。按照这一观点，大革命后的法国与大革命前的法国的明显不同之处是大革命后资产阶级思想盛行，这种思想不仅在富人中，而且在工匠、店主，甚至农民中普遍存在。资产阶级统治——那些完美地体现、实践并提倡资产阶级价值观的人的统治——长盛不衰的秘诀源于群众对资产阶级思想中的美德的认同和拥护。资产阶级的胜利也经历了艰苦卓绝的斗争，但这些斗争并不涉及根本的分歧，这就是为什么各个政权可以在不改变社会结构的情况下更迭交替。非常富有的资产阶级只有在试图成为老一代的贵族而不再是普通大众的理想典范时，才会遭遇反对和抵抗。在本章，我们要对资产阶级的价值观做一种界定，以研究这些价值观在多大程度上构成了令法国人团结的某种共识的基础，我们也会更加仔细地分析这种共识的概念。

理解法国资产阶级的第二种方式涉及政治分析和经济决定论。有观点认为，在君主和贵族的旧政权被推翻之后，资产阶级在革命的过程中赢得了政治权力。而《人权宣言》不过是民主和平等的伪装：虽然贵族特权被废除了，但金钱特权却依然存在。资产阶级统治代替了贵族政治。他们买下了被没收的国家土地；他们在议会上占据了大多数席位，即使普选权名义上把主权赋予了民众。他们所宣扬的机会平等是假的，因为只有富人才负担得起中等教育费用，而中等教育是成功的关键。他们把大量的精力投入与教会的斗争，声称教会用神秘主义和迷信禁锢人们，但也有人说这只是他们用来巩固自己的领导地位、转移民众对社会的不满情绪的一种方式。这一理论已经被那些区分在不同时期占主导地位的资产阶级之不同类型的人完善，他们认为，每一种政治体制都建立在一个新的“新兴阶级”的基础上。因此，路易·菲力浦被大资产阶级为了他们的阶级利益掌控着，拿破仑三世由大企业主掌控着，法兰西第三共和国则是由中等资产阶级、科学院校的毕业生统治的。[2] 然而，马克思主义者坚持认为，这种有迹可循的逐渐民主化过程是一种幻觉，法国在根本上不是由资产阶级，而是由那些在国家所有重大活动和成就中掌握财政大权的金融巨头控制的。甚至有人据此曝光说，当时的法国是由 200 个巨头家族控制主导的。出于对奥尔良派的憎恨，保王党为这一现象提供了更多的社会文献，这些文献展示了在法国大革命中变得声势显赫的家族，如何在随后的每一次政权更迭中都牢牢地把持着政权。他们甚至改变自己的政党标签来适应政治潮流，并通过联姻来积聚新的权力。如此种种作为使这些巨头家族成为名副其实的封建王朝，从而成功地阻碍了真正民主的发展。[3] 这种观点在法国人民阵线时期尤其普遍。莱昂·布鲁姆认为这些巨头组织应对革命的失败负责，他宽泛地使用了“资产阶级”这个词，并写道：“尽管表面上一切都是相反的，但在过去的一个半世纪里统治法国的是资产阶级。”即使人民群众在议会中表达他们的意愿，资产阶级也总能够与之对抗。资产阶级控制着地方议会、高级行政部门、新闻界、金融界、商界，以及第三共和国统治下的参议院。“法国资产阶级一直掌握着权力，拒绝放弃或与其他政党分享权力。”直到 1940 年，他们的自大盲目及保守主义所导致的灾难性后果才显现。人们最终认识到资产阶级是堕落的、无能的、过时的、墨守成规的，根本没有精力和想象力应对当时发生的危机。[4]

在接下来的几章里，我们将研究这种对法国资产阶级的阐释方式，并回顾一下这种阐释方式产生的原因。但在研究金融寡头之前，我们应该先看看它与其他资产阶级有什么关系，以及这个阶级有多大的凝聚力。有人认为，人民之所以能够忍受这么大的权力集中在这么少的人手里如此之久，原因就在于资产阶级内部的严重分裂。正是这些分裂的小世界能够共存，并在很大程度上保持相互独立，才使得每一个小世界的弊端可以被许多只受其轻微影响的人接受。

没有什么比资产阶级更难以定义的了，我们必须在一开始就承认这是一个模糊的概念。1950 年，在法国和美国进行的询问受访者属于哪个阶级的民意调查中，5.4% 的美国人回答自己属于上层阶级，

45.2% 的人回答自己属于中产阶级，10.6% 的人回答自己属于工人阶级，0.8% 的人回答自己属于农民阶级，4% 的人回答自己属于下层阶级，6.5% 的人回答自己属于其他阶级，而 27.5% 的人没有做出回答。但在法国进行的相同调查中，7.9% 的人认为自己是资产阶级，22.5% 的人认为自己是中产阶级，27.1% 的人认为自己属于工人阶级，13.7% 的人认为自己是农民阶级，7.5% 的人认为自己是贫困阶级，2.3% 的人认为自己属于其他阶级，19% 的人没有做出回答。正如法国的政党变幻莫测，法国人的社会地位也一言难尽，他们对调查给出了更为复杂的答案。在受访的专业人士、商界人士和高级管理人员中，32.3% 的人称自己是资产阶级，57.6% 的人称自己是中产阶级，5.3% 的人称自己是工人阶级。同样，在受访的工匠和技工中，5% 的人认为自己是资产阶级，36.4% 的人认为自己是中产阶级，52.9% 的人认为自己属于工人阶级。[5] 资产阶级是法国特有的阶级——和法国农民一样，因为美国或英国的农民基本上不会仅仅因为自己以农业为生就否认自己隶属于一个更大的劳动阶级。在讨论资产阶级的时候，我们不可能具体说出这个阶级有多少人：资产阶级是指选举出路易·菲力浦的“资产阶级君主政体”的 20 万个男性选举人吗？但从他被赶下台的方式可以看出，这种区分方式是武断的，它把很多类似的社会阶级排除在外。资产阶级是指那些有仆人的人吗？1900 年的法国大约有一百万个仆人，但是 20 世纪他们人数的减少是否就意味着资产阶级规模的缩小呢？资产阶级是指那些继承了一些家产或有一些收入的人吗？这类人相当于法国总人口的 15%，但我们应该记住，1900 年，巴黎的平均遗产价值大约是阿列日省的 17 倍（但到 1934 年跌至仅为阿列日省平均遗产的 4 倍），因此，个人收入的重要性在不同的地区有很大的不同，而且到 20 世纪，遗产在不同地区的分布也发生了迅速的变化。资产阶级是指那些有足够资金承担葬礼费用的人吗？在 19 世纪 40 年代，巴黎人口中有 17% 可以做到这一点。

1925年，里昂大学的哲学教授埃德蒙·戈布洛对资产阶级这个词的意义做了最广为人知的一次探索。他的分析与在1950年被调查的五分之四的法国人的观点吻合——决定阶级的主要标准是生活方式。戈布洛认为，决定一个人是不是资产阶级的标准不是财富的多少，而是财富的获得方式及财富的使用方式。所以，有些富人不属于资产阶级，也有些穷人属于资产阶级。资产阶级一定会花费一定的费用在衣食住行方面来保持一定的礼仪，但这笔费用并不是很大。资产阶级在食物上花的钱应该比工人阶级少，他们的区别在于吃饭的氛围不一样：一个属于资产阶级的人会在餐桌上对称地铺着桌布的餐厅里用餐，而不是在厨房里。他应该有一间客厅，客厅里面有钢琴、油画、烛台、时钟和其他一些小摆设，这间客厅用于接待客人，同时表明他除了基本的生活必需品，还有富余的财富可以使自己过上讲究的生活。他房子的其他部分可以是斯巴达式的简朴，而且通常确实如此，因为他不得不把钱花在其他事情上以保持他的地位。他必须支付孩子们接受中等教育的费用，让他们能够从事脑力劳动，保持资产阶级的身份。如果他们日后成为工匠，他就会失去自尊。资产阶级必须穿着表明本阶级身份的服装工作，所以手工劳动和肮脏的体力劳动是不被他们接受的。这就是为什么亲自为顾客服务的店主和从不碰自己的商品的批发商之间存在着如此明显的社会差别：从不碰自己的商品的批发商可以自称资产阶级，而前者却不能。确实有批发商拒绝在他们的家里接待零售商。[6]这一切表明资产阶级为了把自己与其他阶级的人区分开来，付出了很大的努力。他们培养了一种与众不同的气质，一种特殊的礼仪，并注重给人留下好印象；他们不得不表现自己的品位，这意味着他们知道什么是“正确的”，并因此而倾向于保守和低调。这就是为什么资产阶级把黑色制服穿那么久，只在剪裁和布料的细节上表明他们的等级。他们的目标不是超过阶级内部的其他人，而是跟上他们：中庸和传统美德是他们的向导。跟随潮流是他们想努力达到的状态，而不变得平凡则是他们必须维持的标准。

教育和家庭是资产阶级最关心的两个方面，他们在这两个方面花了很多钱。他们必须支持儿子取得学士学位证书，为女儿准备嫁妆。他们强调家教礼仪的培养，这是他们有别于机械师和工匠的地方。到 20 世纪，他们可能已经忘了拉丁语，但至少一定会说古典法语。[7] 在 1914 年之前，他们是不会允许自己的妻子外出工作的，但他们培养妻子的美德，来使自己引以为傲。他们把道德与贞洁、忠诚和责任联系在一起。即使在宣称自己独立于教会的时候，他们与教会的争吵也只会与政治有关，而与伦理无关。[8]

但是，对资产阶级的这种定义方式是有问题的。一个人可以花钱成为资产阶级，也可以花钱遗弃这个阶级。资产阶级和贵族之间的区别不是绝对清晰的。那些成为资产阶级时间够长又够有钱的人，都选择和贵族联姻，而贵族也很乐意接受他们丰厚的嫁妆，所以最富有的实业家和金融家——比如施耐德，他把四个女儿都嫁给了贵族，他的孙子娶了一个奥尔良家族成员——都很快就融入了贵族阶级。那些迫不及待的人则通过自己的努力——获得头衔——变成贵族，这个过程在共和国成立后变得容易多了。1789 年之后，贵族的数量反而增加了。在 20 世纪，虚报自己拥有贵族头衔的人数大约有真正贵族的三倍。有 2 000 人声称拥有教皇授予的头衔，但在 1831—1906 年，教皇只授予了 300 个头衔。我们应该记住的是，许多所谓的真正的贵族也是在革命前通过买官合法地获得他们的头衔的。[9] 资产阶级和贵族曾有许多共同之处，现在的不同之处在于阶级之间的流动更容易、更迅速。两个阶级间的区别没有那么坚不可摧了，但资产阶级因此也更容易遭到贵族的鄙视。对贵族而言，和资产阶级保持界限是为了彰显自己的特殊身份，正如资产阶级努力建立自己与其他阶级的区别一样。资产阶级接纳了贵族阶级的许多理念。虽然他们称赞工作，但他们也渴望靠私人收入生活，在乡下有一所房子，然后像贵族一样在乡下生活一段时间，再在城里生活一段时间。虽然他们一开始是革命者——就像18世纪的贵族一样——但到19世纪末，他们中的许多人已经皈依了天主教，因为这是一种体面的标志。他们对待商业的态度是贵族式的，他们对待社会地位的态度也是贵族式的。对贵族群体而言，他们并不轻视资产阶级中公务员的工作，财政、司法和军事部门的工作尤其受欢迎。贵族在工商业方面也加入了资产阶级，特别是在银行、保险、铁路、采矿和钢铁行业，这些行业的董事会通常由四分之一到三分之一的贵族组成。[10]1830年之后，贵族大量进军农业，但许多资产阶级人士也有农场。贵族声称他们有一种特殊的素质叫作英勇，并把英勇——而不是资产阶级奉行的中庸态度——作为他们特殊的理想。他们声称英勇的品质无法靠自身努力获得，只能靠继承得来，但是资产阶级也很重视家庭的素质。无论是资产阶级还是贵族都痴迷于缔结美满的婚姻，他们的礼仪也区别不大，就如同他们的衣着打扮一样。因此，那种声称19世纪的资产阶级所培养的理想与贵族截然不同的说法是有待商榷的。贵族阶级的前身是正在努力上升的资产阶级，在他们到达顶峰之前，致力于攀缘的时候，他们和贵族可能会有所不同，但他们在登上顶峰之后，就接纳了贵族的许多价值观。

还有很多社会地位在资产阶级之下的阶层采纳了资产阶级的价值观，他们之间的界限同样是模糊的。一般认为，资产阶级与工人的区别在于他们所受的教育，但这一区别更明确地体现在那些受过良好教育的资产阶级身上：有许多外省的资产阶级虽然没有高中文凭，却成功地管理着自己的财产，在商界有着一定影响力。同样地，也有一些高中毕业生，尤其是城镇里的工人和小店主的儿子，他们所受的所谓独特的资产阶级教育并没有使他们成为资产阶级，他们中的许多人虽然进入了商界或加入了公务员队伍，但却只能与出生自同一阶级的人结婚。尽管小学老师的儿子经常可以顺着社会等级的阶梯成功地爬上去，但是阶级和教育的关系是复杂的，并不是必然如此的。学校并不是专门的资产阶级机构，事实上，一些资产阶级人士拒绝把自己的女儿送到学校，因为他们担心女儿会被下层社会的女孩带坏。民众不像大学教授那样把初等教育和中等教育区分得那么清楚，在文盲眼里，一丁点儿的学习都能使人变成资产阶级。资产阶级在大众的想象里代表着美德的胜利，但他们很快就开始像贵族阶级那样以钢铁般的决心来巩固自己的家族特权。农民和工匠都喜欢节俭，热爱财产，只有工厂工人会因为绝望而拒绝这个理想，而他们绝望的程度可以根据他们的饮酒量看出来。[11] 对文化的爱好不是资产阶级的特权，事实上，资产阶级正是因为其虚伪的兴趣和保守的庸俗作风而受到攻击的。虽然资产阶级会去看戏，但工匠、职员，甚至工人也会去看戏，而蜂拥到画室去欣赏油画的可能正是后面这些人。资产阶级会把妻子留在家里，请一个仆人来做家务，而工人直接称呼自己的妻子为“资产阶级”，因为她们通常不出去挣钱。除了贫民阶层，女儿嫁人陪送嫁妆是一种普遍的风俗，直到由于战争期间的通货膨胀和经济萧条，嫁妆的数量才开始慢慢减少，这种改变从社会的底层阶级开始蔓延到中上层阶级。1900 年以后，女性也不是必须有嫁妆才能嫁给军官了。官员过去有各种各样的强制手段来维持他们作为社会精英的地位——他们被禁止去便宜的咖啡馆和餐馆，以及在剧院或火车上坐便宜的座位，他们的妻子也被禁止出去工作。（比如，一位中学的女校长嫁给了一名上尉，她就不得不辞职。）但是，随着越来越多的军人得到委任状（1904 年以后，得到委任状的军人的数量超过了圣西尔军校毕业生的数量），资产阶级军官和普通士兵之间的差别更像是工头和工人之间的差别。许多过着工人阶级生活的工头都有仆人，不过，不同之处也许在于，资产阶级的仆人从不和主人在同一张桌子上吃饭。工人们开始去乡下度假，有些人在自己的家乡有房子，即使海滨度假胜地是按阶级划分的。尽管资产阶级在上层社会模仿贵族阶级，但在底层社会和某些圈子里，他们模仿的是工人阶级的生活方式。在1914年以前，有些资产阶级人士就开始坐三等座旅行了，而那些装腔作势、不懂世故，甚至并不是特别富有的店主竟然坐二等座或一等座旅行。交不起学费的资产阶级学生会从事手工劳动。[12]

因此，资产阶级的价值观不仅仅是资产阶级的，其他阶级也可以声明其中一些价值观是属于他们的。如果贵族和工人拥有截然不同的生活方式，那么阶级间的冲突就会比现实中激烈得多。但是资产阶级的中庸意味着，他们有意识或无意识地代表了他们那个时代大众的共同目标。因此，“法国资产阶级”这个复合词是一种一再重复的说法——法国和资产阶级指的是同一回事，因为作为一个资产阶级分子就意味着要支持最普遍的民众的愿望。工人绝对不是这些民众愿望的敌人，工人阶级和资产阶级之间的难题是在应对经济矛盾时产生的，因为这时资产阶级中有一部分人自称代表统治阶级，而不是美好生活的愿望。

19世纪中叶，有人强烈反对法国被划分成了数个阶级这一说法，[13]他们的理由是革命废除了这些所谓的阶级。甘必大拒绝使用“阶级”这个词，并称之为“社会阶层”。[14]资产阶级逐渐变成了一个肮脏的词，被不同的人用来给他们的敌人分类：它是社会党人眼中的剥削者，仆人眼中的主人，士兵眼中的平民，艺术家眼中的庸俗市侩，穷人眼中的资本家。[15]里昂信贷银行创始人亨利·热尔曼的孙子出版了一本名为《煎熬中的资产阶级》的回忆录。1953年，莫里斯·布代写了一本书，书名为《资产阶级的上诉》，仿佛那时的资产阶级已经受到了谴责一样。[16]作为回应，保卫资产阶级的联盟和社团诞生了。[17]有些人主张，共产主义的威胁只有在资产阶级放下自私自利的成见，恢复它在革命中所拥有的领导地位的情况下，才能得到解决。[18]里昂的安塞尔主教为资产阶级辩护说，资产阶级是统治阶级，他们确实焦虑不安，但有文化和能力来进行统治。他说，他们是革命胜利者的继承人，也是长袍贵族的继承人，他们的杰出之处在于，他们能够将公共利益置于个人利益之上。“成为真正的资产阶级意义重大。”[19] 他写道。也有人抗议资产阶级已经毁了这个国家的说法，他们用如下这些话语表达自己的不满：“我们，诚实的资产阶级，传统优良，知识和经验丰富，我们用自己强大的头脑单枪匹马就能拯救文明，可我们却选择靠智慧的力量和刚正不阿的道德去执行法律。”这些人并不认为那些拥有一间客厅或部分资金的人就可以被定义为资产阶级，他们认为定义资产阶级最重要的标准是个体身上表现的杰出素质。他们引用了盖洛普的一项调查结果——70% 的法国人更愿意生活在第三共和国的美好时代——以证明资产阶级理念的胜利和法国人对维持资产阶级生活方式的强烈愿望。[20]

在如何描述资产阶级近些年发生的变化，如何解释资产阶级的职业变化及地区差异这些方面，我们还需要做大量的研究。例如，在一些地区，资产阶级热衷于购买土地，而在另一些地区则不是；在一些地区，资产阶级相对更脱离群众，而在另一些地区则不是；在一些地区，社会更新得比其他地区快。[21] 在原始地区和贫困地区，资产阶级这个词有特殊的意义。朱尔·西蒙讲述了 19 世纪 20 年代布列塔尼的一位退休海军工头娶了一个农民姑娘的故事。她和女儿们每天都打扮成农民的样子，在农场里从事劳作。而这位海军工头却被视为资产阶级，因为他总是戴着圆顶礼帽，穿着长礼服，从不穿木屐。他通常一整天都在读报纸。他被称为弗雷洛先生，以微薄的薪水从事市政厅图书管理工作（当时在拉莫尔没有教师），并且每天下午都和拉莫尔的其他资产阶级分子一起踢球。他的儿子和他一样是资产阶级，注定要成为神职人员。正午时分，弗雷洛先生会吃一顿饭，如果是在假期，他的儿子会和他共进这顿资产阶级的午餐——肉或鱼配蔬菜。这两位先生由这个家庭中的母亲和女儿们照料，她们只有在男人们吃完后才能坐下来吃煎饼，喝牛奶，有时能吃上一块猪油。这位父亲是个无神论者，尽管他全家都去教堂做礼拜，他的儿子也在学习如何成为一名神职人员。在这里，加入教会是脱离农民阶级的最好办法。神学院里满是读几年后辍学的男孩，他们在离开神学院后一般会去当公证人、办事员或家庭教师。他们虽然几乎没有足够的钱生活，却被允许戴大礼帽，穿破破烂烂的长礼服，被人称作“先生”。一个成功地将儿子培养为神职人员的家庭会自诩高贵，并摆出不可一世的架势。在这些偏远地区，只有神职人员和资产阶级才会讲法语，尽管前者讲法语就像讲外语一样，生硬而教条。[22]

由于概念上的模糊性，资产阶级理想的至高无上并不能帮我们理解互相交织的各种法国社会力量，至少在对这些理想进行更仔细的分析之前，我们毫无头绪。本书将通过依次探讨生活的不同方面和它们所体现的价值来尝试对资产阶级理想进行更深度的分析。同时，本章开头提出的第二个问题，即资产阶级在经济、政治和社会活动方面统治法国的程度，也许最好可以通过一些详细的个案来研究。本书将对六种职业进行调查，以显示简单地将社会影响力或凝聚力归因于这些职业是多么难以令人信服。每个群体内部的冲突，以及每个群体在整个社会中的孤立无援，意味着许多不同的群体可以和平共存。它们是如何相互作用的，又是如何与法国这个国家联结的，这是一个极其复杂的话题。

第二章

医生

一个国家的国民对自身健康的关注往往揭示了他们对生活的态度。在法国，医疗行业尤为有趣，因为它的影响触及了政治层面。医疗行业在这个国家的崛起是1848—1945年这近一个世纪的显著特征之一。1789年的议会中有15名医生，1791年的议会中有26名，国民公会中有40名。波旁王朝复辟时期的众议院中有12名医生，七月王朝时期的议会中有28名医生。1848年，有49名选民是医生；1849年，有34名立法者是医生。拿破仑三世军团的251名立法机构成员中有11名是医生，1871年的国民议会中有33名医生，但是到1898年，这个数字上升到了72。[1]从这些数据中可以看出，医生逐渐取代了旧时的地主阶级，在某些情况下，甚至取代了神职人员，成为舆论领袖。尤其是在第三共和国时期，医生的威望和影响力达到了顶峰。但这么说会引出很多问题，这等同于假设：医生不是土地所有者，他们的影响力是对立于且可替代旧的显贵阶层的影响力的；这个职业的意义在150多年里一直是一样的，开放给医生的机会也是保持不变的；医生进入议会就意味着他们的影响力是公认的，而不是意味着医生群体在寻求自我表达的新领域，以补偿他们在职业中所经历过的种种困难与挑战。

在这一时期，法国的医学实际上整体处于一种混乱和分裂的状态，就像政治上的混乱和分裂一样。试图把医生描绘成一种新科学的产物，其能力和技能逐渐得到社会的认可和广泛接受，这是不现实的。当时没有成熟的医学，而不同医学理论之间的竞争就像残酷的商业竞争一样无情和具有破坏性。1850 年，通过放血、通便和灌肠来治疗疾病的操作仍然存在，这是因为尽管省会城市在医学领域有很多新发现，但其学说在农村地区的传播却很缓慢。伏尔泰的医生特龙辛（1709—1781）和他的学校努力用新鲜空气、运动、素食主义、饮水、母乳喂养和接种疫苗来取代放血、通便等治疗方法，但收效甚微。启蒙运动中甚至出现了“生机论”的回归，该理论认为一种神秘的重要元素可以调节人类器官机能并且对抗死亡。这一理论被蒙彼利埃医学院采纳，并一直教授到 20 世纪——所以巴黎和蒙彼利埃的医学教学方式是截然不同的。[2] 1850—1900 年，医生所接受的医学训练充斥着 19 世纪上半叶那些最受尊重的人所传授的最奇怪的谬误。举个例子，布鲁塞（1772—1838）医生就是其中之一，他口才出众，仪表堂堂，斗志昂扬，在医学界拥有巨大的权力。他认为所有疾病的起因都是炎症，尤其是肠道的炎症。他开了大量放血的处方，用水蛭吸血并严格规定病人的饮食。尽管他的病人饥肠辘辘，血液流尽，死得像苍蝇一样快，但他还是在 1831 年当上了教授。当他的事业接近尾声时，他的星光渐渐黯淡，他的学生纷纷转向别处。布鲁塞开始学习颅相学，他在这方面的讲座广受欢迎，这令他东山再起。拉斯帕伊（F. V. Raspail，1794—1878）的《健康与疾病自然史》（1843）和《年鉴百科全书》（1846—1864）也具有同样的影响力，甚至更受大众欢迎并成为最畅销的自我治疗手册。他主张樟脑是治疗一切疾病的良药。

19 世纪最成功的一位医生可能是菲利普·里科尔（Philippe

Ricord，1800—1889），他是拿破仑三世的私人医生，也是治疗梅毒方面的国家级专家。他出生在巴尔的摩，父亲是一个破产的法国船主。里科尔后来成为巴黎最忙碌、可能也是最富有的医生。他在图尔农街的房子里有五间供病人和其他来客等候的大客厅：一间是给普通人等候用的，这个大厅总是挤满了人，每个人都有一个数字号码牌；一间是专门给女人等候用的，她们从一段单独的楼梯进来；一间是给有推荐信的人等候用的；第四间是用于会见朋友和其他医生的。里科尔是一位伟大的收藏家，这几间客厅都用画和雕塑装饰得很华丽。第五间客厅非常大，里科尔在这里珍藏着两幅鲁本斯的画作，一幅凡·戴克的，还有席里柯等人的作品。他的办公室宛如一个图书馆，三面墙上挂着历代伟大医生的半身像，下面的玻璃柜里陈列着巴黎最好的外科器械；第四面墙上挂着他的恩师迪皮特朗和奥尔菲拉的肖像，还有一幅是他本人的高级定制肖像。他是法国继大仲马之后获得最多勋章的名人，总共获得了 17 枚奖章。他之所以受欢迎，不仅仅是因为他通情达理，对病人很宽容，说话妙语连珠。[3] 他的《关于性病的专著》（1838）的确正确区分了淋病和梅毒，但他坚持认为梅毒不会通过继发性病变传染——尽管默默无闻的里昂医生约瑟夫·罗莱于 1856 年对此有了确凿的新发现，里科尔仍继续对欧洲所有富人传播他错误的学说。

1848 年到巴黎的人会发现那里有 1 550 名医生，其中 300 人被授予了荣誉军团勋章。这些医生号称可以提供各种各样的治疗。他们中至少有 50% 的人出版过书来宣传自己的理论，许多人都竭尽所能地为自己做过广告。巴肖尼医生提供“没有效果就无须支付费用”的理化电疗。巴拉斯医生对布鲁塞医生的学说进行了修改，胃痛代替胃炎成为所有疾病的病因。贝克雷尔医生提供了治疗口吃的方法，这些方法和同他进行过公开辩论的茹尔当医生的方法冲突。贝利奥尔医生的名字贴满了巴黎的墙壁和报纸上的小广告栏，他提倡一种“新的植物疗法”。《精神错乱的道德治疗》（1840）一书的作者勒雷医生，虽然遭到布朗什医生的驳斥，也遭到法国国家医学院的投票反对，但仍然坚持使用把精神病人绑在木板上并向他们泼冷水的治疗方法。布里埃·德布瓦蒙特医生写道，随着文明的进步，精神病人的数量必然会增加，于是他为中产阶级开设了一家精神病院，每年收费 8 000 至 12 000 法郎不等。[4] 皮奥里医生发明了“叩诊板治疗法”，又称“器官造影术”，通过叩诊发现内脏器官的问题，并写了《医学常识》(1864) 一书，提倡少使用危险药物，多通过深呼吸和吐痰来治病。[5] 让·吉罗多·德圣热尔韦医生不仅把他的名字张贴在巴黎的墙上，还花钱请报纸来赞扬他，雇文人为他写书，并且在几家报纸上开设了永久性的广告专栏。他的《健康手册和自我治疗艺术的建议》在杂货店出售了成千上万本。[6] 各种各样的治疗师都采用了科学术语，并成功地与学院教师的教学竞争，但这并不是一场不合格的庸医与有学问的教授的较量。例如，颅相学（也包括面相学和颅检查术）就由院士和教授讲授并应用于教育学、法学和医学。法国国家医学院对民间的无稽之谈也非常尊重。1846 年，有一个名叫安热莉克·科坦的布列塔尼女子据说会让触碰她的人受到电击，医学院任命阿拉戈的一个委员会来调查这个案例。1837 年，医学院的一名成员设立了一个奖项，专门用来鼓励对磁疗的研究。“显微镜学家”、“药物化学家”和“数字医学家”（将统计学应用于疾病研究）却都遭到了强烈的抵制。医学院对理论问题的讨论从不轻视，医生也没有忽视庸医和理论家，相反，他们陷入无休止的与后两者的论战中。医学报纸也像政治报纸一样，以一种毁谤和肆无忌惮的方式攻击和嘲笑每一种或新或旧的理论和每一种人格。[7] 在乡下，医生不得不与迷信和传统疗法的强大阻力做斗争。相互竞争的医生提供了更便宜、有时也更容易接受的治疗形式，尿液治疗师（在检查病人尿液后开药）、流动的药品销售商、巫师、修女、神父、老妇人、助产士、药剂师等纷纷出现。无论如何，农民对疾病有他们自己的看法。他们宁愿每年通便一次，也不愿接种疫苗；他们坚信疾病的遗传性质，认为自己不可能感染（在微生物被发现之前，他们不会使用“感染”这个词）上父母没有的疾病；长期以来，他们都把请医生治病当作最后的手段——当一切都没有效果时，他们才会去请医生——不过往往为时太晚。[8]

1911年，旺代地区的一位医生在一份描述流行医药的报告中提到，布鲁塞的学说仍然有许多狂热的追随者。接骨师仍然生活得很好，死的时候也很富有，他们临死前会把手艺传授给一个选中的门徒。由通灵人传播开来的魔法和草药疗法仍被广泛使用；人们组织专列把大批人带到圣地，在那里，每一种疾病都可获得奇迹般的治愈。人们给婴儿喝葡萄酒和白酒，以使他们变得强壮。疯子被认为是遭到魔鬼诅咒的受害者。[9]1953年的一项调查显示，江湖骗子之间的竞争，尤其是在农村地区，仍然非常激烈。[10]用法律制止江湖骗子变得非常困难。如果医生开了一种好用的药方，而配药的药剂师决定把它作为自己的招牌，标榜其为“某某医生推荐”，那么什么也阻止不了他这么做。这些广告经常引用虚构的医生推荐，但法律无法约束这些行为。因此，1884年，一位医生在为人工授精做广告时说：“这种起初看起来不道德的手术不仅得到了国家医学院的批准，还受到了它的认可和鼓励。”——这明显是假的。另一名销售“子宫真空吸尘器”的男子声称自己因为发明了这种吸尘器而获得了奖章，但他最后因犯堕胎罪被判刑。在19世纪、20世纪之交，仍有医生开出迷信的药方，比如住在罗讷河的一条船上，吃饭时放音乐，就能治愈癌症。蒙彼利埃的《小南方》刊登了一位医生的广告，他通过书信提供咨询服务。这种做法在当时是相当普遍的：医生分发问卷给未来的病人填写，人们随填好的问卷寄上一笔费用，然后就会得到一张昂贵的处方。的确，雷伊·德茹格拉医生在法兰西第二帝国时期因为统一收费16法郎为所有不治之症提供治疗而被判犯有诈骗罪，但政府消除“磁疗师”和“梦游治疗师”之间的竞争却花了很长的时间。1890年，仅在巴黎就有大约500人从事这两种职业。巴黎医科学院后来投票谴责他们，但政府仍然允许学校的基金会对他们进行培训。在19世纪90年代，法庭对他们的处置决定不一，一些人被判非法行医，但一些人（尤其是昂热人）被判无罪。根据1805年制定的一部法律，修女和神父可以给病人提供医疗保健服务，但不能开处方，也不能收费。但事实上，许多妇女的医嘱里是有药方的，莫尔比昂省的150家非法药店也因此获利。在19世纪的最后25年里，由于激烈竞争带来的行医收费低廉，医生数量减少了三分之一。

科学逐步改善了国民的健康状况这一想法是错误的。法国军队使用消毒剂的速度非常缓慢，以至于截肢手术的实际治愈率出现了倒退：在拿破仑战争中，只有2%的人在接受截肢手术后死亡，但在1870年的战争中，这种手术的死亡率高得多，有时甚至达到100%。[11] 饮用不洁净的水会导致伤寒的说法在1854年就有人提出，但直到1886年法国科学院书记的三个女儿死于伤寒之后，这个说法才被人接受。19世纪90年代，死于伤寒的人数减半。然而，总有一些地区拒绝采用新的治疗方法：由于拒绝接种疫苗，尤其是在布列塔尼，天花继续肆虐。医生往往是他们自己最大的敌人，这不仅仅是因为他们无法抵御江湖骗子。1895年，法国司法部任命了一个委员会，负责治理“正在侵入社会各阶层”的吗啡瘾。该委员会将吗啡瘾的传播归咎于医生和药剂师。[12]

正如法兰西行动党在两次世界大战之间的时期在政治上向传统主义回归一样，法国人在医学理论上也有类似的对传统的回归。新希波克拉底学说被许多著名的医生、教授和系主任接受，这最终促成了1937年的新希波克拉底医学全国代表大会的召开。因为这次医学会议得到了广泛的支持和报道，该学说的影响在当时达到了顶峰。这一学说强调许多疾病的病因仍然不明，而化学药物有其局限性，所以应该回归临床方法，并对不同性情的病人对症下药。1945年，诺贝尔生理学或医学奖得主、生物学家亚历克西·卡雷尔在一篇有关官方医学和异端医学的文章中，将法国医学界的分歧描述为不同的人与不同的生命观念的必然反映。一方面是由医科学院和国家批准的官方医学，另一方面是与之相反的独立医学，后者通常是年轻医生在开启职业生涯时所青睐的。这不仅仅是因为医科学院教育方法陈旧，缺乏创新。（1879—1912 年任职于巴黎的权势显赫的夏尔·布沙尔教授与他的朋友——巴黎大学副校长路易·利亚尔合作，试图改革医学教育，但他们的努力被这一职业中盛行的保守主义打败了。）19 世纪形成的各种各样的医学方法在 20 世纪演化成了发展得更充分的对立的医学体系，这些医学体系通常以形而上学为基础，并且对物理－化学科学存有偏见——这与出现在文学领域的情况并无不同。有杰出的医学从业者为恢复“四种人体体液研究”著书立说。针灸在 20 世纪 20 年代被引入，苏利耶·德莫朗于 1934 年所写的书使其广为流传。医学占星术甚至也变得受人推崇，被重新命名为宇宙生物学。1933 年，法国首届治疗学大会强调了自然疗法的重要性。其中最重要的是，1835 年塞缪尔·哈尼曼首次将他发明的顺势疗法带到了法国，到 1914 年，顺势疗法已经赢得了大约 150 名医生的支持，到 1938 年，它的追随者更是成倍增加，包括 567 名具有正式执照的医生和 1 500 多名没有获得医生执照的从业人员。[13] 诚然，采用顺势疗法的医生在该学说的临床实践上存在严重分歧：弗罗捷－贝诺维尔领导下的一个现代分支修改了传统学说，使之与新希波克拉底医学派相符；弗洛伊德在精神疾病的治疗上做出了一些调整，但同时还有许多其他替代精神分析的疗法；德苏瓦耶和吉耶雷都使用梦境研发了不同的治疗方法，前者的疗法基于他的老师神秘学家卡斯朗的理论，催眠实验的传统由来已久，这种奇迹般的治疗方法得到了拥护。尽管在 1904 年和 1912 年，医生们试图写关于卢尔德宗教疗法的论文，而这些论文选题都没有通过，但到 1930 年，莫尼耶医生关于同一课题的选题申请终获成功。早在 1879 年，医生们就在卢尔德成立了一个医疗鉴定局，布瓦萨里医生在 1891—1917 年非常顺利地运作着这个机构，把他们的研究成果向所有专业人士开放。在两次世界大战之间的时期，科学上无法解释的现象非但没有受到怀疑，反而受到尊重。1936 年，德洛尔医生呼吁建立“对传统医学及江湖医生的实践进行验证和研究的国家研究所”。[14]

因此，在这 100 多年中，医生一直是有争议的群体，他们并没有自然而然地从人们对科学工作者越来越多的尊重中获益，尽管理论上应该如此。1833 年，巴尔扎克的确写道：“今天，农民更愿意请医生给他们开药方来拯救自己的身体，而不是听牧师给他们讲灵魂得救的故事。”但他也让他笔下的医生自己说：“我是资产阶级。对他们（农民）来说，资产阶级是敌人。”[15] 一个世纪后，一位撰写回忆录的医生说，工人更喜欢教师，而不是医生，因为前者是“有学问的人，有一半资产阶级血统”，而医生却是“完全的资产阶级，而且往往是教士”。[16] 医生的社会地位仍然很矛盾。问题不在于他们如何在社会阶级中崛起，如何赢得地位和人们的尊重，因为医生的构成成分复杂，社会对他们的态度也随着地区、环境、时间的不同而变化。我们需要认识到的最重要的一点是，长期以来，行医并不是一种真正的事业，它使人出人头地的空间非常有限，其中部分原因是那些学医的人需要大量的资金来支持自己的教育，还有部分原因是这个职业很少产生高回报。爱德华·沙尔东在 1842 年出版的《职业指南》中强调了学医所涉及的巨额开支和微薄回报：“有些人（通过行医）可以过上正当的生活，但大多数人获得的只是一个极其平庸的职位，这实在很难鼓舞人心。”[17] 他认为每年 3 000 法郎的报酬是大多数从业者梦寐以求的。他推荐这个职业的原因在于它的独立性，这个职业可以让一个人做自己的主人。当独立自主成为普遍的理想时，它就是从医最吸引人的地方之一。投资同样数额的钱来经营企业或商店的人也想成为自己的主人，通常他们计划很快赚到更多的钱，以便购买国家债券，这样他们在退休后就可以靠着利息实现独立自主。但医生通常不能指望赚大钱，也很少到年龄就退休。

从某种程度来说，医生所受的训练是通识教育，这使其虽然拥有微薄的财富，却能获得尊严和影响力。出身卑微的医生——比如埃米尔·孔布——通常需要为了钱而结婚，并且最好娶一位执业医生的女儿为妻。19世纪中期，医生不能靠向大众收费为生：他们通过为穷人免费（或接近于免费）看病来扩大自己的社会影响力，从而吸引富人前来就医，然后靠富人的财力支持来维持生活。这就是医生通常被视为资产阶级的原因之一。但并非所有医生都具备吸引富人患者来看病的能力。要想在这个行业的高层取得成功，需要的不仅仅是头脑——“任人唯亲、徇私舞弊、拉帮结派在当时都非常普遍”。[18]这就解释了为什么那么多从业者被迫做广告，不得不收费低廉，提供江湖疗法却又要保证疗效。真正的成功之道是在政府找到一份体面的兼职工作，从而吸引更多的客户，并获得一份不高但固定的补充收入（这份收入被称为“固定收入”）。最称心如意的兼职当然是主教的医生、本地医院的顾问，但监狱医生、警察署外科医生、温泉疗养院主任也都是不错的差事。那些没那么成功的医生会受聘于政府，为公社的穷人治病。他们通常只能得到最低标准费用的三分之一或更少，但至少能保证有一些固定的生意。随着这些副业的发展，随着越来越多的地区机构雇用医生，也随着保障健康的互利协会的发展及社会保障体系的形成，医生群体的境遇逐渐得到了改变，他们几乎相当于国家公务员或官员，可以从各种来源获得小数额的报酬。

很难说清不同时期的医生分别能赚多少钱。当然，有很多医生抱怨他们得到的报酬不够；他们哀叹医生太多而病人太少，他们不得不追着病人讨账；他们为自己没有像神父和地方法官那样的制服来提高自身地位而感到遗憾；他们抱怨他们要“对几乎不懂法语的人说希腊语和拉丁语”，还得在咨询室里摆满书，以营造一种神秘技艺的氛围。[19]1889年，一位医生写了一本书，抗议穷人只需为其享受的医疗服务每月支付1法郎是多么荒唐。他反对医生被推到社会的最底层，并慷慨陈词地讽刺道：“我们对地方长官、神职人员或军队处于第一等级没有异议，我们也没想着自己能与工程师、演员、画家、建筑师和雕塑家处于同一地位。我们只要求我们差不多能处于中等地位，比如，我们的地位能处在律师和摄影师之间。”——与其说是为了获得尊重，不如说是为了经济上的回报。[20]有趣的是，他觉得地方法官和神职人员竟然把他看作一个对手，一个“洞悉家庭内部秘密的对手”。[21]

1901 年的一项让人印象深刻且具有启发意义的关于“知识分子无产阶级”的调查显示，有 6 位医生的年收入在 20 万～30 万法郎，约有 100 名医生的年收入超过 4 万法郎，但是大约 80% 的医生年收入不到 8 000 法郎。因此，如果他们没有私人财产，那么大多数医生都会是“无产阶级”。巴黎的许多医生试图通过为更多有名气的同事充当“助手”来增加自己的收入，比如帮助药剂师销售昂贵的药物、做堕胎手术等。在外省，有一半医生无法获得体面的生活——“农村人好打听的习惯”使得外来医生没有办法轻易建立自己的信誉。那些不怎么成功的医生依靠缔结好姻缘，从而成为农民、工业家，或靠股息生活，这要根据他们获得的嫁妆规模而定。而“最不受欢迎的医生则进入政界”。[22]

1881 年，专业期刊《医学合作》估计，医生至少需要 12 000 法郎才有能力生活在法国较为富裕的地区，该刊断言大多数人远远赚不到这么多。“他们花光了他们的遗产。但幸运的是，他们得到的嫁妆有时会重新建立某种平衡，并让他们的孩子得以接受教育。”但也不要太把医生们的抱怨当真。阿尔萨斯的一个乡村医生承认收入不高，但他又补充说，他的收入与神父、牧师和拉比①的薪水加起来一样多。[23]有位医生写信给该期刊说，他理应一年赚 11 000 法郎，但其中有 35%～40% 的费用一直被拖欠着，所以他实际只赚了 7 000

① 拉比（rabbi）是犹太人中的一个特别阶层，是老师也是智者的象征，指接受过犹太教育，系统学习过犹太教经典，担任犹太人社团或犹太教教会精神领袖，或者在犹太经学院中传授犹太教教义的人，主要为有学问的学者。——编者注

法郎左右。这种抱怨最为常见。病人经常会就看病费用跟医生大肆讨价还价，而医生也不得不根据他们认为患者能付多少来调整看病费用。布瓦涅夫人的医生雷卡米耶说，1828年的医生出诊的费用原本是3法郎，但他觉得他必须要价6法郎。但是，在给布瓦涅夫人看病时，他会把费用减少到4法郎。尽管如此，在19世纪60年代中期，省级医生仍然只要价1.5～2法郎，而且大部分在他们办公室里进行的病情问询都是免费的。法国医生联合会成立于1858年，该协会的医生反对任何统一控制或中央控制，他们声称医生不能记账，而且他们不需要退休金。医生联合会认为，如果医生放弃了“根据时间、地点、所提供服务的性质和程度，以及其他种种不同的情况来提高或降低治疗价格的权利”，他们就会失去作为医生的声望。1879年，一家更激进的协会——医学合作会成立，以争取更高、更统一的治疗费用：1897年，这家协会广泛宣传让娜医生的收费表，以使其成为当地协会采用的收费模式。但是，该模式也根据财富把患者分为三类，并且建议应在1～10法郎的区间灵活收取出诊一次的费用。此外，它允许增加许多额外的时间和护理，并建议“最高明的医生”的额外费用应该以标准费用乘以10。同年，上索恩省的医生在这种三级费用基础上采用了最低收费制，这种做法随后传播到其他部门。这种办法的主要好处是能从公共机构和保险公司那里获得更多的钱。[24] 然而，让病人自己支付账单仍然很困难：无论道德准则还是法律条款几乎都不可能强迫他们付费。在法国的某些地方，例如阿列省，医生通常只有在病人去世后才能收到钱——病人遗产的一部分，而且无论在何地，等待很长时间才能收到出诊费的情况都是正常的。

消除庸医和江湖医生引起的竞争的过程是缓慢的，而且从未取得完全成功。在19世纪的前四分之三时期，医生的主要诉求是废止“卫生官员”。在1838年以前，卫生官员通常都是出身卑微的卫生员，只不过是称呼好听罢了，他们能以非常低的标准从特别设立的部门委员会获得执业文凭。1838 年之后，大学院系开始颁发文凭，并于 1854 年废除了部门委员会，使教育标准逐步提高。七月王朝最后十年颁发的文凭（2 850 张）几乎与医学博士学位证书（3 045 张）同样多，但到 1869—1878 年，卫生官员和医生的比例下降到 1 014∶5 344，到 1889—1897 年，卫生官员和医生的数量分别变成了 627 和 6 658。这个做法原本的出发点是在合格医生比较短缺的较贫困地区，卫生官员可以提供一些医疗服务，但事实是这些官员在较富裕的地区找到了更有利可图的就业机会，而国家大部分地区仍然处于就医紧张的状态。1891 年，洛泽尔省的贫困地区有 24 名医生，只有 1 名卫生官员，索姆省有 83 名医生和 141 名卫生官员，而北部地区有 353 名医生和高达 201 名的卫生官员。卫生官员的问题在历史进程中逐渐消失了：1848 年，法国的卫生官员大约有 7 500 人，到 1900 年，只剩下 2 000 人。相反，外国医生变成了新的问题角色：1911 年，法国有 541 名外国医生，到 1929 年，这一数字上升到 750。但是与外国医生相比，外国医学生的数量更有威胁性，这些医学生往往集中在几个城镇，因此特别引人注目。例如，1931 年，鲁昂医学院的学生中有 76% 是外国人，在图尔市，这个比例是 41%。[25] 很多江湖医生从国外，特别是从美国的费城大学购买博士学位，当时的费城大学以 500 法郎的价格出售学位。

在农村，医生也经常捎带着给病人看牙，但在城镇，越来越多的牙医让竞争日益激烈。当牙科医生不需要任何资格，有些牙医原本是机械师或锁匠。1890 年，法国只有大约 2 000 名牙医（其中 600 名在巴黎），英国有 4 000 名，美国则有 15 000 名。美国人在口腔领域公认的优势导致许多美国人开始在法国行医：埃文斯——拿破仑三世的牙医——是最早和最著名的牙医之一。英国的许多年轻人发现在法国当学徒对他们的发展很有利，并且当学徒不用考试：当时卢浮宫巨大的牙科诊所完全由英国人操控。1892 年，法国通过了一项法律，要求牙医具有从业资格，并惩罚非法行医。在那之前，法律只允许个人起诉骗子，并且他们必须证明自己遭受了损失。1892年的法律允许工会将骗子带上法庭，但这个做法似乎只会让后者更出名。草药医生不受新法的限制（巴黎有 300 名草药医生，马赛有50 名，其他城镇有 50 名），拿破仑已经为他们设立了考试，要想成为初级卫生官员就需要通过此项考试；1854 年的一项法令将这些卫生官员分为两大类，以确立其地位；1892 年，医生要求废除卫生官员，但这一诉求没有实现，因为让这些卫生官员放弃地位所需的费用非常昂贵——他们拥有的店铺每间价值均超过 10 万法郎。

由于以上提及的所有激烈的竞争和混乱的局面，19 世纪的法国医生数量并没有增加，尽管人们经常这么认为。相反，1847—1896年，医生人数减少了大约 3 500，卫生官员减少了 5 000 多人——如果有人能统计所有实际执业人员，那么他会发现数字减少得没这么多。在医学影响达到顶峰的 20 世纪，医生的数量才真正开始增长。

在这里我们需要更仔细地分析医学影响的概念。它意味着从事该职业的上层人士的机会在逐渐扩大。起初是成立于 1820 年的法国国家医学院的成员——身份最高级的那些医生成为政府的咨询顾问。在第二帝国成立之后，专门的国家和地方委员会正式成立，来处理公共卫生、医院、学校等方面的事务，这使得一些医生有机会成为知名人士和官方顾问之间的桥梁。最后，1930 年公共卫生部的成立使得医生可以顺理成章地成为拿国家薪水的高级公务员和行政人员。与此同时，其他大多数医生的身份也发生了重要的转变。家庭医生的生存变得越来越困难，特别是如果他们试图保持更成功的医生才可以享有的资产阶级的生活水准。越来越多的医生在拿薪水的基础上接受其他兼职或全职工作，他们成了卫生行业的工人，而不是独立的专职医生。然后，这些医生开始组建工会，呼吁要像其他工人一样改善他们的生存条件。不可避免地，他们并没有真正团结起来。直到 1928 年才实现了医疗工会联盟与医疗工会联合会之间的融合。维希政权将全法国的医生组织起来，建立了一家由国家控制的公司，这一独裁举措遭到很多组织的反对。反对者组织了受薪医生联合会，全科医生工会和专科医生工会也组织起来，后两个工会代表了一个重要的、崭新的医生分流。1958 年，至少已经有 14 680 名专科医生，即每三名医生中有两名全科医生和一名专科医生：1930 年，社会保险公司决定以更高的比率为专科医生报销，医生的专业化也在这一年得以制度化。医生之间的分化并没有阻止他们联合起来争取公共资金和追求个人利益。医生是反宗教者和无神论者的坚固方阵这一错误观念也需要被破除。1936 年，一本名为《共济会医生》的书出版了，但作者几乎提不出几个名字来支持他们的指控。议会里的医生代表几乎来自各个党派。当然，法国的医生并没有比其他地方更多。来巴黎的人对巴黎的印象很客观，在 1931 年，巴黎拥有的医生数量的确比欧洲其他任何城市都多。但法国整体医生密度排在世界第 17 位，每 1 578 个法国人中有 1 个医生，而英国为每 1 183 个人中有 1 个医生，德国为 1 280 个，美国为 1 326 个，奥地利为 788 个。就人口比例而言，马耶讷的医生数量还不到塞纳的四分之一。[26]

表 2-1　1847—1958 年法国医生和卫生官员数量的变化

时间	执业医生数量	医生总数量	卫生官员数量
1847 年	—	18 099	7 456
1866 年	11 254	16 822	5 568
1876 年	—	14 326	3 633
1886 年	11 995	—	2 794
1896 年	13 412	14 538	2 114
1906 年	18 211	—	—
1911 年	20 113	—	—
1921 年	20 364	—	—
1931 年	25 410	—	200
1958 年	30 318	47 000	—

通过几个例子，我们可以清晰地看到医生面临的问题、创业的方式及他们的影响力的本质。加布里埃尔·莫朗热医生，1865年出生于波尔多，他的祖父是木屐匠，父亲是铁路职员，兄弟是一名律师，但他自己通过联姻成了一名酒商。他没有取得哲学中学毕业文凭，所以他又尝试考取科学中学文凭，并且成功了；他决定进入医学院而不是理工学院的部分原因是他的母亲因医生的玩忽职守而去世。19世纪80年代，波尔多在医学方面仍然相当落后，而灭菌法被采用完全出于偶然——一位教授碰巧在去巴黎访问时看到教师资格会考中用到了灭菌法。赞助制度，即教授拥有自己挑选的弟子团队的制度，在当时盛行。当莫朗热试图写一篇论文指出教授的诊断错误并给出治疗腹膜炎的新方法时，他的教授恼羞成怒，于是莫朗热被迫离开波尔多，前往巴黎。对莫朗热来说，在巴黎找到一份工作不难，但由于没有保护者，他几乎不可能建立自己的名声。那些最受宠爱的学生——住院实习生——被给予公共的职位以在社会上立足，但是他们中的绝大多数人对自己教授的了解就是能认出他罢了，而且随着学生人数的增加（该数量在1900—1935年翻了一番），他们能够认出自己的教授都是很幸运的了。莫朗热身无分文，但他知道他如果要成功，就必须假装他已经成功了。他借了500法郎，从一位犹太人裁缝那里赊账买了一身利落的资产阶级套装；他花了650法郎买下了利特雷街的一套公寓并雇了一个清洁女工。他以每月300法郎的价格租了一辆马车——这个价格很便宜，因为他只在早上坐马车，下午就把马车转租给那些富有的太太。晚上他就与跟他有一样境遇的年轻人高谈阔论，如何成功是永恒的主题。1889—1890年的流感疫情救了他一把——他帮助到参议院行医的医生并赚了600法郎。西南老乡会也帮助了他：来自外省的乡下人在首都总是聚在一起，那些功成名就的人士向初来乍到者提供赞助。莫朗热请求他的保护者帮他从参议院获得了棕榈学院学位，他还留起了胡子，看起来很是庄严体面。他冒险借了6 000法郎建立了一个咨询室，第一年就赚了 5 000 法郎，也认识了一些贵族家庭。他的名字开始被大家知晓，到第三年，他的年收入达到了 12 000 法郎；第四年，收入在前一年的基础上增加了一倍。他在这些贵族客户身上发现了他们对最基本的卫生知识的无知，对各式各样的治疗者的无限轻信，以及对所有标签上印有神父或修女的照片，或仅仅只是“修道院制造”字样的药品的绝对信任。贵族都有家庭医生，但他们常常忽略家庭医生的建议，而只是把他们当作仆人。富人喜欢对他们的病情进行第二次诊断。19 世纪 90 年代，莫朗热开创了通过预约见客户的做法，并且实施得很好。他那由于胆怯而反对他搬到巴黎去的老父亲，被儿子的成功搞得心花怒放，两个人最后也和解了。随着客户社会地位的提高，莫朗热的收入大幅增加。他通过开设一所护士学校来增强这个势头，但是他犯了一个错误——这所学校是不分宗教派别的。宗教问题带来了不和谐，新教教徒占据了优势地位，于是他就带着足够多的钞票离开了，再也不用从事兼职工作。1908 年，他搬到了马德莱娜附近的一个高级住宅区。战争带来了许多外国患者，特别是英国和美国患者，他逐渐发现了他工作中的便利之处。通过喜剧演员莫内－叙利的帮助，莫朗热获得了荣誉军团的骑士头衔，因为他是莫内－叙利的医生，而莫内－叙利是克列孟梭的朋友。这个头衔使得人们对他的问诊需求大幅增加，连著名的专科医生也开始称呼他为“亲爱的朋友”。[27]

在外省，医生创业成功的步伐更慢，经常需要几代人才能建立影响力，增加客户和收入。在洛泽尔省的首都芒德（人口约为 6 000），18 世纪时大多数开业医生都不是真正的医生：城里有 25 名外科医生、9 名药剂师和 17 名医生，其中外科医生在私立学校接受教育。但是在大革命之后，外科医生被要求必须取得医学学位，药剂师也必须去大学学习。自此，不同类别的医生都进行了平等的升级。但是一个小城无法让那么多有资格的医生都能达到以相当高的标准生活的期望，所以医生减少到八九个。如此一来，人们花在治病上的钱都集中在了少数几个医生身上，所以19世纪出现了“著名医生”。即便如此，在特定时期，也只有一两个人称得上“著名医生”。而那些混得不成功的医生和那些与穷人打交道的医生没有相关历史记载，但他们的贫困几乎是不可避免的，因为“著名医生”是无耻的兼职者，他们垄断了许多向医生开放的官方任命，并将其传承给他们的儿子，这使得大多数医生都没有生计可选。J. P. 巴尔比在革命期间建立了一个这样的“著名医生”的家庭。巴尔比是农民的儿子，但由于他生病导致手臂畸形，他被送到学校学习。他受到一位医生的资助，这位医生帮助他获得了行医从业资格。他也是一名地区代表、地方治安法官和巴格诺温泉的主管。他耕田种地，写了一本关于洛泽尔省农业的书，并成为高级农业委员会的成员，同时继续为所有阶级服务。因此，医学只是更广泛的社会活动的一部分。在他去世后，他的工作由他的女婿阿里斯蒂德·巴尔博接管，他出生于1800年，在1827—1861年负责从老丈人那里接管的工作。阿里斯蒂德是银行家大律师的儿子，他有足够的资金，1829—1830年，他花费了6 319法郎使他的设备现代化，他也有能力让他的儿子在巴黎接受教育。巴尔博过着舒适的生活，每年花费约2 500法郎。他订阅了《医学期刊》以保证自己跟上时代潮流，并通过及时引入伦内克的听诊方法及莫顿和杰克逊的麻醉法来提高他在城里的地位。他身兼监狱医生、卫生委员会成员、国民警卫队的外科医生、公共教育委员会成员和师范学校成员数职，并当选为市议员。他狩猎，在他发起的俱乐部里打惠斯特牌，去剧院看戏，组织晚宴，尤其是大家庭晚宴：他有4个兄弟姐妹和16个堂亲，他的妻子有14个表亲。他是一个自由主义者，在每次革命波折中，他都不会丢掉他的任何一份工作。他把他的大女儿嫁给了一个公证人，他的小儿子成了公证人，他的长子接管了他的工作（1857—1898）。长子娶了一个制造商的女儿，成为芒德市市长，继承了他父亲的公职，并承担了更多职位，晚宴也办得比他父亲更奢侈——组织晚宴是过去资产阶级消磨时间的竞争方式。他的儿子又接替了他。19 世纪也是药剂师的黄金时代——芒德的药剂师减少到一两个——垄断给他们的事业带来了巨大的繁荣。即便如此，一个家庭在产生了五代药剂师后，会将下一代儿子培养成医生，这是不可避免的社会进步。[28]

对许多医生来说，医学方面的成功只是达到目的的手段。他们对美好生活的理想——比如为社区服务——也经常涉及其他领域的活动，特别是艺术活动。法国医生以其对业余爱好的奉献精神闻名，人们如果看看其中的一些杰出人物，就可以明白这些艺术兴趣爱好在他们生活中的地位。法国国家医学院院长伊波利特・埃拉尔（Hippolyte Hérard，1819—1913）为钢琴演奏付出了很多精力，他努力到几乎把弹琴当成了另一个职业："阿斯克勒庇俄斯①难道不是阿波罗的儿子吗？"阿尔贝・罗班（1847—1928）在 40 岁时成为医学院的成员，也经营着从父亲那里继承的冶金工厂，他多年来一直是《纽约先驱报》的评论家，这并没有耽误他在医学期刊上发表 400 多篇文章，并担任俄国沙皇的顾问。顺便说一下，当他最初拒绝进入家族企业时，他被父亲剥夺了继承权，于是他一直在医科学校工作。路易・布罗克（1856—1928）是另一位因拒绝成为像他父亲和哥哥那样的大律师而被剥夺继承权的人，他的父亲和哥哥都是阿让市的首席律师。当他作为医生出名时，父亲心软了，两人和解了，布罗克在阿让的家里度过了他的年假。但布罗克的热情在于收藏名画，他有莫奈、毕沙罗、西斯莱、雷诺阿和德加的画作。让・阿莱（1868—1951）来自起源于 17 世纪的绘画世家，不过他的一些家庭成员在 19 世纪转行从医了。他是圣日尔曼郊区的一名家庭医生，他的家族在那里生活了 300 年。他画画，举办展览，出国旅行，往返于两座乡间别墅度假。[29] 法国医生长期以来有一个繁荣发展的绘画

① 阿斯克勒庇俄斯，希腊神话中的医神。——编者注

协会，经常举办盛大展览，该协会成员一直是艺术的批评者和赞助人。[30]有很多作家接受过医学培训，而且其中不少人利用他们的知识攻击医生这个他们不得不选择放弃、无法在其中找到立身之地的职业，他们声称这是一个无力职业，而且他们受到了欺骗。[31]

我们可以得出两个初步结论。首先，科学的声望和医学的不断进步使得医生处于社会中的重要位置。但是，像神职人员一样，他们的知识和处方受到了挑战。医生这一群体的排他性使得人们对他们产生了敌意或嫉妒，这与神职人员引起的反宗教主义对应。在任何有关资产阶级统治的讨论中，这都是一个需要权衡的因素。该阶级的每个阶层都通过垄断实现了自我提升，但这既赋予了他们力量，又为他们树立了敌人。资产阶级社会充斥着大量信念不同的反宗教主义者。在这多方面的冲突中，并非所有人都知道谁是他们最大的敌人。其次，正如后文将讨论的其他职业一样，医生也会证明，对任何一个职业的专业知识的掌握都不能被看作成功的标志。大众文化的理想仍然是生命的最终冠冕，因此，对艺术和书信的关注才如此普遍。在未来某个适当的时候，人们可能会说，或许我们不应该谈论资产阶级在统治法国，甚至不该说是金钱在统治法国，我们应该讨论的是知识分子统治了法国，尽管这一点未被承认。

本系列的另一本书中讲心理学的一章[32]将更详细地讨论医生与知识分子的关系。医生，特别是那些关注心理健康的医生，提供了人类行为和动机的解释，这些解释不一定与哲学家、传记作者或小说作家所提出的相同。这个关于不同群体如何看待情绪、紧张、忧郁和其他类似问题的讨论，可以为法国社会的阶层划分和这些阶层普遍接受的思想提供重要的线索。

第三章

公证人

另一个被大众认为在社会、政治和经济生活中具有重要地位的职业是公证人。在大家的印象里，公证人一向行事可靠，受人尊敬，观念保守，生活富裕，并且对群众有着公认的意义深远的影响。的确，公证人经常由一个村庄的村长担任。即使在今天，法国仍然有200个村长是公证人。公证人出版了许多赞美他们这个职业的书和文章，并强调他们作为知名人士的责任。[1]举例来说，有个公证人来自贝桑松，他在拿破仑三世统治时期这样解释公证人的重要性："公证人不仅是公共工作人员，而且是终身任职的独立人士，并为此付出了很大代价。"他说，他们的职责使他们与神职人员地位相当：公民生活中的生死大事，他们都要在场——是公证人在婚姻合同中规定了新建立的小家庭的物质基础和亲戚关系，也是公证人被召唤到垂死之人的床边并聆听他最后的愿望——就像神父需要出席相应的这些场合的宗教仪式一样。公证人是各种利益的守护者，是分享人们最私密想法的密友，是大多数商业交易中的仲裁者，也是财产和资本流动中几乎不可或缺的中介，他们成了人们的朋友、法官和家庭的保护者。我们很容易理解公证人参与这些事务的好处：他们可以防止亲属之间产生矛盾和分歧；他们可以减少贪得无厌的债权人的要求，使一个不幸的债务人免于被毁灭；他们可以帮助未成年人、妇女和缺席者开列财产清单，管理账目和进行遗产分割。简而言之，他们无论身在哪里，都代表着法律和正义。[2]

18 世纪末期的法国大约有 40 000 名公证人，1803 年有 13 900 名，1834 年有 10 300 名，1855 年有 9 765 名，1894 年有 8 910 名，1912 年有 8 164 名，1969 年有 6 323 名。这些数字清晰地揭示了这个职业持续存在的一个主要问题：人员过于拥挤，而且他们当中很大一部分人无法依靠这个职业过上体面的生活。古代有各种各样的公证人，比如皇室的、政府的，所以每个镇都有一个公证人，并且往往不止一个，有时甚至村庄都有公证人。[3] 不可避免的是，很多公证人的生活水平与那些贫穷工匠的水平一样，所以他们的妻子不得不靠经营店铺维持生计的情况并不罕见。一位作家在 1891 年结交了布列塔尼的一位公证人，他的妻子就在丈夫的办公室旁边开了一家旅馆，而他的客户在前来商谈生意前后都会去这家旅馆喝酒。[4] 到 18 世纪为止，公证处办公室一直被称为“精品店”（boutique），第一次使用“étude”（工作室）这个词是在 1736 年。这个时期的公证人收入往往很低，他们越来越负担不起各种苛捐杂税——即使免除了许多税收，他们的收入因国王创建了许多新的公证处办公室而大幅减少。公证人中的最上层可以和贵族交往，但最底层的公证人不得不努力才能勉强生活。1789 年，公证人强烈要求减少他们的从业人数，以防止他们之间的恶性竞争及其他职业对公证行业的压制。拿破仑满足了他们的部分愿望。他只保留了国家公证人，并将他们分为三类，第一类在上诉法院的管辖范围内行使权利（约占其中的 4%），第二类在行政区内行使权利（约占 13%），第三类在县内行使权利（绝大多数）。他们拥有办公室的所有权和出售权。他们虽是公务员，但没有任何薪水，完全依靠自己的收费生活，因此，他们保持了很大的独立性。但是，财阀的征募使他们担心自己的办公室可能会被国家化。

当时有风声说该职业会被买断，并将通过考试这种竞争方式招人，但是在 19 世纪 50 年代，人们计算出这将需要至少 8 亿法郎——与建造整个铁路系统的成本一样多。[5]

成为公证人不需要文凭，即使在今天，大多数公证人也没有某种学校毕业证书。[6] 想成为公证人的那些人通常会去当学徒，[7] 但是在三四万名公证人书记员中，很少有能真正成为公证人的，因为在 19 世纪中期，成为公证人主要的一项资格要求是申请人至少要拥有 1.5 万～2 万法郎以购买最便宜的工作室，而大多数人都需要 4 万法郎以上来购买一间说得过去的，在省级首府购买一间工作室需要 10 万法郎，在巴黎郊区需要 30 万法郎，巴黎市中心最赚钱的工作室价格高达 70 万法郎。[8] 另外，购买者必须根据不同地区的要求向国家支付保证金，三等公证人支付 1 800～5 200 法郎的保证金，二等公证人支付 3 000～12 000 法郎的保证金，一等公证人支付 4 万～5 万法郎。城镇的规模和保证金的数额并没有直接关系：19 世纪 90 年代拥有 10 万人口的鲁贝的公证人保证金只需要 5 200 法郎，因为它只是一个县的首府，但拥有相同人口的南特是一个省的省会，保证金就高达 25 000 法郎。[9] 公证人的办公室在某种程度上是一项投资。1870 年，可以一次性购买办公室 10 年的使用权，但到 1890 年，这个年限已经下降到七八年。[10] 竞争和危机使得办公室的回报不如最开始那样乐观。在大笔投入这些资金后，公证人经常破产。由于对于公证人的资格和人品没有严格的监控，许多公证人会携客户的资金潜逃。1870 年以前，每年平均有十几起类似的丑闻发生，而随之而来的是这些公证人职位的丢失。1875 年，有 28 起这样的丑闻，1882 年共有 31 起，1883 年有 41 起，1884 年有 55 起，1886 年有 71 起，1889 年有 103 起。1880—1886 年，总共有 6 200 万法郎被公证人贪污或遗失。1888 年，北部省某个县仅有的 5 名公证人一起乘飞机出逃，同年，南特的 4 名公证人被同时起诉。在 19 世纪下半叶，法国几乎每一个县都有破产或犯罪的公证人。批判性文章（响应最高法院院长于1854年提出的批判）写道，尽管巴黎已经是个危险的城市了，但公证人的犯罪率竟然比巴黎市市民犯罪率还要高三倍。近期只有巴黎的公证人成功地避免了破产，20世纪20—70年代没有发生一个案例。最容易违约的是南方的公证人，在他们频繁违约的两个最糟糕的时期——19世纪40年代和19世纪80年代——都有针对他们的抗议和立法活动。[11]

恶性循环带来了危机：办公室的吸引力使得它的价格超出了价值，而公证人的破产破坏了整个行业的信誉。许多城镇，无论经济多么欣欣向荣，都负担不起公证人这一职位的开销。轻轻松松赚大钱的职业前景几乎是海市蜃楼，只为少数拥有大量遗产收入的公证人所拥有。据估计，19世纪50年代，公证人的平均净收入为2 000～3 000法郎。[12] 公证人要求废除生意最差的那些工作室，于是，在当时的情况下，许多工作室被废除了——1895—1909年被废除的工作室不少于429间。1913年，物价和工资大幅上涨，但仍然有一些工作室每年的总收入低于2 000法郎，有1 572间工作室的年总收入不到5 000法郎，2 760间工作室的年总收入为5 000～10 000法郎，2 880间工作室的年总收入为10 000～30 000法郎，只有约1 000间工作室年收入超过了30 000法郎——当然，巴黎的多间公证工作室的收入达到了更高的数字，超过了10万法郎。[13] 公证人收入的个体差异非常大，有些人的收入是其他人的50倍。毫无疑问，这种差异为人们理解公证工作室的概念带来了难度。而有些公证人几乎与农民没有区别，他们的教育程度只有小学水平，刚刚可以读书写字。[14] 1970年，公证人资质不一的问题仍然没有得到解决。虽然巴黎的公证人平均每人雇用25名助手，但仍然有593名公证人在独自工作，没有雇用任何职员，“就像名副其实的工匠”，并且当时有数百间待出售的办公室无人问津。尽管在1934年，一个源于公证人捐款的基金会最终得以成立，以保证公众免受公证人违约带来的损失，并且在1945年引入了一套更有活力的教育体系，但公证人的破产和贪污事件仍旧存在（1968年有14起）。该行业制订了一项计划，使那些没有钱的人可以申请到50%的办公室费用的贷款，但这个职业仍然没有大众化。1959—1960年，阿尔芒－吕夫委员会成立了，这是对如何实现变革进行的长期调查中的最近的一次。这个委员会比1909年的委员会更有效，在此之前，公证人都拒绝出庭合作。

巴尔扎克将公证人描绘成受人尊重和忠诚可靠之士的典范。“如果一个公证人没有长一张你一眼就可以认出来的、不动声色的、线条柔和的脸，如果他不能给人留下他只是芸芸众生中的一员的印象，如果他不是那颗他理应成为的螺丝钉，如果有任何线索暗示他是性格反复无常、激情四射的艺术家或浪漫情人，那么他就不可能成为一个优秀的公证人。”[15] 但是，很难准确又简洁地描述差异如此之大的一个群体。无论如何，公证人在国家生活中所扮演的角色不仅取决于他们的个人特征，还取决于他们所在的地区。在不同的省份，公证人服务的方式大相径庭。在属于格勒诺布尔省的地区（格勒诺布尔上诉法院拥有管辖权的地区），公证人在19世纪50年代可以为每11个居民起草仅仅一份法律文书，但在阿让，公证人要为每6个居民起草一份法律文书。在奥尔良和卡昂，公证人的工作量约是其他省的两倍，与其人口成比例。这与不同地区的诉讼案件的数量并不严格相关。格勒诺布尔的公证人和卡昂的公证人工作量一样，但前者去法庭的频率几乎是后者的2倍，是奥尔良的4倍，昂热的5倍。法律影响的地理性因素理应与教会的影响相提并论。[16] 在进行详细的研究之前，要解释清楚这一点并不容易，但一个重要的因素是公证行为的成本。起初，公证人被起诉的费用并没有统一，激烈的竞争和减价是当时的游戏规则。长期以来，他们拒绝强制实行统一税费的尝试，但不同的省份逐渐制定了最低税率，到1945年，法国确定了对公证人的统一税率。即便如此，计算费用的方式也非常复杂，公证人可以毫无困难地为自己提供的服务改换各种不同名目，以达到少交税的目的。在1900年，起草一份授权书可能会花费9法郎或26法郎，这具体取决于它是如何完成的。[17]结果就是许多不合格的竞争者如雨后春笋为客户提供替代品。每个城镇都开始出现名目繁多的机构——信息局、房地产中介、收债机构、法律咨询服务机构，这些机构有时候由退休军士长、律师或土地测量师设立在租用的旅馆房间里。公证人书记员们写了一本书，建议人们如何在没有公证人干预的情况下起草法律文书。如此操作肯定能节省大量的资金，尽管有公证人争论道，由于人们对法律的无知所导致的随后的诉讼会抵消节省的费用，并且花在非专业人士身上的钱完全不受控制，最后这种操作往往会被证明是昂贵的骗局。但是，在1865年，如果一个农民在去世后留下了总共价值为900法郎的一小块田地和一间小屋，那么他需要向公证人和其他官员支付458法郎的费用。这种情况下，他肯定会受到省钱的诱惑，因为除此之外，国家有权征收208法郎的税，公证人必然会征这部分税，而业余人士则不会。[18]

因为公证人事实上既是税务人员又是律师，他们的多重功能使他们在道德和经济方面发挥了一定影响——这可以与神父的影响相比。在乡下，神父们周日工作，与周围村庄来做礼拜的农民做了不少生意。有些人甚至在市场上摆摊，他们非常忙碌，以至于不得不经常让农民签下白条，他们后来才有时间填写。神父们的教科书要求他们利用自身的技巧来教化客户，调解客户的矛盾，支持父权和孝道，敦促未婚者结婚，并以“威严的姿态”参加婚宴以消除那些经常在婚礼上出现的不雅行为。[19]我们将会在后文看到，公证人通过起草婚约文书的方式在改变家庭生活的财务方面发挥了重要作用，这有助于在夫妻、子女和亲属之间建立新的关系。他们使法律现代化，使其可以应对来自公众舆论的压力，而议会针对这些问题设立的委员会从未有过任何工作进展。奇怪的是，关于公证人对立法活动的影响，学界研究得很少。公证人改变议会立法的方式，他们或迂回或彻底解决问题的方法，可能比法院的审判规程更为重要，对这些情况的知晓会更利于我们了解一个真实的法国，而不是政客口中的法国。公证人通过控制小人物的投资，对国家的经济发展产生了决定性的影响。人们通常是拿着自己的积蓄对公证人进行投资——当他们冒险决定不再把钱存在床垫下时，他们的投资回报率似乎在3.5%～5%。在人们希望借钱时，公证人是中间人，他们可以找到出借方，通过做抵押担保来贷款。据估计，他们在1912年处理了7.48亿法郎的贷款，而法国抵押贷款基金只提供了1.24亿法郎的贷款。[20]指导他们行为的原则不是贷款的数额，而是贷款的安全可靠性。众所周知，他们将大部分小额储蓄用于抵押贷款和国债。他们具备的教育和培训背景通常不足以使他们具备应对工业化问题的能力。由于公司倾向于尽可能避免雇用公证人，以避免承担官方公证行为的高额费用，因此公证人与工业的联系较少，远远少于对经济扩张来说应该达到的程度。[21]因此，就这方面而言，公证人与时俱进的步伐跟不上他们对家庭关系的影响——但这是一个需要做更多研究的课题。

当时，公证人所采取的每一项行动都涉及向国家支付税款及向自己支付费用。平均而言，他收取的税金是费用的8倍。因此，他处于一个微妙的处境：他既是收税者，又是教人如何避税的私人顾问。公证人必须按照他们处理的案件缴纳税款，无论客户是否支付给他们税金，他们都不能从税金中获得个人佣金。他们的利益源于增加经手案件的数量，而不是增加税收。1918年以前，公证人一直都在银行免费使用存款保险柜，以骗取财政部的遗产税。（1923年通过的一项法律要求，在公民死后，财政部要派代表见证他的保险柜的开放。）由于公证人的财政责任，他们必须使用某种语言来拟定与印花税管理部门的批准相符的契据，所以对他们而言，一旦新情况出现，他们就不容易找到新的解决方案——旧规则最能保护公证人。直到近些年，他们才开始致力于使用更清晰的语言，但与此同时，他们也逐渐失去了顾问和倾听者的角色，反而变得更像技师。[22] 为了防止公证人拿着客户存放在他们那里的钱逃跑或把这些钱用来进行投机买卖，法律要求公证人将钱存放在法兰西银行。1935 年存放在法兰西银行的这部分资金价值高达 14 亿法郎，但目前尚不清楚公证人是否始终遵循法律行事。更为成功的是自愿协议，即公证人通过这种自愿协议起草法国农业信贷银行的抵押贷款申请，作为回报，他们会把客户的大笔款项存入该银行。

公证人是资产阶级法律、秩序和统治的代表这一观点简单幼稚，显然是保守派自己创造的一厢情愿的谬论。毫无疑问，公证人确实影响了农民的生活；毫无疑问，公证人因为“优越感没有那么强，不像文官那么孤立，又比行政公务员更独立”，所以更容易与民众沟通。他们的行政区范围足够小，平均每人约管辖 3 000 人。但正如一位公证人所说的那样，“农民那种巧妙的狡猾，那种聪明地隐藏在无知的外表和令人心动的善良之下的狡猾，在他们与公证人的不断斗争中给了他们绝对意义上的优势”。[23] 在公证人的办公室里发生的场景通常是例行哑剧或市场上的讨价还价，而不是坦白；农民在撒谎，而公证人需要利用他们的经验来辨别真相，辨别农民或是为了捍卫荣誉或是出于狡猾而拒绝透露的真相。公证人和农民都经常试图从对方那里获取经济利益。隐蔽在书记员身后的城镇公证人是一个危险的职业。真正的偏远地区的公证人是当地不同力量竞争的一个砝码，农民可能会试图使其与地方长官和其他愤怒的官员对抗，以坐收渔翁之利。公证人在革命中受到的压迫比其他任何职业都多是再正常不过的了，有人说他们受到的压迫比贵族都多，因为他们是高利贷者。

公证人不仅与他们的客户进行斗争，还与地方法官进行斗争。虽然他们当中的一些人很穷，但他们几乎总是比那些收入不高的法官更富有，并且为了赚钱，他们甚至将自己得到的遗产都投入自己从事的职业。他们在商业上积极投资，而地方法官接受经典教育长大，过着与世无争的简朴生活，不得不借助所谓的社会地位来弥补自己物质上的贫困。但是，从理论上来说，地方法官对公证人有一定的监督职能——在纠纷中，地方法官可以厘定他们的费用——并且他们受强烈的嫉妒心的驱使，会利用权力讥讽公证人。因此，在例如强制扣押或出售的情况下，法院可以选择由和平法官进行公开出售或由公证人私下进行出售，于是他们就一直剥夺公证人的业务。复辟时期的公证人通过在他们制定的合同中加入条款来进行反击，附加条款声明，如果需要对扣押物品进行出售，那么出售应该由公证人私下进行。但法院宣布这些条款无效，这导致争吵继续以不同的形式出现。最后，公证人对政府的行为深感不安：他们的特权不断受到威胁，并且公证制度改革的议题在议会中一再被提起。因为这些公证人有着坚定的保守派的形象，人们称呼他们为奥尔良主义者，但这似乎是另一种过于简单的概括。据说，许多公证人是波拿巴主义者，因为拿破仑在革命后将他们进行重组，并命令将投票登记册保存在他们的工作室中，这提高了他们的声望。在路易·菲力浦的领导下，他们并没有反对政府，但却不断遭到政府的攻击。1844 年，他们被要求像小型商店店主那样支付营业税，即使 1843 年的一项命令已经禁止他们从事商业或工业活动。1841 年，他们被征收 2% 的办公室转让税，但这并不保证他们能得到所有权，随后，改造公证人办公室的计划开始被纳入讨论范围。最高法院于 1841 年通过决议，规定国家对公证人拖欠税款的起诉有 30 年的有效期。最高法院还宣布，任何不是由两位公证人共同出面做出的行为都是无效的（当时的惯例是第二个公证人在事情完结后把名字签在第一个公证人后面）。随后，拿破仑三世政府又通过干涉他们办公室的定价来骚扰他们——第三共和国一再试图更紧密地控制公证人的活动。

因此，公证人在社会中的作用在不同地区和不同时期都有很大差异。后来，公证人已成为一个由工会组织的压力集团。1934 年，一系列公证人会议被认定为“思想的熔炉和智力活动的中心”。这些都促使公证人在国家的社会、经济和政治生活中发挥更大的作用。[24]这可能意味着，在影响力日渐衰退的情况下，公证人正试图通过将自己变成某种知识分子来重振自己的权力。这或许也表明了他们的影响力如何随着时间的推移而变化：也许公证人的活动在今天的日常生活中不再占有那么重要的地位，他们所拥有的其他形式的权力——比如在当地事务中的领导地位——现在也受到了更多的攻击和质疑。

第四章

富人

人们通常认为，在 1848—1945 年这一时期的大部分时间里，法国由 200 个权贵家族控制，这些家族掌控着法国的大部分财富，经营着法国的主要产业，并贿赂法国的政要以进行竞标。在民主的背后隐藏着一个行事谨慎的寡头集团，其中大多数人的名字都是公众所不知道的。人们对法国的这一印象在 20 世纪 30 年代尤为盛行。达拉第将其作为一个政治口号。“这 200 个家族，”他向 1934 年的激进党大会宣称，“主宰着法国的经济和政治，影响了财政体制、交通运输和信贷，还给他们的代表安排政治职务。他们通过控制媒体干涉公众舆论。”这些家族的确切数量及它们获得如此之大的影响力的确切日期因不同人的指控而异。达拉第将这一现象称为“新的封建主义”。与其同时代的参议员勒萨什更详细地揭露了这种寡头政治，他声称寡头政治只是在 20 世纪 20 年代才得到急剧发展的，并认为寡头的数量在 150～300。[1] 但是蒲鲁东的一位朋友——乔治·迪谢纳在 1869 年的时候已经开始严厉谴责“200 个富豪”对权力的垄断，并补充说，“就连古代都没有出现过权力如此集中的寡头政治的例子”。[2]“200”这一数字其实是从理论上推想出来的，它也许是根据法兰西银行年度会议上的参会股东人数得来的。尽管该银行拥有超过4万名股东，但根据拿破仑一世时期的法规，只有200名拥有最多股份的股东才能参加会议。他们虽然只认购了银行资本的一小部分，但却对其享有完全控制权。这200名股东选举出15个“摄政者”代表他们。一代代的“摄政者”人选基本来自固定的几个家族的后代，这就加强了寡头控制的性质。甚至由国家任命的银行行长也必须拥有100股股票。被提名为摄政董事会成员的政府人选经常会被占大多数的工业巨头和金融家取代。

在激进党和社会主义者眼中，这种安排集中体现了大多数大公司的情形。这些大公司的董事会由只持有少量股份但其份额又足以让自己当选的人组成。公司的大批股东没有闲暇去参加公司会议，或被法规排除在外，或因发行无投票权的股票而无法当选。银行提出通过收取这些股东存入银行的股票红利来使他们获得相应股票的投票权，所以银行方能够为自己的提名人争取到不少董事会席位，而且他们可以凭借很小的贷款额就在董事会中获得一席之地，所以他们在董事会占据了大半江山。因此，法国大公司的董事职位由一小群人担任，他们通常不会为生计发愁，并且他们完全无须发愁，因为他们拿着巨额报酬，而将股息降至最低。在拿破仑三世统治时期，埃米尔·佩雷尔担任了19个董事职务，他的兄弟伊萨克担任了12个职务，还有他的侄子欧仁担任了9个职务。所以，加上家族其他亲戚，佩雷尔家族以50亿法郎的资本控制了50家公司。[3]迪谢纳声称，1869年有183个人以这种方式控制着市场上三分之二的股本。20世纪30年代，勒德兰是63家公司的董事，埃内斯特·屈弗莱特是47家公司的董事，埃内斯特·梅西耶是46家公司的董事；至少兼任10家公司的董事的人约有144个。[4]由于其中许多人都是家族之间通婚，家族的排他性加深了他们与民众之间的隔阂。举个例子，里昂信贷银行总裁巴龙·乔治·布兰卡尔是这家银行的创始人亨利·热尔曼的女婿。他与格拉蒙、罗斯柴尔德、法布尔－吕斯和沃居埃家族都有些关系，这几个家庭在其他许多公司董事会中都有代表。而罗斯柴尔家族又与富尔德、埃纳和拉扎尔这些银行家族有关系。冶金专家施奈德与炼糖商勒博迪、天主教出版商马姆、另一位伟大的冶金专家汪代尔、科塞·布里萨克、雪铁龙都有亲属关系。这些关系又继续发展。当他们利用自己的财富支持政治事业（在两次世界大战之间的时期特别引人注目），买断报纸并向他们希望能施加影响的政治家提供董事会席位或股票时，人们对这些家族的反对情绪不可避免地加剧了。在两次世界大战之间的时期，共和国的三位总统——杜美、杜梅格和勒布伦都是大公司的董事。[5]

弗朗西斯·德莱西在1910年对这200个家族再一次进行了攻击。他认为，国家预算中只有四分之一被用于公务员，还有大约四分之一被用来支付股息、租金等，其余的都到了承包商、武器军备供应商和公共工程供货商的口袋里。因此，四分之三的税收都返还给了富人。主管法兰西银行的寡头集团利用国家财富来支持另一个集团，即共和党，以使其作为寡头集团的政治工具。负责为农民提供信贷并从法国五分之一的土地上获得抵押贷款的法国抵押贷款基金，也由其200名最大股东管理，它向其小资产阶级投资者支付2.5%的利息，但却向贷款人收取4.5%的贷款利息。四家大型储蓄银行向它们的150万名存款人支付0.5%或1%的利息，但却向其享受最高优惠的借款人收取3%或4%的利息；为了私人利润，它们将法国的存款转移到外国股票上，这对法国经济造成了灾难性后果。寡头们不反民主，因为他们知道如何操控民主。他们在选举中自由地花钱，当激进派和独立的社会主义者对他们有帮助时就支持他们。据说阿里斯蒂德·白里安所在的《路灯报》就收到了欧仁·佩雷尔和法国跨大西洋轮船总公司的补贴。在白里安参加竞选时，他们没有在他身边安插自己人，但是很快就向他提供了有利可图的职位——他们公司的“法律顾问”。（据德莱西所说）瓦尔德克－卢梭因为默许让法国的储蓄悄悄流失，每年都能获得由美国保险公司支付的10万法郎作为报酬。地产租用公司聘请米勒兰担任其法律顾问，抵押贷款基金和圣戈班公司雇用庞加莱：在庞加莱为圣戈班公司成功辩护后——原本这场诉讼可能会将圣戈班的两名董事沃居埃侯爵和蒂罗-丹然（法兰西研究院的常务秘书）送入监狱——庞加莱通过选举进入了法兰西研究院。级别最低的地方律师代表可以依靠在两三家公司任职，每年赚取4万法郎，前任部长得到的报酬则会达到这一数字的10倍。金融寡头集团通过迅速向其董事会加入可能会当官或重返官场的政界新秀来保障自己的利益。通过这些预防措施，金融寡头能够确保所有与合同有关的法案记录员对他们有利。参议员安贝尔是战争预算的记录员，他每年都能从为军队制造卡车的达拉克公司获得1.2万法郎的回扣，甚至他每拉到一个订单都会得到一笔按一定比例计算的佣金。安贝尔在因另一件事情受审时承认了这一切，以证明他的诚实。他在口供里说，他的行为与所有其他政客没有什么两样。他每年的开支是6.42万法郎，他在议会的薪水是1.5万法郎。他通过担任达拉克卡车工厂的"总代理人"，每年可以获得1.2万法郎的额外佣金，以此来缩小收入与支出的差距，并且通过经营《晨报》每年另外赚取1.8万法郎——他在他的报纸上鼓吹爱国主义言论，而这一行为会刺激军事合同的签订。

当然，寡头自己也会进入议会，但他们会秘密组建自己的独立团体，这个团体虽然规模很小，却能够在决策中起决定性的作用。银行家艾纳尔——法兰西银行的董事、圣艾蒂安炼钢厂的董事、巴黎-里昂-地中海铁路公司（PLM）和航海总公司董事，以及约瑟夫·雷纳克——罗斯柴尔德的提名者，这两个人被指控为控制这一团体和政府各部门命运的人。他们统治的永久性源自富人既资助左翼又资助右翼这一事实。里昂信贷银行和多数实业家补贴天主教徒，法国兴业银行、犹太银行家和马斯克罗委员会的中小企业商人都向共济会支付费用。各党派依赖报纸，但报纸如果没有金融广告就无法生存（因为要想通过其他形式的广告获得收益，需要经过很长时间)，而新闻媒体的报酬是寡头们支付的。审查可能已被合法废除，但有些事情是银行家禁止新闻界提及的。因此，据说最畅销的《小巴黎人报》的老板让·迪皮伊与瓦尔德克－卢梭达成协议，让后者放弃对德雷福斯①的反对，以此换取在内阁的席位。据报道，《晨报》的所有者比诺－瓦里拉以低廉到荒谬的价格为他的女婿获得了充公的修道院财产，条件是对孔布的内阁表现看似中立实则拥护的立场。克列孟梭因为激怒了《小日报》而被赶出议会，直到后来掌控《震旦报》的犹太银行家决定让其重回议会。因此，德莱西说，法国的民主只是徒有其表，大约有55个人通过控制大企业对这个国家的人民的生活为所欲为。[6]

200个富豪家族的理论引起了人们对重要人物盘根错节的关系的关注——这一内容在后文中还会被提到——但是这一理论从未建立在对历史的公正审查之上。因此，寡头集团中的人数可能远远超过200。例如，1922年，法国的主要公司名单上有434家公司（包括采矿、金属、运输、银行、公共设施、保险和财产)，这些公司共有约4 000名董事，其中约有520人是三家公司或更多家公司的董事。[7]到1953年，有22 753家有限责任公司，但即使撇开所有资产低于30亿法郎的公司，仍然有近2 000名董事。[8]当时工业的发展有限，这群人在经济中未能占主导地位。1906年，有215家工业公司拥有1 000多名工人；1931年，有421家公司拥有这么多工人；1936年有296家。在这三个时期，还分别有412家、713家和615家公司的工人人数在500～1 000。[9] 1906年，51%的工业工人阶级受雇于工人数量不到50的公司。[10]大公司带来的国民生产总值占多大比例尚需要进一步的研究和统计。

在法国有多少富人？关于这一问题，可以粗略地从有关遗产

① 阿尔弗雷德·德雷福斯（Alfred Dreyfus，1859—1935)，法兰西第三共和国时期著名的军事首领。——译者注

的统计数据中得到答案。1933 年，53.6% 的人（661 082 人中有 354 147 人）死后没有留下任何遗产。另一份统计显示，在那些确实留下遗产的人之中，有 52% 的人（185 473 人）留下的遗产不到 1 万法郎，另有 119 774 人留下的遗产不到 5 万法郎，25 808 人的遗产在 5 万～10 万法郎，剩下的 14 838 人的遗产在 10 万～25 万法郎。所有金额在 1 万～25 万法郎的遗产的总额达到了 66.06 亿法郎。但是，有 1 512 个人每人留下的遗产超过了 100 万法郎，总额达 42.03 亿法郎，这意味着这些人的遗产总额占法国人遗产总额的近 30%，而且在这 1 512 个人中，有 162 人的遗产总额达到了 17.18 亿法郎。因此，一年内死去的这 162 人就拥有法国该年度遗产总额的 10% 左右。这意味着非常富裕的人只是极少数，但这极少数人的数量需要以千计或以万计（假设财富每 20 年转手一次，用 1 512 乘以 20，或用 162 乘以 20）。[11] 换个表达方式，我们可以再看下 1900 年去世的人留下的财富——那时遗产税还没施行，财产虚报也尚未流行。在那一年，在所有留下遗产的人当中，2% 的人留下的遗产占遗产总额的一半以上。但在本书写作的这一年，在去世的人中，约三分之二会留有遗产，而 2% 的死亡率意味着去世人数超过 10 000。[12] 遗产总额的 30% 是由 15% 的留有遗产的人留下的，所以这也证明法国确实存在一个人数相当多的中产阶级。随着遗产总额在这期间的增加——从 1850 年的 27 亿增加到 1901 年的 72 亿，穷人和富人之间的差距扩大了。但针对这一说法似乎存在一些不同意见。一个人在他死后留下的东西并不能全面展示他的财富。统计数据表明贫富差距已经缩小，因为穷人已经没有之前那么穷困了，而且穷人的数量较少。曾经，科尔贝[①] 的收入是一个普通工人的 500 倍，但今天情形已经完全不同了。市参议员与工人的收入比例已经从 1800 年的 55∶1 变成 1900

① 让－巴蒂斯特·科尔贝（Jean-Baptiste Colbert，1619—1683），法国 17 世纪著名政治家。——译者注

年的18∶1，再变成1960年的7∶1。此外，在1800年，75%的人的收入处于工人的水平，但在1960年，只有不到10%的人的收入处于工人水平。在购买力方面，富人并没有变得更富有。1830年以来，工人的实际购买力增加了两倍，甚至三倍，但中产阶级公务员的购买力几乎没有变化。没有资格证的男性工人的收入增加到有资格证的工人的80%，而1800年，无资格证工人的收入只能达到有证工人的50%。20世纪70年代，女性的收入只比男性低20%。[13] 19世纪下半叶开始到20世纪中期，穷人地位发生了根本性的转变。到19世纪初为止，每当收成不好时，饥荒仍会蔓延到他们身上。他们的生活水平直接取决于天气，面包的价格在不同年份可能会有三倍左右的波动。但是在1850年，100千克小麦的价格第一次下降到不到普通工人100个小时的工作报酬，1856年是100千克小麦的价格超过工人200个小时工作报酬的最后一年，1891年是此价格超过工人100个小时工作报酬的最后一年。到1935年，100千克小麦的价格已经下降到50个小时工酬了，到1955年已下降到25个小时工酬，1958年下降到20个小时工酬。[14] 因此两个时期财富的差异意味着截然不同的事物。

1900年，游手好闲的富人可能多达50万人。无论如何，许多成年人宣称自己是不从事其他职业的“吃息人”。当然，其中有很大一部分人，与其说他们富有，不如说他们懒散。我们必须记住，1848年路易·菲力浦当选时，选民中的富人阶层的人数已经增长到近25万。但是，在接下来的50年中，富人的特点发生了非常显著的变化，至少就他们的收入来源而言是这样的。1848年，只有约5%的遗产是股票，58%的遗产是土地或房屋。到1900年，有31%的遗产是股票，只有45%的遗产是土地或房屋。因此从这一时期开始，富人的地位高于所有地主，因为他们可以从房屋或农场中获取租金，这被认为是最安全的投资形式，能确保最大的社会声望。这导致大众在不同时期对富人的剥削力度的感受非常不同。一个路易·菲力浦统治时期的投资者更喜欢确切地知道自己把钱投在了什么地方，所以他会买一个他能看到的农场或一栋他可以选择租客的房子。他会把大量现金借贷给他认为还得起的个人，还会借助金钱的力量把他的影响扩展到某个特定的人群中，例如，他如果足够富有，就会为他的租户和借贷人成立一个团体。这一点可以通过观察路易·菲力浦统治时期巴黎那些称自己为“业主”的人的财富分布看出。他们将大约 43% 的财产投入土地或房屋（其中三分之二在巴黎，三分之一在外省），将 18% 的财产投入国家债券——仅次于房地产投资的最安全的投资方式，然后把 15% 的财产借贷给个人。他们只把 3.7% 的财产用于投资公司股票，把 4.5% 的财产放在法兰西银行。平均而言，退休的文职人员会把 25% 的财产借贷给个人，把 53% 的财产投资到土地和房屋中。而那些根本没有不动产的纯粹的“吃息人”，则将 44% 的财产借贷给个人，将 33% 的财产投入国有债券，只把 5% 的财产投入公司股份。1851—1875 年，当土地的价格开始下降时，房屋作为一种替代投资对象变得更受欢迎了。由于房屋建筑在城市中占据了相当大的比例，因此 1850—1913 年，租金价值增长了两倍。

然而，随着拿破仑三世统治下的法国的进一步繁荣，富人开始对如何处理他们所拥有的金钱变得不知所措。这就是人们对拿破仑三世的统治为什么臭名昭著的猜测变得如此疯狂的原因。并非所有的法国人都像过去那样害怕承担风险，许多人把大量资金投在了富有想象力的、浪漫的工业计划和金融计划中。教导有钱人如何投资的金融报纸如雨后春笋。1881 年，至少有 228 家金融报纸。（当时的政治报纸有 95 家，然而谁敢由此就得出结论说法国人对金钱比对政治更感兴趣呢？）1857 年，财经新闻报纸最大发行量是 7 000 份；1880 年，有几家报纸各自拥有近 10 万名读者。[15] 这就是为什么蒲鲁东会将富豪们斥为投机者。[16] 然而，尽管报纸出于唯利是图的原因，试图出售每一种股票，但它们在让富豪变成股东方面只取得了部分成功。正如我们所看到的，变化的确发生了，但程度有限。那些最受人尊敬的金融记者建议大家投资格外谨慎。保罗·勒鲁瓦－博利厄被认为是当时可能最有影响的金融记者，他的《投资和管理个人财富的艺术》一书在出版后头两年售出了3.3万册，并在《法国经济学家》上连载。他强调，1880—1900年，土地已贬值四分之一，土地的购买价格可能要包含最高占购买价格10%的税。他认为房屋投资也过时了，应该把它留给投资专家去做。但他也极力劝说读者不要直接投资工业，他将工业股票归类为投机性股票。"最近的灾难，"他以巴黎公共汽车公司和赛炼糖厂的失败为例，用略带威胁的口吻说，"都证明了即使是一家运转良好的企业，也有可能在几个星期或几个月内，在无人察觉的情况下，由于一些小错误、过度乐观或貌似可信的董事的欺诈而被迫妥协或惨遭毁灭。"这类股票作为最能体现社会进展的象征是值得称赞的，但即使如此，它们也应该留给那些有能力承担风险的大资本家，而就算是他们也应该投资在自己有一定了解的行业。勒鲁瓦－博利厄向一家之主们推荐了国家债券和铁路债券（法国的和外国的）。[17]法国人到底在多大程度上采纳了这一建议，我们现有的数据并不完全一致，但可以肯定的是，到19世纪、20世纪之交，他们在房屋和土地上的投资明显减少了。匿名的股东取代了个人高利贷者。正是这一点激起了社会主义者对无名富豪统治的强烈抗议。

然而，在两次世界大战之间的时期，法国投资者又一次发生了变化。突如其来的通货膨胀迫使人们修正传统的投资观点。他们投注了大量资金的那些国家的政权解体，比如俄国和奥匈帝国，表明了国家债券远非最安全的。于是，土地投资和房屋投资重新回归了，它们起初回归的速度很慢，但在第二次世界大战后大大加快了回归速度。据测算，在土地和房屋上的投资比例从1908年的37%上升至1934年的43%，之后到1949年的54%，再到1953年的60%。[18]这一变化并不完全符合逻辑规则，因为第一次世界大战后引入的租金控制使得房屋的利润较低，而农业的获利也在暴跌。但在经历多次灾难之后，资金安全成为投资的首要目标。例如，囤积黄金这一做法的日益流行就表明了这一点，尽管就经济上而言，这并不是最有利可图的资金利用方式。金路易①（比大锭更容易储藏）非常受欢迎，其溢价达到了40%。使用金路易确实有一个吸引人的特点，那就是最容易避免缴纳遗产税。法国投资者在20世纪中叶的疯狂可以从1953年对储蓄习惯的调查中看出。24%的法国人认为黄金是最安全的投资项目（但只有3%的比利时人给出了这个答案）。储蓄的习惯还没有完全被通货膨胀摧毁。58%的资产阶级受访者和34%的工人受访者表示，他们相信储蓄。然而，到本书写作为止，他们对国家债券同样不抱幻想，而事实证明，比利时人认购这些债券的意愿是法国人的4倍。72%的人认为，投资土地、房屋、黄金珠宝和名画是最安全的，只有16%的人支持股票。仅有8%的人追随股市，11%的人继承了股份。但这确实可以大致表明，全球范围内有相当数量的人属于匿名富豪阶层。[19]很明显，他们已经成为一个处于被动防守地位的富豪政治集团，这也许就是为什么在两次世界大战之间的时期，他们在政治上变得如此咄咄逼人。因此，1935年出版的一本投资指南书被命名为《管理和保护个人财富的艺术》就不足为奇了。[20]

① 金路易，法国金币名，铸于1641—1795年，币上铸有路易十三和路易十四等人的头像。——编者注

第五章

实业家

200个家族神话背后的现实是复杂的，值得我们更详细地加以研究。从人们对法国实业家所做的谴责的角度来研究也是一种不错的方法，尽管这种谴责在许多方面都与现实互相矛盾。这就是大卫·兰德斯的家族企业理论。他认为，一般的法国企业家都是为自己忙碌的小商人，或者顶多是和少数合伙人一起做事的小商人，这种情况不仅在1875年如此，而且在19世纪末依然如此——除了少数例外。这些小商人本质上是保守主义者，他们不喜欢新鲜的和未知的东西，对设备现代化反应迟钝，在财务上也是固执地自给自足。除了少数例外，他们的公司都是在家族基础上组建的，他们获取资金的途径也只是借助于家族或密友，很少在公开市场上寻求资金帮助。他们不把公司视为一种生产商品的方法或一种获得巨额财富和无限权力的方式，而是“一种维护和提高家族地位的封地，它们就像中世纪庄园的产出和庄园可以召集的武士一样，是身份地位的物质基础”。因此，商业只是作为一种手段而不是目的，他们从事商业是为了保存财富而不是创造财富。因此，谨慎是他们的行事口号，他们也从不寻求迅速扩张。这样的公司可以与少数几家现代公司并存，因为后者也部分认可了这些公司的精神——它们宁愿提高价格，也不愿消灭效率低下的竞争对手。[1] 法国是一个由小公司组成的国家，这一图景当然得到了全球统计数据的支持，尽管统计数据所掩盖的事实几乎和它们所揭示的事实一样多。

兰德斯主要关注的是如何解释法国经济的疲软，如何阐释 19 世纪工业发展的缓慢，以及如何说明拿破仑一世统治下的法国霸权地位的丧失。这是一场没有结果的争论。那些攻击兰德斯的人没有提出任何被大众普遍接受的替代理论——也许根本就不存在简单的解释方案。甚至有人怀疑，既然法国已经恢复了工业扩张，又有什么可以解释的呢？有些人认为，法国的落后只是暂时的，甚至法国从来就没有落后过。如果以人均产量为基础来研究产量数据，法国并不比它的竞争对手落后多少，原因很简单：不同国家的人口在不同时期的增长速度不同。[2] 此外，德国也是一个由小型家族企业构成的国家，其企业规模的统计数据几乎与法国相同。在俄国和苏联时期，商业和工业被认为是可鄙的，这一点与在法国一样，但这并没有阻止其 19 世纪 90 年代的工业以每年 9% 左右的速度增长。[3] 另有一些人宣称，影响法国经济发展的决定性因素是农业的落后，而不是工业的落后。他们认为，工厂劳动力的短缺和国内市场的停滞对工业化的阻碍，大于资本不足、自然资源缺乏或企业家雄心不够等因素对工业化的阻碍。让·马尔切夫斯基领导的一个研究小组对所有可用的统计数据进行了大规模的定量分析，但在此之后，经济学家们仍对此持不同意见。因此，在 20 世纪 70 年代，或许最有利的做法就是研究不同的经济部门，来看看是谁在管理这些部门，他们的管理方法和想法都是什么。[4]

最符合大卫·兰德斯描述的是纺织业。毋庸置疑，在 19 世纪中期，纺织业是法国最大的产业。19 世纪末，法国纺织业在世界上排名第四，仅次于英国、美国和印度。纺织业的集中化发展几乎没有什么进展。1950 年，只有 9.5% 的织布厂拥有超过 500 台织布机，

35% 的织布厂拥有不到 100 台织布机，22% 的织布厂拥有 101～300 台织布机。在纺纱方面，最大的 5 家公司只拥有 17% 的纺锤，另有 17 家公司拥有 25% 的纺锤，但 55% 的纺锤由至少 138 家公司共享。家族对小公司的控制是惯例，但其中也会有很大的不同。在第二帝国，我们可以区分出几种不同类型的制造商。这个行业最著名的名字来自阿尔萨斯大区和北部省，比如米卢斯的多尔弗斯和鲁贝的莫特，它们建立了一个“公司网络”，这个网络中的公司通过联姻联系在一起，并且在一个世纪的浮沉中都没有易主。它们的成员控制着所在城镇的政治或社会福利，有时还能赢得议会席位。当然，它们远远没有达到比如控制全国三分之一产量的地步，在经济危机或经济繁荣时期，它们也没有形成统一战线，行为也不统一。北部省的大型公司逐渐成为保守家族企业的原型。它们的做法并不是扩大单位的规模，而是赋予每一代人属于自己的小公司。这样，小儿子就会做竞争对手的上门女婿，而他们的父母就会联合起来为他们建立一家自己的工厂，工厂的名字包含双方父母的姓氏，通常中间都加了连字符。这种做法的理念似乎是为了赋予每个家庭成员在经济上的独立，这也许是对太过密切的家族关系的一种无意识的平衡。任何一个成员都不允许破产，他们的家人总是会帮助他们，让他们重整旗鼓，但在实业运作上，他们是分开工作的。激烈的竞争显然不应该出现在这样的安排中。这些制造商专注于使利润最大化，而不是大规模生产。他们不向家庭以外的人借钱，将利润回笼（或称资金自筹）是正常的扩张方式，尽管为了给儿子创建公司和给女儿置办嫁妆，这样的扩张会受到限制。因此，真正扩张的是家族而不是公司。这些大家庭往往有很多孩子（在这方面，他们不是法国人的典型代表）。1940 年，波莱－莫特夫人去世，留下了 1 257 名后代，但是她的（联姻）公司并不是特别大。如果没有足够的钱为所有的后代安排未来，其中一些孩子就会进入教堂成为神职人员。虔诚的天主教徒、积极的社会工作者和尽责的家长是这些纺织业家族共有的特点。

一些北方纺织业制造商留下的回忆录更多的是关于他们的家庭，而不是他们的公司。他们强调自己的妻子在企业中起的积极作用，并不仅仅是她们可以引入一定比例的初始资本，或联姻可以将她们父亲的姓氏与丈夫的姓氏合并。他们当中有一位写道："人们应该可以认识到，（19 世纪的）妇女在她们长久置身其中的家庭中所起的重要作用。毫无疑问，她们在管理家庭方面是有绝对的控制权的，但当公司与家庭合二为一时，她们不仅要承担和丈夫一样的工作职责，还要在教育孩子方面费心。正是在公司负责人和妻子的通力合作下，鲁贝－图尔宽的工业在 19 世纪初才得以以惊人的速度崛起。"莫特－克拉里斯家族（1952 年，莫特－克拉里斯家族成员有 1 622 人）的历史学家发现，从其档案中现存的头几封信中可以明显看出这个家族的"家族精神"：父母期望孩子服从自己，并往往可以获得这种服从。一位父亲在 1869 年给女儿的信中写道："请相信我对你的爱，就像我相信你对我的顺从和你对工作的勤勉一样。"孩子们被要求为他们家族中死去的成员祈祷，就像为活着的人祈祷一样。所有人被要求参加每周一次的家庭聚餐，这些聚餐几乎被提升到与宗教仪式一样高的地位，或者用莫特家族一位成员的话说，这是"强制性的节日"。莫特－布雷达尔夫人的周日午餐以一首优美的乐曲开始，他们在用甜点前会吟诵圣母的祷文。家庭成员之间的互助是他们生活紧密结合的实际结果，正是这种亲密、隐秘和排他性引发了人们对寡头政治的指责。但这些家庭并不完全自给自足，尽管他们几乎都会从商，但缺乏能力或热情意味着他们无法独自经营企业。他们经常把很大的权力下放给管理者，而这些管理者经常会通过联姻成为家族成员。这些家族为后代子孙和对家族企业有贡献的管理者设立联合公司的情况并不少见。

谨慎是他们的经济政策的特点。1836 年，莫特家族的一个成员去朝圣，目的是"从圣灵那里得到启示，这样我们就永远不会做任何超出我们能力的事情，以免被危险的投机行为困扰"。他的妻子最喜欢说的一句话是“节约是最大的利润”。有时禁止借款的规定甚至被写进了他们公司的章程。他们把这种思想带进了自己的私人生活，严格贯彻简单和朴实的作风，决不允许自己多愁善感。20世纪一位出身于纺织业家族的大亨回忆说，他父母的卧室装饰得“比商务旅客住的旅馆还要差”。他们起得很早，工作的时间和工人被迫工作的时间一样长，除了工作，他们几乎不会想别的事。总的来说，他们不接受高等教育，他们是教会而不是艺术的忠实支持者。[5]

然而，这些对纺织业名人的概括忽略了许多例外情况。在这些家族中时不时地会出现一些创新者，他们（在一定范围内）打破了传统，带来了扩张和现代化。例如，阿尔弗雷德·莫特生于1852年，他的亲戚为他创立了自己的公司，他后来又创办了至少四家公司。他是一个名副其实的工业大亨，但他把自己的工作隐藏在家族企业的传统表象之下。他的每一家新公司都是与一位经理联合成立的，经理负责公司的日常运营，而莫特负责总体监督。莫特打破了一家公司只能专注于生产一种纺织品的惯例，他非常相信工业企业，相信竞争的合理性和公司之间的物竞天择。也就是说，家族企业可以既充满活力又具有防御性。阿尔萨斯著名的纺织公司往往都是这个样子的，这与北方地区的纺织公司相反。他们信奉的新教使他们与社会上的其他成员更加不同。他们是自由贸易的少数支持者，这不仅仅是因为他们乐观，也是因为作为印染布料的专家，他们为出口市场付出了更多。一位著名作家的父亲朱尔·西格弗里德就是这些阿尔萨斯人中最富有个性和进取心的人之一。29岁时，他想到美国内战会减少法国的棉花供应，便去了印度，从那里进口棉花，因此成了百万富翁。作为棉花商人，他的活动范围是世界性的。他到处旅行，并把儿子们送去环游世界。他钦佩倡导工业创新的美国和英国，鄙视满足于固定工资的公务员、只会纸上谈兵的工程师和夸夸其谈的教授——他不喜欢读书，也讨厌文化。所以当他的儿子安德烈表现出学术热情时，他鼓励他成为政治学学院的院长，而不仅仅是该校的教职员工，因为他知道只有成功才能拥有权力。他的座右铭是“生活就是行动”，甚至他的袖扣上也刻着这句话。但有趣的是，他并没有成为洛克菲勒那样的大亨，因为他把自己局限在他最在行的棉花行业，他的野心也是有限的。44 岁时，他从商界退休，把公司交给了弟弟，自己则投身于政治和社会工作。他拒绝为了功利结婚生子，而更愿意娶一位新教牧师的女儿，也正是牧师让他进一步走上了公共服务的道路。他离开了他的孩子们，让他们像曾经的自己那样找寻自己的道路。[6]

然而，这样的纺织世家在这个行业中只占很小一部分。19 世纪中期，大部分制造商仍然雇用人工劳力，生产模式也才刚刚开始转向机械纺织。这些人还没有建立自己的社会地位，他们往往以在小城镇做染色工或布商起步。很少有人能迅速崛起，因为白手起家的现象在纺织业是不存在的。他们没有给自己设定前进的步伐，因为卑微的出身使得他们把自己的未来只限定在小范围的区域内（如果他们不是本地人）。他们还保留着零售商的心态。的确，有一些制造商，尤其是诺曼底人，并没有把从事纺织业作为毕生的追求，也不把其视为一种专业，而仅仅是将其作为一种赚钱和提高社会地位的手段。普耶－克蒂埃就是这样一个人，他在梯也尔手下当上了法国财政部部长。他出生于 1820 年，父亲是一个小制造商和农场主。他很早就看到了新机器带来的可能性，于是他访问了英国并且带回了关于现代化的想法。1859 年，他在鲁昂郊区买下了一家破产的公司，并使其成为诺曼底最大的棉纺织厂。他的年收入达到 180 万法郎。但他利用自己的财富进入了议会，成为一名政治家。相比之下，那些纺织世家从未将政治的重要性置于传统的家庭事务之上。

19 世纪 60 年代，一场严重的危机与英国自由贸易条约所带来的冲击同时发生，直到这时，纺织业雇主的多样性才被人们发现。当时，法国东部地区的那些著名的老牌公司拥有充足的资本，完全有能力经受住竞争。一些在鲁贝、阿尔芒蒂耶尔和兰斯崛起并富有进取精神的企业抓住时机，将自己的工厂机械化，并组建了规模更大的工厂。诺曼底是法国最大的也是最落后的棉花纺织区，那里有着大规模的工匠组织和少得可怜的资本，受到的打击也最为严重。19 世纪 60 年代危机的影响摧毁了手工纺织，也促使纺织业完成了转型。强力的扩张伴随着灾难性的崩塌，即使在重新建立保护之后，这种扩张也没有停止。棉纺织品的消费量在 1869—1913 年增长了 270%，出口量在 1867—1896 年增长了 6 倍以上，尽管这种出口主要是对受保护的殖民地市场的出口。[7] 行业的集中化发展在持续进行，1861 年，阿尔萨斯有 18 家棉花公司，到 1910 年只剩 8 家。[8] 但是这些变化并没有超过一定的限度，它们在 20 世纪开始趋于平稳。1900—1950 年，纺织品产量下降了 10%，与之相比，欧洲其他地区的产量增加了 51%。20 世纪 50 年代，有 240 家工厂停产，剩下的近 2 000 家工厂中只有 255 家拥有超过 200 名员工。行业集中对生产商所有权的影响远远大于对生产单位的影响。比如马塞尔·布萨克这样的新型巨头，截至 1950 年，他拥有 65 家工厂，雇用了 1 万多名工人，涉及的行业包括纺织业的各个分支，其生意包括从进口原棉到零售自己的产品，连克里斯汀·迪奥也只是他的附属公司之一。即使他的事业如此兴旺，他也只负责了法国棉花产量的 10%。[9] 法国纺织业不能被贴上“天生落后”的标签。在第五共和国的经济复兴时期，与其他欧洲共同体国家相比，法国棉花价格上的不利因素（其价格比美国高 30%）被提高 50% 的生产效率弥补了。这个行业的家族结构也幸存了下来。[10]

纺织业的实业家们似乎对民主构成了威胁，这在很大程度上是因为其严密的家族组织结构可以杜绝将公司的情况泄露给公众。这一时期商业的机密性达到了顶峰。但从统计数据中可以清楚地看出，这个让公众雾里看花的行业内部实际上是支离破碎的。从雇主结成的各种组织的历史中可以清楚地看出，纺织企业的老板实际上是糟糕的新手，他们不喜欢工会的严格管理，他们只是结成了基本无效的联盟，这对雇主的各种活动几乎没有任何帮助。唯一的例外是少数羊毛制造商，他们在两次世界大战之间的时期对社团主义产生了强烈的兴趣。

钢铁行业的情况则大不相同。在这个行业，我们可以看到200个家族对企业集中控制的数不胜数的例子。人们对200个家族的注意力的确很早就始于这个行业。在七月王朝的统治下，法国大约有1 000家铸铁厂，但到20世纪末，铸铁厂的数量已减少了四分之三（在1960年减少到140家）。然而，早在1828年，最大的10家企业就已占了资本的39%及生产量的22%。到1869年，它们的铸铁产量占比翻了一番，达到55%，仅汪代尔家族下的各公司的产量就占了法国总产量的11.2%。[11] 这是法国最集中的产业。此外，这些钢铁行业的老板很早就组成了一个压力集团。在路易·菲力浦的多次努力下，他们于1864年成立了“钢铁铸造委员会”，这是自此以后最稳定、最强大的雇主组织。这个委员会对事务的秘密处理也催生了许多神奇的传说，但有关委员会的活动没有被历史记录下来。然而，毫无疑问，委员会为寻求海关保护奔忙，并要求在法国向外国提供的贷款中增加工业条款，以便这些国家从法国购买设备。它还组织了一场雇主对米勒兰公司劳动委员会的抵制活动，并设立了一项保险基金来帮助雇主抵制罢工。在1914—1918年的战争中，委员会的权力受到了官方的肯定和鼓励——当时的政府实际上将与钢铁有关的战争合同的分配权转交给了委员会，使其成为购买国外钢铁的官方机构。这随即引起了公众对该委员会的猛烈抨击：它被指责牟取暴利，在销售过程中偏袒客户，等等。最重要的是，委员会被谴责曾与政府达成一项假定的协议，这项协议使其在德国占领区的工厂免遭轰炸。事件平息后，维奥莱特领导下的议会委员会宣告成立，以对此事进行调查，但他们从未报告事情的真相。相反，钢铁铸造委员会的成员因新获得了洛林的矿山和工厂而富裕起来，如此一来，法国的资源又一次被分配到这些人手中。早在1876年，钢铁巨头们就在隆维银行签订了市场协议，此后又多次签订，但这些协议被指控为危险的垄断联盟。20 世纪 30 年代，法国的钢铁产量达到了创纪录的水平，但暴跌的钢铁需求量让不同的钢铁公司之间更加团结，它们把钢铁价格控制在比其他商品更高的水平，不过这一举动被理所当然地当作委员会违背公众利益的证明。他们与右翼政党的公开来往及公开承认通过资本参与了 1924 年选举的行为激怒了左翼政党，将委员会置于死地成为左翼政党的一个基本奋斗目标。如果不是因为第四共和国初期的混乱及 1947 年法国共产党从政府中的撤出，钢铁行业早就被收归国有了。委员会利用这一时机全身心地投入莫内计划①，并与其他新兴大工厂联合组成了更大的组织。因此，法国钢铁工业的集中度比英国和德国都高。到 1960 年，法国四家主要钢铁企业的产量占法国总产量的 57%，每家企业所占比重在 12%～14%。

钢铁巨头的权力不应该被夸大，尽管它的确很重要。钢铁企业摆脱国有化只是运气使然，并不是它们对其进行抵抗的结果。尽管钢铁大王们控制着经济的一个关键部门，但就它们对国民生产总值的贡献而言，它们并不像看上去那样占主导地位。1847 年，钢铁行业对国民生产总值的贡献仅为 1.1%(纺织业为 17.9%),1910 年为 2.2%(纺织业为 16.5%)。即使加上所有的冶金工业，其贡献值也不到纺织业的三分之一。[12] 1881 年，勒克鲁佐公司的资金大约是 PLM 铁路公司的十二分之一，比巴黎的自来水公司和公共汽车公司的资金还要少。1964 年，法国最大的钢铁公司在资本方面也只排在第 8 位。[13]

---

① 莫内计划是第二次世界大战之后法国政治家让·莫内提出的一个计划。计划内容是将德国的主要煤炭和钢铁产地鲁尔区和萨尔州交由法国支配，并让法国利用这些地区的资源，使法国的工业生产达到战前 150% 的水准。英美两国最初对法国的行动表示默许，但 1946 年后，美国开始反对将鲁尔区从德国分出。虽然如此，在欧洲煤钢共同体成立之后，法国仍然可以合法利用鲁尔区的煤矿。——译者注

此外，钢铁铸造委员会的成员并不像他们看上去那样团结一致，该组织在成立之初就遇到了困难——“香槟钢铁铸造委员会”几乎同时成立，与之针锋相对。[14] 该委员会的内部争端严重到它在 1877 年决定停止讨论制造、商业和保护问题，它也因此变成了一个社交俱乐部。委员会在 1890 年之后又恢复了原来的职责，并于 1904 年任命了一位精力充沛的全职秘书罗贝尔·皮诺，此人担任该职位长达 22 年。罗贝尔·皮诺是勒普莱① 的追随者。他撰写了关于瑞士钟表制造商建构互利社会的精彩文章。他曾经是政治独裁者兼保王派政治家马科男爵的私人秘书，还担任社会博物馆副馆长，直到因为太过专制而被博物馆创始人尚布伦伯爵（他认为研究可以解决社会问题）解雇。

皮诺致力于让钢铁铸造委员会的声音被人们听到，他在每一场议会委员会中露面。1920 年，他成立了一个“经济研究与信息协会”，协会由 15 名全职研究人员组成，名义上是独立宣传部。然而，皮诺有他的困难。一个持不同政见的雇主团体发起了对钢铁铸造委员会的攻击，导致了紧随其后的针对维奥莱特的“维奥莱特调查”。钢铁制造商与其主要消费者（例如铁路部门）之间的关系远非一贯友好，而且有好几次都导致了一些分化性组织的成立。皮诺本人对“法国雇主联合会”只给予了不冷不热的支持，因为他担心如果这些决定得到大多数人的支持，他自己所在的行业将很容易在投票中被采石场、皮具和酒店击败。[15] 法国钢铁巨头的垄断联盟从来没有像德国的那般强大。它们签订的协议经常作废，成员不会受到惩罚，而且与德国的同行相比，它们的员工数量也很少。尽管以法国的标准来看，法国钢铁行业的集中程度令人印象深刻，但在 20 世纪 50 年代之前，其集中程度还不及德国。1913 年，在洛林大区、北部省和加来海

① 弗雷德里克·勒普莱（Frédéric Le Play，1806—1882），法国著名社会学家，19 世纪对法国社会现实进行经验研究的先驱者之一。——译者注

峡省这些冶炼钢铁的主要地区，有9家公司的钢铁产量占总产量的15%，7家公司的产量占38%，4家公司的产量占33%，汪代尔公司的产量占9%。也就是说，12家公司的产量占总产量的80%。与之形成鲜明对比的是，德国的7家钢铁公司生产了占总产量88%的钢铁。[16]对于这些钢铁巨头是否以马尔萨斯主义①的方式用它们的权力来限制商品产量，维持商品价格，存在着许多争议，证据还远远不够充分。很明显的是，在19世纪，很多大型制造商在原材料方面遇到了越来越多的困难。为了能以最低的成本进口这些原材料，他们开始在沿海地区修建房屋，勒克鲁佐工厂最初是在索恩－卢瓦尔省建立的，因为那里靠近铁矿和煤矿，但后来他们发现不得不从阿尔及利亚进口他们所需的原材料。然而在19世纪80年代，由于托马斯炼钢法的发明及布里耶地区极其丰富的铁矿床的发现，法国的钢铁产量从1873—1877年的250万吨和1898—1902年的499万吨激增至1910—1912年的1 440万吨。[17]

在两次世界大战之间的时期，法国钢铁行业的表现与欧洲其他地区相比还算不错。但有两个特征似乎可以将其和欧洲其他地区区分开来。首先，它内部的竞争不够激烈，所以无法淘汰低效的设备，也无法刺激后期的技术改进。法国的生产单位比德国小得多，而美国在1927年就通过采用宽带钢轧机证明了生产力的大幅提高是可能的，到1939年，美国已经安装了28台这样的钢轧机。当时英国有两台钢轧机，德国有一台，而法国直到20世纪40年代末才开始安装唯一一台宽带钢轧机。其次，法国钢铁公司会避免将数额可观的利润分配给股东，而用这些利润建立了巨额储备库。因此，1854—1914年，科芒特里公司、富尔尚博公司和德卡兹维尔公司发放的股

① 马尔萨斯主义是英国经济学家马尔萨斯创立的人口理论体系，产生于18世纪。马尔萨斯在其代表作《人口原则》和《政治经济学原理》中提出了“马尔萨斯人口论”，即人类必须控制人口的增长，否则，贫穷是人类不可改变的命运。——译者注

息从未超过每股60法郎，而在这期间，有24年它的净利润超过了每股200法郎，有7年超过了每股300法郎。同样地，圣艾蒂安钢铁铸造公司在1869—1914年平均派发了每股90法郎的股息，当时其利润为每股300法郎。1914年，隆维钢厂的资本为3 000万法郎，但在计入折旧后，其外汇储备已达3 500万法郎。由于董事之间的关系，钢铁行业在从公众那里筹集资金方面处于特别有利的地位，但它还是更愿意通过企业利润来为自己的大量设备买单。在针对钢铁行业哄抬价格的投诉案例中，只有一个案例得到调查，而且调查结果认定此投诉为空穴来风。钢轨的价格从1828年的3 200法郎（按工时指数计算）跌至1838年的2 100法郎、1882年的800法郎和1960年的250法郎。[18]

然而，钢铁巨头的力量不止如此，它们在国民经济的许多其他部门都有股份。在19世纪，大多数钢铁巨头都是贵族。钢铁行业是唯一值得尊敬的产业。资产阶级确实拥有铸造厂，特别是在北部地区和东部地区，但他们很少亲自到工厂里面工作，而是把它们当作投资。而贵族们就很活跃，爱尔维修、拉马丁的父亲和许多议会首领都是自己管理自己的工厂。[19]贵族兼职做工厂监督的这一传统从未完全消失。在革命结束后，钢铁巨头们以惊人的数量进入了政治界。在七月王朝的统治下，14个政府部门中最富有的人都是钢铁巨头，他们享受着与其财富相称的政治影响力。大公司都在议会有自己的代表。在第二帝国时期，欧仁·施耐德在以极快的速度为其家族企业积累财富的时候，也没有对自己立法会主席的身份（1865—1870）有怨言，那可是一个一年至少要保证全职工作三四个月的职业。他的女婿成为麦克马洪元帅手下的大臣，他的孙子在议会里跟着他干。奇怪的是，汪代尔家族中的一些人不管多么成功，似乎都没有从他们繁荣发展的炼钢事业中得到满足。因此，伊尼亚斯·德·汪代尔（1741—1795），（与威廉·威尔金森同为）勒克鲁佐的创始人，选择用自杀来结束自己的生命，以此表达他希望孩子不要像他活得这么不快乐。他的儿子弗朗索瓦（1778—1825）对钢铁没兴趣，而是想成为一名水手。但他的职业和公司都受到了大革命的破坏，所以弗朗索瓦决定重振公司，以“夯实我自己的财富基础，并给孩子们留个好名声——我留给他们的最好的遗产”。但他也进入了政界，并拼命想得到一个贵族头衔，作为对自己从政的回报。他的遗嘱开头是这样的：“我，立遗嘱人，弗朗索瓦·汪代尔，曾是皇家海军的学生、骑兵团的官员。但今天，与我的意愿相悖，我是钢铁巨头，是几家屡经风雨却依然在繁荣发展的公司的主人……”他留下了400万法郎的遗产，但因为他没有做成水手，他依然认为自己是个失败者，在议会中只展现了平庸的才能，也没有解决完他公司中的所有问题。他的大儿子选择去当农民，但小儿子上了巴黎综合理工学院，女儿也嫁给了一个技术人员，所以公司在科技进步方面得到了保障。在他的下一代中，他的侄子弗朗索瓦·德屈雷，尽管文学品位不太高，却被送到了中央理工学院。侄子加入了他的公司，但因为热衷于写戏剧和小说，后来成为法兰西研究院的一员。另一位在两次世界大战之间的时期掌管公司的弗朗索瓦（1874—1949），也是一位活跃的国会议员，还是联邦党的副领袖。他是收买《时报》并将其作为政治工具的人之一。[20] 钢铁巨头们在许多场合都成功地获得了有影响力的职位，例如，钢铁铸造委员会的主席吉兰是1898年迪皮伊内阁的部长。据统计，1957年，冶金公司的董事中有15人担任过部长，54人担任过议员。[21]

因此，纺织业制造商和钢铁制造商之间存在着显著的差异，他们的内部组成也千变万化。其他行业将揭示更多这样的多样性。笼罩在这些人身上的隐秘性使人们很难真正了解他们，但几乎每一项新的研究都进一步揭示了这些人的复杂性、多样性及丰富的个性，而这最后一点是很多怀有敌意的小说作家所不愿意承认的。

第六章

银行家

在所有的职业群体里，银行家是遭到大众指控最多的群体。他们被指控为终极的权力贮藏库、握有生杀大权的寡头统治集团。司汤达写道：“银行家是国家的核心。资产阶级已经占领了圣日耳曼郊区，而银行家是资产阶级中的贵族。”马克思称七月王朝是富人的工具，这就证明了是金融贵族而不是实业家在统治着这个国家。自那时起，大量关于金钱规则的书问世，其中有些书以反犹太主义者的抨击言论作为主要内容，比如图斯内尔的反犹著作《犹太人——我们这个时代的国王》。[1]“高级银行”这个词在复辟时期首次被使用，它强化了人们心目中的“一个小群体在隐秘地控制着巨额财富”的印象。罗斯柴尔德家族是该群体中最著名的家族，但它直到 19 世纪下半叶才变得重要起来，当时它迅速超过了众多竞争对手。“高级银行”似乎并不是一家统一的机构。它由许多新教银行组成，这些银行大部分起源于 18 世纪，瑞士的胡格诺派教徒在创建这些银行后返回了自己的祖国。马莱兄弟银行成立于 1713 年左右，是巴黎现存最古老的保留原名的银行。1800—1936 年，该银行成员一直担任法兰西银行的董事，法兰西银行正是在他们的帮助下建立的。它在夏尔·马莱任总裁的PLM铁路公司，以及奥斯曼帝国银行、叙利亚和黎巴嫩银行、法兰西－塞尔维亚银行、凤凰保险公司和国家保险公司、勒阿弗尔码头、卢瓦尔河工厂、东京钨矿和乐禧瑞－非洲公司都有股权。虽然奥廷格银行专注于采矿和冶金，但其业务也有类似的扩张；米拉博银行专注于采矿和食品（尼古拉斯葡萄酒、巴黎冰窖）；凡尔纳和努弗利兹银行的业务多种多样。犹太人在19世纪加入了这一圈子。1839—1849年，阿道夫·德艾希塔尔是第一位成为法兰西银行董事的犹太人；1855年，罗斯柴尔德家族的阿方斯紧随其后；福尔德成为拿破仑三世的财政部部长，并留下了一个强大的政治和工业王朝，他的银行与另一家犹太银行海涅合并。[①] 这些家族中有许多通过通婚缔结同盟的例子，尽管其成员也受到古老贵族的热切追求，后者希望成为他们家族中的丈夫或妻子，然而银行家和古老贵族之间的共同利益并没有多少。在路易·菲力浦的统治下，那些老牌公司的家族住在圣奥诺雷郊区，它们是中坚保守派，而左派新兴公司的家族住在昂坦大街，二者之间有明显的界限。它们的财富也没有人们想象的那么多。1823年的马莱兄弟银行只有100万法郎的资本，1848年的安德烈和洛捷银行（努弗利兹银行的前身）只有400万法郎。滑铁卢战役后，罗斯柴尔德家族从国家贷款中获得了巨额利润。正是这一家族惊人的快速发展，创造了法国历史上的“迈达斯传奇”。

然而，我们必须在更大的背景下去看待金融巨头。这些巨头并没有消灭对民众控制得更直接的那些银行家和放债人。1866年，银行从业者有8 080人，其中2 649人为雇主，此外，信贷机构有2 556名雇主和3 674名雇员。仅凭这些模糊的统计数字，我们没办法区分它们所执行的服务的确切性质。但值得注意的是，正如法国人生活中的其他许多分支一样，小人物们要继续与那些对国

① 福尔德家族原本是犹太人，后来在19世纪早期皈依了新教。

家具有重要性的人物共存。1896 年，银行业有多达 7 931 名雇主和 30 484 名雇员（其中四分之一在雇员人数超过 500 的公司工作，四分之一在雇员人数为 50～500 的公司工作），1921 年，雇员增加到 120 673 人，1931 年增加到 160 139 人。但是，即使在银行高度集中化，个别银行发展成拥有几百家分支机构的庞大机构，甚至小规模的放债机构被取缔之后，1936 年法国拥有的银行仍然不少于 2 100 家。据统计，1936 年，有超过 10 000 家银行分支机构，这意味着每 1 000 个家庭就有一家银行机构为之服务，每 200 个贸易商和（有营业执照的）公司就有一家银行机构为之服务。另一项统计是在 1954 年做出来的，这项统计彻底剔除了小银行家，结果是全法国有 268 家储蓄银行（6 家大型全国性银行、82 家巴黎银行、22 家地区性银行和 158 家本地银行）、38 家投资银行、19 家专业金融机构、27 家外国银行和 22 家经营各种业务的银行。[2] 1937 年，4 家最大的银行的存款仅占银行总存款的 46%，但如果我们加上排名紧随 4 家大银行其后的 11 家银行的存款，那么它们的存款总额就达到了 73%。剩下约四分之一的存款都被存在了其余的 184 家银行中，而且这些统计基于公开其账户的银行的记录。

那些小银行的历史甚至比大银行的历史更为模糊，但它们显然在外省人的生活中占有重要地位。这些小银行之所以能存活下来，是因为它们提供了个人服务，并且它们能够通过对客户的个人了解，更准确地评估自己的风险。这些小银行经常可以在同一个家族延续好几代。1809 年在利摩日成立的塔尔多兄弟银行从那时起就确立了子承父业的传统。该银行在当地陶瓷业、制鞋业及 4 个周边省份的农民群体中吸引了大批忠实的客户，并建立了 13 家分支机构和 65 个兼职办公点。各大城市都有许多信誉良好的银行，马赛有 30 家，阿尔萨斯则是另一个拥有许多强大的本地银行的地区。北方信贷银行在法国北方各省的业务非常成功，其规模甚至超过了 6 家国有银行中的 2 家。[①] 就在它们可能被大型储蓄银行的竞争摧毁的时候，巴黎的一些投资银行却给了它们新生。例如，巴黎 – 荷兰银行因为没有分支机构，曾与里昂信贷银行合作在外省发售新股，但是它不想过度依赖某一家公司，因而产生焦虑，于是它开始改用地区性银行来存放这些投资。地区性银行也能够提供巴黎的大银行所忽视的服务。因此，1864 年在格勒诺布尔创办的沙尔珀奈银行可以与当地工业保持密切的联系。沙尔珀奈银行创始人的儿子在水利与林业学院接受训练，女婿则是一名工程师。这些人能够理解新兴的水电行业。20 世纪早期，当地的很多实业家为这些银行家投资，大大增加了后者的资本。到 1931 年，这些银行家拥有 1 957 名股东、9 135 个活期账户和 17 家分行。也是在那一年，他们破产了。但是在这些银行运营期间，电力公司向其贷款 6 600 万法郎，电力冶金公司向其贷款 8 300 万法郎，造纸公司向其贷款 1.8 亿法郎，手套制造公司（当地的重点产业）向其贷款 6 300 万法郎。[3] 这种产业融资意味着它们对经济的控制在许多方面一直是分散的。当然，其中也有风险，1929—1937 年，670 家小型银行纷纷倒闭。然而，法国商人仍维持同时使用几家银行的惯例（这在英国并不常见），与此对应的是英国的银行数量在持续增加。

这些小银行不应该像工匠那样被看作美好世界的勇敢幸存者。正是由于传统银行业务的明显不足，大型储蓄银行才赢得了广大客户的支持。虽然在某些时候，这些大机构被看作对自由的威胁，但最初也是它们把国家从小放债人的束缚中解放出来的。路易·雷博在畅销小说《热罗姆·帕蒂罗寻找社会地位》（1843）中描述了小说主人公试图从一个小放债人手中获得一笔贷款的故事：银行家把他

① 1954 年法国几家银行的资产负债表：里昂信贷银行为 4 930 亿法郎，法国兴业银行为 4 150 亿法郎，法国国民工商银行为 3 590 亿法郎，法国国家贴现银行为 3 590 亿法郎。

送到一个下属那里，这个下属在接待他时带着“一个有钱人的明显的蔑视、蓄意的冷漠、傲慢和不信任——所有的高利贷者都是一样的”。经过一番讨论，贷款获得了批准，但条件很苛刻：利息为5%，佣金为0.5%，每季度可续期，即年利率为2%，委员会起草安全文件公证费用为2%，印花税为2%，共计收取11.5%的费用。高利贷者的暴虐很少被写入19世纪的历史，但它在很多方面肯定是比政府的税收和管制，贵族或教会人士的压迫更严重的。据已知数据，一些新兴产业为了企业的正常运转支付了10%～15%，甚至超过20%的利息，这就是“企业利润投资”如此普及的原因。

首先，大多数银行家也是交易员。塞利耶银行（创办于1800年）一直为勒克鲁佐公司提供经济支持，它即使在改名为弗夫·德马希－西耶银行后，也一直是汪代尔家族的御用银行。但这些只是该银行创始人众多经济活动的一部分，该创始人还是孚日省的布商、阿登省的钢铁巨头和1830年阿尔及尔探险队的军事设备供应商。奥廷格银行在很长一段时间内还是法国棉花的主要进口商，罗斯柴尔德家族的银行几乎垄断了茶叶的进口。相反，沃姆斯－西耶公司长期以来一直是法国的主要煤炭商，后来才增加了一家（很可能是）巴黎最大的投资银行。高级银行倾向于只为少数几个客户服务，即仅依靠几家大公司的利润过活：塞利耶银行（只有30个客户）依靠勒克鲁佐公司和汪代尔家族，佩里耶银行依靠昂赞公司。其次，讷韦尔的12位银行家几乎都出身于当地的陶瓷世家，里昂的银行家更多是丝绸商人，南特的银行家大都是船主。在初期阶段，农村的放债人包括公证人和一般的财务主管人员，后者从事的私人事务多于公共事务。这些小放债人有着大量的业务，因为他们专门从事土地抵押贷款，而这项业务长期以来被认为是最安全的投资，在19世纪40年代，每年的业务量都高达5亿法郎。与此同时，法兰西银行只贴现了1.5亿法郎的商业汇票。法兰西银行的规定繁多，例如拒绝提供超过三个月的贷款，而且贴现后的票据上需要三个人签名，因此这两种贷款方法并不具有真正的可比性。

因此，工业的最大问题是如何获得长期贷款。但人们对这一想法存在着强烈的偏见。梯也尔在 1840 年尽情发泄了他对普通中产阶级意见的不满，他抨击这一行业得到贷款太容易并且使用周期过长，而这将“帮助形形色色的既没能力也没钱的男人创业，他们会过分盲目地纺棉织布，生产大量的产品给市场带来负担，还会与老牌商人进行竞争，这些人会因此毁掉那些在此行业生存了四五十年的人”。[4] 1836 年，亚眠商会以同样的方式写道：“向工业提供过多的资本将诱导我们过度生产，从而导致危险的扩张……我们自己的资金可以满足我们的需要。”[5] 自从有了法律，“银行”几乎成了一个肮脏的词——银行引发了经济危机——许多银行更愿意称自己为“钱柜”。1848 年以前，法国银行的特点是资源分散，可从事活动的范围狭窄，对金融方法和信贷规则一无所知。这些特点被认为是 19 世纪工业化进程缓慢的原因，而拿破仑三世统治时期经济活动的激增可能与发现了使用存款的新方法有关。

当时这方面真正的先锋是雅克·拉菲特，这位白手起家的公证人书记员后来成为路易·菲力浦时期的银行家和总理。1837 年，他成功地说服了主要的金融家、实业家和商人，让他们投资了 5 000 万法郎，成立了一家大公司，旨在通过购买新公司和有前途的公司的股票来刺激工业发展。在第二帝国时期，两个来自波尔多的犹太人——圣西蒙的秘书奥兰德·罗德里格斯的两位堂兄弟——埃米尔·佩雷尔和伊萨克·佩雷尔，把这个想法发展到了更大的规模。他们在福尔德银行和拿破仑三世的特别赞助支持下成立了动产信贷银行，该银行在资助铁路的快速建设，成立法国跨大西洋轮船总公司、巴黎公共汽车公司、保险公司，以及融合六家本来相互竞争的巴黎天然气公司的过程中扮演着重要的角色。动产信贷银行管理着 16 家公司的财务，总资本为 10 亿法郎，相当于巴黎证交所股票总市值的五分之一。它在马德里设立了一家分支机构，并试图通过谈判将业务扩展到其他几个国家。在政府的资助下，它帮助建立了法国抵押贷款基金。但是它面临着罗斯柴尔德家族强烈的敌意和对抗，以至于它在19世纪60年代后期一陷入困境就立即被摧毁了。

在众多奋起撼动传统银行业的金融家族中，佩雷尔家族是最杰出的，而传统银行业将这些家族视为投机者。国家储蓄银行是第二帝国的另一项创新。里昂信贷银行创办于1863年，创始人亨利·热尔曼是里昂丝绸制造商的儿子。他个人只有10万法郎的资本，加上16 160法郎的收入；他娶了另一个丝绸商人的女儿为妻，妻子给他带来了76万法郎的嫁妆。然而，在热尔曼的4万股公司股票中，他只认购了2 150股，其余部分由逾300名银行家和丝绸及金属行业领先者认购。在18年内，他的资金增长了20倍，并拥有了109家分公司。他自己经营公司40多年。热尔曼确实是银行家的杰出楷模，他能支配的财产高达数百万法郎，远超过他的个人资产。但这家银行小心翼翼地掩盖了这样一个事实：在最初的18年里，它的年利润为24%，它只派发了9.52%的股息。14.7%的资金流向了储备资金或董事，因此董事每年的资金回报率约为20%。不过，热尔曼发现银行里还是有一大笔钱闲置着。于是，他向商人提供免费的活期存款账户，并以3%的利率提供定期存款账户。起初，他将近三分之一的可用资本借给了工业，但这些投资基本都损失惨重。1882年法国股市的崩盘使他意识到，工业风险太大。此后，热尔曼只开展保险、房地产、公用事业和外国政府贷款业务。“工业企业，”热尔曼对他的股东说，“即使是那些被最仔细地研究过的企业，即使是那些管理最明智的企业，都存在与为确保储蓄银行正常运转所要求的安全性不相容的风险。”[6]国家贷款的吸引力是压倒性的，因为仅在1871—1874年，里昂信贷银行就通过发售法国政府公债获得了多达2 500万法郎的利润。[7]在成为法国最大的储蓄银行的过程中，里昂信贷银行只收购了一家地方银行：它更倾向于设立分支机构，以便系统地寻找新的业务。该银行最迅速的扩张发生在1921—1931年，当时它在全法国各地新开了大约 1 000 家分支机构。

其他银行也紧随其后，尽管它们走的路线略有不同。法国兴业银行创办于 1864 年，这是老牌银行对新兴的动产信贷银行的一次有力反击，19 家法国公司和 13 家英国公司认购了该银行逾 80% 的股份。因此，它最初既是投资银行也是储蓄银行，并且它的所获利润是里昂信贷银行的好几倍，但它也承担了风险并因此损失惨重，在 1900 年之后，它开始集中业务，转型为储蓄银行，并开始设立与里昂信贷银行规模一样大的地方分支机构。以英国联合储蓄银行为模型的工商信贷银行成立于 1859 年，它避免了兴业银行那样的扩张方式，而是在成立早期就决定与当地人民合作，投资建立地区性银行，包括里昂银行（创办于 1865 年）、波尔多银行（创办于 1880 年）、杜邦银行（创办于 1819 年，是法国北方的一家大银行），以及在 20 世纪 30 年代陷入困境的一些小银行。国家贴现银行创办于 1848 年，在 1870 年成为当时法国的主要银行，但它很快就被里昂信贷银行和法国兴业银行抛在后面，之后它又因支持法国金属公司遭受了一次严重的打击，当时它与该公司共享几个董事。1889 年，这种投机行为的崩溃导致工商信贷银行的一个董事自杀，之后，该银行变得比里昂信贷银行更加保守。

国民工商银行成立于 1931 年，当时它是为了取代另一家创办于 1913 年、被迫清算的银行而成立的，但随着它的分支机构的迅速扩张，它很快进入了四大银行之列。尽管这些银行在对待工业的态度上异常谨慎，但因此认为它们全都谨言慎行是错误的。例如，有人声称在亨利·热尔曼时代之后，谨慎成为常态时，在 20 世纪初出现了一种由路易斯·多里宗主导的新的观点。1896 年，路易斯·多里宗成为法国兴业银行的董事长，他对工业发展更感兴趣。他与巴黎－荷兰银行行长诺茨林合作开展了一项积极的投资计划。但在 1913 年，他被吓坏了的董事们投票赶下了台。[8]

到法国人民阵线形成的时候，这些大银行及它们如雨后春笋的分支机构越发深入人们的日常生活。然而，矛盾的是，就在公众舆论对它们日益扩张的权力表现最大敌意的时候，它们实际上正经历迅速的衰落。在国有化之前，政府和半公立机构的扩张速度非常快。法国存托银行成立于1816年，其主要业务是处理涉及法律纠纷的资金。然而，后来它被用来管理其他各种国家基金，特别是国民储蓄银行和1930年以后的国民保险计划的基金。结果在1939年，它控制的存款远远超过了所有私人信贷银行的总和。法国松鼠储蓄银行在两次世界大战之间的时期因为取消了存款限额而得到了极大的发展。它提供2.75%～3.25%的利率（一般的储蓄银行提供0.5%或0.75%的利率），而且存款可以随时取出（在巴黎即时可取，在一些外省需要提前几天通知银行），该银行的存款额因此激增，在1938年达到了630亿法郎，而其他132家主要银行公开的存款账户中一共只有670亿法郎。法国取得这些成果的部分原因是拒绝把公务员（高级公务员除外）的工资直接打到其账户上，而是坚持使用邮寄支票的方式。这些公务员工作对新兴阶层没有吸引力。1937年，松鼠储蓄银行账户的50%由“业主、吃息人和不从事任何职业的人”持有，15%由公务员和雇员持有，9%由士兵和水手持有，工业工人只持有2.77%。在两次世界大战之间的时期，投资也成为国家大规模赞助的项目。各种国家机构和制度的建立就是为了给不同的经济部门提供贷款，如农业信贷银行（创办于1920年）、国家信贷银行（创办于1919年）、大众银行（创办于1917年）和HBM[①]（廉价住房补贴政策，可追溯到1894年，但直到战后才开始实施）等。进入法国存托银行的大量资金用于大型公共工程的修建。1913—1936年，银行存款仅增长26%，而物价却上涨了5倍。从大萧条时期其中一年的数据中可以看出，人们纷纷远离银行：1931年，银行损失了160亿法郎的存款，但松鼠储蓄银行的存款却增加了100亿法郎。因此

① HBM是法语habitations à bon marché的首字母缩写。

可以说，银行的国有化是民众信心丧失的产物。[9]

富人、实业家和银行家与其他人群的关系一向被认为是支配与被支配的关系，这种理论被过度简化了。在试图对这个主题做出任何结论之前，我们需要对具体的公司和巨头公司进行大量的更详细的研究。在这一方面，我们仍然停留在初级阶段，关于银行的严肃史书也才刚刚开始出版。[10] 但是，现代研究似乎正在从旧有的、高度概括的观点转向一种新观点：经济在朝着一个更加分散也更加自治的方向发展。

第七章

普通人的野心

那些从未富有过、从不曾建立商业帝国、从不曾长久地拥有一家企业的人，以及那些生活在商业社会中下层的人，他们的野心很难被描写，因为他们的故事很少被记录下来。但是，这些人的野心及他们的野心是否得到了满足在极大程度上影响着一个社会的特质。有关法国经济发展的讨论往往不理会这个较为卑微的阶层，吸引人注意的是那些大型工业和家庭企业——显而易见，它们最容易被辨认，也最容易被调查。小公司也许同样会繁荣发展，但要想发财却难得多。它们的发展过程一般是，一个聪明人建立了一家小公司，然后要么把它卖给一个陌生人，要么把它卖给公司内的领导者或其他与公司有关的人（这种情况似乎经常发生）。家族企业的扩张据说一直服从于家庭利益，而这种家庭利益体现在坚持以不大不小的规模为传统市场生产相同的产品，或为年幼的儿子和其他亲属建立小公司。但似乎还有一种人们更愿意采用的替代方案，那就是在赚取一笔数目可观的钱财——刚刚达到富裕的程度后变卖公司，自己选择退休，然后或醉心于园艺和文学爱好，或致力于培养孩子们，以期他们将来出人头地。这些既不是家族企业，也不是股份公司的较小公司，是迄今为止法国数量最多的公司。

到目前为止，本书所讨论的问题一直是实业家的行为方式，另一个关注的问题是：为什么没有更多人进入工业界？众所周知，在法国，传统上父母会将子女送去当公务员或从事自由职业，而这些职业一旦开始，就经常会形成子承父业、代代相传的模式。为什么没有更多人成为工程师和科学家呢？部分原因是人们对野心的不同看法。如果有人查阅当时的职业指南，那么他可以洞察到——只是在一定程度上——那时候的人们如何看待就业市场。这些书的建议当然是有偏见的，事实上，只要写书之人敦促人们进入某些特定职业，他们的建议就会带有所有的道德主义劝诫的弱点。现在我们没办法辨别当时人们是否真正接受过他们的指导，但是，我们可以从不同角度比较职业指南与社会人士对同一问题的看法。那些从不关心经济增长的心理学家和医生的劝告极具启发性。人们在认为某项建议有益于他们的健康时，可能更愿意遵循这些建议，因此探讨医生如何加深当前的经济偏见是很有趣的。尽管存在不可避免的局限性，但人们对成功的态度的演化史是本书的一个重要主题。

爱德华·沙尔东于 1842 年出版的一本职业选择指南书，是了解当时人们对这一主题的观点的一个好途径。沙尔东是一位在许多行业都有丰富经验和人脉关系的杰出人物。他是律师出身，也是 19 世纪最成功的编辑之一，拥有发现公众需求的神奇能力。他创立并经营了这一时期最畅销的三大普及知识的期刊：《名胜彩图库》(*Magasin Pittoresque*，1833)、《画报》(*L'Illustration*，1843）和《环球旅游》(*Le Tour du Monde*，1860)。青年时期的沙尔东是一个空想社会主义者，他在 1840—1848 年任职于司法部（他在那里为那些被判处死刑的罪犯撰写传记，以启发当时的法国国王路易·菲力浦)，1848 年任教育部秘书长，1870 年任警察局局长，1871 年任副议员，1876 年任参议员，接着又成为参议院左翼共和党主席。他的职业生涯使他成为一个开明的、思想先进的、特别关注公众教育的资产阶级人士，因此他的观念可以被视为超前于他的时代。

沙尔东将七月王朝时期的情况与旧制度时期的情况加以对比。在旧制度时期，很多人仅仅因出身而被排除在大量活动之外，并且实现阶层的流动也非常不易。此外，家庭观念会阻碍个人的欲望和野心的发展。“一个家族的子孙认为维护祖先在某个行业或贸易中获得的声誉是一种荣誉，他们远比今天的家族后代更看重这种荣誉”。出身、法律、习俗和父权相结合，限制了人们的视野，给他们职业生涯的不确定性仅留下一点儿空间。但到19世纪中期，家庭观念已经被大大削弱了，仅从理论来讲，选择的自由变得无限大。“父母和孩子经常因教育、观点或信仰的不同而产生分歧，将所有野心勃勃的年轻人都吸引到大城市的集中化发展使得父母和孩子的空间距离也增大了。”然而，即使是像沙尔东一样的空想社会主义者，也认为一个人如果继承了父亲的职业还是能享有很多益处的，所以“即使因子承父业而被旁人忽视或蔑视，他也不至于特别烦恼”。遵循子承父业这个“最简单、最自然的过程”的儿子，会幸免于生活在长期的不确定性中的痛苦，他可以跟父亲学做生意来继承父亲的客户和人脉，也因此可以获得信心和尊重。沙尔东建议仅在特殊情况下打破这一传统，比如当所在行业需要儿子完全缺乏的某种特殊才能，或者该行业正在逐渐消失，抑或是兄弟太多时。也就是说，只有在面对这些消极的原因和不可逾越的障碍时，男人才可以摆脱传统职业。沙尔东坚持认为，如果必须这样做，可选的替代行业应该要确保儿子能从亲戚或其他保护者那里寻求帮助。显然，赞助人仍然是最重要的因素。但也许沙尔东给出的建议中最有趣的部分是人们不应该把目标定得太高。他们应该选择的工作要“能为自己带来自在、舒适，而不是富裕；能为自己带来尊重，而不是钦佩；能发展能力、提高智力和加强道德感，而不仅仅是满足激情”。能够带来财富的工作很可能会带来灾难性的后果从而导致贫困，就像那些能为少数人带来作为最高奖励的敬佩和荣耀的工作，同样会给失败的大多数带来耻辱和嘲笑一样。一个人如果把自己逼得太紧，就会迅速消耗自己。“让生活变得快乐的最好方法是使它变得有益、朴素、简单且不太忙碌，这是圣人和诗人从一开始就重复的事实。”对一个有点儿钱的年轻人来讲，他的理想应该是不让金钱遭受损失，而不是使它们翻倍。他应该在世界上找到一份受人尊敬、不牵涉过多争端的工作，这份工作可以发展他的智力，缓慢却可靠地引导他赢得公众的尊重。

确实，这种理念需要与大多数父母一心为儿子寻求高职的现实调和。这些父母都想为他们的儿子谋求“一个比自己的工作更受公众尊重的职业”。如此，遵照“幸福与社会阶层的提升成正比”的假设，他们就会越来越致力于帮助孩子获得越来越高的职位。因此，沙尔东承认，向上的社会流动越来越多地取代了子承父业的操作，但他认为这样的野心充满了危险，应该适度而审慎地对待。他认为，驱动力和雄心不是使人走向成功的方式，金钱也不应该成为人们奋斗的目标。他不断强调最有价值的目标是“公众的尊重”，那些本身不体面或者有不体面的从业者的职业，无论赚钱多少，都不应该被考虑。因此，初级律师通常比出庭律师赚得更多（除了那些级别最高的出庭律师），但其工作肯定“不那么诱人”。牙医和一些药剂师非常富有，但“虚荣的骄傲”使人们远离这些职业。金融经纪人通常爱好赌博，因为担心被这种“不道德行为”传染，人们拒绝成为他们的同行。为了赢得公众的尊重，一个人行事必须小心谨慎：受尊敬的银行家就是很谨慎的，他们小心翼翼地对待贷款事宜。建筑师只有“赢得了富人的信任，并能用严格的道德标准维护这种信任”，才能期待有活儿可做。确实，那些渴望荣誉的人必须做出一些让步。荣誉是一种崇高的野心，但父母们对是否允许他们的孩子成为艺术家有所犹豫是对的，因为艺术家的回报就是荣誉。尽管当时的艺术家“从未受到如此的尊敬和器重，收入也不高”，但成为一名艺术家还是需要相当出色的才能的，而且来自大众的膜拜其实是一种真假参半的祝福。“受人尊敬比受人膜拜更让人幸福，最简单的生活是最令人向往的生活。”

从健康的角度来看，医生对野心的评价足以让任何人远离野心。让－巴蒂斯特·费利克斯·德屈尔（Jean-Baptiste Félix Descuret）在他的著作《激情之药》（1842）中表明，过度的野心会使人立即出现危险的临床症状。野心勃勃的男人“会变得面色苍白，眉毛皱起，眼睛凹陷，目光游离不安，颧骨凸显，太阳穴凹陷，头发也会慢慢脱落或变白。他们几乎总是气喘吁吁、心悸，而且失眠严重。他们经常发烧，呼吸发烫，也会因急性或慢性肠炎消化不良。这种人常死于胃癌、肝癌、中风或心脏病。但是，‘野心’这种激情最常导致的结果是使人变成忧郁的、尤为野心勃勃的偏执狂”。疯人院里充满把自己想象成将军、教皇或上帝的失败的偏执狂。每一次政治革命都使收容所变得过度拥挤，其中中产阶级尤其多。野心的麻烦在于它违背了当时基本的健康准则：谨慎。德屈尔医生在巴黎进行了23年的实践，他评论说：“野心比人们想象的更为普遍，它正在悄悄潜入所有阶层，无论贫穷富贵，甚至还影响了儿童。”在胆汁质、多血质和抑郁质人群中，这种情况尤为常见，他们寻求的工作超越了他们的才能限度，也超越了竞争的界限，而竞争是一种可以接受的、想出人头地的愿望。对野心的治疗方法是过乡村生活：散步，狩猎，吃重建消化系统的清淡食物，按摩，洗温水浴和进行多样但不累人的阅读。一个野心病人的那种虚妄的骄傲应该受到羞辱，他的欲望应该遭遇障碍；他应该被赶出大城镇，尤其是要被赶出法院和新贵公司；他应该交一些对自己的命运感到满意的朋友，这些人“无论是出于谦虚还是谨慎，都不愿把自己的地位提升到更高的层次。在这些朋友的长期陪伴下（因为信念在男人中具有传染性），他最终会相信荣誉和幸福终究不能结盟，而最雄心勃勃的那些人只是不幸的奴隶，与其他男人相比，他们痛苦地选择了一条艰难的通向死亡的道路，这条路更加喧闹，也伴随着更多的不幸”。德屈尔坚信，“一个野心勃勃的人是一个病人”。当野心残忍地羞辱一个政治家而没有提供任何能够挽救他的虚荣心的补偿时，这种疾病最难以治愈，并经常引发死亡或劳热①。在后一种情况下，医生“只能安慰病人，并向其推荐宗教作为最好的治疗药物”。德屈尔是中产阶级的代表，但他的建议提醒人们，这个阶级中至少有一半是相当保守的，他们对社会流动持警惕态度。他说，野心不可避免地受到以“中产阶级的骄傲”为基础建立的宪政和代议制政府的刺激，他担心“这种骄傲从那时起就传染到了较低阶层”。[1]“医生通常是激进的”这种观念当然是错误的。

另一位医生贝热雷于1878年撰写了《个人、家庭和社会的激情及其危险和不利之处》，该书一开始就洋洋洒洒用了150页的篇幅来抨击人们对财富的激情（在开始抨击对淫荡的激情之前）。他说，这种激情导致男人过于努力工作，并且“由于过度的大脑紧张”而死亡。这种激情使他们开始从事各种危险的事业和各种各样的工作，然而很少有人成功，大多数人因过度劳累、饥饿或感染而生病。聪明的男孩子去城市发展是合情合理的，但如果没有特别的才华却试图超越自己的社会地位，那么这就是盲目的虚荣。“野心可以毁灭人类。”[2]直到1914年，屈莱尔（A. Culerre）医生才在其专著《焦虑的儿童》中将传统偏见和现代观念神奇地结合在一起。他说，尽管没有工作必然会产生使人紧张的麻烦，但避免那些需要过度努力的工作是明智的。所以，商业、政治、新闻和艺术类工作因其所带来的忧虑和失望而应该被规避。自由职业更受欢迎，因为它意味着规律有序的生活，而这“有利于身体功能的平衡”，还给人留有充足的时间放松。而对那些易患神经系统失调的人来说，军事生活是最好的

① 劳热指各种慢性消耗性疾病中出现的发热现象，病人因中气不足、肺气虚弱，稍事劳累便会出现低热的症状。——编者注

选择，因为它给予人们纪律的训练。[3]

1908 年，一位畅销书作家在谈到如何在生活中取得成功时说，法国人如果要保持自己在世界上的地位，就必须改变他们懒惰的习惯，并以美国人为榜样，因为至高无上的地位在以前靠武力赢取，而现在却更多靠商业、贸易和工业，甚至艺术和文学。他引用了安德鲁·卡内基和一本新杂志《贸易与工业》——该杂志是接受了美国《销售杂志》的建议为适合法国人阅读而成立的——这两个例子。他说，在当今时代，野心不再受到谴责，行动和精力都是必需的。为了让读者放心，他说道："努力赚钱并不丢人，只要你使用诚实的手段。"然而，他并没有建议说应该完全遵照美国的例子，因为成为百万富翁并不是法国人的理想。"在建议我的读者赚钱时，我不会催促他们尽可能快地积累巨额资金。相反，我想告诉他们，尽管他们应该尽快摆脱贫困所带来的奴役，但这样做不应该只是为了又陷入金钱的奴役，因为它们是同等残暴的。"他们的目标应该是绝对意义上的独立、幸福和舒适。他们应该让自己免于生存焦虑，以便能够随心所欲地利用自己的时间去度假，去置身于艺术、有品位的家具和书籍中。换句话说，古老的法国理想要在新的语境下真正传承下来。他说，在法国，没有必要像在美国那样以不懈的奉献精神去赚钱。"法国人有权去享受快乐，享受假期，享受悠闲对话的魅力。这种更符合我们国家的传统、品位和教育的方式，才是我所能想象的优秀人士的成功之道。"为此，他举例提到了那些在自己的书中反对匆忙人生和劳累过度的医生，[4] 最后他向人们建议，在工作中要极度谨慎，不要冒失。[5]

鉴于这些普遍的偏见，我们能更容易理解为什么更多有能力的人没有进入工业界。沙尔东经常口头支持工业的重要性，甚至预测将来它会保持良好的职业前景，但很明显，这些前景处于不起眼的水平。"科学行业，"他说，"是一种只对少数人开放的专业，科学从业者需要天时地利才能出人头地。"他在这里指的是大学里的教师职位：他把工业视为一门学科。他认为自己有充分的理由只建议科学家的儿子成为科学家，他们可能会“理所应当”地希望继承父亲的工作，“只要他们或多或少有些资格，毕竟保持一个名字比创造一个名字更容易”。除非一个人天生是这块料，“一个贫穷的年轻人通过研究自然历史来谋生是不明智的，除非他有非凡的才能。他甚至不太可能得到一份舒适的工作，他可能永远不会从一个近乎贫困的阶层走出来”。应用科学家也不是很受追捧。“不难找出灾难性的例子证明人们必须对尚未得以验证的改革保持警惕。因此，许多实业家对科学家的厌恶情绪并非完全错误。”工业上的回报并不高：工资可能从 1 500 或 2 000 法郎起步，且只能增加到 6 000 法郎。所有企业都存在风险。对一个头脑一热就想投身于工业的人来说，最好的建议是至少提防那些跟风的或有投机风险的新兴公司，寻找薪水较低但安全性较高的工作会更明智。沙尔东说，“那些富裕家庭或者小康家庭很少让孩子成为工作职能模糊、有从业风险的土木工程师”。巴黎中央理工学院培养出了一批追求适度生活的年轻人，培养受过良好教育的实业家和有能力的工头是一件好事，“但是对于正在计划或执行的大项目，这个国家拥有足够数量的工程师。在去管理这些工作时，私营企业很少会选择那些轻易获得了土木工程师职称的人”。如果一个人想成为大工程项目的监管人，正确的流程是先去理工学院学习，再在法国桥梁和道路管理局[①]为国家效力几年，然后去工资是之前薪水三四倍的私营企业工作。因此，工程师是由国家控制的少数精英。

沙尔东对一个决心赚快钱的人的建议是进入零售业，尽管这样做会有很大的道德压力。“我们得承认，能确保更实在、更稳定、数目更可观的最高收入的工作很少。一个常见的现象是，工作符合这

① 法国桥梁和道路管理局在法律和法规规定的范围内，代表法国负责管理国家的土木工程。——译者注

种类型的杂货商、面包师和商人工作15年即可退休，他们一般在退休前会赚到不少钱，或者至少可以舒舒服服地过日子。”人们认为提前退休是为了让自己过上美好的生活——但赚钱不是。沙尔东表示，从事商业活动不是一种很有尊严的活动，但人们对它的尊重正在日益增强，特别是对需要经济知识和地理知识的“高端商业”。（这种尊重是对知识的尊重。）当然，一个人爬得越高，他要承受的风险就越大。沙尔东建议人们经营规模适中的小型商店。因此，我们可以看到，这部由具有影响力的公共关系学家撰写的著作，总结了当时的时代观点，断然将年轻人和经济扩张的梦想，甚至是所有的经济活动隔离开来。他在小商业中发现了最理想的赚钱方式，但他也小心翼翼地不让任何人由此误入企图赚太多钱的歧途。[6]

沙尔东有一个儿子，出生于1840年，也就是在其著作出版前两年。有趣的是，他从法国国立高等工程技术学校毕业后成为一名工程师。这是儿子要脱离父亲的独立宣言吗？1880年，这个儿子创作了他父亲所著的《职业指南》的第三版，它包含了这个问题的答案。他认为，19世纪的工程师会因在铁路建设和公共工程领域所取得的成就而得到人们的尊重，但即使如此，他在推荐这个职业时也留有余地。首先，他认为一个工程师需要天生的特殊才能，正如一位艺术家一样。为了展示艺术和科学是如何结合的，他在这篇文章里对达·芬奇进行了长篇论述，文章结束时，他向大家推荐詹姆斯·瓦特，说他是一个“学识渊博的文人”。朱尔·沙尔东（Jules Charton）显然认为自己是一个艺术家或作家，他不是根据行业标准捍卫自己的职业选择，而是将其视作传统上受人欣赏的人文科学行业的一个分支。其次，他警告说，巴黎综合理工学院的毕业生选择成为一名工程师，就会前程似锦，而那些不太好的技术学校的毕业生必须从低等的手工工作开始，要花费10～15年才能获得工程师资格。虽然朱尔是一名工程师，但他同意父亲的意见，认为比起工业，商业是一个更合适的职业选择。他说，在商业中，风险是有限的，商人会失去的只是他所拥有的商品，但在工业中，风险是无限的，制造商可能会失去他所有的资本。“每一次进步都不可避免地会带来风险”：如果机器突然变得过时，制造商就不仅需要资金来启动工厂，而且需要至少同样多的资金作为储备金。只有大公司才有真正的机会尝试冶金业，因为冶金业是一个风险长存的产业。频频发生的事故使采矿变得相当危险。他根本没有考虑纺织业，甚至认为这不值得讨论。[7]

1892 年，职业技术教育总监保罗·雅克马尔（Paul Jacquemart）编辑出版了另一本关于职业生涯的长篇指南。他敦促人们远离古典自由主义职业，但值得注意的是，他也不会向人们推荐工业，他推荐的也是商业。他同样为那些“名字为这个世纪增光添彩”的工程师大唱赞歌，但他并不建议任何人去建立大型工业区。他推荐的人生目标仍然是“独立自主，出人头地”。他劝阻人们远离冶金，因为人生理想在这个领域几乎无法实现。他指出，工业化学家的收入通常比工头少得多，进入铁路行业的工程师必须从底层开始，从驱动发动机做起。只要管理层和技术层互相孤立而且回报大不相同，工业扩张就很难进行下去。经济危机的再次出现似乎也让人们对工程专业失去了信心，就像政治家们因丑闻和危机而失去信誉一样。雅克马尔说，工程师是一个高尚的职业，但前提是其职业性质得到了人们的正确理解。“工程师必须在群众热情高涨的时候踩下刹车。他必须抵制不顾一切的狂热，必须拒绝从事危险项目和投机性开发工作。”雅克马尔在其著作中讨论工程师的篇幅非常小——1 000 多页中只有 3 页半。相比之下，他对商业充满热情。他说，大多数光鲜的巴黎大型百货公司的荣誉董事都是白手起家的。经商的压力非常大，在许多商店里，年轻人都从事着无薪工作（和他们曾经当公务员时一样，但如今公务员是有薪水的）。人们意识到自由职业过于拥挤，商业虽然“外表不那么光鲜”，却更有利可图。因此，贵族对商业的蔑视正在消失，商业逐渐被视为国家的重要力量之一。很多人都希望成为银行职员，以至于只能通过走后门来获得这份工作，而且只能获得非常微薄的薪水。情况出现了翻天覆地的变化，雅克马尔描写商业的方式，正如人们之前描写传统上受人尊敬的职业一样。他举了几个人们现在为了经商所愿意付出的大笔投资的例子来说明情况，比如，面包师傅会投资 2.5 万～4 万法郎，在巴黎甚至需要投资超过 10 万法郎；咖啡馆和餐馆老板会投入更多——巴黎的一些咖啡馆以超过 100 万法郎的价格出售。旅行社推销员不再是巴尔扎克笔下描绘的那样穷困潦倒，他们的道德水准上升了很多，表现得仿佛家教良好。雅克马尔指出，子承父业现在成了例外。“每个人都迫不及待地离开所在的阶层，并且自命不凡，认为自己可以混得更好。”[8]

大型企业和家族企业的封闭性加强了社会对商业而非工业的偏好。“由于建立大公司是未来的事情，”另一份职业指南写道，“年轻人就算再富有，可如果他们将自己定位为企业家或制造商，那么他们也将会面对很大风险。工厂和中小型企业中，除了那些子承父业的企业，或者靠金钱和老客户维持的企业，没有一家能够成功。因此，如果年轻人以大型企业的合作伙伴身份加入，他们会做得更好。即使有充足的财力，他们也不应该在 40 岁之前自己开始创建企业，他们应该先让自己的工作经验、人际关系和做事的信心借由与大公司的合作得到丰富和锻炼，因为这些是客户愿意与新公司开展业务的核心。这不是一件容易的事。”因此，当时很少有声音鼓励年轻人在工业界迅速致富，不鼓励他们将所有家底都押在制造新产品上。[9]

到 19 世纪末，随着教育的发展，大规模培养的学士占据了过大的人口比例，人们越来越清楚地认识到必须改变职业野心的方向。政客们对此给出的建议都很消极，也没有说服力，因为他们自己并不遵循这些建议，而且他们对爱国主义和自身利益的呼吁同样多。

梅利纳宣扬回归土地，放弃城镇和大规模工业，恢复农业和手工业活动。[10] 加布里埃尔·阿诺托（Gabriel Hanotaux）认为，虽然每个人在 15 岁之前都应该待在学校接受教育，但在 15 岁之后应该停止继续学习，除非他们具有不同寻常的天赋；他们可以选择进入除了过度拥挤的公务员职业的其他任何领域——殖民地、农业、工业、商业。[11] 呼吁年轻人去殖民地工作的宣传日渐增强。[12] 即使是大学里的文学教授，也开始认为需要更多的实践活动。有趣的是，他们中的一位在 1908 年撰写了一本名为《昨日的偏见和今日的事业》的书，建议人们最好“平级移动”到同一社会阶层的其他工作，而不是试图跻身不那么拥挤的或新的职业，以谋求更好的发展。男人的工作应该取决于他的家庭和友谊。“卑微之人靠着卑微之人的帮助生活和发展，而富裕之人则靠着富裕之人的帮助生活和发展。”虽然男孩子应该选择与父亲的职业不同的工作，但农民的儿子应该自然而然地成为一名机修工，中产阶级的孩子得填补企业内中层的管理和技术职位，而贵族则应该成为社会的领导者。这位教授的现实主义建议在很大程度上可能是合理的。显而易见，他没有试图通过提出全新的标准来改变旧有偏见，他希望新的职业能够通过继承旧有职业的价值来获得尊重。他说，选择自由职业的人是为了社会利益，而不是出于追求个人利益的目的，这就是为什么他们获得酬金而不是工资，而经济类的职业只能以个人利益为目标。他认为应该消除这种区别。工业确实有其社会目标，他敦促进入该领域的年轻人应该通过限制自身的利益，通过学习文化和通过实践与自由职业相似的习惯来强调这种社会目标。[13] 过渡是渐进发生的。安德鲁·卡内基的《商业世界》被翻译成法语的时候，它被用来弥合旧的道德责任与追求财富之间的差距。[14]

另一本 1916 年出版的名为《战中、战后发财的最佳职业》的书是对公务员和自由职业的又一次猛烈攻击。该书推荐将商业和工业作为未来的职业，“即使它们看起来更卑微”。但这种推荐是留有余地的。作者强调，大多数理想的工作必须通过自身的影响力和寻求赞助来获得。因此，对工程师们来说，在他们毕业时，工程学院会为他们在校友所在的公司找工作，但这些公司通常并没有足够的空缺职位。“要想成为一名工程师，就需要关系、赞助和运气。对那些设法在其中找到了入口的人来说，这是一个很好的职业。”化学家的情形也一样：他们的工作要通过影响力获得。有趣的是，虽然工业现在已被接受（但仍然受到老同学关系网的限制），但金融行业——对扩展工业至关重要的行业——却被谴责是危险的、人们应该避免从事的行业。“蹂躏国家精英”的“一战”结束后，许多行业内大量的空缺职位是无人可求的年轻人保持乐观的唯一真正原因。[15]

出版于20世纪30年代的《卡鲁斯指南》为年轻人提供就业指导，它简明扼要地表明在工业界工作依然是很困难的。战争大大增加了工程师的数量，战后的危机也让工程师获取高工资的希望变得更渺茫。情况慢慢改善后，工程师即使不做广告，也可以毫不费力地获得工作。但毕业生仍然需要从底层开始，做引擎驱动员或制图员，甚至从事纯粹的手工工作——薪水低于熟练技工。化学家对自己的职业地位上升并不自信。书中提到，目前为止，很难看到一个没有资金、只有化学学院学位的人成为董事。“从前，甚至是今天，人们都说学校培养的化学家太多了。确实，化学家几乎从一开始就没有在阳光下赢得一席之地，他们有许多偏见要征服，除了要克服别人的不信任和嫉妒，他们还需要战胜许多其他因素。”对他们来说，不存在职业等级：给工厂的首席化学家做助手的可能是只接受过最基础教育的下级。在这一时期，被认为最具吸引力、据报道也是最受追捧的工作是商业领域的工作。商业领域的职业更容易与社会的传统价值观协调，而且其所倡导的生活方式也更像是旧时贵族的生活方式。自然而然地，人们对商业类工作的兴趣与日俱增，因为这是一个“在高贵而优雅的环境中工作的、干净的职业。有品位的男士会精心修饰自己，他们举止优雅，同来自良好背景的同事们一起工作，与富有的、来自上层社会的客户礼貌来往，享受着装饰得富有艺术气息的商店里的愉快氛围。生活总是艰难而忙碌，但优雅和卓越为生活增添了几分生气”。这项工作所需要的品质包括良好的品位、对秩序的热爱、演讲中的优雅姿态等，也就是彬彬有礼的绅士所具有的优秀品质。这种工作能为人们带来安全感，提供稳定的工资和奖金，获得高额回报的前景也很好。大型百货商店不再担心 19 世纪中期弥漫在商业活动中的不确定性，会计师正在成为有价值的专业人士。在大型的工业企业中，最受追捧的是商业部门的工作。商业部门和行政部门的几乎所有员工一周都只需工作五天，而工厂的职工在周六也要全天工作，有时还需要夜间加班。如果你是一名工程师，你会被流放到某个荒凉的工业区，与社会隔绝，无法享受中等城镇可以提供的娱乐，所以成为一名工程师几乎没什么吸引力。[16]

这些都表明法国工业采取特殊形式进行扩张还有另外一个原因。这种原因尚未被研究过，但可以在法国人追随自己的野心建功立业的历史中找到。公务员和自由职业一直都保持着自身的吸引力，但当担任公职和维护客户的压力变得过于严峻，并且与其他职业相比收入也不容乐观时，年轻一代的就业兴趣就要么被吸引到了商界，要么被吸引到了工业。但工业领域的职业结构存在一个问题，这导致它无法招募那些有雄心、有能力的人，除非他们恰好已经在从事相关工作，或通过一些偶然的机遇招募了他们。在工业企业中，一个人很难从中层进入上层，留给中产阶级毕业生的空缺职位很少，相反，实业家更愿意雇用那些已经证明了自己能力的工人，而且这些人没有升入高层的野心。大型家族企业主要向那些和自己家族联姻的人开放机会。事实上，不仅银行家不会为新企业提供资金，需要资金的人也在犹豫要不要贷款，因为他们不相信自己能创立新企业。

职业指南中关于工程师的就业机会的说法是正确的。[17]1955 年进行的一项调查显示，工业企业提供的管理职位是最少的，只有2.85%的员工在管理岗位。在较老的行业中，这一数字甚至更小——煤矿业只有1%，纺织业有2.1%。只有少数新兴行业的比例明显较高：化学品行业有4.7%，汽油行业有6.8%。但商界提供的管理岗位甚至比新兴行业更具吸引力：企业经理占7.5%，银行和保险行业合计占9.2%（某些保险部门的比例高达20%）。值得注意的是，最具吸引力的仍然是公务员行业，其管理岗位占14%（国家行政部门为16%）。因此，进入国家部门的工程师会顺风顺水，而进入私营企业的主要是那些学业成绩垫底的理工学院毕业生也就不足为奇了。以1929年、1938年和1950年巴黎综合理工学院的毕业生为例，前二十名中只有4%，但最后二十名中有高达80%的人直接进入了私营企业。被最聪明的那群毕业生越来越多地选择的一条路径是，先在公务员队伍中工作一段时间，然后利用自己在学校和政府关系中的双重声望直接进入私营部门担任高管。法国正在逐渐成为“技术官僚国家”的观点是有误导性的。公务员行业的规则并没有被真正突破，最强大的技术官僚仍然是公务员，只不过他们也接管私营企业。最高的管理职位是为这些人保留的。

1956年对冶金和采矿业高层管理人员进行的调查显示，46%的巴黎综合理工学院毕业生属于最高管理层这一级别，但名气较低的中央理工学院只有31%的毕业生任职于高层管理岗位。法国国立高等工程技术学校和地方性的工程学院的毕业生最高仅能升至管理层的较低等级，他们升入更高管理层的难度与工人逾越工头的级别相同。因此，工程师面前有着截然不同的未来，而这取决于他们的出身阶层。出身上层的工程师倾向于从一家公司跳槽到另一家公司，最终在巴黎安居乐业；出身较低阶层的工程师则经常终身在同一家公司工作，直到升至部门负责人。没有工程学位却想要在工业界取得成功的人很少能够进入大公司的最高层，因为它们不接受公司被业余爱好者管理的想法。他们可以成为销售、财务、行政或人事部门的负责人，但在法国，这些人从未获得高级管理职位，而且其权力和声望远低于他们在美国的同行。做到这一步，他们就来到了职业生涯的死胡同。获得最大提升空间的是生产经理：毕业于巴黎综合理工学院的工程师在公司驻外省的工厂工作一段时间之后，有望直接进入巴黎总部的管理位置，职位远高于其他入职更久的部门负责人。家族企业的前景不那么光明，真正能干的工程师很难被这些企业吸引，因为晋升的上限受到限制，那些核心的职位显然会为家族内的成员保留。家族企业只是偶尔才会招进来一个巴黎综合理工学院或中央理工学院的毕业生，来推动家族公司的发展——有时还是通过将他招赘到这个家族来实现的。然而，更普遍的一种情况是，家族企业对雇用任何接受过正规的、先进的科学教育的人都存在偏见，这一点在 19 世纪特别突出。一个工程师的素质越高，他接受的训练就越容易理论化。巴黎综合理工学院的毕业生将 75% 的时间用于理论研究，他们当中只有寥寥几个人在几家大公司掌事。在其余的公司里，白手起家或家族企业的实业家贬低所谓的“工程师的精神”已成为惯例，这个术语意味着工程师对商业和实践方面的忽视。[18] 这些公司倾向于雇用当地艺术和工艺学校较为廉价的毕业生，这些人有 60% 的受教育时间都在实践，而且这些人只是美化了的机修工，并不认为自己可以升至高层。即便如此，这些毕业生也必须努力工作，以争取一个小有影响力的位置，因为比起自学成才的那部分人，他们的学位并没有给他们多少优势。据估计，1962 年，整个工业管理职位的一半人员根本没有接受过高等教育，而且他们应聘成功的原因是公司综合考虑了其他许多因素，比如他们的自身经验、影响力及家庭出身等。

因此，在这个时期，从出身卑微的普通人一跃成为工业巨头的雄心壮志并不现实。拥有最佳机会的是巴黎综合理工学院的毕业生，但众所周知，这种人通常来自优秀的中产阶级或上层阶级，他们需要让控制大公司的金融巨头青睐自己。这种人很少试图建立自己的工业帝国。许多人确实建立了自己的公司，但很少有人使公司达到任何可观的规模。法国土木工程师协会的讣告在这方面具有很强的暗示性。这些讣告表明，没有特殊家庭关系的工程师经常以两种方式发挥自己的才能，这两种方式都没有对法国的经济发展做出太大贡献，而且有些工程师甚至堪称“不切实际”。他们受到的教育使他们对纯粹的科学感兴趣，他们也是兼职的教授和作家。另外一些工程师则出国发展。令人惊讶的是，法国工程师中有相当一部分人有在南美洲、中南半岛和在西班牙、埃及等国家工作过的职业经历。法国的人才出口犹如法国的资金出口，是为了协助其他国家实现工业化。他们在年度报告中列出的自己收到的勋章有许多来自殖民地和外国政府，他们中的大多数人受到了来自法国教育部而不是法国荣誉军团的嘉奖。[19] 撰写时事评论小册子的作者亨利·罗什福尔（Henry Rochefort）的儿子奥克塔夫·德·罗什福尔（Octave de Rochefort）的职业生涯可以说明这一点。奥克塔夫于 1884 年从巴黎中央理工学院毕业后成为工程师，在阿尔及利亚管理了两年森林，1887～1880 年在阿根廷担任工程师，然后进入美国的采煤业。在那里，他开始对打字机感兴趣，随后于 1896 年回法国创建了一家工厂，生产计算机、盲文机和变压器——但似乎这些都没有给他带来任何巨大的财富。[20] 20 世纪，工程师为他们的挫折找到了第三条不同的出路：他们将自己视为社会调解者，即雇主和工人的中间人。他们当中的许多人逐渐走向社会天主教。[21]

大家蜂拥进入商业的一个可能的原因是在革命爆发之前，商业一直受到监管。那时候，一名商人几乎与贵族或国家官员享有一样的特权。长期以来，商人们一直在努力让偷猎者[①]远离他们的领域。20 世纪的小店主一心赚取更多的利润，并且认为他们的客户是为了养活他们而存在的，这些人继承了旧制度时期商人的心态：他们认为自己的垄断就像一种租金，需要由公众支付。旧时教会的教义，

① 偷猎者，原文为 poacher，此处指那些偷偷摸摸从事商业的人。——译者注

即规定商品的价格由卖方的需要决定，而且卖方应该尽可能收取足够的费用来保证自己的体面生活，也是塑造人们对商业的态度的一个助力。商人并没有受到其他阶级的尊重，这是真的，但在他们的内部，更成功的商人肯定被其他人羡慕。

发展中国家的第三产业（商业和行政）经常随着第一产业（农业）比重的下降和第二产业（工业）的扩大才得到发展。然而，19世纪的法国增长最快的经济部门是第三产业。

表7-1　19世纪下半叶至20世纪上半叶法国三大产业比重变化

单位：%

	1856年	1876年	1896年	1906年	1926年	1931年	1936年	1946年
第一产业	51.7	48.8	44.8	42.7	38.3	35.6	35.5	36.0
第二产业	26.8	27.3	28.6	29.2	32.8	33.3	30.5	29.5
第三产业	21.4	23.9	26.3	28.1	28.9	31.1	33.9	34.5

表7-1显示，1856—1896年的40年间，第三产业比重的增加量是第二产业增加量的两倍多。另一项根据户主职业划分的总人口统计表得出了更为惊人的结果（尽管1856年的数字似乎非常值得怀疑）。（见表7-2）

表7-2　19世纪下半叶法国从事各行业的人口统计表（根据户主职业划分）

单位：百万

	总人口	农业	工业	商业和运输	自由职业和公务员	业主和吃息人	无业或职业不明
1856年	36.178	19	10.47	1.732	1.67	1.758	1.484
1876年	36.9	18.969	9.275	3.89	1.96	2.153	0.704
1891年	38.13	17.436	9.532	5.161	2.53	2.17	1.304

从事商业获取收入的人数增加了一倍，而依赖工业的人数则仅增加了50%，这是很有可能的。然而，20世纪从事商业的人口增加的数量非常之少（从188万增加到1946年的216万），直到第二次世界大战之后激增的态势才得到恢复——8年间从事商业的人口增长率高达34%。不过这种增长与当时工业的爆发性发展有关，然而19世纪的情况与此不同。在19世纪，商业发展的机遇因为各行各业的极速繁荣而得到激发，再加上人口的持续分散型分布，因此法国全国范围内开设的零售店远多于其他工业化国家的相应数量。1954年，37%的法国人仍居住在人口为2 000以下的市镇中（德国为18.5%，意大利为7%）。40%的德国人居住在人口超过50 000的城镇，意大利的这一比例是30%，但法国人的这一比例只有23%。[22] 商业活动增加的方式可以从商业在当地发展的规模上得到判断。例如，拥有一个工业城镇圣艾蒂安的福雷地区，同时覆盖了一个大型农业区，它在19世纪的商品交易会的数量翻了一番，从1809年的307场增加到1909年的713场，增长主要发生在1870年之后。除了商品交易会，1909年当地每周集市的数量增加到90次，而1818年的每周集市只有21次。葡萄酒铺的数量也翻了一番，从1857年的4 051家增加到1908年的8 738家。[23] 在巴黎，零售杂货店的数量在1856—1879年短短的23年间也几乎翻了一番。[24]

一定数量的商业扩张活动确实在以更现代化和更大的规模进行。到1940年，合作企业拥有9 000家商店和275万名员工，其商业营业额占总额的13%～14%；这些合作企业的店铺中有60%位于瑟堡到日内瓦的一条线路的北面。据说，连锁店的商业模式始于1866年，当时兰斯的4家批发商开始直接向公众销售商品；19世纪80年代，连锁店开始销售鞋子，然后是葡萄酒、牛奶、衣服和书籍。到1940年，有23 000家连锁店仅经营食品——其营业额占全法国营业额的四分之一。但这些连锁店几乎全部通过自筹资金的方式扩张，没有得到过银行的任何援助。在第二帝国时期出现的大型百货公司也是依靠自筹资金得以发展的。第一次世界大战之前，在美国开得极为成功的“单一价格”商店于 1927 年（也可能是 1929 年）进驻法国。但 1931 年，仍然只有约 100 家零售商店拥有超过 500 名员工，而小店大约有 50 万家：91% 的零售店雇用了三名或更少的助理。此外，还有一些人为法国的 20 万场展览会和集市的运营提供服务。[25]

这些小商人在法国社会中扮演着独特的角色。加布里埃尔·阿诺托称赞他们代表了法国最民主的职业——他们白手起家，一步步发展起来，在这一过程中拥有最大的独立性，而且每个人都有很大的机会去获得成功。[26] 议会的做法似乎支持了这一观点：它一再对连锁店和百货商店进行严苛的征税，试图阻止这些商人的发展。任何拥有 200 名以上员工的商店都必须缴纳相当于 200 名以外的员工工资的五分之一的税。[27] 对营业额超过 100 万法郎的零售商店要征收特别税（91.9% 的零售商营业额低于 50 万法郎），并对连锁店征收双重营业税。1935 年，议会禁止通过观光车扩大零售业；1936 年，议会禁止创建新的“单一价格”商店和新鞋店。[28] 认为议会这么做是因为屈服于压力集团显然是不对的。如果没有这些小店主，法国社会的流动性就会大大减弱，即使生活成本可能会因为这个群体的消失而下降不少。这些店主并没有试图建立一个商业王朝。1880 年，沙尔东父子表示，一个发了大财的零售商会非常不情愿让自己的儿子继承父业，除非别无他法，否则他会竭尽全力让儿子从事自由职业。[29] 一个离开巴黎 20 年的人在重返巴黎之后会发现 20 年前的商店还存活的少之又少。当时的理想是快速赚钱——这也部分解释了为什么这些商店的商品标价很高——然后退休，靠赚到的钱生活。认为零售商都赚了很多钱的想法当然也不全对。[30]（在 19 世纪末）大约 40% 的小生意通常会破产，我们现在很难发现更多关于零售商的财务状况的信息，因为在那些破产的人当中，90% 没有银行账户。

零售业的一大吸引力确实源于此，这样避税更容易。1955 年法国政府的官方统计表明，股份公司隐瞒其净利润的 19%～25%，较小的个体企业和合作企业隐瞒其净利润的 42%～48%，但工匠和店主隐瞒的净利润比例远远超过前面所说的这些企业。[31] 大商店不得不向税务检查员开放账本，小店主自己报个数就行。成为一名店主在某种程度上就是一种避税方式，一种以牺牲国家为代价的赚钱方式。零售商的历史确实是逃避国家控制的斗争史。尽管随着众多公司的创立，旧制度的束缚得到了部分消除，但社会仍然存在许多其他限制。拿破仑三世鲜为人知的成就之一是为店主带来了更大的自由，特别是结束了对面包店和肉店的限制。然而，每个城镇都有自己的法规和税收政策，而店主必须善于规避法律的规范。这就是激进派喜欢小店主的原因——他们身上体现了对权威的抵制、个人主义的发展和提升自我的权利。商业与教育一样，为人们提供了一种在社会上崛起的重要手段，尽管因为没有通过立法制度化，政治家和历史学家对它的讨论少之又少。有些事情是在背后进行的，因为民法将商业活动的秘密作为一项法律原则。对秘密的热情使得贸易变得更加危险。民法中的商业秘密原则限制了信用检查公司和提供商业信息的机构的崛起。[32] 在某种程度上，当时的商业就像游击战，是一场反对批发商和国家的战争，所以店主就变成了双重意义上的小人。[33] 但是，店主的人数并没有随着大型商店的崛起而逐渐减少，自己开店成为店主的人数在持续增加。

比起工业界人士，商业英雄是更具民主色彩的人物。那些尤其能引发大众的想象的人——因为他们的商业活动使得他们的名声超越了这个通常神秘的世界——是巴黎大型百货公司的创始人。他们出身卑微：乐蓬马歇百货公司的创始人布西科（Boucicaut，1810—1877）是帽商的儿子，他在到巴黎之前就是一名小贩；卢浮宫博物馆的创始人肖沙尔（Chauchard，1821—1909）是一个餐馆老板的儿子，他通过在一家叫作“可怜虫”的小商店做店员起家；莎玛丽丹百货公司的科尼亚克（Cognacq，1839—1928）从12岁起就是一名店员。这些人早年都在贫困中度过。布西科是引入新的商业经营方法的真正先驱，这些方法包括固定价格，降低利润率，给员工提供销售佣金，定期清关销售，以及为所有员工提供精细的社会保障体系。肖沙尔更像是一个社交关系攀缘者和政治交易商，他似乎得到了金融家佩里耶的帮助，于1855年创立了自己的商店，为富人的华丽沙龙和豪华装饰提供服务。1906年，肖沙尔从当时的政治家那里获得了法国荣誉军团勋章中等级较高的大军官勋位，而且他给了政治家乔治·莱格很多钱，除此之外，他与激进政治家的关系我们了解得并不多。科尼亚克用自己5 000法郎的积蓄开了他的第一家商店，可是全部赔光了。之后，他开始在巴黎新桥上兜售商品，又攒了5 000法郎，并于1870年在那附近租了一家小型精品店，它就是莎玛丽丹百货公司的原址。两年后，他与乐蓬马歇百货公司服装部门的首席助理路易丝·热（Louise Jay）结婚，热有2万法郎的积蓄。这表明了资本在商业中的积累速度有多快。这对夫妇一生没有问别人借过一分钱，并且只在外送的产品目录中刊登广告。法国店主的价值观和经营方法在这家店得到了充分的体现：商店的90个部门中的每一个都是一个独立的商店，每个商店的售货员的薪酬包括两个部分：零售工资（1933年的年薪仅为300～1 200法郎）和3%的佣金，后者的数目可以比任何职业的都更可观。布西科和科尼亚克都引入了员工参与利润分红的制度（分红随着员工级别的提升而变得越来越丰厚）。他们和肖沙尔都给慈善机构捐了大笔款项，成了慈善家。有人说科尼亚克这样做是出于对国家的强烈憎恨，所以决心在去世时不付任何遗产税。他们都没有孩子。布西科和科尼亚克的妻子都在商业上很活跃，这使得他们的公司成为零售业中非常典型的夫妻店。布西科去世后，布西科夫人作为寡妇独自经营乐蓬马歇百货公司，并取得了巨大的成功。积累了巨额财富后，科尼亚克和肖沙尔喜欢上了收集油画，这些画作最后分别遗赠给了巴黎市和卢浮宫博物馆。他们的藏品数目庞大且极具价值，但我们尚不清楚他们中的任何一个是否对绘画真的很感兴趣。科尼亚克非常喜欢去剧院，剧院的演出经常让他回想起自己在新桥上作为小贩的成功。他的夫人路易丝·科尼亚克最终接受了他在艺术品上花费巨额钱财的做法，并说她更喜欢他“为了自己的健康”把钱花在艺术品经销商身上，而不是情妇身上。无论如何，科尼亚克真的是品位庸俗，欣赏不了自己收藏的画作。[34] 他对政治完全不感兴趣，但却会认真阅读报纸上所有的商业广告。他偶尔会去旅行，因为他发现这会改善他的食欲。他有时会去喜歌剧院，因为音乐能帮他进入特别轻松的睡眠。但是，虽然他赚取财富的原则是商业性的，他也讨厌这个国家，但在商店的组织架构上，他完全遵循了这个国家的官僚的组织方法，组织结构同样臃肿，规章制定同样烦琐。莎玛丽丹百货公司不是无政府主义的公社联合会，规章规定了员工行为的每一个细节，从禁止店员穿丝袜和过于暴露的裙装，到要求8 000 名员工每个人在吃免费午餐时始终坐在同一个地方。“顺从是他的法律，任何主动精神都使他恐惧。他的力量源于他的惯性，这种惯性反对所有的大胆妄为。”[35]

商业世界变幻莫测，不仅因为贫富间的巨大差异，还因为不同地区人们的不同商业实践和心态，这一点在地位较低的阶层中尤其突出。至少在 1914 年以前，教育资格在商业领域没有任何意义。巴黎高等商业学校于 1820 年由一些批发商创立，旨在提高“被公民如此轻蔑地称呼的商人”的教育水平。该校于 1830 年被革命者布朗基①的哥哥阿道夫·布朗基收购，作为营利机构经营，最终，该校由商会接管，主要由来自商人家庭的富家学生赞助。[36] 在两次世界大战之间的时期，法国开办了一些学校培养销售人员（其中有一所学

① 路易－奥古斯特·布朗基（Louis-Auguste Blanqui，1805—1881），法国革命家，空想社会主义者。——译者注

校模仿的是普林斯夫人在波士顿建立的旨在为法林百货公司培训销售人员的学校，后者后来被并入西蒙斯学院），还引进了一些哈佛商学院毕业生来教授课程，但学校的影响并不大。能使人们获得从商最低资格的函授课程更受欢迎。[37]

这些现代化商家是否比以前的商家赚得更多还不清楚。我们已经知晓的是，就整个法国而言，其 20 世纪上半叶商业财产价值的增加之多，超越了其他任何形式的投资，而且商业是唯一没有受两次世界大战影响的投资形式。实际上，不同区域盈利的差异的确非常大，我们尚未对此进行分析。这些差异似乎并不直接与当地的农业或工业增长有关，例如，奥德省和沃克吕兹省的店主的繁荣程度远远超过瓦尔省和埃罗省等邻近省份，以及北部省等富裕省份，这种情况有待进一步解释。[38] 但也许这种商业财富的积累为法国 20 世纪 50 年代的经济扩张提供了基础，就像 18 世纪英国的商业繁荣为它的工业革命提供了坚实的商业基础一样（这也是英国工业革命的发展远远早于法国工业革命的发展的部分原因）。

第八章

公务员

公务员是另一种其队伍的扩大就意味着资产阶级权力的提升的职业。这句话的确很有道理。但是，公务员人数和岗位的增加并不会自动增加资产阶级的影响力或提升社会地位。相反，如果研究一下人们为什么想从事公务员这一职业，以及他们在进入这一职业后究竟能够做些什么，我们就会发现公务员在社会上的地位其实处于一种模糊不定的状态。公务员的地位在19世纪的不同时期发生了各种各样的变化，也会根据个体在等级制度中的位置而摇摆不定，并且，在1940年之前，公务员的身份是深受人们嫉恨的。

法国是欧洲官僚体制的先驱之一。在17世纪和18世纪，公务员职位的数量急剧增加。其原因之一是，法国国王在需要钱时不像英国国王一样可以从议会获得，而是要通过出售公职来维持自己的专制统治。获得这些官职可以得到免缴一些税的好处，一些更高级别的官职甚至可以给人带来一种贵族身份，尽管贵族头衔已经不再受人敬仰。当然，这些官职都会为任职者带来声望。由此，在政府部门工作变成了一种投资，在这种投资中，资本的回报虽然不高，但社会地位的提升可以为此做补偿。法国人养成了将钱投入国家机关和土地而不是工业企业的习惯。低而稳定的回报率被认为是聪明人士的正确人生目标，对那些以这种方式获得成功的人来说，谦虚适度的生活方式被奉为社会规范。法国大革命虽然结束了公职的出售——在少数情况下，它依然在进行——但并没有改变人们的投资习惯，也没有改变国家公职的社会地位。大革命之后，才能出众的人士才能进入公务员队伍，但是对某人才能出众的主要证明——教育资格证明——仍然需要购买。人人机会均等的说法让那些在公务员制度中得到晋升之人的社会地位显得更高了。大革命不仅使公务员制度变成了一项投资，还让它成了一种理论上人人都能参与购买的“彩票”，人们对“奖品”的渴望也变得更加疯狂。

1842 年，沙尔东在他的《职业指南》中提出了一些有趣的理由来解释为什么“公共服务事业深受那些中上层阶级出身或教育背景良好的人追捧”。这是一种比工业和自由职业更好的选择，因为从事后两者遭遇失败或灾难性打击的可能性更大。公务员是一个安全的职业，但它也带来了高风险，因为无论以什么标准来衡量，高级公务员职位的薪水都是相当高的。但是，从事这一行业只需要少量的资本，比其他行业所需的资本少得多。[1] 因此，想从事公务员行业的人的态度与那些考虑投资买房的人的态度大致相同，问题都在于要发现投资会带来哪些利益，以及人们对此有何态度。当然，在 19 世纪，各个阶层都能感受到公务员这一职业本身的吸引力。议会政府表示通过赞助进入议会的机会正向更多人敞开，任何人都可以通过与议员讨价还价的方式来换取自己的选票。教育的普及给越来越多的人带来了获得公职所需的基本资格的机会。

在本书所涵盖的这一百年之初，法国就已经是欧洲公务员数量最多的国家了，而在这一百年中，法国公务员职位的数量翻了两番，依然是欧洲之最。1848 年，当政府被大众要求公布一份所有公职人员的名单时，政府以任务量太大为由拒绝了，他们声称完成这一任务需要查阅 50 卷书的记录。在 1945 年之前，从来都没有一份准确的统计数据，公务员的人数并不确定。但粗略地说，在1848年，法国可能有大约25万名公务员，1914年有50万名公务员，1945年的公务员数量是100万。法国与其他有对比意义的国家之间的真正区别不在于公务员的人数，而在于中央政府的雇员人数。1950年，英国有68.7万名公务员，但它还有150万名地方政府雇员，而法国的地方政府雇员人数只有37万。美国各种不同名目的公务员似乎比法国更多。据统计，在两次世界大战之间的时期，像波尔多这样的城市，每82个居民中就有一个是公务员，但这与新泽西州纽瓦克的86∶1差别不大，这个数值大概就是西雅图的52∶1和代顿的157∶1的平均值。[2]

更根本的差异是公务员在法国社会生活中的地位与其他国家极为不同。法国公务员履行了两项显然相互矛盾的重要职能。一方面，成为公务员仍然是社会流动的主要途径；另一方面，这些靠家族中有人成为公务员而在社会上崛起的家族，其成员往往没有在商业或工业发展中取得什么成就，相反，他们继续留在公务员这一职业内发展。因此，官僚机构的不断扩张在某种程度上意味着它成了一个庞大的、日益发展壮大的家族帮派。虽然在公务员这一职业，功绩的选拔制度依然盛行，但公务员几乎已经形成了一个世袭阶级，这一阶级具有极为一致的人生观和价值观。他们并不是一个社会团体，但他们与被他们日渐取代的竞争对手——神职人员——有很多共同之处。

对政府雇员的详细研究仍在进行，官僚社会学在20世纪70年代已成为法国的一个新兴课题。有一项针对1945年以后的法国官僚的统计分析非常有启发性，如果把战前教育的日益普及考虑在内，而对其数据进行适当的修改，那么其结论很可能同样适用于战前的年代。20世纪60年代，公务员中行政级别的这部分职位基本上由出身上层阶级的男性担任。在出身贫寒的公务员中，只有15.2%的人达到了这个级别，中等出身的公务员中能达到行政级别的也只占19.3%，而出身上层阶级的公务员中有65%达到了这一级别。在所有公务员中，只有12%的人出生在巴黎，但在行政级别的公务员中，这一比例为39.1%。行政级别的公务员中只有23.3%的人没有其他同为公务员的家庭成员。那些父亲也是公务员的公务员中有87.3%的人拥有身为公务员的亲戚；有47.6%的人不仅父亲是公务员，祖父或岳父及其他旁系亲属也是公务员。特别引人注目的是，法国社会上层阶级中的公务员与非公务员之间几乎没有来往。因此，在上层阶级，如果父亲在私营部门就业，那么他们的儿子中只有9%会进入公务员队伍，但如果父亲从事的是公共事业，则他们的儿子中有57%会进入公务员队伍。在较低的阶层中，这种传统更强大：只有44%的私人雇员（文员）的儿子进入公务员队伍，但国家雇员的儿子进入公务员队伍的比例高达82%。当某些地区的公务员数量比其他地区多得多时，国家公务员征聘的封闭性质就更加明显了。总的来说，法国南部的公务员子女比北部多得多。科西嘉岛上的居民有5%以上在国家机关工作，在埃罗、奥德、阿列日、上比利牛斯、东比利牛斯、上加龙、洛特－加龙、洛特、科雷兹、洛泽尔和阿尔卑斯的三个省，有3%以上的居民在国家机关工作。[3]此外，人口数量为1万～2万的小城镇——这些小镇往往主要因为其行政职能而显得非常重要，而且其公务员的比例也非常高，是城镇中最负盛名的角色——的公务员人数几乎是大城市（在这些地方，商业和工业的吸引力都很大）或偏远乡村的两倍。[4]如果说“一个国家的一些人在赚钱，而另一些人在管理国家”，这未免有些夸张，但有关公务员制度的民意调查显示，与北方相比，法国南方对公务员制度的敌意小得多。[5]

大革命以来，公务员制度的性质发生了变化，因此很难对这一时期的情况一言以蔽之。然而，在许多情况下，这些所谓的变化是具有欺骗性的——过去的传统在新的形式下得以维持，但是，这一职业仍未向真正的人才敞开大门。

这一时期的一个根本转变是高薪的消失。在七月王朝末期，那些爬到社会顶端的人的报酬丰厚到可以使他们步入法国最富有之人的行列。当时有4位大使每年的薪酬超过15万法郎，102名公务员的年薪超过2万法郎，1 009名公务员的年薪超过1万法郎。然而，低级公务员尽管在工作内容上与这些高薪公务员非常相似，却只能拿到少得可怜的钱。但工作内容其实与他们的报酬无关——这是一个分赃制度。当时全法国有277名地方行政长官和副长官：其中两人年薪超过6万法郎，但有228人的年薪只有约3 000法郎。不同部委之间的工资差别也很大。财政部门收入最高：一个负责间接税的主管年薪在7 200～12 000万法郎。靠学问赚钱的职业薪水最低：一个负责道路和桥梁的总工程师只有4 500～5 000法郎的年薪，而一个手下管理着几个部门的校长年薪只有6 000～7 200法郎。相应地，法国的财政管理支出是占预算最大的项目——8 900万法郎用于支付财政官员的工资，相比之下，陆军支出只有6 200万，海军支出为2 600万，宗教支出为3 000万，法院支出为1 500万，内政部支出为760万，外国办事处、公共工程和教育支出各约为500万，农业和商业支出为170万，还有1 100万法郎用于中央行政机构。这些数据让我们对当时的战利品分配有一些了解，但工资并不是公务员收到的唯一报酬。一些工作的报酬仍然以中世纪的方式支付，其完全来自向公众征收的费用——以这种方式获得工资的不仅仅是公证人，还包括抵押贷款的管理者和法院书记员。一些人获得了作为工资补充的费用：大学教授可以分到一部分入学、考试和证书的费用；财务管理部门的员工会因收益增加而获得奖金；那些查获违禁品或发现税务欺诈的人可以分到一部分没收所得、罚款和充公财物。有些人的工资不是固定不变的，例如在领事馆工作的大臣和一些从事财务工作的人。首席税收官员有权委派他们的工作，所以那些年薪在1.5万～2万法郎（还可以作为副长官获得3 000～4 000法郎）的首席税收官通常会给自己找一个代理，被指派的代理只能获得1 800～2 000法郎的年薪。[6] 1945年，这些问题已经基本被解决了，1946年设定了统一的薪酬结构，最高工资和最低工资之间不再是150∶1的巨大差异，它被缩小到11∶1（或税后的8∶1）。公务员的标志也发生了变化，身份的平庸取代了昔日辉煌，精打细算取代了旧日的大方慷慨。当公务员不再是通往财富的途径。

另外，对那些自掏腰包当公务员的绅士而言，这曾经是一种兼职工作，工资只是其收入的一部分。因此，政府对作为许多国家工作必然附属物的私人收入的取消也是一种很激进的措施。国家服务部门中那些较好的职位现在都要求年轻的新人花一两年，甚至更长时间先进行无偿工作，他们要在这个过程中学习工作职责并赢得上司青睐。在一些部门，例如监察局，想当副监察员的候选人必须从父母那里得到2 000法郎的保证金，才能维持他们无偿担任这个职务期间的花销。至于其他职位，例如当他们在税务部门担任编外职务时，父母则必须承诺至少抚养儿子两年。在金融服务行业有许多工作，候选人在最终获得一个带薪职位时都需要存入保证金——保证金的数额相当于一名税务员工资的三倍，如果被提升为特定税务员，其保证金则相当于工资的五倍。1894年以前，在外交部门，候选人必须有6 000法郎的私人收入才有资格竞选，在它开始为年轻的新雇员支付工资之前，我们很难说公务员制度是对所有英才开放的。在司法方面，直到1910年，候补法官才开始正式拿工资。但是，即使在1910年之后，进入公务员行业所需的教育费用仍然对民主招聘构成了障碍。巴黎自由政治学堂的毕业生在竞选财政部和外交部等部门的那些最好的工作岗位时，基本上处于垄断地位，而且由于教育要花费大笔费用，这些招聘来的人都出身富裕家庭。因此，当一个农民盯着一幅上面写着“皇帝（或共和国）邀请所有人都来申请公务员职位”的民主口号的海报时，他是完全不会被欺骗的。公务员职业仍然保留着严格的等级制度。

引入公平考试作为一种选拔公务员方法的进程相当缓慢。通过大革命建立的所谓的民主竞争通常被任人唯亲和裙带关系取代。当真正对应试者进行测试时，这些测试通常只是敷衍了事，纯粹是象征性地做个样子而已。直到1872—1874年，严格的考试制度才尝试性地被引入，并且在此之后，许多工作的招聘都经常使用考试制度，但似乎直到世纪之交，考试制度才被真正地确立。然而，这并没有解决公务员招聘的问题，也没有带来完全公正的考试制度：公务员的录用取决于相关部门保守派领袖的想法。考试通常只测试一些有限的品质，成功有时取决于候选人与赞助人的关系，赞助人会要求候选人知恩图报。例如，殖民地招募公务员一度趋向保守，因为候选人主要来自由法国非洲委员会所管理的殖民地学院，该学院只接纳与对殖民地感兴趣的金融寡头有着相同心态的人。因此，赞助人制度只是被改变或修改，并没有被完全废除。第三共和国的早期阶段，人们大肆宣扬择优录用的时候，也是“滥用推荐信被推到闻所未闻的极端”的年代，时任财政部部长的莱昂·萨伊曾将自己面临的来自求职人员的压力比作旧制度时期普遍存在的压力。[7]米勒兰说，他每天都收到150封求职信，而在两次世界大战之间的时期，邮政局副局长每年都会收到10万多封来自政界人士和其他有影响力人士的推荐信，帮助自己人推荐工作或晋升、调职的机会。1930年，一名谋求晋升的地方法官让38名代表和参议员写信给司法部部长以获得支持。在19世纪、20世纪之交，法国发生了一场危机，当时法国反教权主义的热情高涨，埃米尔·孔布公开为偏袒主义辩护，这个行为很是失策。结果，1905年，每个公务员都获得了在受到纪律处分的威胁、遭遇违背意愿的调动或因为资历问题被推迟晋升时查看自己档案的权利。这使得上级对下级做出年度评定报告——在过去这是有关个人生活方方面面的海量信息——变成了一种纯粹的形式上的、毫无意义的例行公事，并且使靠资历晋升成为一种几乎不可动摇的规则。

法官和大学及中学教师在19世纪80年代争取到了法律对自己的保障，小学教师也受到1880年和1919年法律的保护，但有些行业在获得立法保障方面进展较慢，对从事这些行业的人来说，最高行政法院就是上诉法院。1919年以后，每年都会有大约1 500起不正当解雇或晋升失败的案件被提交至最高行政法院，但案件通常需要四年时间来审理并做出判决，如果政府拒绝执行法院的判决，就需要再花四年强制执行。到20世纪30年代，工会对他们已经尽可能地在行业内消除了偏袒现象表示满意。但议员们仍然继续给部长们写信推荐自己的选民，部长们答复说，他们会把信交给有关当局，有关当局将确保公平、公正。议员们可以把这个答复发给选民，这样大家或多或少都会满意。[8]然而，考试并没有使国家行政部门成为其所有分支机构自始至终都从同一来源招聘人员的机构。由于社会关系的偶然性，招聘工作不可避免地成为一个谜，竞争不仅存在于不同的机构之间，而且存在于同一家机构的不同部门。例如，1927年，财政部的10家不同机构在没有任何合作的情况下提供了1 200个不同的工作机会。即使消除了偏袒，每个部门的招聘怪癖和传统也会更容易地在这个支离破碎的体系中保留下来。

当曾经获得政治提名的公务员试图将他们的工作变成终身职业时，一个微妙的变化发生了。长期以来，政治因素在许多政府任命中发挥了重要作用，但直到1870年，公务员才被要求对当权政权宣誓效忠。因此，每次革命都会发生大规模的公务员解雇和大批新政府支持者的引入。两个原因导致这种情况发生了变化。一方面，政府发现，在每次革命之后，很难找到成千上万个合适的公务员，于是不可避免地，政府不得不留下许多有经验的人员。随着时间的推移，这些人的办公室的政治色彩逐渐淡化，政治任命往往局限于少数职位。另一方面，公务员更大的压力来自他们需要自己寻求安全保障。一旦上任，即使是政治人物也要摆出一副无私为公众服务的姿态，即使是那些曾经作为拿破仑三世镇压政策的主要工具的官员，也在试图培养超然的态度，并把自己看作职业的行政人员。[9] 人们开始抗议高级指挥职位被任意分配给无经验之人。每个政权的政治反对派都认为公务员的集中化是削弱政府权力的好方法。公务员对养老金的痴迷让改变最终发生，领到一笔养老金的前景逐渐成为在公共部门就业的主要吸引力。最初，只有军队有令人满意的退休计划，陆军军人在服役30年后（海军为服役25年后）可以得到一笔数目可观的养老金（中将为4 000法郎，上尉为1 200法郎）。神职人员从来没有得到任何养老金。至于间接税部门的税务人员，他们的职位与其说是领薪水的工作，不如说是自己掏腰包购买的合同。1790年颁布的一项法律规定，其他人在公共事业部门服务30年后可以拿到相当于一半薪水的养老金，但我们尚不清楚是否总能达到这一数额。事实上，该项法律规定，国家只需向工作了30年的少数公务员支付相当于他们职业生涯所赚取的最高工资的六分之一的养老金。它还允许将公务员5%的工资存到基金中作为养老金的补充，但事实证明基金不够用。国家开始对其进行补贴，但基金的安排和分配非常复杂，每个部门的情况都有所不同。[10] 直到1853年，国家才统一养老金制度并开始直接向公务员支付养老金，就像对军队所做的那样，只是它扣留了公务员5%的工资。[11] 一旦对公务员的工资有扣押，解雇公务员、剥夺其不断积累的财富就不可避免地会变得困难得多。这样，当公务员无论是否在履行其职能，都享有他们在薪金方面的权利时，他们就赢回了旧制度时期这种职业的某些益处。事实上，国家通过开发这个具有许多不同等级和子类别的晋升制度，鼓励了公务员保持对地位和等级的传统痴迷。这样一来，既可以通过微小的工资增长来满足公务员们的野心，又可以通过严格的制度来控制每个职业的发展进程。中央集权主义认为，工资必须与城镇的等级挂钩，因此通常涉及工作调动的晋级，意味着内部的嫉妒、竞争和挫折在公务员的生活中扮演着重要角色，使公务员的世界越来越私人化。[12]

这些变化不可避免地影响了公务员的声望。公务员的生活越舒适、越有保障，他们就越远离政治世界；他们越远离政治世界，就越排斥依靠政治功绩晋升而选择依靠资历晋升，但越选择依靠资历晋升，就越容易失去在社会上的领导地位。他们当中的大多数逐渐不再从事行政类和监督类的工作。1850—1900年，公务员人数大幅增加，主要是因为新招募了8万名小学教师和5万名邮差，这两者都属于低等级和低薪的岗位，因此公务员收入的平均水平相应下降。大多数公务员地位一般，他们的薪水数额也不再令人印象深刻。1901年，有人写了几篇文章，哀叹公务员作为新无产阶级的命运。1900年，公务员的平均年薪仅为1 490法郎，与好一点儿的工人的工资差不多。[13] 在这一时期，只有1 000名公务员的年薪超过1.5万法郎，其中最高年薪仅为3.5万法郎。但是，巴黎的百货公司自己就支付了其250多名员工每人2万～2.5万法郎的工资，这与大多数地方行政长官的工资相当；在商界，许多人一年可以赚5万法郎、10万法郎，甚至更多。[14] 第一次世界大战结束后，公务员的处境急剧恶化，因为他们的工资完全跟不上通货膨胀的步伐。1927年，当生活成本比1914年上涨了五倍之后，级别较高的公务员工资仅涨了两三倍，而级别较低的公务员工资涨了四五倍。高级别公务员因此又受到了打击。有人说，他们就像1815年之后的拿破仑军队中那些拿一半薪水的军官，从辉煌时期一落千丈，而耻辱如影随形。这一时期，公务员中的辞职人数达到前所未有的水平。1920—1926年，在总共90名财务督察员中，有74人辞职；在直接税部门的高级官员中，每年有80人辞职，战前每年只有20人辞职。申请入学的人数下降了，所以即使入学标准明显降低，招生也变得非常困难。因此，在1914年之前，48%的公务员候选人能够成功应聘，在1920—1926年，这一比例为64%。过去每个部门的督察员岗位大约有4名候选人，现在前来应聘的人寥寥无几，几乎不足以填补空缺。过去劳动部为了填补四五个职位而举行的考试都会有150个候选人参加，

1927年只有30个候选人参加考试。那些用自己的私人收入来从事体面但收入微薄的工作以维持自己地位的人发现，他们的投资已经失去了大部分价值。据报道，地方法官坐三等火车车厢出行，而校长被迫从事第二份工作。在战前，工程师们可以通过进入私营企业把工资提高一倍，但现在他们别无选择，因为他们拿到的工资的实际价值已经下跌了一半。[15]社会背景和教育背景较差的人虽然仍然有可能填补最低阶层的空缺，但也会被更高级别的工作接受。当时的许多工作都留给了战争的受害者或他们的遗孀——所有礼宾服务工作和抄写工作都留给了他们，邮递员工作的75%留给了他们，海关工作都留给了他们。这种方式可以让这些人通过为社会服务而获取薪水，而不是国家直接付给他们抚恤金，但它与任人唯贤的用人原则冲突，也突出了公务员日益明显的寒酸和平庸的形象。

1927年，法兰西学会的一名研究人员写道："今天的精英不再愿意为国家服务。"他说，这种情况在19世纪末就已经开始了。在那之前，公务员一直享有很高的荣誉和社会地位。"30年前，在外省，社会地位并不取决于财富或个人价值，而取决于一个人的工作及他的家庭背景或联姻状况。"这些考量使人们生活在"美好社会"。公务员工作不仅具有社会地位，而且具有婚姻价值。但现在这一情况已经不复存在了。任期的规定意味着官员不再拥有权力，他们不能像私人实业家那样雇用和解雇员工；级别的自动晋升意味着效率低下的人不会受到制裁，才能和影响力也得不到证明。[16]

每一份工作的申请人数都如此稀少还有一个原因。到1945年，工作岗位的数量是1914年的两倍，其中大部分都不可避免地属于较低级别。公务员的形象发生了变化，变得更加单调乏味、萎靡不振。过去高薪公务员和挣扎在温饱线上的公务员之间的区别被另一种区别取代：有些人真的当了一辈子的公务员，而有些人只是利用公务员身份来达到自己的目的，以确保自己继续升官发财。由于公务员的人数增加主要发生在经济萧条时期，公务员的地位就受到了双重损害。那些一脚踏入公务员职业的人似乎是在躲避这个世界的灾难，他们视安全感高于一切，即使这样会牺牲收入和希望。这些较低等级的公务员与法国其他职业的隔离更为突出。在上层社会，越来越多高等院校的毕业生放弃了做公务员的选择，进入了工商界；出身名门的年轻人成为财务督察员只是在为进入大公司工作做准备。低级的公务员职位毫无用处。一个人如果有好的家庭背景或政治关系，就能敲开高级金融世界的大门。随着越来越多的高级公务员被吸引到商业从业者的队伍中去，随着毕业于高等学府的商业领袖和公务员的领导人越来越多，商界和国家高级行政部门之间的联系变得日益紧密。旧的分界线现在变得模糊了。当大量的公务员加入工会并捍卫自己的个人权利不受侵犯时，做一名公务员、为国家服务的做法就失去了其准军事性质——就像普通工人开始开展对资本主义的斗争一样。当私人服务和公共服务被同一种人垄断时，私人服务和公共服务之间的区别就变得不那么重要了。成功必须用新的标准重新定义。一个农民仍然可以让他的儿子成为学院的院长，这名院长也可以让他的儿子成为一名中学校长，而校长的儿子可能会成为大学教授，甚至是法兰西学会的成员。这是社会晋升的必经之路。但在这位教授一路艰难攀升之后，他会发现自己面对的是金融家和商人，而他们以一种他从未了解过的便利方式，在薪酬最高的职位上进进出出。然后他就会意识到，拥有高级职位只能为他提供有限的地位。当国家失去其专断权力时，一直存在的一个事实会变得更加明显，那就是过去公务员拥有显赫地位是由于他们成功地结合了几个不同的因素——金钱、家庭地位、无薪的地方官员制度、学识、有影响力的团体成员、土地所有权等，而一个新时期的白手起家的公务员除了一份养老金几乎一无所有，他感到自己被一股强大的力量包裹着，这股力量和国家力量一样强大，但更加令人难以捉摸，他绞尽脑汁地想与这股力量和平相处。

在 19 世纪末期，公务员被认为是共和主义的忠实追随者、共济会成员和神职主义的反对者。他们并不像传说中的那样忠诚，但至少他们小心谨慎地维护着保守的家庭传统。到20世纪中叶，这一情况发生了变化。高级公务员队伍中天主教教徒所占的比例明显增大——有多达40%的人经常到教堂做礼拜。[17]小学教师可能是最坚定、最忠诚的神职人员反对者，但是中学教师的队伍里总是有许多天主教教徒，甚至长期以来一直作为左翼大本营的巴黎大学，在过去十年（20世纪六七十年代）里也沦为天主教教徒的阵地。在政治意味较少的部门中，保守主义总是受人尊敬的，部分原因是公务员在收到革命政权任命时，通常会试图重新夺回他们的前任所享有的社会声望，但他们作为新来者并没有办法马上获得，这意味着他们要在上层阶级的沙龙中获得认可。波拿巴分子成功地进行了这种社会关系攀缘，信仰共和主义的机会主义分子在某种程度上也成功了，但成功了的公务员往往不得不建立自己的社交圈子。在两次世界大战之间的时期，公务员的这种孤立状态在高级公务员中有所减弱，但在较低级别的公务员中持续了较长时间。值得注意的是，那些来自较贫穷的社会背景、从等级制度中慢慢崛起的公务员倾向于采用上层社会的保守作风——例如参加宗教活动等——以求自己被人接受，但那些真正出身上流社会的人活得逍遥自在，他们并不在乎宗教信仰。

由于回报变得不那么确定，因此一些公务员开始装模作样，试图靠意识形态和形式主义来夸大自己的社会地位。官僚主义越来越被人们视为对民主的背叛，是旧制度时期的一种余孽。当公务员们变得越来越没有安全感时，民众的抱怨之声也变得越来越大：民众抱怨那些通过穿着奇装美服来弥补自己低得离谱的工资的管理者，他们过着单调乏味的社交生活，但却以高高在上的冷漠态度对待那些来找他们办事的人；民众抱怨封建思想复苏的迹象，因为当时的世界正如封建社会一样把人分为“管理者”和群众，而后者经常被称为“被管理者”，甚至是“下级对象”；民众抱怨公务员的优越感，因为公务员认为自己是贵族的继承人，要与群众保持距离，而不是为他们服务。随着税收的增加和国家干预范围的扩大，这些抱怨变得更加尖锐。[18]这种剑拔弩张的新的紧张局势可以通过公务员们为自己的辩护有所体现。“公务员队伍，”其中一名公务员在1911年写道，“是民众怨恨的对象。但无论他们是否知道，他们都不在乎。他们了解自己的优势。他们意识到四分之三的法国人以嫉妒的眼光看待他们，这种确信无疑的优越感是治愈他们自尊心所受到的创伤的良药。公务员只对他们的上司负责。因此，他们的与众不同之处在于，从一开始，他们的心态就非常平静，因为除了能否升职这一非常合理的担忧，他们没有任何其他的担忧。”[19]另一位作者将公务员的不作为合理化为一种美德，使他们成为无序社会中不可或缺的仲裁者。他在1901年写道：“一直以来，公务员都坚决反对当权者的那些转瞬即逝、鲁莽草率、反复无常的想法，传统和良知会让他们拖延对这些想法的施行。”公务员与商人不同，商人的财富建立在投机资本不稳定的基础之上，“他们往往缺乏科学的根据或道德文化，缺乏传承下来的凝聚力，没有共同的理念或信仰”。因为这种“共同语言的贫乏”，商人很难被称为贵族：现代法国真正的贵族是由从各阶层招募的公务员构成的，他们与各阶层密切接触，并被赋予了“统一的基础教育、统一的工作和智力发展的机会”，从而“使贵族这一阶层具有坚实而丰富的共同基础”。[20]

具有讽刺意味的是，公务员做出决策变得越来越困难。人们常常认为，由于第三共和国的部长们任职的时间如此之短，真正的权力是由公务员行使的。例如，对法国殖民地的征服确实在很大程度上是由公务员组织完成的，在1946年以前，议会对殖民地的权力是有限的。在外交部，像秘书长菲利普·贝特洛这样的官员对历任部长都产生了很大的影响。[21]高级公务员在内部部门中的权力可能较小。教育部任命杰出学者担任各部门的领导，例如，奥克塔夫·格雷亚尔和路易·利亚尔对教育体系产生了巨大的、有待载入史册的影响。[①]但在某些技术部门，技术专家并没有被赋予权力。因此，在公共工程部，中央行政部门配备了约230人，其中大多数人没有技术知识：他们从只需要接受初等教育的运货员缓慢晋升到了现在的地位，是这些职员在管理着工程师。更糟糕的是，部门内部严格划分了不同的管理处，并且负责人之间没有真正的协调，所以如果有人采取了一项政策，他可能会发现另一负责人对此完全否定。这一点在交通运输领域表现得尤为明显：铁路、公路和运河是独立修建的（1876年之后），每种运输通道的相关部门都建立了自己的人工交通网络，并发放补贴，使其能够与其他交通运输形式竞争。每一个属地部门都由一名工程师负责——划分出来的属地不由工作量大小来决定，有时工作量甚至会过大——但工程师从属于上一级长官，无法自己签订合同。国道在工程师的管辖范围之内，但是省道和地方道路在长官的管辖范围之内。在运河捕鱼的事宜由司法部控制，但在其他水域捕鱼则由农业部管理，而公共工程部必须确保水道的维护。做出重建一座小桥的决定可能需要多年的谈判和沟通。诚然，公共工程部可以将法国铁路网的建设视为其巨大成就，但其涉及的重大财务丑闻不应被遗忘。当然，工程师觉得他们受到了职员和政客的束缚，他们的才能没有得到恰当的运用，他们会觉得决策从来都不是由最能干的人做出的，结果就是没有人需要承担真正的责任，因为没有人知道是谁做出这个决定的。[22]

在公务员主要从事日常工作、不一定要求采取主动行动或制定新政策的那些领域——例如在工业或税收领域——高级公务员的权力在终身任期制和按资历晋升的制度确立之后大幅度减小。一家国有工厂的主管在某种程度上变成了一名法官，因为每一项行动都可以在条例中被预见，因此主管的职能只是维持和平与秩序，以强调

① 据我所知，在我撰写本书的时候，W. 布吕诺正在撰写关于路易·利亚尔的博士论文。

法律。由于他不再有证明自己的机会，他经常从事一些次要的活动，比如教学或咨询，他会通过成为艺术家或作家来弥补他工作的平淡无奇。他在工作之外寻找确立自己身份的机会，而他的首要任务是保证自己不被湮没，他必须确保新一代的年轻技术专家不因被赋予太多自由而挑战他的声望。如果不逃遁到虚幻的世界，主管的另一种选择可以是去扮演一个重要而忙碌的人，这个戏剧性的角色需要不断做出重要的决定，即使这些决定总是一模一样的。但是，有一个促成有效决策的因素是完全缺乏的。等级结构使得不同等级之间的沟通几乎是不可能的。一些公务员因为被其上级称为“合作者”和“亲爱的同事”而沾沾自喜、头昏脑涨，但从总体来说，不同的等级来自不同的世界，各自有着独立的招聘系统，每个人都知道自己在这个系统中能走多远。为了保护自己有限的自由，公务员不得不竖起难以逾越的障碍来保护自己，这使得真正的合作或思想交流非常困难。[23]

尽管公务员的地位模糊不清，他们也缺乏安全感，但他们作为具有一定价值的中间人，仍然具有强大的力量。但公务员在很多事情的完成上如果没有国家的帮助，那么就需要来自国家的善意。公务员可能已经不再是这个国家的主人了，也许他们曾经看起来是，但他们为那些曾经是这个国家主人的人做出了重大贡献。然而，他们过于注重防御，无法有效地利用自己的威望。正如维欧勒－勒－杜克在 1863 年所指出的那样：“如果一个会带来创新想法的项目出现了，那么它将被提交给那些坚决反对所有创新的人进行审查。”[24]定义 19 世纪公务员制度与变革的关系不是一件简单的事情，公务员制度已成为某种失控的创造物。

这些关于资产阶级的章节所试图描绘的这一阶级并不是一个团结、统一或自觉的阶级，内部矛盾和利益冲突似乎是它的一个主要特征。这些是马克思本人非常清楚的，尽管他认为这些冲突是“中间的、过渡性的”，注定要消失。不幸的是，马克思《资本论》的第一卷还未来得及讨论这个问题就结束了。马克思有关阶级理论的简化版本被应用到 19 世纪，但大家忽略了他的理论是启发式的而不是描述性的这一事实。如果说资产阶级确实掌握了物质生产的手段——这是一个需要证明的命题——那么绝不能说资产阶级也掌握了知识生产的手段。这两者之间的微妙关系需要更详细的分析。接下来的两章将进一步探讨新的生产形式的发展在多大程度上造成了阶级之间的两极对立。

第九章

农民

农民民主的神话

理论上，农民本可以成为法国的主人。1848年，法国男性公民提出普选权的要求时，他们占全法国人口的一半以上；到1939年，他们仍然是所有阶层内人数最多的阶层。然而，他们并没有好好利用他们的这一优势，了解其背后的原因很重要。农民的历史不能按照议会讨论的农民问题写就，也不能用议会所分裂成的不同政党的观点来书写，那样就把它简单化了。当然，资产阶级的成见影响了农民，但农民没有更果断地施加其政治影响的主要原因是他们忙于其他斗争，这些斗争基本上没有被记录下来，但对农民自身而言却更加重要。本章讲述的就是农民的这些斗争。

1850年，革命者布朗基的哥哥、经济学家阿道夫·布朗基到法国乡下旅行，他被那里的景象惊呆了。他写道："如今在法国最值得关注、最引人注目的经济事实是：城镇居民与农村居民在生活条件和富裕程度上的差异。人们可能会认为他们看到的是两个不同的民族：虽然生活在同一块土地上，但他们的生活却如此不同，以至于对双方而言，彼此都像外国人一样，尽管他们之间是由有史以来最为强大的中央集权联系在一起的。”[1] 而阿道夫·布朗基绝不是唯一一个把农民几乎当作另一个物种来描写的人。巴尔扎克对法国社会全貌的描述中并不包括农民。尽管巴尔扎克把自己的一部小说命名为《农民》，并用了好几卷来描写农村生活的场景，但他无法真正地描写农民，因为他对他们充满蔑视。农民遭到的来自艺术家的诋毁比资产阶级遭受的诋毁彻底得多。莱昂·克拉代尔①自己就来自塔恩–加龙省的一个偏远村庄，他喜欢巴黎的高贵优雅，而巴黎的文学界却使他感到内疚和不安。他对农民发起了猛烈抨击，说他们“贪婪、善妒、虚伪、狡诈、玩世不恭、懦弱又野蛮，无论在北方还是南方，到处都是农民”。他惊恐地意识到这些乡下人竟有这么大的权力“进行武力迫害，重新建立宗教裁判所”，因此支持一场新的政变。

农民阶级出身的艺术家通常最猛烈地攻击农民，把教育和农民视为分别代表文明和野蛮的极端对立物。农民不仅说着不同的方言，有时甚至还说着不同的语言。农民的沉默对那些不了解他们的人来说总是一个谜。1885 年，一位乡村神父在一本关于农民的书中坦言：“要不是农民令我心生厌恶，我一定会喜欢他们的。农民是最不浪漫、最不理想的人。在现实生活中，他们知识浅薄，即使面对最华丽的山水画，他们也不会产生什么激情……农民本身就是原罪，这一点从他们的野蛮行径和无知举止中处处可见……农民什么东西都不爱，也不爱任何人，他们只喜欢能为他们所用的东西。”他们从来不送人礼物，也没心情悠闲地散步。在一个农民结婚的那一天，他

① 莱昂·克拉代尔（Léon Cladel，1835—1892），法国作家，马具商之子，曾写了一系列关于法国农民的小说。——译者注

生平第一次，也是最后一次，会伸出手臂挽着妻子。农民很迷信，他们相信罗马女巫和高卢女巫。什么也改变不了他们的意见。但是一旦他们进入市场，他们就不再是基督教教徒：他们在面对每个人时都处于与对方交战的状态，他们会不惜一切代价为自己的商品争取尽可能高的价格，无论这代价是什么。[2]这或多或少就是左拉在他的《土地》中所描绘的画面，这也许是第一部以农民为中心人物的小说。对左拉而言，农民是最关心土地收成的人，他们对土地有着一种天生的激情：农民代表着简单和残忍，贪婪和保守。朱尔·勒纳尔将自己描写农民的小说命名为《我们的野蛮兄弟》，这本小说因其描写的准确性而广受好评。[3]

尽管有些人认为农民要么是用来塑造文明的生黏土，要么是启蒙传播的障碍，但另一些人则希望随着社会的发展能够改变社会对农民的认知，他们认为农民身上蕴藏着纯洁的美德。浪漫主义者、天主教复兴主义者、保守等级秩序的信徒，都把农民看作尚未被社会进步污染的人。乔治·桑写了一些关于农民的书，或者更确切地说，是关于她希望农民成为什么样的人的书，她开创了一种乡村小说的体裁。然而，即使乔治·桑承认她相信“在农村生活中，腐败的原因比其他地方少”，她还是把农民过度理想化了。她非常想了解农民，但她坦承她失败了：“我没办法描绘出农民的感情，这一点很折磨我。”她那一代的两位画家也做过同样的尝试：米勒（米勒的父亲是农民，米勒自己做过牧羊人）和库尔贝向人们展示了农民如何辛苦劳作。[4]拿破仑三世在刚刚开始他的统治时，下令文学界研究被遗忘了的民俗诗——它被遗忘是“因为过于世俗的文学对民俗诗歌持蔑视的态度”。[5]民俗学会也成立了。樊尚·丹蒂（当时一名教堂的管风琴手）把农民哼唱的曲调融入了他为资产阶级创作的音乐。地方文学的复兴使方言受到尊重。欧仁·勒罗伊写了一些关于他家乡佩里戈尔的农民的小说，暗示革命的火花就隐藏在他们中间。他的小说《乡巴佬雅克》（1904）描述了由一名孤儿身份的农业工人领导的扎克雷起义①（该小说的很多细节基于之前发生的对比戈元帅的城堡的洗劫）。[6]但是，作者欧仁·勒罗伊，这个农场经理和洗衣妇的儿子，后来却摆脱了他的农民出身，当了一名税务员。埃米尔·吉约曼也许是一个更有意义的例子，因为他终身都是农民，只接受过小学教育。在每天作为佃农做一整天的农活后，埃米尔·吉约曼才开始写书。他的《一个平凡人的生活》是第一部真正意义上的农民自传。他在读了《乡巴佬雅克》后就决定写这本书，但书在写成后被两家出版商拒于门外，最终在他们共同承担成本的基础上才被印刷出来。吉约曼是第一个不把农民理想化或试图赋予他们英雄品质的农民捍卫者。他试图向那些认为农民没心没肺也没脑子的城里人解释农民到底是怎样的一群人。他承认农民对大自然的魅力漠不关心，但他认为，农民给人们留下缺乏感性的印象是因为他们的那种拘谨的羞怯，他们不能说出自己的想法，也不能诉说自己的烦恼。他希望农民能够摆脱自卑情结，摆脱顺从的姿态，摆脱对新奇事物的不信任，摆脱自给自足，摆脱嫉妒、天真和贪婪，摆脱对购买土地的贪恋，摆脱对更好的民主环境的担忧，从而能够享受闲适的生活。他强烈反对服从权威和盲目继承父辈的传统。因此，他的这本书差点儿如左拉的意淫式写作一样，成为对农民阶级的控诉——如果他的书没有引起人们的同情和兴趣，而是像左拉的书那样激起了人们的恐惧。尽管这本书真正把农民当成人来描写，但农民仍是活在独立世界的一群人。[7]

这些观点，无论是赞许农民的还是诋毁农民的，都可以被归结为一个观点，这个观点常常被天真地认为是农民很少使用政治权力的原因。它就是：农民大都是保守的，或者至少是听天由命的。有

① 扎克雷起义是1358年法国的一次反封建农民起义，是中古时代西欧各国较大的农民起义之一。扎克雷一词源自 Jacques Bonhomme——“呆扎克”，意即“乡下佬”，是贵族对农民的蔑称，起义由此得名。——译者注

人认为，创新在农村没有立足之地，所有的创造力都来自城镇。只有当变化不再带来新事物的时候，只有当农民接受变化而不会在村子里引发丑闻的时候，他们才会这样做。如果一个农民给人的印象是他比他父亲聪明，那么这一定是他的丑闻，因为在他所处的社会阶层里，声望的获得在很大程度上来自对传统的继承（因此，一个不墨守成规之人的儿子也得不墨守成规才算继承了传统）。一个农民的声望也来自他的家族几代人所获得的声誉，因此，他迈出的每一步都离不开家族的参与，祖父祖母和女眷的全部压力都在他一人身上。同理，一个农夫宁愿拥有八头产奶量很少的瘦牛，也不愿拥有五头产奶量更高的好牛，因为在他眼里，名望和经济利益同等重要。他往往宁愿在自己贫瘠的土地上勉强糊口，也不愿在效率高的农场里享受舒适和高收入。因此，农民总是会让农学家很绝望，他们没办法让农民采用他们的科学方法。如果一个农民不能吃上自己生产的面包，他就会觉得自己不是一个真正的农民，不管他的土地适不适合粮食作物生长。自给自足是农民的理想，这也可能意味着他们同样渴望获得不依靠他人智力的、物质上的独立。[8]

对这些关于农民天生的保守主义的概括需要在法国历史的背景下加以仔细解释。对农业和社会的传统惯例的遵守不应掩盖这样一个事实，即冲突也是这些惯例的一部分，而且维持这些惯例所涉及的压力说明农民的处境远非死水一潭。农民既不满意也不知足，他们一直在努力改善自己的命运，扩大自己的农场，提升自己的地位。他们的世界被严重的分歧、利益的争斗和尊严的践踏撕裂，他们的生活充满类似的倾轧和谋生的挣扎。更准确地说，他们的世界是由紧张焦虑而非田园式的懒散维系在一起的。如果事实如此，那么他们的保守主义可能更多地可以被视为没有安全感的产物，而不是天生的惰性。也是出于同样的不安感，法国的农民才把自己牢牢地拴在自己的土地上，尽管外表上并不如此，但农民也许是这个国家最没有安全感的那部分人。他们把自己从封建关系中解放出来，但却没有获得真正的独立。他们中有多少人可以完全称自己为自己的主人？债务是他们最大的祸根，但是他们不得不负债来打理他们的农场，佃农和佃户也几乎总是欠地主的债。在其他国家，这种情况有时被制度化为“债役制”，它与奴隶制只有毫厘之差。但在法国，这种制度在自由主义言论的掩盖下得以生存，因为这些农民不再仅仅依赖于一个贵族阶层。他们互相亏欠，这就使得他们的关系更加复杂和紧张。吕西安·法布尔①在两次世界大战之间的时期创作了一部关于农民生活的极富活力的小说。他曾说：“农民这种难以改变的屈从状态来自他们的担忧，他们担心无法支付地租，缴纳税费，支付因购买机器、牲畜用的铁具、种子和作物、种畜、种马和很多其他的东西而产生的欠款，以及兽医上门的费用。每当受到冰雹的威胁，或是五月的霜冻使花中孕育的果实夭折时，他们就会看见地主管家可怕地跟在他们后面。”他们欠税吏、公证人、店主、高利贷放贷人、地主等许多人的钱。[9]在这样的条件下，农民是经不起试验的。农民态度的真正改变始于第一次世界大战之后（当时的通货膨胀令他们的债务得以取消）和第二次世界大战之后（“二战”后实施的社会保障制度和给予佃农的权利弥补了气候的不确定性带来的危机）。

所谓的农民中普遍存在的保守主义也必须与他们某些明显的意愿一致——相当一部分农民愿意投票支持左翼，愿意参与罢工、暴动和革命，愿意离开土地，季节性地或永久地移居城镇。这些不同形式的抗议活动在全法国不同地区发生的激烈程度不同，它们的区域分布可以用法国经济和社会条件的巨大差异性来解释。虽然农民在城镇居民看来一律是野蛮人，但他们的内部组织和互相之间的关系也存在很大的差异。的确有人声称，因为社会组织和耕作方式的不同，法国包含不止一种“农业文明”，但对于这个国家究竟有多

① 吕西安·法布尔（Lucien Fabre，1889—1952），法国小说作家、诗人。——编者注

少种文明这一问题还存在争议。其最基本的区别是北方常见的开阔农作地区与西部和南部的圈地农作地区的差异。前者涉及对农业的集体控制，往往伴随着农民在大村庄里的聚集，而后者则允许农民分散在村庄和农场里。阿图瓦和皮卡第这两个地方的农民的居住模式有着鲜明的特点——在大约 90% 的公社，大多数农民都住在村庄里；在布列塔尼或中央山区，只有 30% 或 40% 的公社的大多数农民住在村庄里。然而，我们还需要区分一下圈地的不同形式：在南部地区，圈地代表个人主义，用于生产各种各样不常见的农作物，而西部的圈地是人们想在畜牧系统中添加谷物种植的集体性尝试的结果。曾经有人认为，罗马人或德国人的种族特征就是依靠这种方式保留下来的，后来人们认为是土壤的物理性质和水源的分布决定了这些耕作方式的地区差异。但是，对乡村景观形成方式的历史研究越来越多地突出了把荒地和林地转化为农业用地的不同传统，也展现了农民所表现的不同程度的集体主义与合作意向。但研究没有对法国农业做简单的划分，因为同一类型的村庄并不总是遵循同一类型的农业发展模式：南方的大型农村集聚区是个人主义的，而北方的集聚区是集体主义的。此外，集体主义传统也在不同地区以不同的速度衰落，例如，17—18 世纪的科镇和蒂耶拉什地区是有圈地的，但其产生的原因和旺代省的不同。南方的自由主义不可避免地引发了更多的差异。但每一个特定地区的农民获得土地和改良土壤的不同方式意味着他们遵循的传统、他们遇到的问题和敌人各不相同。表面上看来，法国的北部和南部表现出极大的差异，但进一步的研究表明，这种简单的划分需要更多的证据。[10] 然而，很明显的是，住在村庄的农民对那些住在偏僻的农场或小村庄的农民有着非常不同的态度。在分散的居住方式中，耕地的农民与其余的人口分开了。他们住在孤立的农场里，最多和其他农民一起住在小村庄里。而当地的工匠、医生、商店和教堂都在远离这些农民所住地的农村，老年人和寡妇也住在这里。因此，农业与服务业在相当大的程度上是分离的，有时甚至处于对立状态。

群体意识也取决于土地的耕作方式。将农民的自力更生和个人主义概括为天性使然是资产阶级虚构的又一个故事。我们要记住，尽管农民的个人财产在革命之前就已经确立了，但拥有土地的所有权并不意味着可以随心所欲地耕种土地。当可耕种的土地面积很小的时候，合作播种和收割庄稼是必不可少的，没有人可以不经过邻居的地皮就完成耕种和收割。收割后，所有人都有权在田里自由放牧。[11] 革命给了农村人口完全独立的权利，就像它允许所有人从事他们喜欢的任何行业一样，但这种法律权利有时仍然停留在理论层面。19 世纪时，旧的群体意识正在瓦解，但并没有消亡。[12] 这是一场农民参与的最激烈的战争的起因——虽然战争也没有被记载下来。对旺代平原的研究表明，集体收获、集体采摘水果、公共牧场、拾落穗和用耙子耙垄的生活模式一直延续到 19 世纪。农场主们不可以进入他们自己的牧场，除非有公告允许，他们也不能在道路开放的告示发布之前把小麦捆儿运走。市长和市议会亲自到葡萄园里视察决定什么时候采摘葡萄。一点儿一点儿地，村庄摆脱了这些控制。这一地区的农场传统直到 1870—1900 年才土崩瓦解，尽管还有一个叫佩托瑟的与世隔绝的公社把这些传统保留到了 1957 年。正如 1898 年朗贡公社的记录所言，“土地所有者渴望拥有自己土地的全部权利”。如何获得全部所有权的问题是一个重要而引人注目的问题。因为经常有关于谁拥有什么权利、富人侵占土地或购买权、农民权利被侵害等的激烈讨论，1848 年七月王朝政权崩溃时，贫苦农民做的第一件事就是冲到以前的公共土地，收回他们先前的权利。农民承受着巨大的压力，因为当时支持和反对他们拥有土地所有权的声音并行。[13]

1848—1945 年这一时期伊始，近 500 万公顷①，也就是大约 9%

---

① 1 公顷为 10 000 平方米。——编者注

的法国土地是公有土地，归各公社集体所有和管理；到这一时期末期，这个比例仍然高达 8%。法国大约有 170 万公顷森林和 280 万公顷牧场及荒地，只有 15 万公顷可耕地。在多山地区，归集体所有的土地的比例比这高得多。1863 年，上阿尔卑斯省有 51% 的领地为公有土地，上比利牛斯省有 43% 为公有土地，萨瓦省有 42% 为公有土地。有 9 个省 21%～30% 的土地是公有土地，另有 21 个省公有土地占比为 10%～19%。[14] 科西嘉岛在 20 世纪 50 年代仍然有 28% 的公有土地：在整个 20 世纪，该地区的公有土地比例只下降了 10%，在整个 19 世纪只下降了 7%。在科西嘉岛上的一些村庄，公有土地占比高达 67%。[15] 这些地区的居民的生活几乎完全依靠公有土地使用权。革命和政府对这些公有土地的态度一直是矛盾的：1792 年，一项法律规定将这些土地分给居民，但 1793 年颁布的另一项法律废除了这一规定。农学家认为集体所有权是社会进步的障碍。富人想要购买土地，将其占为私有，而穷人普遍反对土地分配，因为土地分配使他们损失最大：即使村民可以平等而自由地分配土地，分配到每个人手上的不是面积小就是质量差到毫无耕种价值的地皮。对穷人来说更有利的政策是让他们有权在荒地上放养他们为数不多的牲畜——这种政策对他们的生存能产生直接影响。因此，富人和穷人、个人主义者和保守派之间就这些公有土地展开了一场斗争，而这与对如何管理或耕种公有土地的争论完全不同。在大多数情况下都是个人主义者获得了胜利，即使是通过迂回的途径，然后完全意义上的资本主义经济将被引入村庄。例如，1851 年，康塔尔省谢拉德的凯尔村卖掉了它公有的两座山，然后用卖山的钱购买了政府债券。到 20 世纪 30 年代，村里的每个家庭仍然可从这些债券中获得部分收益，但那时的债券只值可怜的 45 法郎。这个村庄坐落在山区，有非常广阔的公有土地，所以它也决定向居民平均分配另一部分公有土地，给每个人一小块地。当然，许多块地都位于非常不好的位置。这时来了一个富人，买下了这些小块土地，并建起了一个巨大的私人牧场。几年之内，这个村子发现自己明显比以前贫穷了。[16]阿尔萨斯的部分地区有面积相当大的公有土地，一些村庄没有地方税，因为它们拥有的来自森林的收入足以应付自己的开支。金融危机可能会让它们抛售森林，这会扰乱它们的整个经济环境，并且损害经济发展。还有一种选择是，一些有势力的人有办法租用公有土地，但公社除了名义上的租金，什么也得不到。然而，在其他地方，村庄将不能转租的公有土地分配给村民：他们如果干得不好，就要把土地归还村庄；如果没有足够的地皮，村庄就会建立一份等待公有土地分配的名单。生活在这样一个村庄里，就有了被分配到土地的权利。因此，某种集体精神可能会继续存在，但随着这些权利变得更像私人财产，这种精神也可能会受到侵蚀。[17]

研究在侏罗省南部山区的公有土地的影响是可能的。这个地区位于法语区和方言区北部交界处的那一部分区域，有拥有开阔农作区的村庄和大型农场，南部是小农集聚区，有牧场和葡萄园。我们不能简单地把一个区域与另一个区域进行比较，因为即使是很小的区域也是以不同的方式发展的。在没有公有土地和森林的贫穷公社里，农民们的土地面积过小而且分布分散，牛奶产量过低，他们没有办法摆脱这种停滞不前的局面。雪上加霜的是，他们会从公共救济事业局领养孤儿和弃儿，如此一来，这些区域的智力低下的人就分外多。相比之下，在其他地区，共同管理公有土地的习惯刺激了牛奶合作社的增长，而牛奶合作社是格吕耶尔奶制品产业的基础。但并不是所有的农民都以同样的热情接受了合作，那些把牛奶卖给中间商的农民与市场的繁荣发展几乎没有任何关系，他们只是出于必要才成为合作者。事实上，最具活力的农民是那些葡萄藤被根瘤蚜破坏的农民，他们被迫采用现代牛奶行业的方法，并通过采用多种栽培方式来增加收入。如果把公共所有权和公共农业的各种传统与 20 世纪下半叶某些趋向现代化的农民表现的放弃个人主义的意愿联系起来，那就把事情过于简单化了。相反，那些拥有公共权利的人往往非常保守。但是合作社与农民的传统并非相去甚远。[18]

一个有资产的人可以对他的资产为所欲为的说法，尽管是由议会宣布的，却没有被法庭接受。《民法典》在其关于私有财产的规定中加入了一项罗马法律的重要内容，但这一规定逐渐被推翻了。对这一规定的第一次违反发生在1855年，是在科尔马法院审理的著名案件：一个房主纯粹出于破坏邻居视野的目的造了一个假烟囱。法院命令他把烟囱拆了。律师抗议这一判决违反《民法典》，但在1887年，上诉法院裁定业主不能对他们的邻居造成妨害，它支持那些抗议火车引擎将烟排放到他们的土地上的人。个人所有权的最大敌人是狄骥①，他写了许多书，影响了一大群学生。他支持财产不是一种权利，而是一种社会功能的新思想，也就是说，只要公民的权利服从于社会利益，社会就得允许公民享有财产。[19]他声称《民法典》宣扬的个人主义是建立在对人的不真实的、抽象的看法之上的，事实是人天性善良，法律应该保护弱者。因此，在旧的农村公社制度崩溃的同时，深受团结主义影响的法院和立法者开始以新的方式支持农村制度的进一步完善。[20]

共和党人喜欢宣称，1789年的法国大革命通过没收贵族和教会的私有财产，并建立一个由小农业主组成的国家，给法国人民带来了平等。《民法典》关于土地必须在儿童之间平等分配的规定应该赋予了每个法国人一种与生俱来的权利。米什莱将贵族阶层统治的英国与民主的法国进行了对比：英国由3.2万个富人统治，其他人为这些富人工作，而法国将土地分配给1 500万～2 000万个农民，让他们自己耕种自己的土地。[21]这些数字都是虚构的，而且即使保罗·德沙内尔领导的一个由小资产者组成的共和党联盟对其进行了大量的

① 莱昂·狄骥（Léon Duguit，1859—1928），法国法学家，提出了著名的公法理论。——译者注

传播，这些数字也没有变得更真实。

对孩子们进行财产均分绝对不是农民的普遍要求。的确，有些人说，专制的父亲的任意妄为应该被加以约束，但也有一些人指出了一个更明显的难题——对贫瘠的土地和小庄园的分配无法让人满意。平均分配可能会摧毁贵族，但也会摧毁小农——后者得到的分割后的土地面积太小，以致他们无法维持生计，这样就会把土地所有者变成劳动者。在罗马法中，如果一个父亲有四个或不到四个孩子，他就可以自由处置三分之二的财产。这条法律在法国南方的 8 个省盛行，在其他 7 个省也以一种受限的方式被执行。但在革命之前，法国有相当一部分地区已经把对儿童的财产分配当作一种正常的惯例。因此，《民法典》并没有引入一种全新的继承制度。它的主要作用是限制法国南方的父亲们的权利。《民法典》实际上是一种妥协，它赋予有一个孩子的父亲自由处置一半财产的权利，赋予有两个孩子的父亲自由处置三分之一财产的权利，赋予有三个孩子的父亲自由处置四分之一财产的权利。从法律的角度来看，它对北方的影响不大，对南方的影响也不彻底。事实上，《民法典》在实际生活中产生的影响更小，因为现实中并不经常用到它，传统习俗的威力比它大。1866 年进行的农业调查除了调查其他各种情况，主要调查了人们的财产继承问题。结果显示，在财产继承方面，资产阶级总体上接受了《民法典》中的平均分配原则，但农民却不接受。农民强烈支持把大部分财产留给父亲，父亲可以以他认为合适的方式自由处置这些财产。小户主们甚至聚集在一起向参议院请愿，要求对财产继承的规定进行改革。

到第二帝国时期，法国东北部几乎普遍实行了财产的平均分配，那里的习俗有利于平均分配，但即使是在这个地区，财产均分也并不意味着农业财产总是被分割开来的。对较大和较丰富的农业财产的处理要在继承人之间做出妥善安排，这样就不会损害农场的收益。农场可以由一个儿子来经营，他的兄弟姐妹应得的那一份钱由他以农场利润的方式支付给他们，或者他可以租用兄弟姐妹的那部分份额。在农民可以选择从事海上工作或者果蔬种植、不用完全依赖土地而生活的布列塔尼海岸地区，财产实行平均分配，小块土地仅仅作为附属的分配品。但在菲尼斯泰尔省和莫尔比昂省的内陆地区，贫穷而孤立的农民们不可以这样做，他们只能把整个农场传给自己儿子的其中一个。在北滨海省，家族的继承人作为一个团体住在一起，以避免财产分割带来的经济亏损，而女孩子是不可以出嫁的。尽管发生了大革命，也颁布了《民法典》，但马耶讷的一个面积为20～40公顷（50～100英亩[①]）的农场，自古以来一直没有被分割过。和爱尔兰人一样，布列塔尼人也有大家庭，但他们会尽可能推迟结婚。诺曼底人有时会通过少生合法孩子而多生私生子来解决同样的问题。在法国中部，退休后迁移到大城市的居住习俗同样助长了农民把家庭农场作为一个工作单位来经营这一现象。这个地区对遗嘱自由的要求尤其强烈。在涅夫勒省，姑娘们有时一结婚就放弃了她们的那份遗产，于是家族会想出各种各样的法子来偏袒长子。公证人通常会通过让孩子接受对父母财产的低额估值来给予协助。当然，这样的策略并不总是奏效，或者说奏效了也不会持续太久：这一点经常受到下一代人的质疑，有时由此产生的法律诉讼案会拖许多年。某些地区因继承人冷酷无情地争夺他们应得的家产而臭名昭著。在比利牛斯山脉东部地区，甚至连房屋都被平均分割了，在上索恩省还有相当多的诉讼活动。

社会学家勒普莱在他的一部关于一个比利牛斯家族的著作中就特别关注了风俗与法律之间的冲突。这个家族在长达4个世纪的时间里一直拥有18公顷土地，每一代都是从父亲传给长子。在大革命后，财产名义上是要被分割的，但长子得到了“自留份”（即父亲可以自由分配的份额），并接管了农场。长子逐渐买断了他的兄弟姐妹

① 1英亩约为4 046.86平方米。——编者注

的份额，这些兄弟姐妹中有些人没有结婚而和他住在一起，并且把他们的那份遗产也都留给了这位长子的长子。1836 年，该农场主去世，留下了 8 个孩子和一个价值 17 368 法郎的农场。因为老大是个女孩，按照传统，她的丈夫入赘过来改从妻姓并且接管了农场，长女则得到了 4 342 法郎作为她的遗产先取权，再加上剩余财产八分之一的份额。她有两个兄弟（姐妹）没有结婚，他们都把他们的股份遗赠给了她的长子；其他兄弟姐妹的份额都被买断了。但当她于 1864 年去世时，她的一位叔叔质疑最初的和解协议。尽管他输了官司，但诉讼费还是很高的。他的诉讼让人们接受了一个观点，即传统制度是以牺牲年轻一代的利益为代价而存在的。不是《民法典》，而是这种地方性经验，才带来了变革。在该家族的下一代中，两个姐妹的丈夫要求继承者立即支付他们妻子的份额。这迫使该农场的部分土地被出售，农场不再是一个可以被独立经营的单位。最终，在 1882 年，该农场的土地全部被出售。

对遗产分配的记录可以支持我们对家庭精神的衰落进行一项有趣的研究。理想的情况是，在父亲年老时，他的某一个儿子（在某些地区，不管这个儿子实际上是谁，他都会被称为长子）得到了“自留份”；作为回报，他照顾已退休的父母，并且需要在漫长的岁月里支付给父母的其他孩子一笔固定的钱（这笔钱通常少于其他孩子应得的实际份额）。父母对财产的分配很容易引起叛逆的孩子们的争执。重要的是父母在去世时所拥有的财产价值，而不是在分家时所拥有的财产价值，因此，如果遗产分配决定是父母在去世前做出的，那么整个解决方案可能会受到质疑。从我们目前掌握的文献信息来看，不可能对《民法典》造成的土地碎片化分割的具体情况进行概括。但可以肯定的是，“土地碎片”的数量增加了。1826 年有 1 029 万块“地片”，1881 年有 1 429 万块。在这一过程中，每块地片的平均面积从 4.48 公顷下降到 3.5 公顷，到 1884 年，有 74% 的“地片”面积只剩下 2 公顷或更少。这不是一场渐进式发展的进步运动。当然，财产在被继承的过程中是被一分再分的，法国以土地过于碎片化而闻名。但这并不仅仅是财产继承造成的。《民法典》关于继承权的规定带来的后果并不是用简单的一句“农民得到了解放”就能概括的。这些条款确实增加了继承权的平等性，但它们也给农民带来了沉重的负担——可能和父权制度的压迫一样沉重。在进行财产分割时，为了给继承人分配他应得的土地和金钱，抵押贷款往往是必要的。在把农场分割成更小的单位时，抵押贷款也是必要的。农民的大量闲钱被用于医治财产分割所产生的创伤。一大批投机者、高利贷放贷人和代理人想方设法从日益增长的自由中获利，这些人在19世纪中期被称为“黑伙”（the black bands）。他们专门收购大型农场，然后将其分割成小块出售。农民则尽可能多地以抵押贷款的方式购买更多土地，因此，他们的储蓄都被用来购买土地了，而不是用于推进现代化。财产继承和出售所产生的合法费用和税费是农民的主要支出之一。[22]

为争取土地而进行的斗争所产生的摧毁性效应在大革命中可见一斑。这场革命的胜利者是资产阶级，而不是农民，理解这个现象产生的原因很重要。由资产阶级控制的制宪议会仔细区分了封建手续费（被归类为不公正的会费）和代表地租的手续费。它只废除了前者，并规定对后者进行补偿性买断。直到1793年，所有的封建权利才被废除，原因是农民拒绝土地买断的做法，他们干脆不交这些地租费。但为什么农民不争取用法律的手段把贵族和神职人员的土地，甚至法国所有的土地一起平均分配了呢？答案是，在这一点上，农民们的利益是不同的，他们是不团结的。早在1789年，法国就有30%～40%的土地为农民所有，所以在拥有土地的农民和没有土地的农民之间就有了第一次阶层划分。对那些已经享有特权地位的人来说，平均分配并不那么有吸引力。此外，富裕阶层拥有的大部分土地都以各种形式租给了农民，这些人（佃农和佃户）通过获得这些租约来争取社会地位。如果所有的土地都被均分给所有的农民，包括广大的无地劳工，原来拥有土地的那些人就会失去土地。各个阶层的农民之间存在的冲突让他们不可能采取全体一致的行动。[23]

因此，法国大革命并没有为农民带来民主。尽管如此，一个“法国的土地是由2 000万名农民拥有的（正如米什莱所说）”的说法依然盛行。这个数字是米什莱自己一拍脑袋想出来的，因为他不可能从任何地方得到这一数字，在他那个时代，土地所有者的数量是不可知的，而且在那段时间里一直不为人知。政府收集的数据也无法揭示这一事实，因为这些数据是从另有他用的纳税申报表中收集来的。① 人们所知道的只是，土地被分割成了大量被单独征税的小地块。1826年，大约有1 000万块这样的小地块；到1875年，这个数字达到了1 400万。这并不意味着当时法国有那么多的土地拥有者，当然也不意味着有那么多农民在自己的土地上耕作。因为（以1882年农业发展鼎盛时期的数字为例），这些地块中有38.2%的面积不到1公顷（2.5英亩），另有32.9%的地块面积在1～5公顷。这些小块土地加起来只占4 500万公顷——法国私有土地的总面积——的13.5%。在这些小块土地中，大约有四分之一（26.4%）的面积在5～40公顷，但它们只占了法国土地总面积的31.5%，而数量只占地块总数2.5%、面积超过40公顷的地块占法国土地总面积的45%。因此可以说，法国近一半的土地为大地主所有。英国与法国的情况截然不同，在19世纪70年代，英国约有2 184名土地所有者每人拥有的土地面积超过了5 000英亩，这2 000多人就拥有英国约一半的土地；在法国，至少有49 243块单块面积超过100公顷（250英亩）的土地占据了法国土地总面积的四分之一。这些大农场集中分布在某些地区：有3个省②

① 对财产所有者所拥有的财产进行确切记录的唯一方法是利用地籍簿和人口普查数据一个村子一个村子地调查，这在当时不太可能完成。现在区域历史学家开始这么做了。

② 这3个省为上阿尔卑斯省、谢尔省和罗讷河口省。

超过50%的领土被这些大农场覆盖，在另外11个省①，大农场占据它们领土面积的40%～50%。相比之下，有4个省②的大型农场覆盖面积不到6%，有11个省覆盖面积为6%～10%，还有26个省的大型农场覆盖面积为10%～20%。然而，这些大农场不一定是最富裕的，因为它们几乎有一半土地是未被开垦的。那些大片土地的所有者拥有的土地中只有40%为可耕地，31%为葡萄园用地，却有68%的森林。[24]法国许多最“富有”的农民并不属于这一类，他们拥有的是广阔的荒地。在法国，处理大型地产时必须明确所谈论的内容，不仅要考虑土地面积，还要考虑能从中获得的收入和耕种方式。

关于这个问题的一些最有启发性的工作是由菲利普·维吉耶（Philippe Vigier）完成的，他研究了19世纪中叶法国东南六省约600个公社的土地所有权。维吉耶指出，暂且不说国家层面的统计数据，即使是省份层面的统计数据都是极不可靠的，不能作为对当时法国土地所有权真实情况进行研究的参考。总的来说，法国东南部是一个实行小农所有制的地区。但如果从公社的层面来看，至少可以看到6种不同类型的所有权。1851年，上阿尔卑斯省的艾吉耶公社有745名居民，其中有458人耕种自己的土地。表面上，这像一种农民民主。但是，超过四分之三的公社财产由公社的公有林地和牧场组成，因此，每个土地所有者拥有的私有土地平均还不到2公顷，这对他们来说是远远不够维持生计的。事实上，只有十几个人能靠土地自力更生。绝大多数人从公地中收获寥寥，他们不得不季节性地迁移到其他地方以维持生计。另一个圣于连昂坎公社（德龙省）有同样大的规模。它的土地被多达302位居民分割，但是其中大约66个人就拥有了三分之二的土地，特别是有4

① 这11个省为滨海阿尔卑斯省、朗德省、上比利牛斯省、涅夫勒省、东比利牛斯省、科西嘉、阿列省、下阿尔卑斯省、卢瓦－谢尔省、安德尔省和瓦尔省。

② 这4个省为下夏朗德省、罗讷省、塞纳省和塔恩－加龙省。

个户主拥有的土地面积远超过平均水平。像艾吉耶公社一样，这里大多数自耕农都依赖于季节性迁移和手工活儿，但是，土地的不平等分配创造了一个不同的社会阶层，这些小户主经过几个世纪的积累，终于买下了自己耕种的土地：在这场无声的斗争中，他们逐渐剥夺了贵族名下的财产。相比之下，栋泽尔（德龙省）的大农场在过去的很多年里都是由富人建立的，多年来，他们雇用佃农重新开垦了以前的河岸。这些农场的收入比该地区其他农场高得多。纯粹从数量来讲，这个公社有438个小户主，他们只拥有27%的土地，而公社里的11个富人则拥有39%的土地。表面上，这是一个由小户主组成的村庄，但实际上，这些人依赖富人提供就业机会，而富人正是靠这些人的劳动获得高收入的。拉弗雷特（伊泽尔省）的情况再次证明了土地所有权所产生的不同关系。拉弗雷特46个拥有中等土地规模的所有者分别拥有5～30公顷土地，一个富人拥有113公顷土地，而570个小土地所有者拥有的土地加起来占据该地土地总面积的56%。但是这片土地很贫瘠，没有灌溉系统，经济价值也很低。中产阶级的农场主不怎么依靠外来劳动力来开垦农场，因此他们几乎没有什么影响力。而资产阶级认为不值得在这里买地。因此，小户主们能够相互依赖地自己经营这个村庄。但他们很难靠土地维持生计，为了生存，他们不得不从事许多活动。瓦朗索勒（下阿尔卑斯省）有442个小土地所有者，但他们都集中在村镇和周边地区，这些地区被划分成很小的地块，他们的劳动强度非常大。然而，除了他们，这里的27个大土地所有者拥有41%的土地，他们雇用了667名劳工和仆人。因此可以说，两个不同的社会在此共存，一个在村镇，一个在乡村。布尔多（德龙省）还有一个更大的不同之处：这里的大农场收入还不到栋泽尔农场收入的一半，但即便如此，这些农场的价值仍是后者的两倍以上。[25] 因此，小土地所有者不一定是农民，他们可能主要是工匠，偶尔是农场工人。在很多情况下，他们拥有的土地并没有给他们带来独立，相反地，在村庄中居于支配地位的人不一定需要拥有巨大的土地面积。

1862年的统计数据非常便利地把农业人口进行了分类，以显示土地占有的关系。当时有57 639名土地所有者通过农场管理人员耕种他们的土地，有1 754 934名土地所有者自己耕种土地，而且只耕种自己的土地。但还有更多的土地所有者无法仅靠自己的土地生存。648 836名土地所有者还在以佃户的身份耕种别人的土地，203 860名土地所有者以佃农身份耕种别人的土地，1 134 490名土地所有者则是以劳工的身份为他人打工。所有类别的土地所有者加起来共有3 799 759名。然而，这片土地上还有几乎同样多的人没有土地：共有3 553 091人。其中，佃户有386 533人，佃农有201 527人，劳工有869 254人，各类农工有2 095 777人（女雇工638 129人、男雇工584 320人、农场普通雇工353 184人、牧羊人219 753人、牧牛人122 803人、马夫110 801人、工头66 787人）。这意味着法国有大约一半的人拥有土地，但其中只有一半的人（即农业人口总数的四分之一）可以靠土地维持生计。[26]此外，尽管耕种自己土地的农民占大多数（四分之三），但他们耕种的土地所占的面积仅为全国土地的一半。将近一半的土地由佃户和共耕农（share farmer，与农场主共享收益的农场工人）耕种，他们平均拥有的农场是自耕农农场主的2.5倍（11公顷比4.37公顷）。此外，因为他们主要集中在法国北部，所以在这些地区，佃户占主导地位。同样地，佃农占据了法国西南部和中部的大片地区。我们至此可以得出的结论是：法国并不是一个由小农户组成的国家，而是由小、中、大型土地所有者组成的国家，每一种类型都占有全国三分之一的土地，但在不同的地区分布不均，因此土地的耕种方式也千差万别。法国没有可以和西班牙的庄园或英国萨瑟兰郡公爵的5万公顷的大庄园媲美的大型庄园，但除此之外，它几乎拥有其他一切类型的土地。

法国这个多样化的农业世界被一种极其支离破碎的社会结构分裂。政治上的人人平等是由精心设计的等级制度来平衡的。在这300多万个古怪的土地所有者中，谁也不能指望娶其中某一人的女儿为妻。女方首先会对她的结婚对象的确切地位进行详细的调查，当涉及更多细节时，这些土地所有者中的任何一个人都会发现，并没有那么多的姑娘认为他是一个合适的结婚对象。所谓的地位平等的局限性在婚姻市场上暴露无遗，因此，土地所有者的区别不仅在于他们拥有的财富的多寡，还在于他们拥有的土地种类，他们的家庭拥有多少土地，他们的家庭已经拥有这些土地多久了，他们的房子的类型，他们拥有多少牲畜，他们有多少现金，以及考虑到家庭成员的数量，他们可以为女儿在嫁妆上花多少钱。一个土地所有者会认为自己比佃农优越，甚至劳工也会根据他们自己的出身把自己和他人区分开来。对这些不同的等级做一个简单的调查可能会对研究有帮助。

在法国最富饶的地区，最富有、最成功的农民不是土地所有者，而是佃户。作为投资，这里的土地在相当大的程度上都是由城市居民购买的——在巴黎周边地区，这一比例高达30%～40%。[27] 土地的所有权仍然非常分散。1942年，塞纳－马恩省至少有15万处地产，但佃农们会把它们租来组成更大的土地单元再进行耕种。这个省份只有7 930个农场，其中50%的耕种面积属于那些面积超过100公顷的农场。该省的趋势与其他地区正好相反：在其他地区，自耕农的数量一直在增加；在塞纳－马恩省，1892年，有24%的农场是佃户耕种的，到1946年，这一比例升为57%。农场的规模也相应扩大：1892年，超过100公顷的农场仅占35%，1929年这一比例为50%，1946年为53%。当农场工人们谈到这里的“赞助人”时，他们指的是佃户，而不是地主。佃户们确实发展成了一群有独创性的人。19世纪下半叶，一个普通的农民仍然希望通过逐渐增加自己租用的土地面积，成为当时佃户的一员。

据记载，1880 年，一个农民一开始只租了 20 公顷土地，准备了 2 000 法郎的农耕设备。三年后，他赚了足够的钱，租了一个 60 公顷的农场，从地主那里借了 7 000 法郎购买设备。1887 年，他搬进了一个占地 100 公顷的农场。1890 年，他花了 4 000 法郎买下了自己的农场。在接下来的 20 年里，他又在农场周围购置了 120 公顷土地和一个占地 80 公顷的农场。因此，截至 1910 年，他一共拥有 200 公顷土地，还租用了 260 公顷土地。[28] 然而，集约式耕作与以市场为导向的农业所需的资金成本迅速增加。如果以 1840 年为基准，据估计，资金成本到 1870 年已经翻了一番，到 1900 年变为 3 倍，至 1940 年翻了两番。当然，其利润也远高于收成仅够维持生存的农业地区：在 19 世纪上半叶，利润率高达 20%，1860 年后约为 15%——足以使一代人的资本增加两倍成为可能。在 1880 年的危机之后，利润率跌至 10%，而从那时开始，利润率就一直保持在 8%～10%，除了 1928—1941 年那个非常不景气的时期。这种高利润率的结果是，佃户的王朝已经形成，他们与北方纺织工业家没有什么不同。在苏瓦松地区，截至 20 世纪 50 年代，费尔泰家族收购了 17 个农场中不少于 5 300 公顷的土地，而如果把家族中的女婿们也包含在内，那他们就收购了 25 个农场中的 7 800 公顷土地。勒鲁家族的 10 个农场就占地 2 700 公顷，而他们的农场不止 10 个。1839 年，由土地所有者组成的桑利斯农业协会反对佃户加入该协会。但是在 1859 年，塞纳－马恩省的拿破仑党长官把佃户称为一个“社会阶层”，并称该地共有 2 350 名“一级社会阶层”成员，而且“辖区内的沙龙向他们敞开”。1840 年，以所有权为代表的资本大约是通常用于经营农场的资本的 6 倍。到 1870 年，这一比例已经下降到 4∶1，而到 1900 年，这一比例降到了 3∶1，甚至 2∶1。佃户们变得越来越富有。大约在 1850 年，他们不再为工人提供食宿。到了世纪之交，他们变成了与实业家相当的绅士型农民，他们不再满足于小学教育水平，而是会把孩子送到中学或教会学校，然后让他们上农业大学，出国旅游。他们住在越来越舒适的房子里。20 世纪 30 年代，他们有网球场、高级轿车，甚至其中一些人还有私人飞机。朱尔·贝纳尔就出身于这样一个古老而日益富裕的家族，他是莫城农业协会会长，后来甚至成为法兰西银行行长，当然他本人确实是出类拔萃的。这些家族中有的已经有很长历史了，比如费尔泰家族，他们从 1580 年起就一直住在泰尼的一个农场里。但是，也有来自其他地区的农民——尤其是佛兰德人——利用在其他地方积累的资本来到这里寻求机会，比如屈佩尔家族，他们在不到 50 年（超过三代）的时间里，积累了 6 个农场，每个农场都超过 300 公顷。在巴黎南部的塞纳河和瓦兹河之间，在超过 400 公顷的农场中，有 11% 是由佛兰德人经营的。这些外来人的经营方法更有活力，在这一点上，他们和城里的投机商很相似，他们是新思想的先驱。他们为自己的成就感到自豪，就像那些古老的家族为自己的祖先感到自豪一样。如果有个人在 40 年里把他的农场面积扩大了两倍，他就会在院子里竖起一座方尖碑来纪念这个成就。

在很多地区，佃户成了公社的社长，1850 年以后，佃户的影响自然比贵族更广泛。这些地区的土地所有者包括法国最富有的一些人，犹太人银行家和新教教徒银行家都喜欢在这里投资。在靠近阿尔曼维利耶和尚蒂伊的地方，罗斯柴尔德家族的六个分支拥有超过 10 000 公顷土地；佩雷尔家族有 3 000 公顷土地；奥廷格男爵拥有盖尔曼特城堡；贵族格拉蒙家族的三个分支拥有 1 700 公顷土地，而且马科、穆斯捷、塞居尔、贝尔捷·德·索维尼这些贵族的名字遍布农村。但到世纪之交，对当地居民来说，这些也就只是名字而已——他们的地产被高墙掩蔽，与世隔绝；他们对当地经济的发展没有什么贡献。佃户由于忙于农业，很少涉足国家政治，所以像布罗伊、奥松维尔和拉斐特这样的地主得以在议会中占据一席之地。而佃户的权力主要渗透了当地的制糖业，制糖业是甜菜种植业的一个不可动摇的附属产业，甜菜种植业又是法国经济繁荣的支柱之一。制糖业的利润是对农业利润的宝贵补充：在第二帝国时期，制糖业的股息通常为50%～60%；1865年成立于拉昂附近的普泽耶制糖厂，第一年就发放了100%的股息。佃户通过让他们的亲戚在当地做公证人、法官和公务员扩大了自己的影响力，但真正让他们感到自豪的是，他们的财富让他们的几乎每一个孩子都拥有了自己的农场。一个隐秘的暗号让佃户作为一个阶级获得了更大的稳定性：他们拒绝把土地租给以前和他们地位平等的邻居，不参加工资竞争，也不雇用被邻居解雇的工人。佃户这样的关系才使得他们有组成合作社的可能，尽管这也花了他们很长时间——他们是在20世纪30年代危机的重压和1936年对组织小麦市场的需求之下才走到这一步的。但是，一旦他们发现合作社的好处，他们就很会加以利用，在这一点上，他们与那些太过胆小怕事而不敢加入合作社的小型土地所有者非常不同，尽管后者甚至更需要合作社。当然，到那时为止，这些佃户过着一种不同的生活，处于一个不同的阶层，既不同于其他农民，也不同于传统的中型农场所有者。中型农场所有者们仍然和他们的工人一起工作，经常和他们一起吃饭，而对一个能干的工人来说，娶中型农场所有者的女儿为妻并继承她家的农场也并非不可能。相比之下，大佃户对待工人的方式与工业雇主非常相似，再加上他们雇用的工人多是移民和外国人（尤其是在1919年之后），那就更是如此了。但是，他们的排他性不应该因此被夸大。“他的外表，”1953年，一位观察家写道，“尽管不像是一个农民，但也绝对像是一个跟土地打交道的人。要不是因为他那副严肃的样子，他混在工人和邻居间通常是不容易被认出来的……他能够参与一般话题的讨论，但他仍然谨慎、多疑，也不在乎别人的观点。”[29]

在其他地区，农民的财富积累通常不涉及他们地位的变化。例如，在处于世纪之交的洛特-加龙省，方圆20千米内有100多个农场获得了丰厚的利润，但没有一个农场的土地面积超过35公顷。这些土地所有者拥有5万～20万法郎的资本，有些人被认为是百万富翁，但是他们却自己在地里干活，穿着和雇工一样的衣服，在吃饭的时候也和他们坐在同一张桌子旁。他们中只有不到十分之一的人祖上有超过四代的地主，他们的祖父或曾祖父都曾是农场工人或佃农。他们一般在25岁的时候，就已经存了大约1 000法郎的积蓄；他们结婚娶妻时，妻子带来的嫁妆约是他们积蓄的一半。在七八年的时间里，他们已经攒了三四千法郎，够他们用5 000法郎的本钱抵押买地了。为了还债和买牛，他们会继续当农场工人。他们的致富之路是通过不停地努力工作并把开支控制到最小，几乎把所有的收入都转化为资本，娶到出身和志向都和自己相同的妻子，只采用经过多次尝试的农业耕作方法，以及限制他们的家庭规模而走出来的。[30]

在社会等级制度中，排在第二位的是那些成功地把自己的农场维持在原来的规模，并能用农场赚得的利润养活孩子的农民。勒普莱在19世纪中期的贝阿恩地区研究过一个非常著名的例子，这个例子之所以著名，是因为例子中的这个农民保持了他的家庭的父权结构。那是在拉维丹公社（上比利牛斯省），那里的山上有半年的积雪，夏天非常炎热。那里有1 376个居民，其中工匠、商人有473人，伐木工人有172人，有173人主要以向游客出租房屋为生，有102人从事自由职业（尚不清楚是哪种职业），372个农民只在自己拥有的土地上耕作，84个农民既为自己干活也为他人干活。梅卢加一家拥有8头母牛和3～5头小母牛，他们三分之二的收入都来自这些母牛，其余的收入来自90只山羊和55只绵羊。他们几乎没有土地，他们的牲畜40%的食物来自村里的公地。他们自己做衣服和木屐，自己种粮食，自己酿蜂蜜。在冬天的时候，他们制作一些木制品卖给外人。他们把卖牛奶和奶酪所得的钱攒起来置办嫁妆，这意味着他们平均每年不得不攒600法郎，因为他们一般都有8～10个孩子。

他们的生活方式似乎与他们赚取的利润完全契合，这使得他们的房屋主体和农场得以世世代代保持完整。

从一部写于1859年的关于下普罗旺斯一名兼做肥皂的农民的传记中可以看出，当时的农民为了购买土地不得不依靠在工厂打工，并以这种方式达到了相当不错的生活水平。这个人当时51岁，住在艾克斯和马赛之间的一个村子里，村子里三分之一的土地都为一个贵族所有，其他规模较大的农场仅为医生和公证人所有。没有一个农民拥有超过20公顷土地，加之土地干旱，也没有灌溉系统，大多数人为了谋生不得不从事副业。这部传记的主人公因为继承了祖上遗产，更因为一辈子的省吃俭用，最终攒下了近2.5万法郎的积蓄，他用钱投资了一栋房子和6公顷土地。然而，他仍然没有办法住在自己的土地上。他大部分时间都在马赛的一家肥皂厂度过，他在那里可以免费住宿，还被提拔为负责人。他只耕种了土地的三分之二，以收获粮食给全家提供食物。他的妻子负责经营农场，他的8个孩子中有几个也在帮忙，但主要的农活还是由他们雇来的一个工人完成的。这位主人公的计划是不久后退休，自己种自己的地。（他的父亲和他一样是个做肥皂的农民，在39岁的时候攒了足够的钱回去种地。16年后，55岁的他决定不再务农：他把土地分给了4个孩子，但分配条件是他们每个人都要付给他养老金。）我们的这位主人公一开始时只有1.5公顷土地和四分之一栋房子。他在住在肥皂厂的时候，就把他的妻子送回村里，让她住在这四分之一栋房子里当裁缝（他们的女儿在长大后，也跟着妈妈做起了裁缝）。他们用自己的积蓄从其他兄弟姐妹那里买下了整栋房子和整个农场，因为这些兄弟姐妹每年可以从房产和农场中获得大约2 000法郎的现金收入。此外，女儿还积攒了价值900法郎的嫁妆（包括10条连衣裙和20双长筒袜）。他们有一个裁缝铺，一间20平方米的厨房，两间卧室，五张双人床，二十五把椅子，各种各样的桌子和衣服，三尊宗教雕像，四幅宗教画像，三本祈祷书，两本法语语法书，一本古老的宗教传说书，一本教义问答书。他有两套最好的衣服，三条工装裤，四件彩色法兰绒背心和一件羊毛背心，六件印花衬衫，三条领带，三双长筒袜，三双鞋，两条内裤，两条围裙，两顶灰色毛毡帽和一顶带檐帽。他的妻子有三条棉布连衣裙，十八件衬衫，三件夹克，六条半身裙，六条方巾，六双长筒袜，两双鞋，两件束身衣，三条围裙，八顶软帽和一顶黑色宽檐毛毡帽。他和他的妻子说普罗旺斯方言，因为他们几乎不懂法语，但他们的孩子都能说一口流利的法语。他们都是虔诚的天主教教徒。[31]

从住在兰斯和沙隆之间的布劳蒙（马恩省）的一个叫维克多的人的经历可以看出，农民和工人之间往往没有明显的区别。维克多出生于孚日省的一个贫困家庭，后来为了开始自己的新生活移民到了香槟地区。他当了一名杂货店小贩，但后来病倒了，失去了他仅有的一切。所以有十年的时间，他是一个四处漂泊的工人，很少能做一份工作超过几个月，因为养成了一身坏毛病而经常被解雇。他诱骗了一个16岁的女孩，这个女孩当过裁缝学徒，并且出身于一个比他更好的家庭：她的父母是地主和菜农。他们的孩子出生后，他们不顾女孩父亲的反对结了婚，但他无法养活妻子，所以他妻子就带着孩子回到了自己的父母身边。而维克多只好继续四处寻找工作，他经常负债累累，还总是喝醉。他的妻子最终说服她的父亲帮助维克多安顿下来。那是19世纪40年代早期，他们所在的地区正在修建运河。他们决定为这些工人建一个招待所。他妻子的父亲借给他们一些钱以帮助他们买房。能够买到一座房子的前景促使维克多开始努力工作，他们很快就还清了房贷。到1854年，他们还买了一个菜园和一块土地。这块土地一年中的耕种和收获只需要干几天的活，所以维克多继续自己劳作，秋天务农，春天修路。他渐渐为自己赢得了一个好工人的名声，尽管他喝醉时很无礼，但他还是可以很容易地找到工作。农民公共权利的获得在他的成功中发挥了重要作用。这个村庄的荒地仅供放羊使用，所以只有富人才能从中获利。

但是高速公路是对所有人开放的，他的妻子就从公路旁边的沟渠里割些草来喂兔子。他们的终极目标是买一头牛，然后把它带到这里吃草。与此同时，他们靠在公路上拾粪发了财。妻子一大早就起床去捡拾过往马车在经过从沙隆到兰斯的大路时留下的粪便，通过辛勤的劳动，她在一个星期内就能拾到一立方米的大粪，可以卖 5.5 法郎。1847 年，在经济危机时期，运河的建设停止了，他们家没有其他的经济来源，只能以拾粪为生。即使在他们生活富裕的时候，他们仍然每月捡拾一立方米大粪，但他们会把粪肥用在菜园和田地里：由 13 岁的小女儿来负责这项任务。在写这本传记时，这个家庭已经拥有了 360 英亩（36 000 平方米）地产，价值 1 220 法郎。他们有 15 只兔子（他们每年卖掉 8 只，自己吃 5 只）；他们在春天买一头猪，在 12 月把猪宰了吃掉。他们的房子是土坯房，所有的家具和衣服只值 779 法郎。然而，维克多懂得如何达观地对待生活。他的两项娱乐消遣就是吸烟和看歌舞表演，他每年花在这两项消遣上的开销分别是 36 法郎和 26 法郎，而他们家一年的总支出是 1 000 法郎。他有时整天打牌、喝酒，但因为他对自己的房子和菜园越来越感到自豪，所以他更多的时候还是待在家里。然而，当 1855 年出台的法律要对狗征收几法郎的税时，他就决定把他的狗杀了。从这一事实可以看出，他的快乐是非常有限的。① 后来每当他想起这件事的时候，他都会觉得无限伤心和懊悔。[32]

在革命之前，最常见的租赁形式是佃农制，即土地收益分成制。据估计，1760 年法国七分之四的土地是由佃农耕种的，而到 19 世纪 30 年代，这一比例仍然被认为在 1/3 和 1/2 之间。然而在 19 世纪，租金租赁很快就取代了佃农制。1862 年，只有 40 万名佃农（而佃户

---

① 1855 年 5 月 2 日出台的法律要求每个社区的养狗人上交 1～10 法郎的养狗税，以此支付社区的公共服务。每一位养狗人需要对养狗数量和“养狗的目的”进行申报。

数量为 100 万)；1882 年，这一数字降至 32 万；1929 年降至 20 万。然而，实际存在的佃农比这些数字显示的多，那些“隐形佃农”集中在某些区域，特别是中部和西南部。一种特别古老的，并且常常是压迫性的租赁形式加剧了那里的贫困。热尔省的佃农人数比佃户多 13 倍，另有 21 个省的佃农人数也都比佃户多（1892 年)，而北部和东部几乎没有佃户。对于佃农制度的具体含义不可一概而论，因为根据古老的地方习俗，各地的佃农制度差别很大。1913 年时，可实行分成制租田的土地的平均面积为 50～60 公顷，但实际上土地平均面积的大小是从瓦尔省的 2 公顷到谢尔省的超过 100 公顷不等的。佃农的地位因许多标准而异。从根本来说，佃农制是指农场主和分成制租田者之间对农场产品的一种分配，这种分配通常以五五分为基础，但有时也像在朗德省那样，分成制租田者分得三分之二或四分之三。分成制租田者提供劳动力，土地所有者提供土地，而且常常提供运营资金、牛、机器和肥料，因为分成制租田者本质上是贫穷的，如果他有资金，他就会购买土地或成为佃户。但在一些较为富裕的地区，机器和其他资金需要由双方各提供一半。租金租赁和佃农制之间真正重要的区别在于，在耕作的方向上，佃农必须遵循土地所有者的详细指示——尽管在 20 世纪，这种控制在一些地区有所减弱。1940 年，在利穆赞大区，仍然有一些在同一片土地上已经耕作了三个世纪的分成制租田者——这可以算是封建时代的遗留物，但佃农制的另一个特点是，租期通常是口头约定的，而且很短，所以实际上是随意租赁。通过这种方式，土地所有者可以保证至少获得一定数量的农产品，而采用租金租赁方式的承租人更容易欠他们的债。土地所有者还经常把分成制租田的佃农当作仆人使唤：除了要佃农交出一半的庄稼收成，他们还经常让佃农提供半封建式服务(也可称之为杂务)，如免费运送物品，让佃农的妻子帮自己家做家务，等等。

1882 年，《关于佃农制度的实用性论述》写道：“分成制租田者的首要职责是服从。”[33]1880—1914 年发生了一场贵族对佃农制度的复辟，这被誉为资本和劳动力之间的理想合作形式，以及确保对农民的道德教化和维护上层阶级权威的最佳途径：1882—1892 年的人口普查显示，分成制租田者的数量显著增加。有相当多的著作赞扬了佃农制，呼吁更广泛地采用佃农制来解决社会冲突问题。农学家加斯帕兰（Auguste de Gasparin，1787—1857）甚至声称，法国人的平等主义精神在一定程度上是由于长期存在的佃农制度而形成的。这种制度的确常常能给一个勤劳但身无分文的工人拥有自己农场的机会，让他享受一定程度的独立自主的工作，他甚至有时还可以雇用别人，而且可以想象的是，他能攒够钱买一小块自己的土地。然而，实际上，分成制租田者通常太穷了，以至于他们无法慷慨地对待土地；土地所有者太吝啬了，不愿意把钱花在改良土地上，因为土地所有者必须承担土地改良的全部费用，但只能收回一半利润。北方进步农民谴责这一制度为“缓慢的工作效率和胆小的资本在贫瘠的土地上的结合”。

有些地方的分成制租田者既顺从又恭敬，尽管家长式作风已经逐渐消失，但在其他地区，佃农制是激烈对抗的根源。1908 年，这种对抗甚至导致了波旁地区的一场叛乱：波旁地区的土地所有者利用令人讨厌的中间人——普通佃农——管理他们的土地，这激化了佃农制度的矛盾。该地区的一个分成制租田者埃米尔·吉约曼在他的《一个平凡人的生活》一书中，尖锐地描述了这种令人窒息的制度下的人们的生活。这部农民文学巨著以个人经历为基础，讲述了一个生于 1823 年的佃农和他的儿子的故事。这个叫蒂耶侬的佃农在 7 岁时就开始了牧羊人的艰苦生活，但凡他在晚上八九点之前回来，他就会受到惩罚。9 岁时，他被提拔去养猪。在天气晴朗的日子里，他可以陪同父亲到当地的镇上去卖猪，但当他的父亲去酒馆喝酒时，他得和猪一起待在寒冷的地方等着。在 17 岁以前，他一分钱都没有。他第一次真正与外界接触是服兵役。每个母亲都想攒下500法郎，好让她的孩子不被征去当兵（保险公司当时仍然可以提供代服兵役者）。但蒂耶侬的母亲已经设法为她的大儿子和二儿子花了1 000法郎，而她有七个孩子，所以只好让蒂耶侬去服兵役。他对父母感到极其失望，在服完兵役后就离家去当了工人。当不是迫于需要而选择为他人服务，不再帮助自己的父亲时，这种行为就是一种背叛，也是一种反抗。尽管如此，蒂耶侬还是戴上插着谷穗的帽子去了当地的集市，并以一年90法郎的工资被雇用了。但他是自愿做工人的，他觉得他不能娶一个普通的女仆为妻。他大胆地向一个有300法郎嫁妆的姑娘求婚，当他从自己的父亲那里也得到了300法郎时，姑娘答应了他的求婚。他当了几年工人后，他的岳父帮助他成为一个分成制租田者，尽管条款很苛刻，他依然很高兴能够拥有自己独立的农场。为了购买农场里属于他的一半牲口，他不得不欠下他的地主1 000法郎的债务，那笔债的利息是5%，所以他实际上能得到的农产品价值远远不到一半。他必须非常顺从他的地主，他的地主从来不记得他的名字，叫他“东西”，还对他说：“除了服从和工作，我对你别无所求。永远不要用修理什么物件的要求来打扰我，原则上，我什么也不做。”作为补偿，地主有时把他叫到自己的别墅里，给他一大块猪肉让他在厨房里吃，作为特别的款待。但蒂耶侬同时也不得不服从地主的农场经理和经理的情人，经理的情人不断地缠着他的妻子，要他妻子给她提供各种服务。悲惨的遭遇让他不由得惊叫：“我们仍然是奴隶！”他必须非常努力地工作才能维持生计，每天只睡五六个小时，早上四点就起床。然而，作为“一个农场的头儿，我觉得自己有点儿像一位国王。责任常常沉重地压在我身上，但我很自豪地每顿饭都坐在餐桌的首位，这个位置离面包很近，每次我都可以切一大块。在冬天的晚上，火炉旁的椅子也是荣誉的象征，我也为此感到自豪”。20年后，他终于偿还了1 000法郎，并存了4 000法郎——包括从他岳父那里继承的财产。但他将这笔钱以5%的利率投给了一位银行家，这位银行家没能履行他们的合同，所以他一下子又回到了最开始起步的地方。然后，在蒂耶侬55岁的时候，他的地主要求增加租金（因为地主支付了一小笔作为殖民税的租金）。蒂耶侬拒绝了，并因此收到了警告。他为经营农场所做的一切努力都白费了。而他的哥哥为了高收益，用积攒的8 000法郎冒险买了一个价值1.5万法郎的小农场，最后因还不起抵押贷款赔光了钱。随着年事已高，他们的健康状况越来越差，与不得不赡养他们的孩子们之间的关系也越来越紧张。

革命和《民法典》对分成制租田者几乎没有什么帮助。1889年颁布的一项法律声称给予了他们一些保护，但实际上只是延续了"当地习俗"。为改善他们的命运而引入的法案都是徒劳无功的。人民阵线在1937年7月7日的一项法案中想要促成集体谈判和习俗编纂的努力也失败了。直到1945年和1946年，分成制租田者才获得了最终的解放，也是在那时，他们才被赋予可以将按需合同转换为租金租赁的权利，因此，到1955年，全法国仅剩7.2万个分成制租田者。[34] 与此同时，如果地主想出售农场，选择租金租赁的佃户可以优先购买；无论如何，地主都不能将他们驱逐，因为他们也有权续签租约。因此，1945年，一个新时代开始了，土地的实际主人不再是拥有土地的人，而是耕种土地的人。

种植葡萄的农民是一个非常特殊的例子，他们在经济和社会地位上都和其他农民不同，并以拥有一种与众不同的心态闻名。他们的历史可能有助于解释这一点。在18世纪以前，饮酒并不是一项受欢迎的活动，那时生产的酒也和后来的不一样。直到16世纪，酒店都被禁止向本地人出售葡萄酒，只有路过的游客可以购买葡萄酒。农民很少喝葡萄酒，因为这是专为资产阶级准备的，前者最多只能喝酸葡萄酒（用水冲洗葡萄酒酿造后所剩的残渣制成的葡萄酒饮品）。葡萄酒通常由上层阶级自产自销，这就是这么多的葡萄园都属于贵族、教会和越来越多的制造商，以及波尔多、里昂和第戎的商人的原因，也是主要的葡萄酒地区都在重要城镇附近的原因。巴黎地区曾经是一个主要的葡萄酒产区，直到 1850—1860 年左右，那里的葡萄藤才最终被蔬菜取代。然而，在 18 世纪，正在发展中的城镇里的工人开始有了喝葡萄酒的需求，因此一种新的生产方式应运而生，以迎合工人的口味。这是一种廉价的葡萄酒，名为加美葡萄酒，它与上等的葡萄酒不同，它的特点是产量高但品质差。生产这种酒的是那些逐渐地、一块一块地从上层阶级手中买下土地的农民。种植葡萄的农民的第一次冲突是与资产阶级和教会发生的，他们渴望得到资产阶级和教会的土地，因为只有拥有了这二者的土地资源，他们才能够生产出一种更好的葡萄酒，并以更高的价格出售。后来，在 19 世纪末，种植葡萄的农民的主要敌人是南方那些大规模生产葡萄酒的资本家：他们出售的葡萄酒的价格比任何农民的价格都低得多，这使得他们在与农民的竞争游戏中很自然地打败了对方。因此，葡萄种植者有充足的理由与富人开战。

另外，他们与国家和市政当局也存在长期的冲突，因为后两者对这些满足城镇中贫穷饮酒者的需求的葡萄酒征收的税越来越重。在旧制度时期末期，廉价葡萄酒有时不得不支付其价值两倍的税。这成了民众和政府之间一个亟待解决的问题。因此，1791 年取消了对进入城镇销售的葡萄酒的征税，但由于这种做法导致了财政收入的损失，1798 年，政府又以入市税的名义重新开始对葡萄酒征税。因此城镇工人常常到巴黎郊外喝酒以避税，这带来了一种令人难以置信的结果——这个荒凉的地区涌现了大量的葡萄酒商店。因此，在 19 世纪，葡萄种植者仍然感觉他们受到了政府征税的迫害，他们与收税的公务员部门发生了冲突，并且在很多情况下变成了走私犯。当然，不同的地区有不同的情况。例如，博若莱地区有能力扩大其廉价葡萄酒的生产规模，因为它有权将其葡萄酒廉价地销往里昂；相比之下，马孔葡萄酒的关税高四倍，因此就有必要专门生产优质葡萄酒；奥尔良出产醋而非好酒不是因为当地土壤的条件，而是因为葡萄酒的交易被政府的政策破坏了。高额征税的结果是所谓的廉价酒的价格并不比好酒低到哪儿去，因此，生产廉价葡萄酒的农民就在生产葡萄的数量上而不是质量上下功夫，他们经常能从自己的葡萄园收获比其他葡萄园多两倍的葡萄，并以高档葡萄园的一半价格出售这些葡萄。正是这样的原因使得种植葡萄的农民日渐富裕起来，也正是在这种压力下，技术型葡萄酒酿造在 19 世纪遭到重创。到 1875 年，优质葡萄酒的生存面临危机。市场上充斥的欺诈和竞争使优质葡萄酒的销售变得困难，最好的葡萄酒生产开始逐渐集中出现在资产阶级的私人酒庄。

在整个第二帝国统治时期，葡萄酒生产地区的面积持续扩大。铁路的发展为葡萄酒开辟了广阔的市场；1860 年的条约①促进了葡萄酒的出口。葡萄酒成为当时主要的投机买卖产品之一（事实上，葡萄酒产业是当时仅次于纺织业的主要产业）：从小农到股票经纪人（例如印象派画家弗雷德里克·巴齐耶的父亲加斯东·巴齐耶），各个阶层的人都投资葡萄酒；实业家甚至关闭了工厂，转而购买葡萄园。然后，就在葡萄酒产业发展的鼎盛时期，葡萄根瘤蚜虫害的袭击给农民带来了灾难性的后果，几乎所有葡萄园的葡萄藤都不得不被连根拔除。重新种植葡萄藤需要投入每公顷高达 5 000 法郎的巨额资金，而且由于最早的嫁接品种生产出的是一种带麝香味的葡萄酒，因此，要用美国的葡萄植株品种进行重新种植，还要进行大量的试验。因此，葡萄种植地的分布发生了变化：北部有几个地区几乎放弃了种植，但南方却大大地扩大了葡萄种植面积。南方葡萄种植者种植的新葡萄产量高，适合大批量生产；大资本家的介入也使得葡萄酒产业改变了所有权的模式。当葡萄产量低的时候，它的价格就会很高，所以农民们继续种植葡萄的决心不减。然而，这时

---

① 此处的条约指 1860 年英法两国签订的《英法条约》，英国在条约中同意降低葡萄酒的进口税。——编者注

候就会开始出现产量过剩的现象，这一直是葡萄种植者面临的长期问题。诚然，法国的葡萄酒人均消费量从1848年的51升增长到了1872年的77升，再到1904年的103升，再到1926年的136升，一路猛涨，但在根瘤蚜危机期间，法国政府曾鼓励阿尔及利亚种植葡萄，并允许从西班牙和意大利进口葡萄酒。此外，从葡萄酒生产者所使用的糖量增加了两倍的事实可以看出，假酒当时在市场上的销量达到了正品的40%左右。也正是在这些年里，加利福尼亚和南美洲的葡萄园都大大扩大了种植面积。1870—1900年，甜菜酒的产量也增长了三倍。从危机中走出来的葡萄酒生产者又进入了一个竞争非常激烈的世界。因为葡萄酒产量过剩，葡萄酒生产者几乎赚不了钱。1900—1907年，其中灾难性的5年不仅使法国南部的经济濒临崩溃，而且导致了叛乱的爆发。为了解决危机，议会仓促地通过了很多法律，但并没有什么效果。最终还是1912年之后的物价上涨，以及战争期间的葡萄酒交易带来的巨大利润挽救了局势。农民用自己新获得的财富偿还了债务；1920—1929年的葡萄大丰收使得葡萄种植业恢复了往日的繁荣景象。但随后的产量过剩再次导致葡萄酒价格下跌，20世纪30年代是葡萄酒种植者们经历过的最糟糕的年代。阿尔及利亚人担心法国议会通过法律来限制他们的生产，于是拼命扩大他们的葡萄种植面积——他们的葡萄园从1928年的22.1万公顷增加到了1935年的40万公顷。这段时间内发生了一场引人注目的、以新形式出现的革命。1907年，葡萄种植者只是要求政府为他们的问题找到解决方案，他们自己不提供任何解决办法。但在20世纪30年代，他们开始利用政府的力量，对自己的行业实施独特的国家控制。一项接一项的法律出台：限制葡萄的生产，禁止扩大葡萄种植面积，为那些毁坏自己葡萄园的人减税，并安排购买剩余的葡萄，将它们酿制成酒。通过这些方式，葡萄种植者让国家为他们提供补贴。这些法律的特殊之处在于，它们是小农的胜利，因为管制首先针对的是那些拥有资本的大规模生产者。然而，从长远来看，这些措施并没有奏效。1939—1945 年的战争再次为葡萄种植者带来了利润，随后又出现了一个生产过剩时期，1953 年又进行了进一步的立法。但是，由于葡萄种植者在选举中决定性的地位，土地的利用方式不可能发生根本性的转变。从经济学的观点理性来看，最重要的不是冻结土地的生产力，而是把土地合理分配，以便去种植一些最适合土地的、国家也最需要的农作物。葡萄应该在山上种植，那里除了葡萄没有别的东西可以生长，平原应该用来生产肉类和牛奶。但是有太多的情感牵绊和利益纠纷牵涉其中。

葡萄酒的世界充斥着各种各样的斗争：注重质量的生产商和数量优先的生产商的斗争，把葡萄酒生产视作工业投资的资本家和把葡萄种植视为一种生活方式的农民的斗争，专业的小业主、不同文化背景的外行及在他人农场工作的劳工的斗争。他们之间的斗争有一定的悲剧成分，因为大多数小农葡萄种植者的本质都是赌徒，他们输的时候比赢的时候多。关于个人预算的一些研究展示了他们的生活是如何被一连串的希望欺骗，被一系列的债务压垮，又如何被偶尔的惊人收获振奋的：偶尔的发财抵消了一切痛苦，让他们可以重新开始。小农很少靠自己种植的葡萄过上好日子，这就是为什么他们会有“红色革命者”之称。葡萄种植者当然经常会投票给左翼，但是他们对国家、税收部门官员、资本家、受优待的高档品牌所有者、批发商和高利贷放贷人的反对只是让他们变成了激进的革命者，他们的理想当然是通过个人努力获得财产和独立。工人们可能会给拥有大量财产的社会主义者或共产主义者投票，但小农葡萄种植者们有保留意见。当他们被迫放弃部分独立，组成合作社时，他们是本着团结互助的精神的，而不是为了劳动中的合作。虽然合作社对葡萄的品种选择和葡萄的收获时间有很大的影响，但每个人仍然只耕种自己的土地。这些小农葡萄种植者的激进主义还涉及他们较为独立的身份：他们不是真正的农民。尽管他们生活在上千个村庄里，但他们的生活方式更像是城市化的生活方式。初夏的时候，他们几乎没有什么事可做，7月、8月和10月他们也有假期。他们经常去附近的城镇，那里的酒商生意兴隆，他们喜欢那里的娱乐活动，喜欢在那里购物。他们会在工作结束后立刻穿上和农民不一样的服装，尤其是年轻人，因为他们习惯晚上到村子里去聚会。一年中除了冬天，年轻人和老人都会聚在村里的广场上，他们一边等着吃晚饭，一边玩着不同版本的保龄球，或者坐在咖啡馆的露台上聊天。已婚妇女和中老年未婚女人长时间地坐在屋外的椅子上，没完没了地闲聊。星期日下午有年轻人的舞会。这种活跃的社交生活鼓励大家交流。这些年轻人慢慢形成了自己的对思想的鉴赏力。他们不太信教，但他们喜欢参加教会的宴席，喜欢热情洋溢地庆祝洗礼和聚会。但这些小农的生活离富裕还差得很远，他们的生活水平低于他们所在阶级的平均水平。在社会地位和经济收入上，葡萄种植业都处于农业和工业之间。在南方，它常常是工业的替代品。20世纪30年代以前，葡萄种植业对人口密度的影响和工业对人口密度的影响一样重大。除了布列塔尼，每平方千米居住人口超过70的地区都是工业区或葡萄种植区：波尔多和朗格多克的葡萄园可以与孚日和科镇的纺织工业区相提并论。事实上，纺织业和葡萄种植业一直是农活儿并不十分繁忙的农村地区的补充产业。法国部分不生产葡萄酒的地区会大力发展纺织业。当生活在边境地区的农民发现酿酒无利可图时，他们会转而生产蕾丝花边，这在当时是前沿产业。[35]

处于农民阶层最底层的是劳工。1848年，法国有近300万名劳工，1892年有250万名劳工，1929年有150万名劳工，1946年劳工的数量是100万。社会主义者，尤其是共产党人，对这一群体寄予厚望，但并没有什么收获。的确，劳工的工资可能比城镇工人还要低，尤其是考虑到季节性失业时；他们也许能找到更便宜的住所，但这些住所的质量往往比那些条件差到足以激起虔诚的改革者义愤的城区贫民窟还要差。他们经常不得不从事农业来补充收入，而农业是全法国收入最低的行业之一。然而，在全法国范围内将他们组织起来的可能性很小：他们当中的许多人都在农场里独自工作，他们在那里可能是唯一被雇用的劳动者。他们的生活水平很低，但在一些地区并不比他们的雇主低多少。对他们当中的许多人来说，当劳工只是人生的一个阶段，他们希望尽快逃离这个阶段，要么自己成为一个小业主，要么去城里打工。即使是这个阶级的构成也非常多样化。例如，在第二次世界大战之前，维埃纳、谢尔、索恩－卢瓦尔的劳工的工资几乎是多尔多涅和洛特－加龙的劳工的两倍，他们的就业和住宿条件差别很大。20 世纪 50 年代，当社会学家询问这些劳工的抱负时，他们的回答是：即使移民到城镇，他们也不觉得自己是工人阶级的一部分；对他们当中的许多人来说，成为独立的小业主才是他们的最终目标。[36]

农民的谎言

因此，农民并不能被看作让法国这一百年来保持稳定的坚实的压舱石。正如我们所看到的那样，他们处于一种混乱骚动的、内部充满竞争的状态。他们面对的冲突同样吸引着他们，因为这些冲突并不是简单的资本家和工人的冲突，农民在获得土地方面的雄心壮志也并不意味着他们就想成为资产阶级。但这些冲突变得愈加疯狂，因为它们发生在他们所熟知的社会正在崩溃的时候。农业社会已经被动摇与改变，尽管在这个过程中没有领袖，也没有戏剧性的事件发生。这个过程只是无声无息地显现，表现为数以百万计的农民个体离开土地，迁往城镇。这本来可以使留下来的农民富裕起来，使农业摆脱劳动力过剩的负担而转变成一个高效率的产业，但实际上，那些年农业社会的崩溃只是表明了农业不再是这个国家的支柱。那些留下来的农民是被遗弃的，而不是获得解放的；农村人口的减少只是逐渐引起了农民的一种神经质的紧张，它并不代表机会的增加。

在第二帝国时期，在乡村居住的人口比以往任何时候都更密集，某些地区的人口密度在西欧是无与伦比的。但当人口总数下降时，这一事实却被忽视了，第二帝国时期的异常现象被人遗忘了，只有大量农村人口的减少才被人注意到。与此同时，法国的总人口停止增长，因此农业人口减少导致的农业损失无法通过更高的出生率得到补偿。法国从事农业的人口比例从 1851 年的 61% 降至 1861 年的 53% 和 1891 年的 45%，1931—1946 年降至 32.5%。法国的农民数量尽管有了大幅减少，但依然远远超过大多数西方国家：1939 年，英国只有 5.7% 的农民，比利时的农民人口比例是 17%，德国的农民人口比例是 29%。[37] 法国的农村人口比例在第二次世界大战后持续大幅下降，从 1946 年的 32.5% 下降到 1960 年的 20%。[38]

农村移民的种类是不同的。在 19 世纪，农村移民在某些特定时期以特别快的速度发生：1861—1865 年，大约 65 万人离开了农村；1875—1881 年发生了有记录以来最大规模的移民潮，84 万人离开了农村；1896—1901 年，又有 65 万人离开了农村。的确，这几次移民浪潮中的每一次都是对特定危机的反应，但它们基本上都是贫困人口的迁移，处于农村社会边缘的人的迁移，或者在农村找不到容身之所的人的迁移。以前，那些无法靠土地谋生的人可以成为农村工匠或工人，但在工业的挤压下和农业的危机中，这些工作逐渐消失了，农村公地的租赁和划分也使得他们很难以传统方式生存。1936—1938 年，这种大规模的迁移又发生了一次，这一次有 30 多万人离开农村投奔了城市，因为当时的城市工人在人民阵线中赢得了优势。然而，1939—1945 年，农村移民的情况似乎一直较为稳定，移民数量每年大致相同。此外，移民者不再只是最贫困的人，还包括积极寻求更好生活的年轻人和冒险家。1914 年以前，农村移民通常是先去当地的小城镇，几代人之后才能进入城市，1914

年之后，他们会直接就搬去城市。1945 年之后，又出现了新的移民形式，因此不可能对法国的农村移民运动一概而论。不同的村庄分别以不同寻常的方式来应对这一挑战：一些村庄表现了很强的适应能力，而其他村庄则仿佛受到重创一样迅速崩溃了。[39]我们需要用现代社会心理学家的视角对这些移民的野心进行更多的思考。20 世纪 50 年代对布列塔尼进行的一项研究发现，42% 的移民在 14 岁之前就做出了移民的决定，或者至少对此考虑过，还有 35% 的移民是在 14～17 岁做出决定的。这表明，对这类普通的移民来说，他们很早就知道农村没有他们的容身之地。并不是那些失意或失败的人才会迁移到城里去，处于农民阶层中间位置的人移民最多，因为最精明能干的孩子一般会得到奖学金继续读书，即使没有奖学金，他们一般也都能在当地找到事儿做，而那些最笨的孩子是想动都动不了的。[40]

没有土地的人自然极想离开农村。农村劳动力的流失对活跃在法国西南地区的小资产阶级农民造成了灾难性的后果。为了做出反击，有的小资产阶级农民雇用了西班牙人、意大利人、波兰人和其他外国人来为他们干活儿，这些人在某种程度上改变了农村社会；有的小资产阶级农民被迫放弃了农场，他们把土地出租，把房子用作避暑别墅，转而去城市寻求发展机会，这导致农村社会以另一种方式发生了转变。[41]农村社会结构进一步简化了。现代交通的发展的确在某些方面拉近了农民与城镇的距离，但它通过把手工艺者吸引到城镇去，使得剩下的农民更加孤立。这样，这个国家的人就被分成了鲜明的两派：一派人耕种土地，另一派人在城市获取收入。农业的衰落意味着农民更加专业化了，他们不再是冬天的兼职工匠，也不再是萧条时期的建筑工人。

1848—1945 年，农民几乎一直处于严重的危机之中。我们不应忘记，1846—1850 年法国农民面临的巨大挑战是欧洲农业有史以来经历的最严重的考验之一。第二帝国的繁荣吸引了更多的人购买土地，但农作物产量的增加并不代表农业效率也有所提高。农业产值在国民收入中所占的份额并没有增加，相反，在 1890 年，全法国 45% 的人口所获得的收入只占国民总收入的 30%～35%。[42] 通信工具和交通的发展打开了新的市场，但也使来自美国、巴尔干半岛和俄国的小麦成为竞争对手；竞争刺激了生产，但也带来了小麦价格灾难性的下跌。与第二帝国时期相比，小麦的价格在 19 世纪 80 年代和 90 年代下降了三分之一。至于土地的价格，以 1821 年价值 100 法郎的一块地为例，1851 年这块地的价格上涨到 255 法郎，1879 年上涨到 366 法郎，1894 年下跌到 279 法郎。根瘤蚜危机摧毁了许多农民赖以生存的另一种经济作物——葡萄：1875 年法国农民创纪录地生产了 84 亿升葡萄酒，但 1879 年葡萄酒的产量仅为 25 亿升；15 年之后，法国葡萄酒的产量才超过了 1875 年产量的一半。葡萄酒供应紧张导致价格上涨，但葡萄酒行业创造的总收入仍不到第二帝国时期的一半。另外，重新种植葡萄植株需要大量的资金。[43]

法国政府对此状况的应对做法是实施保护主义政策。政府早在 1881 年就开始实施保护主义政策，此后逐渐扩大实施范围，保护主义政策最终在 1892 年的《梅利纳关税法》中得到了落实和巩固。① 政府实施保护主义政策带来了三个结果。第一个结果，正如保护主义政策的支持者所说，是“农业得救了”。也就是说，农业能够像以前一样继续发展——以非专业化的种植方法维持农民的生存，也使得大量的劳动力留在土地上。法国依然是一个人口主要由农民构成的大国。农产品价格确实下降了，但降幅不像英国等其他国家那么大。到世纪之交，价格回到了有利可图的水平，农业危机结束；在第一次世界大战之前的几年里，农产品价格甚至达到了新的高峰。因此，这一保护主义政策似乎是正当的，它作为共和国的基本信条被保留下来。法国食品的关税水平在西欧各国中是最高的，约为

---

① 1892 年，法国政府通过了《梅利纳关税法》，提高关税，以限制北美小麦进口，保护法国农民利益。——编者注

29%，只有奥匈帝国与它相当，意大利和德国的关税是 22%，瑞士为 15%，瑞典为 24%。[44]

然而，保护主义政策带来的第二个结果是让农民远离了农业现代化。在至关重要的 60 年里，农村适应工业社会的问题被有意忽视了。这就是这个问题最终在 1950 年后终于出现时，引发了如此激烈的反应，以及在 20 世纪 60 年代发生了一场“农民革命”的原因。正如梅利纳所认为的那样，保护主义应成为更广泛的农业方案的一部分，其中增加的资本投资和改进的技术教育质量应该带来利润的增加。梅利纳政府通过立法鼓励互惠互利性质的农业信贷协会的成立，并在 1897 年向这些协会提供国家支持，但这些措施的作用仍然很小，它们没有成为促进经济发展的重要因素。1883 年的一项调查显示，有相当一部分农业信贷协会成员认为：“任何利率的借贷对农民和小农户来说都是不合理的，在 80% 的情况下，借贷会导致破产……提供贷款不如教我们如何在没有贷款的情况下生存。”[45] 同样，梅利纳政府提倡的技术教育因过于理论化也遭到了大众的唾弃。大学虽已建立，但却一直在资金短缺中挣扎。成立于 1848 年、被拿破仑三世废除的国家农学院，在第三共和国时期被重新建立，但这所大学在 1876 年只培养了 26 名毕业生，在 1913 年只培养了 87 名毕业生。当时还成立了 80 所级别不高的学院，约 250 名教授被派去这些地方教授农业种植的新方法。但这只是解决农民无知问题的一小股力量，而且只影响了大约 1% 的农业人口。小学是农民接受教育的唯一场所，但管理这些学校的校长认为聪明孩子的目标应该是逃离这片土地。农民缺少的是一所可以提供实践培训的中等学校，而这一空白在那些年里并没有得到填补。[46]

保护主义政策的第三个结果是鼓励农民相信国家可以帮助他们改变命运。在对国家的信任方面，农民并不是独一无二的，但在让国家相信他们才是唯一值得国家补贴的群体这方面，他们确实无人能比。他们在让国家免税这方面取得了非常大的成就。19 世纪 90 年代，《农村民主报》组织了一场旨在降低农民赋税的运动，征集了100万人的签名，并最终赢得了国家的让步。农民们逐渐习惯了这样一种观念，即其他阶层的人都应该资助他们。到1963年，有八分之七的农民免于缴纳所得税，国家将预算的10%左右用于补贴他们，整个欧洲都为供养他们的无能承受了经济损失。[47]当然，他们都被蒙骗了。正如后来人们看到的那样，政府通过克扣给农民发放的补贴而从中获益。农民们自以为他们成功地保持了自己的独立地位，但实际上远远落后于其他阶层。法国农民地位的矛盾之处在于，他们被理想化，被补贴，被认为是一股强大的选举力量，但尽管如此，他们仍然无法使用自己的权力，仍然是法国最贫穷的群体之一。[48]

然而，在一些地区，农民确实抓住了农业发展的变化所带来的机遇。1848—1945年，不同地区的农业发展有很大的不同。把布列塔尼和加龙地区的农业发展历程比较一下，我们就可以鲜明地看到这一点。①1848年前后，加龙地区是一个相当繁荣的农业区，而布列塔尼是最贫穷的地区之一。加龙地区的耕地面积达68%，而布列塔尼只耕种了57%的土地，几乎三分之一的土地被荒废。加龙的繁荣来自其畅销的小麦（其种植面积是布列塔尼的两倍）、优质的葡萄酒和可以用于喂养大量家禽的玉米。相比之下，布列塔尼是落后的，是与世隔绝的——那里的土壤缺乏石灰和磷酸盐，所以不得不对大面积的土地实行40～60年的休耕，以保证土地能够从农业生产活动中恢复过来。布列塔尼的居民生活在原始的、脏乱的环境中，而加龙的居民生活水平很高，可以吃白面包，喝葡萄酒。然而，1848—1945年这近百年的变化彻底改变了这片景象。到1939年，这两个地区的位置几乎发生了彻底的逆转。加龙地区的农作物产量下降，布列塔尼地区的农作物产量急剧上升；加龙地区的耕地面积下降到

① 布列塔尼地区包括北滨海省、菲尼斯泰尔省、伊勒－维莱讷省、莫尔比昂省和下卢瓦尔省。加龙地区包括上加龙省、热尔省、洛特省、塔恩－加龙省、洛特－加龙省和多尔多涅省。

65%，而布列塔尼地区的耕地面积上升到了74%；布列塔尼的农业用地面积增加了三分之一，其中一半为可耕地，另一半为牧场，因为布列塔尼开始转而生产市场利润越来越大的肉类和牛奶。加龙地区专注小麦种植这一做法是灾难性的，不仅是因为它耗尽了土地的养分，也是因为经济大萧条对西南部地区的打击最大。小麦在小规模种植农业中不再有利可图。此外，那些因根瘤蚜蒙受巨大损失的葡萄园主仓促地重新种植了一些质量不如以前但产量高得多的葡萄品种，因为这种葡萄在加龙地区灌溉水源充足的土地上生长得特别好，所以，该地区葡萄的种植面积减少了近一半，但总产量依然保持不变。然而，在普通葡萄酒的生产上，南部地区以更高的产量打败了加龙地区。1882年，加龙地区生产的葡萄酒产量占整个国家的16%，而南部则占了28%。1930—1939年，加龙的葡萄酒产量只占全国的9%，而南部则占了51%。因为南部的葡萄酒总是很便宜，而加龙葡萄酒既不是特别便宜，质量也没有多好，而且南部地区每公顷的葡萄酒产量是5 000升，而加龙每公顷的葡萄酒产量仅为2 400升。加龙地区的人犯了一个错误，他们没有向卢瓦尔河谷地区学习：卢瓦尔河谷在重建葡萄园的过程中种植了一种有独特香味的麝香葡萄，并开拓了一大片市场。与此同时，布列塔尼的葡萄酒产量增加了一倍，苹果酒产量增加了两倍。在面向城镇的食物供应方面，布列塔尼的牧场是被优先考虑的，而加龙的蔬菜和水果必须与气候条件更优越的南部地区和阿尔及利亚竞争。加龙的另一个传统产业是养羊业，但随着从国外进口的羊越来越便宜，养羊业也就不怎么赚钱了。1840年，加龙拥有200多万只羊，而到1939年，只剩下60万只。加龙地区拥有天然的交通便利条件，很早就修建了不少公路和运河，其数量是布列塔尼的两倍。然而到1939年，布列塔尼与外界的交通渠道完全建立：它的铁路数量是加龙的三倍，公路数量是加龙的六分之五。结果，1841—1936年，加龙的人口减少了24%，而布列塔尼的人口增加了14%。[49]

20世纪中叶，英国或美国的游客在瑟堡上岸后，看到的是一个面貌与一百年前完全不同的地区。他们可能会看到大谷仓的废墟，小麦种植时期的遗迹，以及过去劳工住过的茅屋。该地区此时在大力发展放牧业，科唐坦半岛的放牧业覆盖率高达95%，但实际上在拿破仑一世时期，这里几乎没有牧场。土地用来种荞麦（当地人的主要食物）、小麦（当地的主要市场产品）、黑麦、燕麦、大麦，有一部分土地是休耕地。但是在1830—1930年，一头奶牛的价格上涨了6倍，牛奶的价格上涨了3倍，而小麦变得便宜了一些。20世纪中叶之前，那些易于耕种、可以修建道路的多孔土地才是真正有价值的土地；到20世纪中叶，那些可用作牧场的、被铁路贯穿的难耕之地变成了最受欢迎的土地。曾经的贫困地区到20世纪中叶成了法国最赚钱的地区。[50]

通过查看多菲内省的莫雷特村庄的历史，可以更清楚地看到发生的变化，而这段历史恰好是由该村的一位村民记录的。作者在逃离村庄接受了高等教育后，决定重新回到这片土地上。根据他的描述，我们得知：1806年，他所在的村庄有81户共398名居民；1851年，村里的居民有528人，这是有史以来最高的；到1901年，这一数字又降到了402；1911年的村民有326人；到1922年，这一数字为232。在两次世界大战之间的时期，居民数一直保持在这个水平上下。1946年，这个数字降到了204。这种下降主要是由于移民，但也有人口老龄化导致出生率下降的原因。人们可以从废弃农舍的废墟、曾经生长着葡萄藤的起伏的荒野和浸泡过大麻的水库中，清晰地感受到村庄人口的老龄化。1827年该村的可耕地面积为113公顷，1862年增加到132公顷，1935年又减少到45公顷。1827年和1862年的葡萄种植面积分别为220公顷和205公顷，到1935年则减少到65公顷。本地产品几乎没有什么特别之处，无法与南部地区的廉价产品竞争，不过有种像胡桃的专门作物利润很高，村民们就用61公顷的地种植这种作物，其经济回报率是葡萄酒或小麦的五六倍。牧场面积从1862年的

35 公顷增加到 1935 年的 216 公顷；1862 年有 96 头农耕牛，到 1935 年，农耕牛不见了，奶牛取而代之。这个村子不仅面貌发生了变化，居民的类型也发生了变化。1851 年，村子里有 1 个花边匠、2 个轮匠、2 个裁缝、2 个蹄铁匠、1 个木屐匠、1 个大麻精梳工、3 个织工和 9 个其他纺织工人、7 个木匠、1 个泥瓦匠、6 个锯工、3 个布商和 1 个猪肉贩。然而，到 1896 年，只剩下 5 名工匠：1 个补鞋匠、1 个轮匠、1 个裁缝、1 个木匠和 1 个泥瓦匠。在 1914 年以后，就只剩下 1 个泥瓦匠和 1 个木匠了，他们整天都不在村子里，因为他们的工作主要是在村子外面进行的。少数几家小杂货店的境遇好一些，它们之所以能存活下来，是因为它们通常都是由农民的妻子兼职经营的店铺，而现在有了汽车，她们可以在更大的范围内送货。

过去农民的那种与世隔绝的时代已经结束了。1848 年，这个村庄几乎完全自给自足。农民们用枝条和当地的泥土制成的涂料修篱笆墙，用从当地林场运来的木材自己盖房子。他们不用花钱购买就有衣服穿：他们穿木屐，把自己种的麻交给织布工做成衣服。他们以自己生产的黑麦面包、奶酪、栗子、土豆、豆类、卷心菜、猪肉为食，但很少吃牛羊肉。他们自己做油和醋，在晚上用一种从坚果中提炼的特殊的油作为燃料点亮油灯照明。他们的农具几乎都是木质的。1849 年，市议会为了打破农民的这种孤立状态，决定为市长订阅一份新闻报纸，但当地长官拒绝了这一做法。不久之后，农民的物质生活方面发生了一些变化。基于公证人在村民死后所做的记录，民俗艺术与传统博物馆发起了一项对村民所有物的调查。调查显示，1850—1860 年，农民的生活出现了新突破。1850 年农民的家具和 18 世纪几乎没有什么不同。[51] 然而，到 1914 年，这个村子里的房子开始出现用石头或砖做成的地基和窗框，人们用混凝土代替了泥巴地，用石膏砌墙，在屋顶贴上了人造瓷砖。房间更宽敞了，家具也多了，椅子代替了长凳。鞋子取代了木屐，裁缝制衣的布料也更加多样化。咖啡是在 1860 年左右出现的，最初只在新年那天才喝，但随着时间的推移，它慢慢替代了蘸白兰地的面包，成为农民的普通早餐。1860 年，肉还没多少人吃，但它后来和米饭、通心粉、糖等食物一起被逐渐引入了市场。1908 年，第一部电话——一部公用电话——出现了，它是应市议会的要求被安装的；1910 年，有人买了第一辆自行车，自行车迅速成为一种流行的交通工具。1903 年，当地小学校长用得到的一笔 25 法郎的赠款，创办了一座图书馆。图书馆在村里的作用变得越来越重要。随着人们去教堂的次数减少，图书馆被人们光顾的频率逐渐超过了教堂。一个因拒绝放弃跳舞而被教堂拒绝赦免的女孩的高傲回答被大众知晓，并成为一种反教权战争的呐喊。1914 年以后，村子里完全没有教堂了。到 1914 年，农民不再住在村子里，而是分散居住在整个地区，他们越来越多地从外界获取服务。出差的猪肉商给自己买了一部电话（他是当地唯一一个拥有私人电话的人）。1897 年，农民们聚在一起组成了一个互助保险协会；1914 年，他们加入了一个专门以批发价供应化肥的工会；1929 年，他们联合起来贷款买了一台脱粒机；1936 年以后，他们把牛奶卖给一家驾驶卡车收购牛奶的公司；坚果种植者成立了一个合作社，以更高的价格出售他们的产品。年轻女性开始效仿巴黎的服装潮流。尽管在 1939 年几乎没有人看过电影，但报纸随处可见。这些变化带来的结果之一是，农民在某些方面比以前更“农民化”了——他们仍旧耕种土地，并且拥有的土地比之前更多，因为做农民的人更少了；从另一方面而言，他们成了一种新型农民——人们可能会试图了解他们的态度在哪些方面变得真正不同了。[52]

调查这个问题的一种方法是看农民如何利用他们的储蓄。一项对沃克吕兹省农民遗嘱和尸检清单的研究显示，截至 1938 年，这些村民中有 6% 的人拥有银行账户，13% 是合作社成员。1900 年，21% 的人往国民储蓄银行存了一些钱，到 1938 年，37% 的人存了钱，因为这是最流行的一种投资方式。然而，最令人感兴趣的是，1900

年，他们当中已有 7% 的人投资股票，到 1938 年，这一比例已达到 29%。即使是 1914 年以前从未投资过股票的最贫穷的农民，也在战后开始把钱投到股票上。沃克吕兹农业日益普遍的商业特性已经把农民吸引到了资本主义制度中去。[53]

很难衡量农民被资本主义制度吸引的程度。有些人认为，到 1939 年，农民已分为两类，一类采用现代方法生产商品以供市场销售，另一类人仍然忠于自给自足的农业。这种说法当然是有用的，但它只说出了一半的实情。毫无疑问，北方平原的农耕文化与中央高原传统的多元文化没有相似之处。值得提醒的一点是，我们无论从哪个角度看待农民，都不会看到一个完全同质的群体。然而，他们对现代化的态度需要更仔细的审视。1848 年不同地区农民拥有的财富的巨大差异是众所周知的。20 世纪上半叶，这种差异在一定程度上逐渐趋平。上文说到的布列塔尼和加龙就展现了曾经荒凉的省份是如何发生戏剧性改变的。农业危机虽然带来了机遇——比如使夏朗德省放弃酿造普普通通的葡萄酒，转而生产优质的乳制品——但也给那些无力迎接挑战的人造成了损失。20 世纪，法国的区域差距再次扩大。1892—1939 年，整个法国每公顷土地的小麦产量从 12.6 公担①上升到 15.4 公担，但有 14 个省份的产量下降了，另有 8 个省份的产量保持不变。所以我们看到，现代化的结果是某些地区间的差距进一步扩大了。就 1954—1955 年的农业生产力而言，埃纳省每个工人的产值高达 82 万法郎，但克勒兹省每个工人的产值只有 30～35 万法郎。埃纳省每人使用 36 千克化肥，而克勒兹省每人只用 2.1 千克化肥。全法国的平均数据具有很大的误导性。另一份图表显示，法国农业生产在 1892 年之前持续增长，之后直到 1939 年一直保持稳定，然后在战后再次增长。但是如果看一下各省份的统计数据就会发现，1852—1892 年，尽管从国家数据来看，人均产量是

① 1 公担等于 100 千克。——译者注

从 100 公担增加到 185 公担，但在各省的统计数据中，增幅大得多，如伊勒－维莱讷省的数据是增加到 294 公担，马耶讷省增加到 296 公担，克勒兹省增加到 320 公担；有一些省份的产量增幅明显较小，如北部省增加到 113 公担，瓦尔省增加到 105 公担。同样，1892—1955 年，法国的整体人均产量是 98 公担，但索恩－卢瓦尔省是 46 公担，孚日省是 48 公担，东比利牛斯省是 260 公担。19 世纪上半叶，巴黎和北方平原的发展最为迅速；19 世纪下半叶，发展缓慢的地区也开始效仿它们的做法，消除土地的休耕制度，摒弃各种浪费行为。机械化始于 19 世纪 60 年代的北方，其他地区则是在 19 世纪 90 年代以后才开始的。然而，1892 年后市场发展的停滞不前意味着地区间的差异在 1892 年后再次扩大，而 1939 年的地区差异之大，几乎和 1848 年一样。[54]

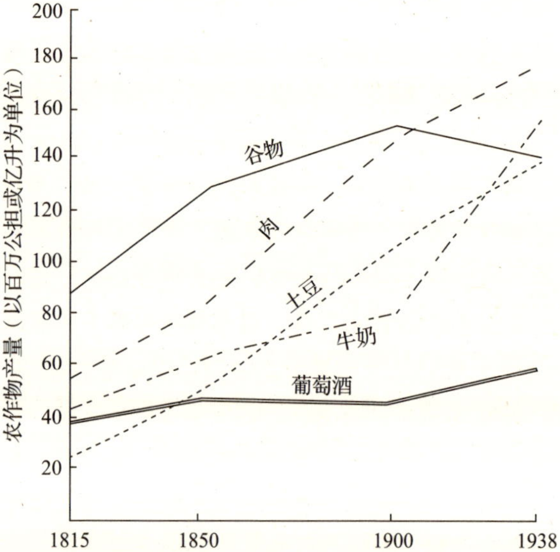

图 9-1　1815—1938 年法国的农作物产量。出自 P. 维奥的《农业和经济》（1967 年）第 29 页

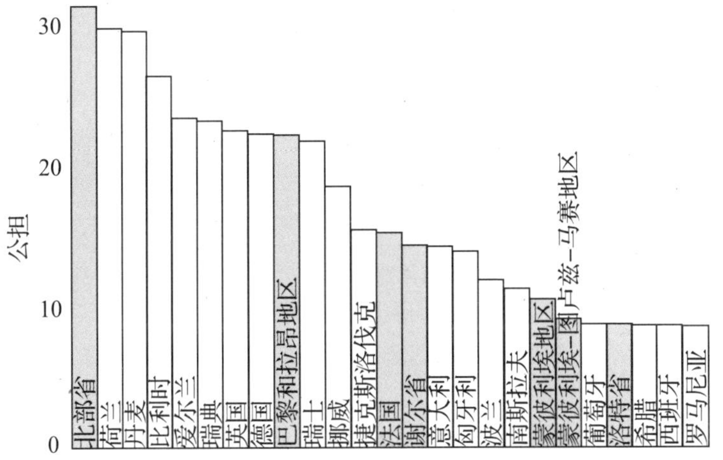

图 9-2　1930—1939 年每公顷小麦的平均产量。出自 M. 塞佩德的《第二次世界大战时期法国的农业和食物供给》（1961 年）第 24 页

但我们不该认为传统的农民一定不如现代化的农民富裕。劳伦斯・怀利（Lawrence Wylie）对尚佐村做了一项极具启发性的研究。研究显示，传统农民的产量可能只是现代化农民产量的一半，他们可能要花上两个月才能把一道树篱砍倒，而推土机只需一天就能完成，但是如果他们有一个大小合适的农场，那么最终他们可以赚到的钱会比现代化农民还要多。传统农民对现代化并没有真正的兴趣，因为他们生活富裕，缓慢的工作节奏和能随时停下来跟路过的朋友聊天的自由给了他们巨大的满足。而他们的那些致力于现代化的、一直在奔波的年轻邻居，并没有从忙碌中赚到多少钱，因为他们的农场规模不够大。[55] 事实上，除了某些地区，财产和农业区的结构并没有发展到可以实现现代化的程度。据计算，15 公顷是一个农场产生利润所必需的最小面积，而那些小于 15 公顷的农场之所以得以生存，是因为它们使用了廉价的家庭劳动力。[56] 然而，这样的小农场确实大量存在，如表 9-1 所示：

表 9-1 1892 年、1929 年和 1955 年法国不同面积的农场数量的百分比

<table>
<tr><th>面　积</th><th>1892 年</th><th>1929 年</th><th>1955 年</th></tr>
<tr><td>1 公顷或以下</td><td>39%</td><td>25%</td><td>6%</td></tr>
<tr><td>1～5 公顷</td><td>32%</td><td>29%</td><td>29%</td></tr>
<tr><td>5～10 公顷</td><td>14%</td><td>18%</td><td>21%</td></tr>
<tr><td>10～20 公顷</td><td rowspan="4">15%</td><td>15%</td><td>24%</td></tr>
<tr><td>20～50 公顷</td><td>10%</td><td>16%</td></tr>
<tr><td>50～100 公顷</td><td>2%</td><td>3%</td></tr>
<tr><td>100 公顷以上</td><td>1%</td><td>1%</td></tr>
</table>

小块的土地几乎消失了。小型农场数量较少，但也没有特别少：1892 年，约四分之三的农场面积在 10 公顷以下，1929 年这一规模的农场占 72%，1955 年占 56%。1929 年，超过 50 公顷的农场只占法国农耕用地的 29%；1955 年，这一数字只有 26%。[57]

农业现代化的程度不应被夸大。1948—1949 年，一位能干的农学家勒内·迪蒙（René Dumont）周游全法国，详细调查了现代化发展的程度。他写的《法国旅行》可以和阿瑟·扬[①]的书媲美，这本书有力地揭示了农业变革的障碍有多么巨大。例如，他去了圣沙弗雷（上阿尔卑斯省），将一份 1857 年针对该地的调查报告与他自己亲眼所见的情况进行了比较。他发现，这个村庄仍然被划分成同样的小地块；农业仍然主要是妇女和儿童负责的事，因为男人们就像一百年前那样忙于在周边地区找活儿干。人们花费大量时间在耕种土地和获取食物上。这是真正原始的农业，就像中世纪时那样，种植大麦和休耕在某些地方交替进行。凯拉山谷没有额外的就业机会，种植农作物是主要活动，但农作物产量仅够养活农民和他们的牲畜。

① 阿瑟·扬（Arthur Young，1741—1820），英国农业经济学家，货币数量论的拥护者。1767 年起前往英国、法国的农村，根据当地的农业状况写了一系列的游记，如《爱尔兰游记》《法兰西旅游》等。——编者注

这完全是自给自足的农业，丰年的余粮从不出售，而是被储存起来，以应对凶年的粮荒。迪蒙发现，在卡尔卡松北部地区的梯田上种植常规品种的葡萄比在平原上种植葡萄需要多花费十倍的劳动力。他目睹了南特地区为种植能出口的水果和蔬菜所做的勇敢的努力：在路易·菲力浦统治时期，南特农民就开始种植威廉梨卖往英国，他们在这方面积累了长期的经验。他们的努力都被来自美国的竞争破坏了，桃子、甜瓜和草莓取代了他们种植的梨，但后来美国的产品又被法国南运河地区生产的廉价农产品打败了。然后南特农民开始种植西红柿和芹菜，但他们的效率比荷兰人低，荷兰人的种植方法比他们更加先进。因为没有全面采纳现代种植方法，南特农民在国际市场上也没有取得成功。在卡瓦永（沃克吕兹省），迪蒙确实发现了一些非常有开拓精神的菜农，他们依靠得天独厚的气候条件，持续不断地改进产品以适应城镇的需要，所以都取得了成功。但在他们的邻近地区依然住着这样一些农民，他们视维持生计为最高理想，把供应市场的产品仅仅作为一条农产品副线种植。在瓦西（上马恩省）附近，1929 年，农业革命还没有发生，该地区四分之三的土地仍处于休耕状态，农民们只有通过极其艰苦的劳作才能生存。这个地方农民的死亡率和迅速老龄化残忍地提醒着人们这个国家大多数地方的历史。在圣伊莱尔－德朗代，迪蒙发现有一户人家因为建造了自己的房子而感到自豪，就跟有了自己的房子的东欧农民一样。但令这户人家特别自豪的是，他们家盖的是两层楼：在从前，这是只有住在城堡和城市里的人才能达成的一项壮举。通过建造自己的房子，农民觉得自己的社会阶层获得了提升。住在这户人家附近的一个分成制租田者拒绝根据 1946 年颁布的一项法律的规定，将佃农合同转变为租金租赁合同，“因为他担心这样做会让地主失望”。其他用来改善承租农场居住条件的法律同样被忽视了。“这里的社会进步成果，”迪蒙评论道，“需要被强加给那些可以从中受益的人。”在埃尔旺（莫尔比昂省），18 世纪和 19 世纪在其他地方早就发生过的变化在这里才刚刚开始。1926年以前，这里的人口一直在增长，为了给这些新增人口腾地方，人们一直在一点点地开垦荒地，但土壤的贫瘠使得他们的辛苦努力得不到应有的回报。人们靠务农维持生计，但只在好年景才能养活自己。这个村子的大部分土地都归一个贵族所有，所以几乎没有土地可买。激烈竞争带来的过高价格也让资产阶级没有兴趣在这里投资。1938年，苏瓦松地区肥沃的平原每公顷的售价不到6 000法郎，而在作为法国最贫穷地区之一的埃尔旺，当时的土地售价在每公顷8 000～9 000法郎。在经济更加发达的诺曼底，迪蒙发现那里肉类和牛奶生产方式的改良毫无科学性可言。法国在生产力方面远远落后于丹麦和荷兰，因为总的来说，法国农民更愿意只采用现代化生产方式的一半——他们选择粗放型放牧，而不是集约化饲养。在诺曼底，农业生产系统只是多使用了一些劳动力而已（也许是为了给幸存的农民留下足够的就业机会），但是南方的牧场面对的却是灾难性的后果，因为南方的牧场冬天无法投入使用，夏天又会干旱。[58]

与其他西方国家相比，法国农业的劣势贯穿了1848—1945年这近一百年。19世纪50年代，莱昂斯·德·拉韦涅[①]指出了它落后于英国多远。他写道，“与我们相比，英国农业最显著的特点在于羊的数量和质量”。英国羊的总数与法国的大致相同，但用于养羊的土地面积只有法国的三分之一；英国羊的体形大得多，因为英国人养羊主要是为了获取羊肉，而法国人养羊是为了获取羊毛。这两个国家的羊毛产量大致相同，而英国的羊肉产量几乎是法国的3倍。法国不仅落后于英格兰和苏格兰这两个地区，而且被认为与爱尔兰处于一个档次。同样地，法国有1 000万头牛，英国有800万头，但考虑到英国的耕地面积，英国又一次处于领先地位。法国仍然大量使用牛来耕作，而英国主要对牛奶和牛肉感兴趣。拉韦涅说，甚至英国

---

① 莱昂斯·德·拉韦涅（Léonce de Lavergne，1809—1880），法国农业学家。——编者注

的奶酪也更受欢迎（对法国奶酪的狂热是近些年才开始的）。[59] 英国的牛奶产量是法国的两倍。“在法国，养牛仅作肉食的观念几乎不为人所知。”英国也有更多的马和猪。法国仅在家禽方面优于英国，其产值约为英国的 8 倍，这在一定程度上弥补了法国在肉食方面的不足。当然，法国是西欧最大的小麦生产国，但对小麦的集中种植耗尽了法国土壤的养分，其小麦产量明显低于英国。[60]

1939 年，产量低、种植规模小、化肥使用不足等原因使法国的小麦价格比英国高 45%。在法国，机器主要用于收割而不是耕作，而且南方仍在采用牛耕。法国的牛奶产量在西欧是最低的，这主要是由于喂养不足——法国用的油饼①比丹麦少，虽然它的奶牛数量是丹麦的五倍。法国的大部分牛奶产于很小的作坊，尽管对产奶量做记录能得到国家补贴，但法国只有 0.4% 的奶牛有产奶量记录。据说大约五分之一的奶牛患有结核病，有人则声称实际上的病牛比例大得多。在比利牛斯山脉，几乎每个山谷的奶牛品种都不相同，由于奶牛的品种极多，繁殖相当困难。尽管诺曼底和夏朗德在奶牛繁殖方面取得了很大的进步，但这些地区仍然落后于欧洲标准。家禽饲养仍然保持在一百年前的水平：在科多尔省，每只母鸡每年的产蛋量估计只有 60 个，其中大约有 30 个蛋产于 2 月、3 月和 4 月这三个月。法国是西欧（意大利除外，不包括在这些比较中）唯一一个牲畜产值不到其农业总产值一半的国家。法国的确维持了其农业活动之间的平衡，但代价是其在世界市场上毫无竞争力。然而，它的落后同样不应被夸大。德国农民的生活水平与法国的大致相同，他们也不得不在大片贫瘠的土地上工作很长时间，饮食也没有那么多样化，而且很少有人有汽车。不过，德国农民的房子肯定比法国同阶层的好，至少没有人睡在牛棚里。[61]

① 油饼是油料作物籽实经提取油脂后制成的副产品，是重要的植物性蛋白质饲料。——编者注

所有工业化国家的农民都有理由抱怨——在20世纪，每个国家的农民所获得的国民收入的份额都在下降。1900—1960年，美国的这一比例从20%降至7.5%。同一时期，法国的这一比例从35%下降到12%。把这说成一种国际现象并不能起安慰作用。在法国，农民们感觉他们的损失更大，因为他们的产量降幅比其他地方大。农民们意识到，他们必须生产越来越多的农产品才能买到同样数量的工业产品，但他们为了和其他人享受同样的生活水平而付出的努力不断遇到阻碍。1955年，他们生产的农产品的购买力仅为1914年购买力的三分之二和1865—1875年购买力的一半。1945—1958年，农作物产量增加了25%，但农民的收入仅增长了4%，而全国其他群体的收入增加了46%。另外，农业收入非常不均衡——56%的农场只创造了不到20%的农业收入，8%的农场却创造了三分之一的农业收入。1956年，法国所有家庭的年均支出为253 800法郎，其中从事农业的农村家庭的年均支出仅为194 000法郎，从事非农业的偏远地区农村家庭的年均支出为216 000法郎，城市家庭的年均支出为283 800法郎。在法国中部和西部，从事农业的家庭的年均支出低至182 000法郎。因此，与城市居民相比，农民在食品、服装和文化休闲方面的支出不得不分别减少10%、28%和50%。1960年，只有16%的中学生来自农民家庭，而21%的学生来自工人家庭。只有55%的农村社区有自来水（有些地区只有20%～30%）；农村只有2%的人泡澡或淋浴，而在城镇中这一比例为15%。农民更易患肺结核，但农村的医生数量只有城镇的一半。[62]

现在的问题是，这些逐渐减少的收益，这种在经济竞争中失败的记录，以及对自己地位下降的觉察，是否让农民产生了一种团结或阶级意识。答案似乎是否定的。所有研究农村情况的学生都同意，农民之间的分歧不仅没有消失，而且在扩大，事实上，他们还提出了许多不同的农民分类法。在第二次世界大战期间，农民的生活方式，他们所居住的房屋类型，以及他们在小村子、村庄或乡镇的定居模式，无疑仍旧有很大的差别。根据自身经济条件，他们的人生态度也非常不同：加龙混合种植农作物的农民、诺曼底的牧场工人、埃罗的酿酒工、鲁西永的市场菜农、比利牛斯山或康塔尔的山区农民、柏斯平原的小麦农场主，他们从事不同的农业活动，面对的问题也各不相同。有些人仍然是勉强维持生计的农民，有些人则不是。有一幅地图显示了法国小麦的“自消耗”程度，也为我们提供了农民阶级的一些生存线索。没有人确切地知道这种“自消耗”的量有多少，尽管一位经济学家得出的数据是：1938 年农民的“自消耗”约占小麦总产量的 23%。[63] 一些地图也显示了在信贷、化肥和机械使用方面的惊人的地区差异。地主、佃户、佃农和劳工不容易团结起来，而且，每一类型都与其他阶级有不同的关系。在西部地区，他们经常接受贵族来担任镇长（但并非总是如此）。在有些地区，农民是民主的；在有些地区，他们既接收民主，也接受教会；在另一些地区，他们因宗教问题而严重分裂。在有些地区，他们接受传统的等级制度；在有些地区，他们被氏族和宗派间的竞争左右；在另一些地区，资本主义的入侵使他们处于与工业工人一样的境地。农民从来没有统一起来给同一政党投票。[64] 当对投票行为的科学分析使得详细研究农民的政治成为可能时，人们发现在 1956 年，大约 20% 的农民把票投给了温和派，17% 投给了共产主义者，14% 投给了社会主义者，12% 投给了 MRP①，14% 的人投给了布热德主义者②——这与城镇居民的投票结果并没有太大的差别。哈布瓦赫③在

① MRP 是法语 Mouvement Républicain Populaire 的缩写，即人民共和运动，是法兰西第四共和国时期的一个基督教民主政党。——编者注

② 1956 年，法国掀起了一场独立的、思想保守的政治运动——保障小商人和手工业者联盟，这个联盟的主席是法国民粹政治运动家皮埃尔·布热德，故该运动又名布热德运动。布热德主义者主张维护商贩和手工业者的权益。——编者注

③ 莫里斯·哈布瓦赫（Maurice Halbwachs，1877—1945），法国历史学家、社会学家。——编者注

1939 年提出的“农民只在一件事情上是团结的，那就是他们对城镇的敌意”的观点是不能被接受的，至少不能以这种简单的形式被接受。[65]

农民们很难找到表达不满的渠道。19 世纪以农业代言人的名头发言的人并不是农民：梅利纳来自一个工业区；绝大多数农业部长都是律师和医生。由法国国家农学院的教授创立的法国农民协会成立于 1868 年，拿破仑三世时期的外交部部长德鲁安·德吕，在法国西南部有大量地产的埃利·德当皮埃尔侯爵，同时担任苏伊士运河公司董事长、圣戈班集团董事长和法国红十字会主席的沃居埃侯爵这三个人依次担任该协会主席。这是一个为大农场主利益服务的强大的压力集团。它鼓励在农民中建立工会，但却用纯粹的商业活动牢牢地吸引了这些工会的注意，其中最有名的是它组织的购买化肥的活动。法国农民协会在很大程度上延长了贵族在外省的影响力，特别是在那些贵族决定退出政治舞台以尝试这种新的统治方法的地方。这就是农业工会运动在菲尼斯泰尔省而不是在邻省北滨海省兴起的原因之一：在北滨海省，贵族们还在谋求议会席位。农民协会的强大激发甘必大建立了“国家农业鼓励协会”，这是一个竞争性的对手协会，旨在团结小农户，它成为传播共和主义的工具。因此，协会间的新摩擦加剧了政治敌意。当其他工会、合作社和互助保险协会在各种刺激下成立时，它们不是被政府或政客接管，就是立刻被这两个协会渗透。在大量的争议中，政府通过了建立补贴和信贷银行以帮助农民的法律，但是这些利益是在偏袒的原则下被分配的。地方政客，特别是参议员，成为选区的合作社和互助组织的秘书，以巩固他们在选举中的优势。当然，农民并不热衷于缴纳会费，而且因为法律的种种规定，他们的工会组织很难筹集资金。因此，这些团体没有一个对国家产生过真正的威胁。[66]

然而，这些协会是重要的，因为它们为农民的某些共同行动奠定了基础。农民有互助的悠久传统，他们在一些地区甚至还建立了农业合作关系。19 世纪在某种程度上是一个断层，在这一时期，农民只顾着进行争夺土地所有权的斗争，而忽视了这些传统，但在 19 世纪末期，农民间的合作开始复苏。到 1941 年，农民使用的化肥有 57% 是通过农民合作社购买的。这其实并没有多少，因为农民使用的化肥量很少。新兴的乳制品行业或许是最愿意采取合作态度的行业。在 1937 年的下夏朗德省，有 80% 的奶农是某种营销组织的成员。但到 1952 年，全法国只有 20% 的牛奶生产商是合作社成员，与此同时，有 12% 的葡萄种植者也是合作社成员。[①]1910 年，大约有 110 个共享农业设备的合作社，到 1920 年有 500 个这样的合作社，1939 年有 2 090 个，1967 年有 13 000 个。这些真实性存疑的统计数据，这些合作社领导人自豪地引用的数据，并不特别令人印象深刻。建立合作社无疑是一场少数人的运动，主要影响的是专业种植者和某些地区的种植者。此外，我们对合作社运作方式的仔细研究表明，领导人的理想主义并没有得到广泛传播——把品质低劣的产品卖给合作社，把品质最好、最赚钱的部分留给商人，这是一种普遍的做法。在某些情况下，合作的程度是相当有限的。例如，在格吕耶尔奶酪的生产过程中，一些合作社只是为了购买设备而成立的，然后把设备租给自产自销奶酪的个人；一些合作社集体生产，但允许每个成员出售属于自己份额的产品；只有少量一些合作社是为了共同的利益而集体生产、集体销售的。由于许多农民组织是由保守派领导的，他们的目标不是革命性的，他们不是要废除正常的商业渠道，相反，他们对商人采取监督措施，只有在商人失败时才会介入。在人口稀少的地区，合作社的经营费用往往比私营企业高，因为合作社要维持许多并不赚钱的小仓库的运转。在大多数情况下，农民不愿意担任这些合作社的领导职务，因为他们没有闲暇，或者认为不值得在这上面花时间。因此，这些组织都掌握在官僚、贵族或神职人员手中，合作社的核心人员负责管理事宜，农民则拒绝任

① 法国普通葡萄酒的 22%、高档葡萄酒的 42% 和特供酒的 25% 都是由他们生产的。

何集体纪律的约束。例如，他们宁愿进行廉价交易，也不愿意错开粮食的销售时间。集体农业的利润确实是微乎其微的。[67]

有时农民们会情不自禁地发泄他们的愤怒或怨恨。1848年，农民把曾经公有的牧场和森林夺回自己手中；1907年，葡萄种植者为了拒绝交税而举行了示威游行。但在1890年之后，出现了一些有一定组织的抗议活动。第一次世界大战之前，中部地区贫困的伐木工人在商人的压迫下挣扎于生存的边缘，他们组成了170个工会，发动了几次罢工，并取得了一定的成功。[68]巴黎地区的菜农和工人，以及南部葡萄园的工人组成与工业工会有许多共同之处的农业工会。波旁地区的佃农当中涌现了几个杰出的领袖，他们不仅组织农民起来抗议租地条约中的无理条例，甚至还选举出了一位议会代表（尽管他是一名小学校长）。[69]但是，这些地方性的努力都是很有限的，它们影响的主要是边缘群体。更引人瞩目的是在两次世界大战之间的时期，“新资产阶级农民”——受过中等教育的农民——在农业总工会领导层的渗透行动。教会在农民组织的民主化进程中也发挥了重要作用。被统治阶层嗤之以鼻的特罗许神父，于1899—1930年在雷恩创办并经营了一家非常成功的报纸——《西部闪电报》(*L'Ouest-Éclair*)，该报是以基督教民主主义①的名义创办的。该报成为西部地区发行量最大的日报，并得到了6家周刊的支持。在芒塞尔、热弗里奥和克吕布莱这三位神父的协助下，特罗许神父在村里组织了约200个工会，并成立了专门挑战贵族管理的旧工会的附属青年团体。布列塔尼地区因此成为农民起义最强大的堡垒之一。在国家层面上，成立于1929年的“天主教农村青年运动”（JAC）在很大程度上改变了新一代的态度。上马恩省的农民勒内·科尔松在1942—1948年担

① 基督教民主主义是一种由许多不同形式组成的政治意识形态，但它们在一些议题上都有着共通之处。更广泛地说，基督教民主主义者在道德和文化议题，以及其他公共伦理和传统思想的议题上持保守态度，但他们由于主张以“强烈的社会良心”救济贫穷的福利国家，也被看作左翼的一部分。——译者注

任该组织的秘书长，他将天主教农村青年运动建设成了一个具有前瞻性的先进组织，并在20世纪60年代发挥了重要作用。科尔松对农民的影响力堪比佩鲁蒂埃①在世纪之交对城市工人的影响。[70]

法国的第一个农民政党不是农民自己组成的。“法国土地和农民党”是由一位有趣的小学教师弗勒朗（他更愿意自称为“农场主”）在两名律师的协助下于1928年创立的。据说，他们得到了法国最富有的小麦商人路易－达孚的资金支持。当然，他们也得到了广告商的支持，他们将广告商的广告放在会议结束时放映的电影中——这是一个有利可图的收入来源。尽管他们会与传统的农业工会在发展策略上发生争执，但他们并不与其竞争。在1936年的选举中，他们赢得了8个席位，但在随后的内部斗争中，他们逐渐丧失了这种优势。法国土地和农民党展示了农民阶层团结起来可以做什么，但是他们因为太保守、太容易妥协，并不能对农民世界产生真正的影响。一个更重要的工会是“农民防卫队”，它也不是由农民创立的。亨利·达吕安（Henri d'Halluin）是一名记者，也是一名屠夫的儿子，他喜欢称自己为多热尔（Henry Dorgères）。作为雷恩一家小农场主报纸的编辑，他的专长是发现地籍上的错误，并为读者争取减税。后来他开始举行公开集会，以抗议更多的不公。集会起初只在周日举行，后来变得更加频繁。到1936年，他和他的同事每月组织的抗议活动多达400场。他的巨大活力——他当时三十出头——和善于吸引公众注意的天赋为他赢得了大批追随者。他声称，到1939年，他的各种报纸总共拥有41万名订阅者，他们主要来自西部和北部。他以一种异常有效的方式组织这些追随者；他知道如何利用大批农民向国家施加压力；他让他们随身带着干草

① 费尔南·佩鲁蒂埃（Fernand Pelloutier，1867—1901），法国无政府主义者和工团主义者，1895—1901年任法国主要工会——劳工议会联盟的领导人。——编者注

耙，穿着绿色的衬衫，以便和其他人区分开来；他不害怕暴力。他从他的组织中雇用了不少于60人来帮助自己，其中大多数都是真正的农民，例如弗朗索瓦·夸尔。弗朗索瓦·夸尔曾是一名农业工人，但在战争期间荣获了军功勋章。当时他两次被提拔为中士，也两次因行事不利被降职。1936年，多热尔与弗勒朗联合组成农民阵线，与城镇的罢工者进行斗争。多热尔称自己取得的成就是培养了农民新的自豪感，并摧毁了几乎在农民中普遍存在的自卑情结，这也是他能取得成功的原因。无论如何，他确实使一些农民形成了一种新的信念：农民认为他们有能力通过煽动骚乱、示威，有时甚至是暴力的方式让国家知晓他们的抱怨和不满。但他没能让农民感到自己真正融入了国家，因为国家和那些大型的资本主义托拉斯是他的大敌。他没有构思精密的计划，尽管他撰写了许多部精彩的著作来阐述他的学说。他尊贝当为“农民元帅”，后者精明地任命他为农民宣传主任。多热尔对维希政府感到失望，在战争后，他被判通敌罪。之后，他创立了一家广告公司，广告公司的利润使他得以在55岁时买下一家报社，并发起一场新的运动。他最终与布热德结盟。[71]

维希政府统治期间，农民可以采取真正有决定性的措施。被几位农民领袖（尤其是路易·萨勒龙①）当作解决他们困境的良方的社团主义理论被正式采纳，并通过了一项允许设立一个旨在使农民团结起来的农民行会的法律。每个村庄都必须设立一个独立的联合组织，每个村庄都要选举国家和地区委员会代表。这对农民政治产生了非常重要的影响。农场主兼土地价值专家卡齐奥②（他被贝当任命为农业部部长）说道：“法国的农民，你们确实曾是你们土地的主人，

① 路易·萨勒龙（Louis Salleron，1905—1992），法国作家、记者、天主教理论家。他是一名右翼人士，倡导农业社团主义。——编者注

② 皮埃尔·卡齐奥（Pierre Caziot，1876—1953），法国农业专家，第二次世界大战期间曾担任维希政府农业和物资部部长。——编者注

但你们的权力常常止于农场的边界。但现在你们可以在一个更广阔的领域自由选择自己的职业，你们的职业与其他任何职业的地位完全平等。因此，你们长久以来一直深刻感受到的那种认为农业低于其他职业的自卑情结将会消失。”[72]这场运动到底取得了多大成就有待讨论，但对那些试图搞分裂的敌对工会的强制合并一直在进行。虽然合并没能终结敌意，但联合行动的可能性终于得到了认可。农民们还被迫选举了3万名联合组织代表，这些代表当中有很多人在战后的活动中成了有能力的领导。农民必须自己进行革命的思想也有了真正的意义。维希政府的农民行会在很多方面都失败了，但它比其他组织更成功的地方在于它是最民主的。农民行会在法国农民历史上占有重要的地位。[73]

然而，1945年“二战”结束后，就像1848年一样，农民仍然没有获得任何权力。事实上，对他们当中的许多人而言，国家政治仍然是一个陌生的词汇。他们常常对市政事务充满热情，但他们对党派的理解经常和其他人不同。通过研究选举结果来发现他们的想法是站不住脚的。他们还不知道如何实现他们的诉求，部分原因是他们意见不一，不清楚自己的诉求是什么；另一部分原因是，他们的诉求过于实际，因此难以被写进充满高尚的意识形态的党纲。他们中很少有人能当选为国会议员：1889年，在一个由576名代表组成的议会中，没有一个农民，尽管议会中的131名大地主、10名中等地主、3名兽医、1名农学家，以及大约30名律师和富裕的农村地产商人意味着农村权益集团占据了约30%的席位。到1910年，这一数字已降至18%；1924年以后，这一数字降低为11%～13%。到那时为止，议会中大地主的人数减少了，他们主要被富裕的中等地主取代。[74]农民没能替代贵族的位置，他们仍处于一个被隔离的世界之中。

第十章

工人

工人和法律

在 1848—1945 年这个时期，无产阶级经常被称作“社会的弃民”、“危险阶级”或者“贱民”，他们的自由受到了极大的限制。20 世纪初对他们的生存状况进行调查的学者表示：“毫不夸张地说，雇主对他们拥有的权利比中世纪封建领主对其奴隶拥有的权利还要多。”[1] 我们在探讨他们如何应对自己的处境之前，应该先看看他们的法律地位。

法国大革命为工人所带来的利益相当有限。[2] 工人可以选择自己喜欢的职业，但是会受到各种严格而具有羞辱性的限制。一个工人需要持有一本手册——一份带有其名字、描述其工作性质及工作地点的证明。在他的雇主证明他已还清所欠债务之前，他是不能换工作的。因为对工人来说，在困难时期向雇主借款是很常见的，所以寡廉鲜耻的雇主就可以有效阻止工人换工作。如果雇主同意工人离开，他可以在手册上记下工人欠他的钱，下任雇主需要分期将款退给上任雇主，当然这部分款要从工人的工资里扣除。只有工业工人需要持有这种手册，个体工匠及农民不需要，因此这个规定是双重歧视。这个规定源于旧制度时期，在传统制度中也有类似的规定，如1781年的法令规定“要维持工业区工人的从属关系”。拿破仑曾要求工人在离职时让雇主和市长在手册上签字，市长会将该手册归档到工人计划前往工作的城镇。所以这本手册有点儿像护照：工人如果没有手册就很可能会被当成流浪汉抓起来。但是拿破仑对无视这条法律的雇主的处罚却不及对反抗法律的工人的处罚，实际上，很多雇主根本不在乎处罚。（一些雇主会自己在手册上记下对工人的评论，这可能会毁了工人未来的工作机会。）

1845年，法国提出并推行了一项如何实施处罚并使其真正得到有效落实的议案；1854年通过了一项法律以重振该制度。这项法律命令雇主必须坚持使用手册；所有的工业工人，包括工厂工人或在雇主家工作的工人，都必须持有手册。这是第一次要求女性也必须持有手册。巴黎警方的一条法令还规定，雇主需要在24小时内为他们每一个新雇用的工人找警察在手册上盖章。尽管如此，这项法律又一次只是得到了部分执行——主要在雇用流动工人的大型工厂里得到实施——但是有政治意识的工人强烈地反对这项法律，认为它是“例外法律”。共济会代表马丁·纳多称工人的一只脚拴在警察身上，另一只脚拴在资本家身上。1870年的自由帝国提出废除整个体制，但是在实施之前，政权就垮台了。直到1890年，法律才终于不再把工业工人视作需要严密监视的危险人物。[3]

工人没有被资产阶级宣扬的《民法典》主张人人平等的神话欺骗。梯也尔宣称《民法典》是不能改进的——最多只能提出文体上的修改。法国最高法院第一任院长雷蒙－泰奥多尔·特罗普隆（Raymond-Théodore Troplong）也是《民法典》主要评述的作者（其评述包含28卷，写于1833—1858年），他颇有深意地宣称他很满意这部法典，因为他认为当“在人们合法行使自然权力造成不平等的情况下”人们依然享有平等的法律保护权时，民主是存在的。《民法典》当然证实了这些不平等的存在。该法典对公民身份的认识极其狭隘，将其与财产混淆。法典主要考虑的不是力求人人平等，而是如何保护财产。法典包含了大量有关买卖、交易和租赁的条款，在这些条款中，有多达31项条款是关于租用牲畜的法律地位的，但只有两项是关于工人及其与雇主间的关系的——这两项条款都来自旧制度时期。第一项条款规定工人和仆人只能在特定的时期及特定的任务中提供服务——一套关于废除农奴制度的陈词滥调。第二项条款（条款第1781条）规定，对于任何涉及关于薪资的争议，在没有文字记录的情况下，雇主的话比工人的话更有效——就像条款第1716条规定的关于租赁的争议，地主的话比租户的话更有效一样。1847年，共和党人加尼耶·帕热斯可能会反驳基佐提出的“法国有不同阶级——资产阶级和穷人阶级——的可恶理论”，他可能会坚持认为“法国不再有阶级之分，只有法国公民”。但事实并非如此，即使是在1848年后民众正式成为公民的时候。在工人多次抗议之后，条款第1781条才在1868年被废除。然而工人仍然抱怨《民法典》数次在谈到他们时把他们当作下等人对待，而且更糟糕的是，该法典直接无视他们。《民法典》保护资产阶级的财产免受盗贼的侵犯，但却不保护工人的劳动免受剥削。“我们不希望再做这个享乐主义国家的奴隶了。”[4]

劳资调解委员会，是拿破仑创立的旨在调和雇主和工人之间的小纷争的法庭。同样地，该法庭的裁决在很长一段时间里都对工人不利。调解法庭的成员是经选举产生的，一部分由雇员选举产生，一部分由在城镇中工作的工人选举产生。但是雇主占据其中的大部分席位，只有部分工人能被选举出来，他们被称作“专利”工人，只占一小部分。因此，当心怀不满的工人上诉时，他们不是在向同他们平等的人上诉，而是在向他们的上级上诉。虽然如此，还是有很多人到这些法庭上诉，因为价格很便宜（一个案子会花费30生丁[①] 到1.75法郎），而且没有律师参与。最初创立于1806年的劳资调解委员会是用来调解里昂蚕丝业关于工作质量及劳动报酬的日常纠纷的——涉及技术知识的案子不归普通法官审理——这些法庭的案件审理范围逐渐拓展到其他产业，主要是纺织工业和金属工业，范围还拓展到了其他城镇。

表10-1　1830—1892年法国劳资调解委员会及其处理案件的数量

	劳资调解委员会的数量	处理的案件数量
1830年	53	11 000
1848年	71	18 000
1852年	83	40 000
1870年	109	30 000
1892年	146	52 000

法兰西第二共和国时期，劳资调解委员会十分繁忙，因为工人有好几年得到了大部分席位。1848年5月27日颁布的一条法律赋予所有工人——不仅是“专利工人”——投票权，而且分配给工人代表与雇主一样多的席位。但是该法律带给工人的利益过多了，因为它把工人领导和工匠头（雇用其他人的工匠）都划分成了雇主，从而大大减少了大型工厂厂主的代表席位。1853年，拿破仑三世重新将这些人划分成工人，并且强行将任命劳资调解委员会主席和副主席的权利归于行政部门，这使工人更加愤怒——实际上，主席总是从最富有的雇主中被选出来的。1880年，法兰西第三共和国放弃了此项任命权利，并允许委员会自己选举主席，这样一来，当不是所有雇主都能参与投票时，雇主们就经常得不到主席的职位。他们开始抵制整个制度以示抗议。尤其在里尔，劳资调解委员会连续多年停止运作。工会开始组织选举主席，要求被选举人总是支持有利于工人的裁决。

① 生丁是法国辅币，100生丁合1法郎。——编者注

雇主认为委员会已经不公平了，而且已经过时了，因为它们不再处理技术问题，而是只处理那些普通法官就可做出有效裁决的纠纷（但法律程序往往烦琐复杂）：1892 年，委员会四分之三的案件都与薪资有关。然而，很多工人认为这项制度具有巨大的潜在价值，是继续促进雇主和工人间的平等的第一步。议会提出了许多改革和拓展该制度的法案，一部分法案通过了代表表决，却被参议院否决了。

1905 年通过的一项法律终于允许工人向普通法院（民事法庭）提起诉讼：之前的上诉都是向商业法庭提出的，而商业法庭只由雇主组成。1907 年通过的一项法律恢复了法兰西第二共和国时期的程序——雇主和工人轮流担任主席，于是结束了由 1880 年创立的自由选举制度带来的痛苦。女性工人也拥有了投票权，但是由于参议院反对，女性工人并不能担任议员，即使有大量案件是有关女性的。该法律还允许其他产业建立委员会——尤其是采矿业、交通运输业和商业，但是（再次由于参议院的反对）农业不被允许有自己的委员会。工人们对此呼吁了很久，而且他们呼吁拥有更多的议员席位，这样每个行业在委员会上都会有自己的议员。此后委员会的成立不再由政府的意愿决定，而是由想要成立委员会的城镇决定。工头是以雇主身份还是工人身份投票，取决于他们主要参与的是监督工作还是实际的劳力工作，这是将他们划分为雇主的代表和将其划分为工人的参议院的协商结果。改革的最后一项内容是向所有议员颁发奖章作为职位标志，并承诺如果他们长期服务，会给予他们更多奖励。因此，为了建立雇主和工人之间的平等，在这些调解法庭上的争吵持续了几乎整整一个世纪。[5]

当工人和雇主联合起来后，他们受到的待遇与他们的雇主还是不同的：他们会受到比雇主更重的处罚——工人有可能面临最高五年的监禁，而同等情况下雇主可能只面临一个月的监禁或者仅需缴纳罚款。一旦被定罪的工人服完刑，他们还很可能再接受两到五年的来自警察的监督。另外，雇主只有在试图“不公正地滥用权利”

扣工资时才触犯反联合罪，而工人只是提出需求就是犯罪。1849年（11月15日到12月1日有效的法律）结束了处罚上的不平等，但是实际上对工人的歧视还在继续。1791年，一项对所有同业工会的禁令以保证自由的名义被制定并颁布。卢梭认为个人和国家间的中介机构是不可取的，并提出了反对任何可能阻碍经济自由运行的联合的放任主义理论。尽管这些理论和理由可能是全新的，但法国大革命后的历届政府只是延续了旧制度时期的做法，不断地镇压工会。相比之下，雇主之间的联合机构却渐渐得到了社会的容忍，甚至是认可。多年来，商会已在多达七八十个城镇被建立，商会成员由商人选举，他们代表商人与国家打交道，就共同关心的立法、组织工作及公共服务发表意见。工业城镇也有类似的机构，叫作“工艺品咨询会”，这些机构在国家贸易委员会和制造业总理事会里都有自己的代表——一部分依赖选举产生，一部分由政府任命。相反，工人不被允许建立类似的组织，他们经常抱怨政府没有征询他们的意见。

国家不承认雇主协会的合法性，但是容忍其存在，所以在路易·菲力浦及拿破仑三世统治期间，大量私人雇主机构的产生引人注目。在复辟时期，地方的铁匠和丝绸商人协会已经成立；1832年，制糖商成立了一个委员会，以保护他们的甜菜糖不受殖民地进口的影响；1835年，法国东部的实业家委员会成立，以保护纺织业；1840年，分别代表冶金行业、机械制造商和煤矿业主利益的三个委员会成立。1846年，这些不同的行业成功联合，组成了捍卫国家劳动协会[①]，以对抗自由贸易者的活动。协会主席是法国贵族奥迪耶，他是孚日省的一家纺织品制造商；副主席兼主要组织者是奥古斯特·米梅尔（Auguste Mimerel），他是官方制造商总理事会的主席；

① 捍卫国家劳动协会主张恢复贸易保护主义政策，他们的愿望在1870年得到了大多数欧洲政府的认可，从而背弃了法国原先持续了四分之一个世纪的贸易自由化和市场开放的态度。——译者注

秘书是约瑟夫·勒伯夫，他是一名陶瓷制造商，同时也是法兰西银行的董事；财务主管是昂赞矿业的约瑟夫·佩里耶（卡齐米尔·佩里耶的弟弟）。协会出版了一份名为《工业联合报》的报纸，得益于丰厚的广告收入，报纸发展势头良好。在整个第二帝国时期，该协会都是一个公认的压力集团，在组织活动反抗拿破仑三世的自由贸易政策方面尤其活跃。当时最知名的组织"钢铁铸造委员会"——其历史经谨慎求证可追溯到1864年，然而在此之前，该组织已经存在了一段时间——只是众多雇主协会之一。

雇用规模较小的雇主也有自己的联盟协会。据估计，1873年，巴黎有100个这样的协会，外省有140～160个。也有小型雇主协会的联合会。1858年，律师帕斯卡尔·博南在巴黎成立了一个全国工会联合会，到1874年，该联合会在巴黎聚集了70个雇主协会。该联合会出版了一份盈利的报纸，内容包括保险计划、信息服务、就税收和立法向政府请愿等。该联合会赢得了对商业法庭选举的控制权，即使政府不承认，这个官方法庭也承认其合法性。商业法庭将许多商业纠纷提交到此联合会以获仲裁和解决。然而，雇主协会分裂了，F. 莱维组织了另一个名为中央委员会（Comité Central）的联合会作为对抗原联合会的对手；显然还有第三个小联合会。因此，雇主为工人建立工会设定了组织模式和分级模式。在某种程度上，他们甚至用自己的例子激励工人团结起来：1862年的"国际展览报告"中几个工人专门提到了这一点。[6]

对工人联合的禁令在好几个历史阶段都被废除过，然而政府在废除的过程中经常犹豫不决，再三推迟，这使得政府不断丧失在工人阶级中的信用。1848年，临时政府发表了一项宣言，宣布工人不仅有权联合，而且有义务联合，以"享受工作带来的合法利益"。但工人对联合的渴望刚被激起，对俱乐部、社团和会议的旧有限制就被恢复了，并且执行手段十分野蛮。所以，局势又回到了起点，除了一个变化：雇主联合将和工人联合受到同等的惩罚，不管他们"公正”与否（根据1849年11月27日颁布的法律）。后来，拿破仑三世不喜欢对工人的严苛监禁，尤其是对印刷工人和平罢工的严酷判决，因此他发布了许多缓刑令，并下令制定有关罢工的新法律。1864年5月25日颁布的法律规定，工人的联合行为不再违法。但是，尽管罢工在当时是合法的，工会仍然是非法的，而且工人罢工的权利在两方面受到限制。第一，在组织罢工时使用暴力、威胁或欺诈手段会受到更严厉的惩罚，这种惩罚比在其他活动，比如选举中受到的惩罚严厉得多。这项法律的主要倡议者埃米尔·奥利维耶的意图不是允许传统的罢工，而是以某种方式把罢工变成和平的谈判——为了让罢工从他梦想的和谐社会中渐渐消失做准备。第二，干涉那些拒绝罢工的工人之自由的罢工者，即侵犯他人“工作权利”的罢工者，同样会受到严厉的惩罚。这项法律具有说教和教化的性质，这使得它既不可行又不受欢迎，也使得雇主和工人双方都感到不快。自此以后，工人对干涉自己工作自由的起诉几乎和以前雇主对工人联合的起诉一样多。但即使如此，该法律依然向前迈出了一大步，而且对法律制定者来说是了不起的成就，埃米尔·奥利维耶单凭其对理想社会的迷恋就实现了自己的目标，因为面对越来越多的反对，拿破仑开始动摇了。[7]

1868年，帝国政府公开承诺以容忍雇主协会的方式容忍工人工会——但是巴黎公社之后的反动政府终止了这一法律。1884年，经过长达8年的间歇性辩论之后，工会才最终合法化。那些制定这项法律的人希望能解放工人，但他们也像奥利维耶一样希望改变工人的习惯。因此，该法律有很多限制，也有很多复杂难懂之处和遗漏之处，但其带来的许多结果都是出人意料的。[8]

在那之后，只要在市政厅存放一份法规副本和一份会员名单，工会就可以在没有任何政府的特别授权的情况下成立。这立刻使得许多工人对该法律持怀疑态度，工人们宣称这是一项警察的监控措施，但实际上它终止了警察参加会议的权利。许多工会拒绝登记，仍然属于非法组织，有些工会被告上法庭，也因此被解散了。工会必须由同一职业的工人或联合生产相同商品的不同职业的工人组成，这就排除了工会的领导人是全职带薪官员的可能性，否则法院可以用这个借口解散它们。另外，工会只能将自己的活动范围限制在对经济、工业、商业和农业利益的研究和捍卫之内，这意味着它们不能参政。在实践过程中，这项禁令并没有被严格实施，但是因其成为笼罩工会的另一威胁而备受怨恨。偶尔会有人提起诉讼，比如，默尔特－摩泽尔省有一个由服务员和餐馆老板组成的工会，工会主席因催促工会成员在市议会选举中以某种方式投票而被罚款 50 法郎。但这种对工会的限制经常被用来抵制宗教宣传，比如，当费梅尔的本堂神父们无法从政府获得建立天主教俱乐部的许可时，他们就在 1892 年组建了一个农业工会作为俱乐部的幌子。同年，某工会因其活动场所允许开办宗教讲座而被解散。后来法院逐渐确立了一项规定，允许工会参加劳资调解委员会成员的选举，但不能参加议员代表的选举。因为公务员被禁止组建工会，法院甚至在 1903 年制定的法律里将巴黎污水处理系统的工人算作公务员。只允许“研究和捍卫”经济利益的限制禁止工会直接参与商业或工业活动，这大大打击了农业工会。政府起初根本没有打算允许农民成立工会，而且“农业”（agricole）这个词只是在法案讨论的最后阶段才被添加进去的。相当令人惊讶的是，农业工会恰恰是最受法律激励的工会。法院裁定，这些农业工会可以购买化肥以转售给其成员，只要它们没有获利，这一行为就不会被归类为非法商业活动。受此法律的鼓舞，工会开始公开开店，转卖种子、机器及其他各种商品。其他作为竞争对手的店铺因失去顾客而十分不悦，所以开始起诉它们。1908 年，最高法院裁定——更确切地说是重申，因为这是众所周知的——工会的盈利交易是非法的。农业工会处于危险之中，但它们的确仅靠其作为合作社的实际用途就发展成了如此巨大的规模。

工会被赋予了起诉权和被起诉权，但除了会议室、图书馆和专业课程授课场地，它们不能拥有超出日常所必需的土地或建筑物。有关它们如何接收礼物的权利尚不清楚，尽管法院很快就允许了这一行为。这些限制反映了一种过时的恐惧。有人认为这些限制导致的结果非常重要，因为它们阻止了工会变得像英国工会一样富有，也阻止了工会变得像英国工会一样保守。事实上，工会没有变得富有是因为它们无法收会费：它们从来就没有余钱。它们有权拥有其他形式的财产，例如钱或股份，这些财产的数量可以不受限制。一个更重要的原因是，有法律条款规定，尽管工会可以提供不错的社会福利，但这些储备基金应该专款专用，不能被用来补贴罢工。该条款的目的是保证工人的养老金和医疗保险，但在实践中，它使得工会不愿意以任何实质性的方式提供这些福利。该条款在遭到参议院多次反对后才得以通过，对工人阶级运动的怀疑也可以从该条款中窥见一斑，它允许工会联合，但不允许它们拥有土地或房屋的所有权，也不允许它们拥有起诉的权利。

在法国，该法律经常被民众忽视，并且常为革命者所不齿，以至于对法国工会来说，修正法律并不是那么重要，这点与英国不同。法院对该法律的解释有点儿前后矛盾：几乎没有案件被提交到最高法院，甚至有时最高法院也选择不处理这类案子。在面临处罚时，工会会选择自动解散然后重建，而不会力争上诉。在工会看来，该法律的主要缺陷是雇主会继续迫害工会成员。1889 年、1890 年和 1895 年，众议院都通过了废止这项条款的法案，但都被参议院否决了。1890 年 12 月 27 日颁布的法律规定，若雇主因工人加入工会而开除他们，工人可以要求赔偿，但问题是很难证明某个工人被解雇完全是由于他加入了工会。事实上，雇主起诉要求赔偿损失是一种更有效的方式。法院的案件审理很快表明，工人的罢工权受到违约法的严重限制。最高法院在 1902 年 3 月 18 日裁定，除非提前给出了正式通知，否则工人罢工会被判定违约。卢瓦绍的案子说明了这一点：卢瓦绍是一名蒙贝利亚尔的锁匠，在他罢工后，他的雇主获得了赔偿金，因为卢瓦绍没有提前通知雇主他要去参加罢工。其他几个案例表明，1864 年颁布的法律没有赋予工人罢工权，只是免去了罢工者应受的刑事（但不是民事）处罚。罢工权也受所采用手段的限制，使用威胁手段可能会违法。尽管条款第 416 条被废除了，工人的工作自由有了保障，但组建罢工纠察队还未被完全允许。罢工者在罢工中的各种欺骗和操纵手段可能会使雇主获得更多赔偿。雷塞吉耶对饶勒斯的成功起诉就是一个例子，后者在卡尔莫罢工期间发表了具有诽谤性的文章和演讲，引诱前者的工人参加罢工。对罢工权利的第三个限制可能来自罢工的目的。因此，1896 年最高法院裁定，如果罢工的目的是保护职业利益，那么罢工就是合法的；如果罢工是“出于恶意”，例如强迫雇主开除一个没受到过严重投诉的工人，那么罢工就是不合法的；如果目的仅是迫使工人加入工会，或试图捍卫私人利益而非大众利益，那么这样的罢工都是不合法的。如果工会将一名工人列入黑名单，导致雇主害怕雇用他，他因此无法得到工作，那么，负责承担损害赔偿金的将是工会，而不是工人。同样，另一个在罢工后将雇主列入黑名单的工会也会被判支付赔偿金，因为报复是被禁止的。这意味着法院有权调查每一场罢工，然后判定罢工是否合法。1884 年的社团法在 1901 年得到完善后，法律允许任何群体的工人联合起来组成工会，无论他们是否来自同一行业，但是即使如此，工会的发展仍然面临许多障碍。然而，如果像很多人那样认为该法律严重阻碍了工会的崛起，那就大错特错了。工会没有得到更快的发展是由于更为根本的原因，这与法国的社会性质有关。[9]

传统

关于这个阶段无产阶级的规模，当时没有人知晓，现在也没有人对此十分确定。正如我们所见，工业部门占据了四分之一至三分之一的具有生产力的活跃人口。如果把雇主排除在这个总数之外，拿破仑三世统治时期的工人有 270 万人，1876 年和 1886 年的工人有 300 万人，1891 年有 330 万名工人，1931 年的工人数量达到峰值——480 万，但 1936 年的工人仅有 370 万人。我们也许应该为 19 世纪的工人数量增加 25 万，为战后的工人数量增加 50 万。当然，并不是所有的工人都是男性，他们也不都是工薪阶层。1906 年，在 2 000 万活跃人口中，有 1 170 万人是工薪阶层，其中 410 万人是女性。但是，在这些被认为是无产阶级的人中，有 209 万人实际上是靠自己工作的工匠——严格来说他们不是工薪阶层，他们与 208 万名被划分为小老板的工匠几乎没有区别，尽管他们没有雇用任何人。1906 年，只有 74.2 万人在拥有超过 500 个雇员的工业企业工作。这个统计数字不精确，经常有详细的研究结果与之矛盾。因此在第二帝国时期，尽管一个人可以把所有关于工业飞速发展的资料都看完，他也绝不能确定工人的数量增长了：可能实际上是工厂工人的数量增加了，但是自力更生的工匠减少了，但两者之和并没有增大。1872 年的数据可以说明工匠的生存状况：

> *采矿业有 1.4 万名雇主和 16.4 万名工人；工厂有 18.3 万名雇主和 111.2 万名工人；小型产业有 59.6 万名雇主和 106 万名工人。*

当时，小作坊和工厂几乎各自占据了工业人口的半壁江山，直到 19 世纪 90 年代，工厂的优势才变得明显。不同行业转变的速度截然不同：在第二帝国时期，纺织业和冶金产业集中化发展非常迅速，但在 1914 年，建筑业（需要人力的第三大产业）几乎仍完全靠手工。产业的集中化发展被限制在几个区域内。大部分法国人间接地感受到了这种影响。20 世纪 20 年代，大规模生产的工厂的出现让事情变得更复杂：一个由半熟练工人组成的阶级出现了，他们和那些在传统企业里工作的工人明显不同。

因此，把无产阶级说成一个性质完全统一的阶级是不可能的，因为它一直在变化，而且变化非常之大。在第二帝国时期，一些工人的收入是其他人的 5～7 倍。例如利摩日的瓷器制造工人或者卢瓦尔的玻璃吹制工，他们每天赚大约 10 法郎，对他们的下级工人来说，他们是真正的贵族，而他们与米卢斯每天只赚 1.65 法郎的织工就更没有什么共同之处了。冶金工人的平均工资为每天 3.5 法郎或者 4 法郎，但在勒克鲁佐工作的一些工人每天赚 10～11 法郎，而同行业的下级工人只能赚 1.5～2 法郎。[10] 许多工匠不仅是手工工人，也出售自己的产品，他们还拥有工具和店铺等财产，因此不可能把他们完全划分为资产阶级的敌人。1872 年对工人阶级状况的调查 [11] 显示，80% 的雇主以前是工人，另有 15% 的雇主是工人的儿子。工人内部的分裂甚至比资产阶级内部的分裂还要严重。相比于统治阶级，无产阶级内部被个人主义困扰得更严重，这导致其被分裂成无数个政党。这是第一次世界大战前工会发展缓慢的根本原因之一。

旧制度时期的行会并不是现代工会的前身，但它们揭示了工人阶级几百年来所遭遇的由来已久的分裂。人们通常认为这些行会包含了某个地区所有的商人和工匠，事实并非如此。有些城镇，比如里昂，没有行会；有些行业并没有组建行会；一些工匠，特别是那些为自己工作的工匠，选择不加入行会；大多数农村地区的工匠则被排除在外。行会实际上是特权贵族，由工人阶级的很多敌人组成。它们不是按照统一的模式组织起来的，它们允许其成员享有不同程度的权利。不同的行业之间争论不断，就像不同城镇的行会和技能交叉的行会一直陷于无休止的战争和恶性诉讼一样。在当时，让行会组成联盟的想法是难以想象的。

反抗师傅的工人工会又重新改名为手工业行会，这个组织值得更详细地说一下，因为它在 1848 年仍然是一股非常重要的力量。正如中产阶级在共济会中发展出一个新机构，并将其发展成一个攻击旧秩序、君主主义者和教堂的统一战线一样，工人阶级，或者说工匠，在手工业行会中发展出了相似的机构，他们遵循着复杂神秘的仪式，严密地保守着秘密。然而，就工匠的情况而言，这不是在团结，而是在分裂他们，这也解释了为什么他们如此长久地沉浸在自己的私人世界里争来斗去，而不是团结起来对抗他们的师傅。

手工业行会是一个由学徒和学徒期满的熟练工人构成的组织，它受到中世纪不断堕落的行会的刺激而形成。中世纪的行会不断堕落成由师傅们统治的寡头统治组织，其入会会费相当高，导致赢得师傅的地位越来越困难。行会有时会决定在10年或20年内不再接纳师傅，或只接纳师傅的后代。因此，这些熟练工人秘密组成了他们自己的社团，因为保密的需要，他们有复杂的入会仪式、入会口令，以及神秘的组织结构。这些社团招收18～25岁的年轻新手，它们的地位之所以稳固，是因为它们帮助年轻的工匠接受专业培训，并帮助他们在环法游历期间找到工作。对许多工匠来说，花几年时间在法国各地游历已成为一种习俗，他们通过观察不同的工作方法来提高自己的技能，拓宽自己的视野，以超越父辈。加入手工业行会后，他们会发现每到一个城镇，社团成员都会为他们找到理想的寄宿客栈（在他们找到工作前，这些客栈允许他们赊账），而当地官员会为他们提供就业机会。随着手工业行会的繁荣发展，它常常能垄断这种流浪劳工。通过充当中间人，它能够迫使雇主支付最低工资，并防止新手工人接受较低的工资，因为这些工人初来乍到，可能赚点儿钱就很满足了。手工业行会可以联合抵制顽固的雇主，甚至组织罢工。此外，在看病及处理监禁保释方面，它都为手工业者提供了有力的帮助。

然而，手工业行会并没有将青年工匠统一起来，而是恰恰相反。手工业行会会员来自约30个行业，但他们被分成了3个不同的派别。“所罗门的后代”（Enfants de Salomon）声称他们的组织是所罗门国王建立的，目的是补偿建造圣殿的工匠们。“石匠大师的后代”

（Enfants de Maître Jacques）称圣罗米里的一位法国石匠是他们的创始人，他在建造圣殿方面很有名气。“苏比斯神父的后代”（Enfants du Père Soubise）这一派别的名字可以追溯到一位木匠那里，木匠和雅克发生了争吵，最后雅克被木匠的追随者暗杀。根据另一种说法，苏比斯神父是13世纪的一位本笃会木匠，他所在的修道会起源于建造奥尔良大教堂时期“石匠大师的后代”家族的一个分支。这些不同的说法意味着阶级团结的概念是模糊不清的。不同派别的工匠拒绝合作。在巴黎，塞纳河是一条严格的分界线，例如，对立的木匠工会在塞纳河的左岸和右岸各自形成垄断。不同派别的成员穿不同的制服；各个行业不同派别的成员都会在纽扣孔或帽子上系一束不同颜色组合和不同长度的彩色缎带以示区分；有些人戴着标有象征符号的耳环，以显示他们的职业；造钉子的工人会编长长的发辫；所有成员都拄着手杖，在竞争更加激烈的行业里工作的会员，会选择用铁或铜来加固他们的手杖。每个派别都有自己的歌曲或歌谣，用来歌颂自己的团体，侮辱其他团体。许多行业都因一种“吼叫”的吟唱方式闻名，这种方式是把歌词声嘶力竭地唱出来，以至于只有他们自己人才能够理解。因此，有些人获得了“狗”“狼”“狼人”的称号，那些获得这些称号的人会因此感到很快乐。

这三个派别一开始是由石匠和木匠组成的。渐渐地，他们开始接纳其他行业的加入，并向他们透露仪式的细节。不同团体之间经常有各种争议，因为总有一些行业认为其他行业地位低下，不应该享受加入行会的特权，所以产生了许多分歧。例如，蹄铁匠拒绝让马具制造工人加入行会。铁匠们同意让轮匠加入行会，条件是后者必须在他们衣服下面的纽扣孔里系缎带，但轮匠不同意这种做法，他们坚持把缎带系到和铁匠一样高的纽扣孔里，因此他们处于无法调和的敌对状态。面包工根本无法得到入会许可，尽管木匠们说会赞助他们，作为对他们给木匠献礼，以及承诺七年内不拄手杖的回报。织工和鞋匠也同样被遗弃，鞋匠甚至被视为敌人，因为他们在没有任何人赞助的情况下，从一个新人的轻率言语中得知了行会的秘密。19 世纪法国著名的“鞋匠闹革命”很可能就是由于其他工人对他们的蔑视而发生的，因为总的来说，手工业行会似乎激发了社会的保守主义和某些传统行业极大的自豪感。

这些对抗造成了大量的暴力冲突。当两个行会的人在路上相遇时，他们将举行名为“topage”的一种仪式。一个人会喊“Tope”(行，好)，另一个人会回答“Tope”。接着他们会询问彼此的行业和派别。如果他们是同一派别的人，他们就会喝对方酒葫芦里的酒，或者到最近的旅馆去庆祝一番。但如果一个人认为自己的行业或派别比另一个人的好，他就会举起手杖威胁对方让开。一场战斗通常会随之而来，相应地，报复也少不了。在城镇中会展开激战，复辟时期的官方报纸上满是效忠不同派别的群体之间的流血冲突，甚至是致命冲突的报道。扯掉一个同行的缎带是对他最大的侮辱，夺下他的手杖是勇猛无敌的表现。冲突偶尔可以用一种更和平的方式来解决——举行一场比赛，看看哪个派别可以生产出更好的产品。来自不同派别的代表有时会为了创造一个“杰作”而闭关几个月，输了的派别将带着羞辱被逐出城。

手工业行会是一个专为年轻男子设立的机构，他们在完成环法游历后，通常会感谢行会并退出行会。在许多城镇，退会的人经常组成友好社团，以一起养老或再就业，后来的工会在一定程度上就是从这些社团发展出来的。据估计，在路易·菲力浦统治时期，每三年就有大约 10 万个工匠加入手工业行会并完成环法游历。[12] 手工业行会对工人阶级来说显然产生了重要的影响，但那时它已经处于衰落的状态。手工业行会的活动在王朝复辟时期达到了顶峰状态，但同时也发展出了某些导致其之后分裂的特点。有抱负的新人开始越来越多地抱怨，称入会仪式、那些“教工”声称为了给他们找工作而从他们身上榨取的高额费用、那些试图牢牢霸占特权的年长教工都过于残酷。在七月王朝统治时期，发生了与 1830 年类似的革命

（尽管有人说早在 1823 年的波尔多就发生过这种革命）：许多有志者奋起反抗，脱离了行会，成立了一个叫作“法兰西联盟”的新派别，又名独立者联合协会或起义者联合协会。在这个联盟中，所有人都是平等的，入会仪式和其他各种秘密仪式要么被废除，要么变得更加人性化。然而，实际上这些新崛起的独立者只会加剧冲突，因为他们仍以传统的方式与对手对抗。

在 1848 年达到顶峰的博爱运动正是需要被置于这种背景下来研究的。那些鼓吹工人阶级联合起来的改革者并不是大众中的典型，相反，他们是在反抗几乎普遍存在的小集团主义。阿格里科·佩迪吉耶（Agricol Perdiguier），一个来自阿维尼翁的木匠，几乎是唯一一个试图改变行会精神的人。他重写了手工业行会的好战风格的歌曲，用更有爱的歌曲来代替：他创作了许多新的歌谣，这些歌谣值得被当作真正的工人阶级文学来研究。他在 1839 年集中发表了这些歌曲，同时也出版了一本描述行会工人暴力行为的书，其目的是呼吁改革。“我们被指控为野蛮人、强盗、刺客……”他在一篇文章中揭示了路易·菲力浦统治下的阶级关系——工人缺乏雄心壮志，工人之间则相互对立。“权贵们不看好我们的能力，而且，他们出于某种原因正在和我们争夺公民权利和政治权利。大多数人对我们的看法并不友好。如果我们希望减少工人兄弟的不满，如果我们希望那些拥有公共财富和权力的人得到尊重，如果我们想接近他们或真正平等地对待他们，我们就不要彼此排斥。因为如果我们这样做，他们将有权排斥我们。”佩迪吉耶赢得了一些支持，但也遭到了许多同行的猛烈抨击，因为这些工匠认为一本关于他们的书应该赞美他们的技能，颂扬他们社团的美德。佩迪吉耶主要在浪漫主义者中激起了极大的热情，乔治·桑于 1841 年写了一部甜蜜的小说[1]来赞扬

[1] 该小说原名为《周游法国的木工行会会友》（*Le Compagnon du Tour de France*），中文版译名为《木工小史》，是一部空想社会主义小说。——译者注

未来高度理想化的、可以环法游历的手工业行会。1848 年，工匠们和解的希望一度似乎已经实现了。佩迪吉耶被巴黎选为制宪议会成员（他的得票数明显比拉梅内[①]高）。为建立一个联合所有行会派别的联盟，一个委员会首先得以成立。1848 年 3 月 21 日，8 000～10 000 名手工业行会成员在巴黎街头游行，见证他们之间的和解。有几个到那时为止仍被唾弃的行业也被允许加入游行。就连 1847 年只在里昂获得了一定认可的鞋匠，到 1850 年 11 月也被巴黎的 9 家公司接受了。但是，全面统一各派别及各行会仪式的计划却彻底泡汤了。新的分裂和争议迅速爆发。

这次失败发生在工人运动已经衰落的时候，它为运动的最终失败画上了句号。行会狭隘的排外主义、过时的服装、残酷的仪式和对学徒的残暴对待，使它们越来越不受年轻一代欢迎。铁路减少了旅行的冒险性，也打击了行会组织的环法游历。工业活动的增加打破了旧的惯例。在第二帝国时期，手工业行会迅速衰落，到 1870 年已经失去了它的重要影响力。[13]

行会并没有完全消失，因为在 1900 年仍然有大约 10 000 家行会。其中大约四分之一属于 1874 年新成立的联邦行会（后来更名为工会），该行会致力于使机构现代化，并试图合并所有的派别。然而，它在很大程度上是行会的仿制品：它在很多从未听闻过行会组织的新行业中建立了行会，如技工行会。它甚至声称在布宜诺斯艾利斯有一个由移民建立的前哨站。但该行会组织的代表大会揭示了它不过是由一批古老而神秘的俱乐部组成的。真正的手工业行会主要在马车夫、轮匠、铁匠、茅草工人、翻土工人和锁匠中存活，它们都是前工业时代法国的真正遗物，但它们并不只存在于法国农村，因为到 1900 年巴黎还有 800 多个木匠行会。

---

① 费利西泰·罗贝尔·德·拉梅内（Félicité Robert de Lamennais，1782—1854），法国天主教神父、哲学家、政治理论家、基督教社会主义者。——编者注

工会

从无产阶级建立工会的方式可以看出他们的野心是如何一步步发展起来的。印刷工人是最早有效组织起来的工人。早在1830年，巴黎的排字工人们就已经成立了40个友好社团。到1833年，他们已经成立了一个“自由排版协会”，其目的和大多数工会一样：要求雇主发布统一的工资等级表，提供失业救济和其他形式的援助，改善工人的道德、物质及精神条件，还特别强调了要发展协会的精神。[14]到1842年，他们已经拿到了他们的工资等级表，这是有史以来第一份由工会与雇主谈判达成的工资等级表。他们没有试图颠覆社会或政治秩序：为了作为一个合法的友好社团生存，他们尽管不情愿，但还是很快与第二帝国达成了和解，接受了拿破仑三世任命的一位主席。他们甚至于1861年在巴黎举行了一场宴会，由指挥过巴黎军队的一位元帅指挥着他的第三十三联队为宴会伴奏，这场宴会被视作官方仁慈的标志。因此，该协会能够在1862年通过谈判讨论一项新的工资等级协议，而且当一些雇主对此表示反对，并设法将罢工者逮捕并定罪时，拿破仑三世赦免了罢工者。在政府的同意下，该友好社团于1867年正式转型为工会。它没有加入国际协会组织，虽然该组织的创始人之一利穆赞也是印刷工人。尽管在当时的工人阶级运动中，该协会是保守的，但它还是慷慨地向革命工人捐了款，包括给国际协会的2 000法郎和在埃尔伯夫的织工罢工时给他们捐助的500法郎。[15]

事实上，第三共和国初期的印刷工人在政治上几乎均分为三个团体。以阿拉里为首的巴黎人主要对建立合作印刷厂（即买断雇主的产权）感兴趣。由阿勒曼①领导的社会党更多地从外省获得了

① 让·阿勒曼（Jean Allemane，1843—1935），法国社会主义政治家，工团主义先驱，革命社会主义工人党领导人，法兰西第三共和国众议员。——编者注

支持，他们热衷于联盟和国际方面的工人运动。[16]这两个团体在某个时刻都被日后将成为法国工会的温和派领导人的奥古斯特·克弗（Auguste Keufer）打败了。这位杰出人物于1884年成为图书工人工会的秘书，并一直担任这个职位，直到1920年退休。他于1851年出生在阿尔萨斯，年幼丧父，父亲是一个工厂工人。在德国吞并该地区之后，他搬到了隆勒索涅，在这里，他开始接触实证主义学说，这成了他终生公开坚守的信条。搬到巴黎后，他去听了皮埃尔·拉菲特①的讲座，这更使他坚定了对人道教②的信仰。[17]从政治灵感来源的角度来看，克弗在工人运动中是相当不寻常的存在。然而，他的观点完全适用于他自己的工会。他反对阶级斗争和暴力。他认为，建立一个更好的社会的目标不可能通过革命来实现，而只能通过改变心态，用利他主义取代利己主义来实现。与此同时，工会应努力改善工作条件，这是必要的先决条件。他赞成通过混合委员会来与雇主谈判，把罢工作为最后的手段。[18]

1878年是印刷工人历史上关键的一年，一场要求提高工资的罢工不仅使工会变得极度贫困，而且导致许多重要的雇主，尤其是马梅（Mame，天主教书籍的主要印制商）迁往工资较低的省份。这极大地刺激了巴黎人，于是他们在1881年成立了“全国联合会”。正是克弗把这个组织打造成了一个异常强大和富有的组织。与其他联盟不同的是，这个联盟始终保持着对资金和罢工的集中控制，只有行政管理的细分权力被下放。它的会费是全法国最高的，1881—1904年，克弗逐渐把会费从每月35生丁增加到每月2法郎，因此他的工会能够提供和负担可观的福利。他不但没有脱离资产阶级社会，

---

① 皮埃尔·拉菲特（Pierre Laffitte，1823—1903），法国哲学家，他是法国著名哲学家、社会学和实证主义的创始人奥古斯特·孔德的门徒。——编者注

② 人道教是奥古斯特·孔德提倡建立的一种崇拜人的宗教。人道教认为人类是最高的存在物，具有上帝的地位，应对其服从和崇敬，爱是人道教的宗旨。——编者注

而且同雇主和政府都保持着密切的关系。1895 年，印刷工人师傅和图书工人在同一城市（马赛）同时举行了代表大会，他们进行了友好的交流，克弗接受了印刷工人师傅们的午饭邀请。混合委员会于 1898 年在全法国范围内被设立。克弗经常出现在政府部门：劳动局局长方丹和另一名叫菲南斯的官员都是实证主义者。曾是印刷工人的法尼奥也是一名实证主义者，他后来成为公共工程部的官员。克弗在高级劳工委员会工作了很久，当时的商务部部长是劳工委员会主席，他是副主席。因此，他能够为他的手下在国家印刷厂（法国最大的印刷厂）谋得工作，并从政府那里得到工作机会和其他机会。他的财务主管戈勒被授予荣誉军团勋章，尽管他本人拒绝了这一荣誉。[19] 克弗的独立性在 1906 年的争取八小时工作制的运动中得到了淋漓尽致的体现。他让工会公开宣布，立即实现工作日工作 8 个小时的这一理想是不可能的，他们最初只会要求每天工作 9 个小时；他们不会参加 5 月的全国罢工，除非真的已经没有谈判的可能了。他在巴黎会见了法国的“全国雇主组织”，雇主们以 232 票反对票对 179 票赞成票反对批准每天工作 9 个小时。然后，他试图在地方一级与较小的雇主团体达成一致。在这些努力都失败之后，他才允许工人举行罢工。这次罢工行动大体上是成功的，因为他为这次行动花的经费超过 50 万法郎。但在北方，这种斗争非常艰难，雇主和工人之间几乎没有任何联系。[20] 这种区域差异十分显著。从图书工人的经历简单归纳出适用于所有工人的斗争方式是不可能的，而认为如果其他工会也遵循同样的政策，就可以避免工人阶级的愤怒这一想法也是不现实的。

矿工们的组织速度很慢，即使他们开始组织，他们也多少与其他工人阶级保持着一定的距离。他们对国家充满信心，希望国家改善他们的命运。通过特殊立法赢得特权地位后，他们时刻保持温和的态度以防失去该特权地位。他们缺乏团结精神，拒绝与其他工人联合，甚至拒绝与其他省份的矿工联合。长期以来，他们的组织都是自给自足的——尽管他们的组织也被无数不同的分歧撕裂。他们本可以成为解放工人阶级的一股重要力量，因为矿业是一种能够进行真正大规模运动的行业，但他们对大罢工运动持矛盾的敌视态度。因此，革命风潮在很大程度上一直仍然是由完全不能造成威胁的行业掀起的。

在路易·菲力浦统治期间，北部省和卢瓦尔省的煤田已经爆发了血腥的罢工，但这只是一时的愤怒，而不是工会的革命。在卢瓦尔，联盟的雏形是存在的，但它们的方案和组织非常初级。与该地区具有政治意识的工匠形成鲜明对比的是，矿工通常是来自上卢瓦尔省、克勒兹省、多姆山省附近落后山区的农民移民。[21] 他们之所以联合起来，很大程度上是因为他们的雇主把他们的公司合并成了一家叫作“卢瓦尔”的公司。1852 年，精力充沛、热情洋溢的矿工领袖加龙前往巴黎，与共和国总统进行了会谈。结果，矿工们得到了一些让步，而雇主们被迫把卢瓦尔公司分成四家公司。矿工们显然是怀旧的，他们怀念那些在还没有机械化的小煤矿工作的日子，这些煤矿不是由遥远的工程师管理，而是由他们自己选择的工头管理。[22] 十几年后，下一任工人领袖米歇尔·龙代重新唤起了矿工们对国家的呼吁。然而，与加龙不同的是，他没有期望国家自动成为工人的保护者。他的计划是，通过寻找那些很难让国家弃之不顾的问题来迫使它采取行动。他证明雇主在处理矿工的公积金时的确违法了，并让儒勒·法夫尔担任律师，从而成功地起诉了雇主。结果是政府允许他建立独立的基金会，由矿工自己管理（兄弟社团）。事实证明，这实际上只是一个半成品工会，它不能控制矿工，1869 年工人自发的灾难性罢工摧毁了龙代的所有工作成果。龙代本人被判 7 个月的监禁，从而结束了与帝国的亲密关系。1870 年 9 月 5 日，他在里卡马里公社宣布成立共和国，并在人群的掌声与欢呼声中打碎了拿破仑三世的雕像。他加入了圣艾蒂安公社，因此被判 5 年监禁。

然而，这些与权威的冲突并没有把他变成一个革命者，事实上，随着时间的推移，他变得越来越温和，越来越愿意和解。他把注意力集中在一个个实际的方案上：八小时工作制、养老金、预防事故矿工代表团和劳资调解委员会等。1882 年，他前往巴黎游说议员，见到了瓦尔德克－卢梭，后者承诺给予他帮助。不久，第一批法案出台了，龙代成了倡导通过立法手段逐步改善工人工作条件的全法国知名人物。他的终极理想甚至也是通过和平手段去实现的。“政府，”他说，“应该直接地、完全地从企业手中收回煤矿开采权，而国家应该买下煤矿的设备，自己开采，以造福所有人。”[23] 龙代游历法国的矿业地区，并积极宣传，鼓励工会的成立。1883 年，他组织建立了第一个矿工联合会，1896 年之前，他一直担任该联合会的秘书职位。然而，尽管用尽力气，他在自己部门的工作却没有取得多大的进展。1897 年年底，在卢瓦尔的 17 663 名矿工中，只有 3 497 名是工会成员，而且他们被分成 10 个不同的工会，其中最大的龙代工会只有 1 127 名成员。龙代试图通过建立一个图书馆和一个友好社团来激发人们的兴趣，但只有 60 名矿工加入社团。一些小型的敌对工会在部门联合会中对龙代发起了一场激烈的反对运动。部门联合会本来是由龙代亲自组建的，但是他却渐渐失去了对联合会的控制，就像他很快也失去了对全国联合会的控制一样。[24]

长期以来，联合会的权力都很小，主动权逐渐转移到了北部省和加来海峡省的矿工手中，他们突然间成为当时法国人数最多的群体。[25] 尽管他们在 19 世纪 70 年代组织过零星的罢工，但建立工会的所有努力都失败了。在龙代的鼓励下，他们于 1883 年才在德南成立了一个工会，工会秘书巴斯利①到 1914 年之前一直是矿工中的领

① 埃米尔·约瑟夫·巴斯利（Émile Joseph Basly, 1854—1928），曾于 1900—1928 年任朗斯市长。德军入侵期间他的英勇表现及战后他对该市重建工作的组织让他名留青史。

袖人物。他采取与龙代相同的温和政策，但有两个不同之处：第一，他自己就是议会成员（巴斯利于1885年担任巴黎议会代表，1889年被一名布朗热主义者打败，1891—1928年担任朗斯议会代表），因此他谨慎地从事立法工作；第二，他抛弃了龙代关于团结的观点。他不寻求与其他地区的工会联合，他将自己工会的福利视为至上。不到一年时间，他就招入了7 000名会员中的一半，但是1884年在昂赞发生了罢工，罢工坚持了56天后失败，导致1 000人被解雇。这次失败粉碎了整个北方的运动。之后的14年里，昂赞地区再也没有出现过工会。昂赞公司之所以能够抵制罢工，很大程度上是因为煤炭需求疲软。该公司制定了一项非常谨慎的招聘政策，只从它认为可靠的人当中招聘新工人；它几乎垄断了所有的购物设施，成为工人们的主要面包商、杂货商和服装商。因此，如果工人罢工，他们就将失去所有的物资供应或信贷来源。只要有地方出现罢工活动，工会就告诉他们，他们将享受与罢工者可能成功获得的同样的好处。[26] 1884年的昂赞罢工得到了小商人的普遍支持，因为他们对昂赞公司的合作社持敌对态度，而该公司也想打倒他们。矛盾的是，长期以来，这些小店主通过允许工人赊账来为工人罢工提供资金支持，而合作社往往是资本主义的工具。这一点并不令人惊讶，因为店主们在成功转行以前往往也都是矿工。巴斯利在10岁时开始在一家煤矿工作，后来因为参加工会的活动而被解雇，再后来他以经营一家咖啡店为生。[27]

1889年，经济状况的改善激起了北方地区（除了昂赞）工会的复兴，一系列罢工使工资上涨了20%。工会成员数量激增，但与此同时，工会领导人的斗志和活力却越来越弱。他们鼓吹谨慎和温和，以免失去他们通过谈判达成的协议（《阿拉斯公约》）的成果。他们在该地区的胜利使他们更加孤立于法国其他地区的矿工，也更加孤立于整个工会运动。在危机时刻，他们邀请社会主义者代表，而不是其他工会的领导人来帮助他们。在1891年的一场罢工中，政府通过撤掉军队的威胁迫使雇主们投降，矿工们自此认定可以向政府寻求更多的援助以对抗这些公司。在这种情况下，这些公司被迫更有效地团结起来。[28] 1893 年，公司联盟终于得以复仇：这一年发生了一场领导人极力阻止的非官方罢工，这揭露了矿工组织有多么不稳定。为了节省工会的资金，巴斯利迅速讲和。龙代则拒绝带卢瓦尔矿工出来以示支持。在这次罢工中，干预的部队之多（35 个步兵连，10 个骑兵中队和 220 名宪兵），以及工人誓要解放“北方的巴士底狱”昂赞的示威活动，给人一种这是一场真正的革命起义的印象。然而，革命分子只是极少数（实际上只有 500 名游行者），像大多数革命一样，游行队伍里有一大部分人都在滥竽充数。[29]

主张革命的少数人极力主张举行大罢工，但巴斯利却一次次地加以阻挠。1901 年蒙索的 1 800 名矿工在罢工失败后被解雇，巴斯利才最终同意举行全民公投来讨论这个问题。最后投票的结果是赞成举行大罢工（尽管超过一半的矿工选择了弃权），但巴斯利无视投票结果而和政府进行了谈判。后来又举行了两次全民公投，结果越来越多的人赞成举行大罢工，但巴斯利仍然拒绝接受。在 1902 年最终举行矿工的大罢工时，巴斯利通过将其区域化，直接破坏了罢工成果。事实上，大罢工对国民经济造成的灾难远没有资产阶级所担心的或矿工所威胁的那么严重。法国的矿工们实际上并不像他们的英国同行那样拥有重要的地位。[30] 蒙索的矿工和其他一些小型工会为了表示抗议，从全国联合会中退出，组成了他们自己的联合会。在科芒特里又发生了罢工，巴斯利同样不支持，反而接受了政府的仲裁——此后无政府主义者布鲁丘（Benoît Broutchoux）在加来海峡省成立了一个反抗巴斯利的工会。[31] 这些分歧又大大推迟了矿工加入法国总工会的时间。巴斯利对革命的意图毫无共鸣。法国总工会不敢接受一个规模如此庞大的温和联盟，因为它的温和态度将不可避免地拖累总工会前进的步伐。直到 1908 年，在因逮捕工会领袖而引起群情激愤的时刻，矿工们才加入总工会——但分歧并没有因此而减少。[32] 布鲁丘领导的年轻工会并没有激起大多数北方矿工参加革命，因为巴斯利在那里的势力依然存在。1913 年 6 月，巴斯利确实选择从苏索尔联合会中退出，并建立了一个独立的、更加温和的矿工联合会。对立团体之间发生了激烈的论战。[33]

铁路工人也有能力组织一个真正有影响力的工会。1854 年，全法国有 4.4 万名铁路工人，1883 年全法国铁路工人的数量是 24 万，1914 年这个数字已经达到了 31 万。他们的雇主——当时的 6 家大公司——立场非常统一。铁路工人受到几乎一模一样的工作条件的制约，因此本应该能够团结一致。严苛的工作条件让工人怨声载道，而这些公司又经常故意地让员工超负荷工作。19 世纪 60 年代，一名司机因为忘记在三个车站停车而遭到了要把他解雇的威胁，他回答说，他已经连续开了 38 个小时的车，因为太累而直接在驾驶座上睡着了。1871 年，铁路司机向国民议会提交的一份请愿书显示，他们经常不间断地工作 40 个小时，而且经常连续 12 个小时吃不上饭。[34] 直到 1891 年，在政府无数次徒劳的督促之后，他们工作日的工作时间才被限制为 12 个小时以内。然而，这些公司长期以来一直在严格要求员工遵守纪律，它们会对不守时、违抗命令、酗酒及一系列可能想到的工作失误进行罚款。铁路工人们犯了很多错误。例如，在 1900—1910 年北部省的铁路干线上，平均每天会发生一起事故。在世纪之交收集的一份退休铁路工人的调查样本中，有 43% 的人在受雇期间至少受过一次伤。各公司确实实行过一个先锋养老金计划，这个计划起初很吸引人，但是随着时间的推移，工人们开始抱怨说这是一个束缚他们的工具：如果他们中途遭到解雇，公司就会没收他们的养老金。早些年间，铁路工人在某种程度上是工人阶级的特权成员，但在 1900 年之后，他们的工资收入已经跟不上上涨的生活成本。曾经被视作精英的火车司机，后来的收入比巴黎的高级工匠们多不了多少；铁路工人赚到的比挖土工人还要少得多。[35]

然而，在1914年以前，只有五分之一的铁路工人加入了工会。他们努力联合起来的历史尤其具有启示意义。第一个铁路工人工会——法国机械师兄弟会成立于1848年2月，它的主要目的是迫使公司雇用法国司机而不是英国司机，而当时巴黎至勒阿弗尔铁路全线和法国北部省铁路三分之一的司机是英国人。但是，驱逐英国人的罢工因组织混乱而遇到了彻底的失败。到1848年6月底，该工会彻底消失了。同样，在2月的革命后成立的法国铁路工人协会的副主席是一名雇主代表，该联合会仅靠雇主的捐款就维持了数年运作。它完全没有革命的野心，就像法国兄弟联盟协会（创立于1871年）一样。法国兄弟联盟协会希望将会费存起来建造自己的小型地方铁路，以保护其成员免受失业之苦，并使他们能够自力更生。1880年，甘必大和卡诺[①]建立了另一个同样致力于自助的工会，工会向其成员提供养老金、疾病津贴和抵押贷款。一些成员希望工会可以鼓动立法来改善铁路工人的工作条件，但公司的工程师和董事们以荣誉会员的身份渗透进了工会，这使得该工会实质上仍然是一个友好社团。职业工会于1884年由一些出于善意的资产阶级代表创立。在他们的影响下，该组织试图通过购买铁路公司股票的长期计划来解决其成员的问题，它宣称自己是一个致力于和解的组织，反对罢工。到1890年时，它只吸引了3 500多名会员，到1906年，其会员人数达到了12 000名。

一个真正庞大而独立的铁路工人工会——全国工会到1890年才出现。它发展迅速，声称在10年里有45 000名成员入会（毫无疑问，这一数字被夸大了）。全国工会的秘书盖拉尔当时只有34岁，他拥有非凡的才能，并担任此职位长达18年（1891—1909年）。盖拉尔认为最大的问题是能否把工人们联合起来组成强大的联盟，他

① 玛利·弗朗索瓦·萨迪·卡诺（Marie François Sadi Carnot, 1837—1894），法国政治家，1887—1894年任法国总统。——编者注

本人坚持不懈地投入吸纳更多工人的工作。他宣扬大罢工的重要性，并在 1891 年和 1898 年组织了两次大罢工，但都以失败告终，因为只有一小部分成员真的停止了工作。尽管作为大罢工的主要倡导者之一，盖拉尔在法国总工会中是一名杰出人物，但随着时间的推移，他的作风变得温和起来。19 世纪 90 年代，他助力通过了一项法案［贝尔托法律（loi Berteaux），1897 年 12 月通过］，该法案规定要为所有铁路工人提供养老金，但直到 1909 年，参议院才正式通过这项法案，使其具备法律效力。议会的拖延，加上雇主们拒绝同盖拉尔谈判，促使他组织了 1898 年的大罢工。但令人遗憾的是，罢工失败了，盖拉尔的革命理想也发生了改变。很快地，他被指责与资产阶级议会关系过密，还参加米勒兰组织的晚宴。事实上，他所宣扬的思想与克弗的温和主义非常相似。参议院对 1909 年《铁路养老金法》的限制引起了工人的诸多不满，以至于革命者逐渐占了上风。盖拉尔辞职，工人在 1910 年举行了一场罢工。毫无疑问，这次革命又失败了，而工会里的革命者又一次变成了少数派。这足以表明，革命工会对政权怀有的敌意并不是不可调和的。工会内部的异化在很大程度上是由于资本家和政府的坚决不妥协的立场。但铁路工人的政治不应被看作持对立观点的集团在争权夺利。工人内部敌对双方的态度逐渐有了很大的转变。因此，虽然盖拉尔因为投身议会活动而放弃了革命，但令人惊讶的是，那些曾一直待在一个单独的联盟中以免参加任何革命运动、曾对雇主忠心耿耿、在很大程度上享受了雇主家长式管理好处的北方火车司机却出现在了 1910 年的罢工中。在这场罢工中，这些曾经保守的北方火车司机的数量比其他任何团体的人都多——他们占总人数的 70%。在这些后来因罢工而被解雇的人当中，38% 的人年龄在 40 岁以上（离退休年龄 50 岁不远），这表明一些年龄较大的男性已经改变了对罢工的看法。一方面的原因是，1900 年以后，雇主变得越来越容易做出让步，他们开始与工会秘密谈判（这就是为什么盖拉尔会改变他的策略）；另一方面，工人们觉得自己已经无路可退了，因为收入一直在减少（法律规定了收入的上限），而他们的开支却不可抵挡地随生活成本的上涨而上涨。[36]然而，尽管铁路工人中出现了种种新思潮，但显然大多数工人的态度依然很传统。到1914年，只有20%左右的工人是工会成员。这一数字还包括许多温和派成员，例如，拒绝参加1910年罢工运动的“东部铁路工人工会”的大多数成员完全反对罢工。[37]

据估计，1900年的建筑行业大约有10万名工人，其中只有3万名左右是工会成员，而且他们被分成不少于357个组织。手工业行会的传统在这个行业根深蒂固，建筑工人不仅根据手艺分成不同的团体，而且在同一手艺团体内部也分成不同的小团体。因为渴望结束行会工人在就业方面所享有的特权或垄断，工会奋起反抗，对行会发起了挑战。然而，工会本身对建立合作社的兴趣瓦解了他们团结一致的精神，因为建筑业特别适合建立合作社。但合作社的排他性以及它们经常付给社员比雇主支付的还要低的工资的作为，反过来又引起了工人对合作社的抵制。然而，工人们在1882年、1892年、1902年多次试图组建一个全国联盟的努力只取得了非常有限和短暂的成功。由强大的泥瓦匠和木匠领导的工艺工会倾向于建立自己的独立联盟，但1906年的罢工暴露了他们的弱点，也暴露了这种分裂的危险。直到那时，全国建筑业工人联合会才被广泛接受。全国建筑业工人联合会发展迅速，其会员从1905年的9 000人增加到了1908年的30 000人，但是工会浪费了大量资金——1911年，它给了法国总工会至少6万法郎，以帮助支付其期刊《工会主义者之战》（*La Bataille Syndicaliste*）的费用，所以当1912年的罢工爆发时，它没有资金养活罢工工人。工会会员的人数立刻急剧下降；1912年，工会提高了其会费，会员人数下降得更加厉害。人们担心工会就是一个周期性地膨胀和收缩的革命性的怪物，但事实上工会并不像看上去的那么可怕。[38]例如，尽管工会在全国范围内声称必须实行八小时工作制，但它实际上能够接受更长的工作时间，因为在一些地区，建筑工人一天的工作时间长达 12 个小时，他们意识到立即采取八小时工作制是不切实际的。法国不同的社会状况迫使工人们在实践中成为机会主义者。

厨师工会显示了工艺特殊主义可能走向的极端。在路易·菲力浦的统治下，巴黎有两大类厨师：一类属于“洛朗丁”，这是一个社交俱乐部；另一类属于“湿脚协会”，该协会之所以叫这个名字是因为其工会成员每天早晨都要聚集在市政厅找工作。1840 年，这两个组织合并成了“巴黎厨师协会”，其唯一目标就是为成员找到就业机会。1848 年革命时，他们把协会的名称改为“中央烹饪艺术家协会”，1853 年又改为“巴黎厨师公积金和互助协会”，因为这是第二帝国所能容忍的唯一一种组织形式。它持续关心会员的就业问题，但与此同时，它逐渐发展出了一个养老金基金会。到 19 世纪末，厨师们的养老金基金发展为同类基金中最成功的一个。这种对养老金的关注并不令人意外，因为厨师们不愿意在退休前给雇主发公告，他们希望像天马行空的艺术家一样自由自在，能随时离开雇主而不用提前通知。然而，工会对养老金的关注引发了一定程度的不满。“巴黎美食家专业学会”成立于 1899 年 4 月，它借鉴了“巴黎实证无产者的社会研究圈”的法规，大约有 50 名厨师加入了这个协会。1882 年，对职业教育的关注催生了一个“环球烹饪艺术联盟”，该联盟一年后获得了地方长官的授权，并更名为“烹饪学院”。不过，它有意只收 30 个正式成员，但不限量招收非正式成员。正式成员的候选人必须提交一份书面论文，并在学院宣读。1884 年，巴黎的厨师被分成了 7 个不同的组织。有 3 个友好社团（也是就业交易所）和 4 个工会，每个工会的重点略有不同：一个工会联合会、一个兄弟会、一个法国厨师协会和一所烹饪学院。1898 年，厨师联合会（成立于 1887 年）加入了法国总工会，然而其会员其实很少。[39]

工会主义

传统上对工会运动兴起的描述给人留下的印象是，工会运动是一股日益强大的革命力量，公开威胁要推翻整个社会秩序，并拒绝做出任何妥协。工人代表大会的行动也许可以解释资产阶级对工会的恐惧。当然，1876 年召开的第一次工人代表大会揭示了工会根本没有革命的愿望。在这次大会上，工会决定通过成立合作社来解放工人；它谴责罢工；它对财产只字未提，只说工人应该拥有自己的工具，资本利息应该被废除。有些人认为，期待资产阶级进行改革是徒劳的，但是他们主张的补救办法是工人们应该选举他们自己的议会代表。然而，主要在盖得[①]的影响下，社会主义的观点和阶级斗争的理论被逐渐引入。1879 年，第三次全国工人代表大会在马赛召开，大会决定成立社会主义工人党。如果工人党能完整发展下去，工会可能会成为法国工人党的支柱，但有两个因素阻止了工人党的持续发展。首先，作为社会主义者的领导人（我们将在另一章中看到更多对此的描述）分裂严重，工人党很快就分裂成几个派别。盖得的胜利是短暂的，事实上他从未真正理解工人运动的含义。在开始时，马赛的工人代表大会挤满了盖得的支持者，工会对选举的不重视使得他得以在工会缺席的情况下通过了决议。但当工会开始更加认真地参加代表大会时，驱逐盖得并不难，其原因可以从接下来的第二条论述明显地看出来。其次，工会现在更想直接行动，而不是通过议会进行煽动。工会想避免卷入资产阶级政治，或者干脆不卷入政治，因为那样只会使它们内部分裂。1892 年，工会采取了大罢工行动——这与盖得的政策完全相悖。三年后，盖得从工会退出了，他的工会联盟也很快消失得无影无踪。工人运动变得完全独立，

① 朱尔·盖得（Jules Guesde，1845—1922），法国社会主义记者和政治家，法国工人党创始人之一。——编者注

以无政府主义的工会主义为信条。

这表明了工人彻底的革命态度。工人们宣称自己不仅是资本家的敌人，而且是国家和民主的敌人。他们公开宣扬暴力是他们达到目标的唯一可能手段，如罢工、抵制、没收等。在所有工人加入他们之前，他们完全不会有将胜利延期的想法。他们相信少数人的权利。他们相信社会主义对资本主义的批评，也就是说，他们相信阶级斗争是解放工人阶级的唯一方法，相信国家对无政府主义的恐惧是暴政的必然来源，并渴望废除这个中央集权组织。然而，他们没有社会主义者那么乐观，因为他们不相信资本主义必然会因其内部矛盾而崩溃。他们坚持认为只有通过工人们自己的努力才能实现革命。他们相信一旦革命成功，新的秩序就应该由工人自己制定，由工会自己组织，这是工会主义的本质所在。但是对很多人而言，工会主义一方面只是工人阶级独立和尊严的一种新的表现方式，另一方面只是获得这种独立和尊严的一种生产力联合的手段。工人们宣称自己是工会主义者，与其说是在创新，不如说是在重申一种古老的信念。[40] 佩鲁蒂埃对他们将要建立的新秩序的描述，与蒲鲁东的描述并没有太大不同。

的确，工会主义现在不再意味着简单的互助，而是无政府主义的和革命性的。工人们声称反对资产阶级秩序，而不是试图在其中找到自己的一席之地。他们相信罢工是他们最好的工具，而不是像以前那样拒绝罢工——事实上，他们甚至把罢工看作美妙的东西，一种阶级意识的教育方法。然而，如果更仔细地审视他们的态度，甚至是他们的行动，我们就会发现，他们远没有这些革命言论所暗示的那么难以妥协。尽管他们认为米勒兰主义者是叛徒并开除了他们，尽管他们对资产阶级实施的部分改革嗤之以鼻，尽管他们认为温和派会员提供的互利偏离了阶级斗争，但是实际上很少有工会领导人不是通过渐进式改革来改善工人的工作条件的。他们把此种做法称为“革命改良主义”——但无论他们的终极目标是什么，它实际上都是改良主义。他们的目标是防止政府从社会立法中得到好处，并且把不参加革命斗争的工人争取过来。他们寻求的是，既要平复工人们的抱怨，满足他们的愿望，又不能使他们太过满足——要把短期目标和长期目标区别开来。

法国总工会是革命性的，但它的大多数成员和工会都不是革命性的。这种矛盾可以用投票制度来解释。不论工会的规模大小，每个工会都有投票权。小型工会往往是革命性的，因为它们的成员不多，所以对它们来说，通过和平手段达到目标是不可能的，因此它们主导了法国总工会。成员总共只有 27 人的 6 个最小的工会，其拥有的选票数和拥有约 9 万名成员的 6 个最大的工会一样多。[41]4.5 万名工会成员中的少数拥有足够的选票，因为他们隶属于许多不同的小工会，在每一个问题上都有决定权。[42] 执行委员会通过代理人获得了大约三分之一的选票，这些选票来自那些负担不起把自己的代表派去参加代表大会的小型工会。事实上，法国总工会的选举几乎都是在腐败的选区进行的。[43] 它为了替自己选民不具有代表性的事实辩护，就以捍卫少数人的权利为借口，但其本身的运作程序是由多数人投票决定的。

法国总工会的领导人绝不是无政府主义工会主义或任何理论的奴隶。格里菲勒① 在 1902—1909 年担任法国总工会秘书长，他不仅强调了上述这一点，甚至还声称他没有读过任何理论家的著作。“我确实读过大仲马的作品。”他总是傲慢地说。他重申，工人阶级运动不是任何理论的产物，而是日常事件的产物。一些成员争论将来会建立什么样的社会，但他认为这种争论没什么用。“制定理论总是很容易的，但要付诸实践就难了。”格里菲勒曾经是一个鞋匠，专门为巴黎的奢侈品市场制作鞋子。他给一个地位不高的师傅干活儿拿工

① 维克多·格里菲勒（Victor Griffuelhes，1874—1922），法国社会主义者，曾任法国总工会领袖，主张通过独立的工会行动来建立社会主义。——编者注

资，而这位师傅本人也不过是个工匠。格里菲勒的生活很艰苦，他于是加入了工会，以“与雇主和国家做斗争，雇主是奴役我的直接工具，而国家是雇主的天然保护者，因为国家是雇主的受益者。我正是从工会中汲取了采取行动的所有力量，也正是在这里，我的思想开始变得更加清晰”。他本质上是一个工会成员，一直为工人运动的独立服务，为工人运动的利益服务，而不是为任何党派或理论服务。在他年轻的时候，有几年他是布朗基的追随者，但加入工会运动后，他很快放弃了政治行动。他认为领导人的任务是要反映工会成员的雄心壮志，而不必担心原则的一致性。“工人运动，”他写道，“是一系列由每一天的努力所连接起来的日常努力，它不是通过严格的连续性，而是通过工人阶级的态度和精神状态而连接的。我再说一遍，工人阶级的行动并不是按照任何公式或任何理论来安排的，其示威活动也不是按照我们事先预定的计划进行的。”[44]

格里菲勒首先是一个组织者和管理者。他没有聪明的头脑，也没有什么特别的演讲才能，但他是一个能干、高效、无私的人，而且天生就有让人服从的气质。他的伟大成就是使彻底分割开来的运动连贯起来。尽管他努力维护革命派至高无上的地位，但他总是在合理的范围内与改良派进行辩论，并小心翼翼地行事，以让改良派留在法国总工会。从本质来讲，他注重实际的常识足以保证他永远不会支持任何尚不成熟的革命。

格里菲勒在法国总工会的代表埃米尔·普热[①]也不是煽动政治家，他在公共演讲方面的天赋更少。普热是一名记者，出身于地位较为低下的资产阶级家庭。他的父亲曾是一名公证人，但英年早逝，这迫使普热很小就自食其力。他一开始在巴黎一家百货公司（乐蓬马歇）当助理，在此期间他读了《社会革命》(*La Révolution sociale*)，

---

① 埃米尔·普热（Émile Pouget，1860—1931），法国无政府主义共产主义者，1901—1908 年任法国总工会副秘书长。——编者注

成为一名无政府主义者，因参与游行示威被监禁了三年。他出狱后创办了一份叫作《佩纳德神父》(*Le Père Peinard*) 的著名期刊，这个名字让人联想到大革命时期的《杜歇老爹报》(*Le Père Duchesne*) 的风格。期刊的文章完全是普热自己写的。期刊一经发行就立刻引起了人们的注意，因为它使用的语言是热情洋溢的工人们自己的俚语，它完全是为工人而写的。普热声称工人的语言与他们几乎听不懂的资产阶级的语言完全不同。1900 年，法国总工会创办自己的报纸（周报）——《人民的声音》(*La Voix du Peuple*) 时，普热被提名担任该报纸的编辑。他一直渴望办一份日报，但却屡屡失败。他也撰写关于工人阶级生活的小说（这些小说并不是很真实）。普热是许多印象派画家（比如毕沙罗和保罗·西涅克）的朋友，他们不仅给他的作品画了一些插画，也送给他很多画作，他收藏了大量这些画家的作品。普热在总工会的职业生涯以成为他为画廊印刷的商品目录的推销员而告终。因此，他和佩鲁蒂埃一样，在工人运动中有点儿局外人的感觉。然而，由于他在法国总工会宣传方面的领导地位，他在为总工会招收革命者方面发挥了非常重要的作用。他宣扬阶级战争是一切进步的必要条件，但他并不认为局部改革毫无价值而对其完全拒绝。他认为，如果政府主动进行改革，那么必须谨慎地接受这份礼物，因为改革不可避免地会偏向雇主；如果改革是工会通过武力从政府那里赢得的，那么它就是可以接受的。工人们应该组织起来，用直接的行动来推动改革，而不是等着政府给他们送礼物。[45]

乔治·伊夫托是法国总工会交易所的秘书，他是一位精力充沛的反军事主义者，是著名作品《士兵手册》(*Manuel du soldat*) 的作者。（他在狱中写了这部作品，这本书的部分出版资金来自政府对交易所的补贴。）伊夫托的父亲曾在帝国卫队和宪兵队服役。他本人接受过基督教教义兄弟会的教育，他一生从未反对过教权。阿方斯·阿道夫·梅尔海姆（Alphonse Adolphe Merrheim）是冶金学家协会秘书，还负责处理总工会与各地方联盟之间的关系。他是来自鲁贝的清教徒，对自己在巴黎看见的煽动行为和不道德行为感到惊骇不已。对知识的好奇心和严谨做事的态度才使他没有放弃一切而返回故里。他坚持认为，盲目攻击资本家是不可能成功的，工人们需要研究他们的敌人。他对雇主的组织进行了仔细和彻底的调查，他最喜欢阅读的是公司的报告。电工帕托与梅尔海姆正好相反，他喜欢出风头，最喜欢被记者拍照和采访。但在允许摄像机进入工作场所之前，他会小心翼翼地把自己惯常戴的圆顶礼帽换成一顶更具民主风格的贝雷帽。他具有惊人的宣传意识，他在1908年领导的一次罢工使整个巴黎陷入黑暗之中。当时只有劳工交易所有电，帕托在那里接待了记者，向他们展示了他的能力。还有一次，他让歌剧院的电工们在为一位外国君主举行的一场盛大演出中罢工，电工们在黑暗中经过几分钟的谈判就获得了加薪。[46]

当人们意识到法国总工会三分之一至一半的成员不是革命工会主义者，而是改良工会主义者时，来自法国总工会的革命威胁就显得更加没有震慑力了。毫无疑问，改良者希望达到与革命者相同的最终目标。正如他们当中的一位（用一种有趣而又老派的口吻）所说，改良派希望通过抑制工资收入和用工人的联盟取代资本主义，来实现劳动力的全面解放。但是，与他们的理想相反，他们的计划是进行实际的改革。[47]改良派不相信少数人能进行革命，但他们羡慕英国和德国工会的财富和人数，希望吸引大多数法国工人加入工会。他们相信只有大规模的起义才能成功；更确切地说，当所有的工人都是工会成员时，有一天他们就可以直接对资本家说："我们受够了。"吸引工人加入工会的方法首先是尊重他们不同的观点和信仰，回避政治，无论是社会主义还是无政府主义。改良派的中立立场被表述为议会主义，而不是反议会主义。他们反对组建工人党的想法。

另外，正如图书工人工会的尼埃尔所写："到工会主义能够证明它想要而且能够减轻工人阶级的负担并给予他们安慰的那一天，所有无产阶级人士都会狂热地爱上它，而无数天真的人仍然希望从宗教、雇主或政客那里寻求这些慰藉。”他们要求的是革命性的改革，而不是革命。他们继续自称为革命者，但他们解释说，这只是意味着“每一次从雇主那里攫取一笔资金或一份权力并将其交给工人的改革，都是一场革命性改革……我们是革命者，因为我们已经证明，革命是注定要发生的。”[48]克弗说，工人们只是还没有准备好接管现有的生产资料，他们对此还毫无认知。20世纪初组织的大罢工的彻底失败，使人们对大罢工产生了幻灭感，他们甚至不再相信把罢工作为推进革命事业的一种手段的想法。在被问及他们对大罢工的态度时，当时有八名改革派工会领导人将其描绘为一场幻觉、一种虚张声势的行为和一个诱饵，有三名领导人赞成以工人们接受过教育为前提的大罢工，有三名领导人不确定他们是否会采用罢工这种方法，还有一名领导人认为这是如达摩克利斯之剑般强大的武器。[49]“工会成员间流行着一种新的态度，”铁路工人P. M. 安德烈（P. M. André）写道，“被‘创造性地使用暴力’的理论引入歧途的工人们，最终认识到我们（改良派）是对的，而这些使用暴力的理论完全是幼稚的。工会主义者越来越不认为自己是“革命先锋”——他们举行罢工从来不是为了学习革命的艺术，而是为了自己的职业利益。”[50]改良派说罢工只能作为万不得已的手段，他们坚持认为工人们应该在正式宣布罢工之前举行公投。[51]工人们敦促增加集体谈判的次数，他们认为工会可以最终从雇主那里投标工作，从而可以逐渐地自己管理经济。[52]行动是革命者的要求：“有效的行动是我们的座右铭。”[53]

当时主要的改革者有图书工人代表克弗、机械工人代表孔帕、纺织工人代表勒纳尔和铁路工人代表盖拉尔。[54]建筑工人和冶金工人是最杰出的革命者。但以这种一刀切的方式整齐地划分工会又是不可能的。温和的领导人，比如矿工领导人，不得不与他们队伍中不断增长的革命少数派进行斗争。对工会拥有强有力控制的精明能干的领导人往往蒙上了一种政治色彩，但这种色彩并不能真正代表他们的工人。温和的盖拉尔被赶出了铁路工人的领导团队，但是东部铁路工人拒绝参加1911年的罢工，他们的工会秘书勒勒什甚至反对所有形式的罢工。[55]

法国总工会在经济方面很弱。1910年，其收入只有2万法郎（合800英镑）。为了支持1906年5月1日的大罢工，法国总工会曾向政府申请资金，而且很荒唐地得到了5 000法郎（250英镑）。各个全国联合会同样很穷，但它们把能筹集到的钱大部分留给了自己，因此相对于法国总工会来说，它们保持了相当大的独立性。全国印刷联合会实际上比总工会富裕10倍，其年收入是22万法郎（合8 800英镑）。但1906年要求八小时工作制的罢工花光了它的储备金，因为它向会员支付了每天3.5法郎的罢工费，向罢工的非工会会员支付了每天2法郎的罢工费。加上外国工会和国际印刷联合会赠送的16.3万法郎，以及对未参加罢工的会员征收的5%的税费（总额也是16.3万法郎），该联合会在这次罢工期间共支出62.8万法郎（合25 120英镑）。1906年6月，全国印刷联合会的赤字是1.4万法郎。三年后，该联合会已经还清了这笔债务，还储蓄了21.2万法郎。这是法国最富有的工会的财务状况，远远超过其他工会，但是，尽管法国的印刷工人数量在国际印刷联合会中排名第三，但在财富榜上却只占第八位。“伦敦和各省级地区排版工人协会”的工人人数和法国的一样多，但收入却是其5倍。法国第二富裕的行业是采矿业，但其拥有的财富远不如印刷业多。据了解，采矿业工人的联盟主要是书面上的联盟，所以它虽然有3万个会员，但每个会员每月的会费只有5生丁，它每年的总收入不到1万法郎（合400英镑）。区域工会是在工人中真正有权力的工会，其中最大的区域工会是加来海峡省工会，但是，即使是它，在积累财富方面也有很大的困难。在1906年的血腥罢工之后，工会对资金的需求才被大家意识到。会费从每月50生丁涨到了2法郎，但是在这2法郎里，只有50生丁像以前一样给了工会，其余的钱被当作工会会员的个人财产记在他们的账上，以备罢工或长期失业时使用。以此为借口，也就是以开了一家储蓄银行为借口，加来海峡省工会在1909年时才通过2.4万名会员积累了77.9万法郎，当时没有任何一个工会的财富能与之相比。但有趣的是，这是以牺牲一切社会主义原则为代价实现的。如果发生罢工，每个工人都将可以按他所存的钱的比例取出不同的报酬。在纺织业，全国联合会通过2万～2.5万名会员才积累了2.6万法郎（合1 040英镑）的收入。拥有6 000名成员的鲁贝纺织工会的财富是它的6倍。通常，就像冶金工人或建筑工人一样，竞争对手的同业工会会瓜分这点儿微薄的收入。总而言之，据估计，1910年，法国工会会员每年需支付135.3万法郎，合每人2.5法郎左右，即每年2先令①。尽管会费很少，但工人们似乎觉得交会费不值得：和他们在交会费时得到的承诺不一样，大部分上交的会费都没有回报。工会无法提供有吸引力的福利，只有印刷工人有葬礼和疾病福利基金，而且只有他们和技工会得到失业补贴。差旅补贴倒是经常会有。许多工会承诺给罢工工人发工资，但很少有工会兑现过。在工会会员交会费意愿方面存在巨大的地区差异。肖蒙的手套制造工人每月交5法郎，米尔豪德和格勒诺布尔的手套制造工人每月只交60生丁。在这种情况下，有效的工会联盟是不可能建立的。大部分工人只信任自己个人所熟知的当地的小工会。民族团结的概念虽然有时会在工会领袖向其他工会慷慨捐赠时得到惊人的体现，但在他们的广大追随者——工人当中却比较少见。因为在他们中间，农民的节俭作风和个人主义还并没有被消除。[56]

① 先令是英国辅币，1英镑 = 20先令，先令在1971年英国货币改革时被废除。——编者注

1914之前对工会主义最好的描述是格里菲勒自己写的。[57]他的环法之行揭示了工会这个组织是多么支离破碎，它的社会基础是多么不平等，它的力量是多么依赖于个人因素。大多数罢工仍在没有工会的任何初步组织的情况下进行。[58]矿工们在1902年和1906年的罢工都是少数人反对工会领袖的行动。工会主义在许多地区甚至还没有站稳脚跟，这些地区有时包括法国高度工业化的地区。“孚日到处都是织工，工会主义的宣传无法激励他们发起大规模的、充满活力的运动。民众对德国的强烈仇恨使得一个拥有巨大权力的资产阶级建立起来。为了反抗它，工会展开了几次革命活动，但是反抗的力量很弱，一切很快便重归平静。”同样，在弗朗什孔泰大区，尽管工业化程度很高，但几乎没有形成工会主义。除了贝桑松的钟表工人闹过事，这个地区自1899年起就没有发生过冲突。[59]反倒是像谢尔这样的偏远地区，已被工会运动深入渗透。在格勒诺布尔，代表们的分道扬镳结束了革命活动，他们各自成为独立的社会主义者，因此对政府更加有利。里昂深受个人竞争和选举竞争的困扰。在马赛，工会运动无法深入发展，城市居民的分散和不均匀分布成为工会运动最大的障碍。码头工人在19世纪的最后10年里饱受失业之苦，他们没有任何反抗的能力；1899年之后，情况有所改善，他们成立了一个工会，组织了一系列罢工，并最终取得了成功。但在1904年以后，雇主组织的“封厂”运动粉碎了他们的革命成果，雇主的主导地位在很大程度上得以重新确立。[60]

孚日的情况特别有趣。另一位观察家在1906年写道：“工人们长期以来对雇主的感情，即使说不上是奴颜婢膝和一味屈从，也是服从和尊重的。他们唯一的政治观点是爱国主义和强烈的沙文主义，这使得他们会团结起来支持面包师傅或一致反对犹太人。工会成立以来，这种情况已经发生了变化，社会主义精神正一点儿一点儿地渗透他们的头脑。但是，尽管时有罢工和骚乱，孚日工会的进展仍然非常缓慢。”1884年以前，这个地区根本没有工会，之后虽然也成立了一些，但唯一真正成功的是图书工人的工会——这个工会当然没有什么惊人之举。然后，20世纪初的棉花危机导致纺织工人的工资下降，罢工最终爆发，4个纺织工会也因此得以成立。但非常重要的一点是，工会不是由纺织工人自己建立的，而是由孚日图书工人工会的领导人佩尔诺成立的。他还在工会内部组建了一个工会联盟，并为它创办了一份报纸。当时，中央工会的领导人——纺织工人代表勒纳尔和图书工人代表克弗一起来孚日参观，这直接刺激了其他工会的形成。然而，工会中有困难的工人总是向佩尔诺提出申诉。例如，是佩尔诺组织了埃蒂瓦尔造纸工人的罢工。慢慢地，他的联盟招收了1.8万名成员。起初，他的领导确实是非常温和的，因为他属于共和联盟，该联盟同时有雇主参加，他也接受了政府对他的报纸上的“反酒精运动”的补贴。然而，在法国总体趋势的影响下，他被迫采取了更加社会主义的路线，报社里的温和激进派的编辑也被辞退了。值得注意的是，主要是因为雇主们拒绝与佩尔诺打交道，他才不得不放弃与雇主们达成一致协议的希望。这些雇主更愿意建立自己的“黄色联盟”。就这样，一个本来很温和的工会转变成了革命性的工会。[61]

劳工交易所

全国联合会的发展被另一种形式的工会联盟——地方劳工交易所的兴起大大削弱了。任何一个城镇的不同工会都用这个名字聚集在一起，各工会都在一幢大楼里办公。这些介绍所与英国地方贸易委员会有一些相似之处（例如，工会可以同时是贸易委员会和全国联合会的成员），但它们在许多方面都很不同。与贸易委员会不同的是，这些介绍所的成立是官方发起的。市政府给它们提供了免费的办公楼和大量的补贴来支付它们的管理费用。介绍所需要履行一些公共职能，其中最重要的是劳务交流。对劳务交流的需求由来已久。19 世纪 40 年代，天主教社会经济学家古斯塔夫·德·莫利纳里首次对劳务交流的情况进行了调查。[62] 1848 年，共和国临时政府颁布法令，要求每个市政厅都必须有一家劳工交易所。但是这条法令就像它的其他许多法令一样，是一纸空文。然后，认为应该为失业者提供一些可以聚集的庇护所的想法传播开来，而在以前，他们会聚集在特定的街道或酒铺里，等待雇主去找他们。[格雷夫广场，也就是现在的市政厅广场，是主要的集会场所之一，自那时起，“格雷夫”（grève）这个词开始被用来表示罢工。] 在以 1884 年法律为标志的对工人的新态度的刺激下，巴黎在 19 世纪 80 年代最终采取了这一举措。人们认为劳务交流应该由工人自己管理，而且它应当是工会这个无限乐观的组织向社会提供的服务之一。劳工交易所确实成为鼓励工会发展的一种手段。1887 年，巴黎市在卢梭街开了一家劳工交易所，并在 1892 年向它捐赠了一座相当大的新楼供其办公用。市议会表示，为了防止工会陷入不稳定的生存境地，劳工交易所是至关重要的，因为工会为了满足自己的花销所收取的会费让大多数工人对其避而远之。劳工交易所将提供一个免费的聚会场所和办公室，这样一来，所有人都可以加入，而不用担心承担超出其财力范围的金融义务。“免费和永久使用会议室将使工人们以一种更成熟、更精确的方式讨论他们所在行业的热点问题及影响他们工资的许多问题。他们在那儿能了解他们所需要的所有信息、新闻和统计数字，它就相当于一个经济、工业和商业研究的图书馆，他们可以了解法国乃至全世界各个工业的生产趋势。”因此，劳工交易所立即打算鼓励成立工会，降低它们的开支，消除彼此之间的隔阂，使它们能够为了共同的利益和教育而努力。尽管市议会主席以“团结与社会和平”的名义主持了劳工交易所的成立，但他也宣称，其目的是“让工人们能够用平等和合法的武器与资本作战……通过允许工人自由地、科学地和合法地提出要求，劳工交易所将使共和党政府不去扼杀而是理解这些要求，并为建立更加正义的社会秩序而努力。”[63]巴黎很快被其他城市效仿，到1908年，法国各地的劳工交易所有不下157家。

这样就形成了工人协会的原始形式。这些介绍所与其说是就业介绍所，不如说是在地方介绍所基础上建立的工会社团。它们虽然得到了政府的补贴，但是都由革命者管理，他们经常拿着政府补贴攻击政府。他们之所以能这样做，部分原因是当时许多城市都被社会主义者占领，因此，可以通过投票决定用公共资金来攻击资产阶级国家。（社会主义城市过去甚至通过投票来支持罢工。）但是，即使在政府通过慈善形式补贴劳工交易所的那些地方，对资金的依赖也没有使劳工交易所变成资产阶级的雇工。巴黎劳工交易所的命运很有趣地说明了这一点。起初，这些补贴被工人们用来为社会主义进行鼓动活动，但更多的补贴流进了活动组织者的腰包。1891年的一项调查曝光了很多问题——大量的挪用公款、花费巨额差旅费、为朋友子虚乌有的职务支付补贴的行为。[64]这种漏洞很快就得到了补救，但工会社团的宣传还在继续。政府则根据这些社团的政治色彩和乐观程度做出不同的反应。

1893年，迪皮伊彻底关闭了巴黎劳工交易所，理由是使用劳工交易所的270个工会中有近一半（我们应该注意，这只占巴黎工会的一小部分）没有根据1884年颁布的法律进行登记——这些工会太具革命性而无法接受该法律。迪皮伊利用军队占领了介绍所：一些工会宣称要武装起来驱逐他们。1896年，激进的资产阶级重新开放了劳工交易所，但新宪法迫使工人们与政府和市政当局的代表共享控制权。这种安排在工人中引起了相当大的敌意，他们的想法可以从他们拒绝利用政府补贴设立统计部门看出——他们不愿意向警察局局长或政府领导透露自己的信息。米勒兰和瓦尔德克－卢梭在1900年恢复了对工人的完全控制。由民族主义者控制的市政当局反对这一做法，并以终止对具有恰当政治观点的工会进行的补贴作为回应。劳工交易所于是被拆分成对立并存的两部分，到1905年，介绍所重新由官方进行监管。[65]劳工交易所对补贴的依赖引发了许多问题，并使介绍所一直把处理与当局的关系当作头等大事。一段时间以后，巴黎劳工交易所的历程在外省以不同方式重演。外省劳工交易所通常是在工会向市政当局请愿后成立的。市政当局会慷慨地批准修建一座大楼并提供补贴。这些工会成员很快透露，他们对当局的态度存在分歧：一些人认为他们可以接受共和党——在19世纪90年代，共和党还很年轻，人们有理由期待它会致力于社会立法，但另一些人则希望把介绍所变成阶级斗争的工具。后者总体上迅速占了上风，因为介绍所几乎总是由工会成员中的少数人管理的，而工会成员本身就是工人中的少数人。[66]

有三个因素赋予了这一运动独特的性质。第一，它成为无政府主义者的避风港。第二，巴黎劳工交易所因为嫉妒全国工会联盟被盖得控制，于1892年建立了一个与之抗衡的工会联合会，称作BDT。该联合会的成立是为了保持巴黎劳工交易所对工人运动的霸权地位，BDT包含了大多位于法国南部的12个工会。第三，1895年，费尔南·佩鲁蒂埃当上了BDT联合会的秘书，到1901年他去世的时候，这个联合会已经成为一个极有活力、极为活跃的机构。

在有关工人阶级的传说中，佩鲁蒂埃是神一般的人物。他在33岁时就去世了，因此，就像甘必大一样，他在法国年轻一代人心中留下了一个完美的传奇人物的形象。但有关他的很多资料都是片面的，必须谨慎看待。调查发现，甘必大的职业生涯和甘必大的许多朋友对他的高度评价是契合的，而佩鲁蒂埃的事业成就则仍然需要进一步调查。[67]佩鲁蒂埃唯一的传记是他哥哥写的。佩鲁蒂埃不是工人，而是公务员的儿子。他来自一个牧师家庭并坚信正统主义的教育；他的叔祖父被查理十世封为男爵，而佩鲁蒂埃本人则在一所教会学校接受教育。然而，他的祖父竟然是一名共和党记者，佩鲁蒂埃很快就追随了他的脚步。他在大学期间因为写了一本反教权主义的小说而被学校开除了。他在圣纳泽尔学院创办了一份校报，但他没有通过学位考试（原因是“某篇英语论文写得不够好”）。他在年轻时是个游手好闲、反复无常的孩子，当时他已经得了肺结核（他后来就死于此病），不久又得了可怕的面部红斑狼疮。但是他有一种独特的人性美，这种人性美使他在任何地方都能迅速交到朋友。除此之外，他有一种狂热的精力去追求他真正关心的东西，尽管他花了很长时间才发现他真正关心的是什么。他撰写了一些短评，并为白里安的激进期刊《西方民主》撰稿。1899 年，他曾短暂担任一份报纸的编辑，这份报纸是为了支持白里安在圣纳泽尔的候选人资格而创办的。但后来他不得不因为生病休养了 18 个月，当他复出时，他有了很大的转变和醒悟——他相信拯救工人的关键在于经济行动。他后来短暂担任了一家玻璃厂（合作社）的企业委员会副秘书长一职，并成为盖得的法国工人党的一名持不同政见的成员。之后他与白里安一起宣扬大罢工，并于 1895 年获得了 BDT 联合会秘书的职位。在这里，他竭力排除一切政治因素，忽视诸如反教权主义、军国主义、爱国主义、议会主义等问题，集中精力组织和教育无产阶级。

佩鲁蒂埃是一个有趣的人，因为他全心全意地致力于把工人阶级从资产阶级中分离出来，并努力建立使工人阶级尽可能地自力更生的制度。法国社会阶级的分化在某种程度上要归功于他。当然，“工人应该只依靠他们自己”的思想早在 19 世纪 60 年代就由蒲鲁东和托兰[①]提出过，但是他们的理想是把工人变成小业主，托兰很快就向资产阶级国家妥协了。在托兰代表了事业发展的一般模式的社会中，佩鲁蒂埃的独创之处在于他自愿退出资产阶级，加入工人阶级阵线，并成为为数不多的领导工人运动（不是社会党的工人运动，

① 亨利·托兰（Henri Tolain，1828—1897），法国工会和社会主义运动的主要成员，第一国际的创始成员之一，也是蒲鲁东的追随者。——译者注

而是劳工交易所的工人运动）的资产阶级领导人。

佩鲁蒂埃是一名资产阶级人士，他对自己的阶级失望了，他是一个资产阶级中的下等人，一个怀疑论者，一个悲观主义者，一个病人，他知道自己将要死去，他想象着他周围那个令人作呕的社会也即将死亡。他鄙视资产阶级的一切价值观。他宣称自己是一切道德专制和物质专制的死敌，是对抗一切的反叛者——“反对上帝、反对主人、反对国家”。在他的世界里，那一抹微弱的光来自工人阶级。“作为一名研究社会心理学的学生”，他对这场运动的突然兴起非常着迷。他认为，这场运动有可能推翻整个政治和经济秩序。他立即投身其中，并试图引导它走向一个真正自由的社会。只有工人们才能重新创造世界，消灭资产阶级国家的等级组织，并代之以无政府主义生产者的自由协会。他在劳工交易所找到了理想的工具，因为这些介绍所不仅可以为革命做准备，而且可以为新秩序的形成打下基础。他们将成为“资产阶级国家内部的、名副其实的社会主义国家”的成员。

佩鲁蒂埃对工人阶级运动产生的深远影响表现在三个方面。首先，作为一名无政府主义者，他帮助法国脱离了与资产阶级国家的合作关系，让广大工人对议会制度产生了怀疑，对社会立法感到失望，对阶级和解的想法表示蔑视。其次，作为劳工交易所的组织者，他大大降低了行业间的竞争，从而让工人之间变得更加团结（这一点也是政治家努力的方向），而工会和联盟倾向于保留或加剧工人间的竞争。最后，他通过让劳工交易所为其会员提供即时和实用的服务，在工人中普及了联盟的理念，而不是让介绍所只是简单地成为一个煽动罢工的组织，或充当充满野心的叛国政客的跳板。他起草了一份工作计划，给了各介绍所一个统一的目标，并就如何最好地利用它们微薄的财政资源这一问题提出了详细的建议。他激发了许多介绍所的创立，这些介绍所都以他的工作计划为范本。它给了这些介绍所四个追求的目标：第一，提供互惠互利、失业补贴、意外保险，为那些寻找工作的人提供路费，最重要的是提供就业机会；第二，它们应该为工人提供教育机会，因为只有这样，他们才能适应新的角色，它们应该开设图书馆、社会博物馆、新闻办公室、专业课程及一般教学课程；第三，它们应该在还未发动起来的人群中进行宣传，在农民和水手中传播信息，组织他们的工会和工业工人的工会；第四——他把这个目标放在最后有其特殊意义——它们应该成立一个专门的部门来处理罢工以及对不受欢迎的立法事件的煽动工作。

佩鲁蒂埃，一个知道自己活不了多久的人，几乎以超人的精力全身心地投入秘书的工作。当他再也无法负担印刷期刊的费用时，他就自己把它们打印出来，这些文章大多数也是他自己写的。他给期刊起名为《两个世界的所有者》①（起这个名字只是因为他偶然想起了勒普莱吗）。此刊让佩鲁蒂埃获得了很多尊重，他坚持认为"工人缺少的只是对他们遭受的痛苦本身的认知"。他特别在一系列文章中告知了工人他的这个看法，这些文章后来被集结起来印刷成一本厚厚的名为《工人的生活》的书，书中描述了大量令人沮丧的事实，这使其看起来更加令人沮丧。他付出的精力得到了回报，因为1901年法国有了74家劳工交易所，它们是工人阶级生活中最活跃的部分之一。[68]

然而，在佩鲁蒂埃在世的时候，他的联合会和全国联合会之间还没建立有效的联盟。当然，BDT联合会最初是作为盖得的人所主导的全国工会联盟的对手于1892年成立的。但是，即使盖得的人被大罢工的党派驱逐（在佩鲁蒂埃的鼓动下，白里安成为大罢工的领袖），即使成立了像劳工交易所一样专门从事经济活动的劳工总联合会，佩鲁蒂埃仍然十分珍惜自己的独立性。虽然他谈到了团

① 《两个世界的所有者》是法国文字月刊，创立于1829年，是法国历史最悠久的期刊之一，目前依然在刊印。——译者注

结的必要性，但他不愿意付出任何代价。个人因素在一定程度上促成了这一结果：佩鲁蒂埃鄙视法国总工会的秘书阿布萨隆·拉加尔斯（Absalon Lagailse），后者也的确是个平庸之辈，而且显然是个叛徒（据说他事先向政府透露了大罢工的计划）。佩鲁蒂埃声称总工会的章程实际上引发了团结旗帜下的分裂。总工会承认任何一个工会，无论是地方的、部门的、国家的、工艺的还是工业的，这也就意味着它没有迫使下属工会组织成更大的联盟。他声称，政治在总工会中发挥了太大的作用，而他想要建立的是一个与劳工交易所路线一致的总联盟，在这样的联盟中，不同类型的社会主义活动家将他们的政治分歧放在一边，大家都只专注于工业活动。此外，总工会期待革命能够快速开展，因此忽视了对工人的长期教育。对总工会来说，这仍然是罢工的浪漫时代：任何一个关于罢工的讨论会都是新的太平盛世到来的先兆，都让总工会兴奋不已。而佩鲁蒂埃的观点变得越来越实际。

后来他的幻想破灭了。1900 年，他悲哀地承认，工会中每出现一个无私的激进分子，就相对会有九个利己主义者。他以往所秉持的“教育将带来转变”的乐观态度也发生了变化。在他死之前，他甚至不再相信大罢工。[69] 有人认为，如果他活得更长一些，他可能会效仿他的前同事白里安的做法，变得越来越愿意与政府合作。他早期的想法当然是混乱的，他并不总是能把它们弄清楚。例如，他曾说，普选不能被用来解决社会问题，因为供求规律意味着没有人能在不使另一个人变穷的情况下变得更富有。[70] 后来，在写到部分改革的可能性时，他承认，如果管理国家的人得到了改进，那么国家本身不一定是邪恶的。他欣然接受了政府和市政当局的补助金。他认为合作社没必要自私自利。他放弃了反军事主义，甚至说要打一场防御战。[71] 这些态度上的改变并没有影响他所有的行动，但一些成员确实成了改良派。我们不应该过于简单地将这些劳工交易所都视为同一种类型。佩鲁蒂埃本人也不应被视为唯一的领导人。人们对他了解得更多不过是一件凑巧的事，其实还有很多能力出众的领导人。因为留下的文献资料不足，所以佩鲁蒂埃的重要性往往被夸大了。劳工交易所并不是佩鲁蒂埃创立的，当他加入的时候，已经有 15 家介绍所了；劳工交易所联盟在他之前也已经成立了，里厄·科尔迪耶是第一任秘书。佩鲁蒂埃不是一个孤立的领导者，而是在 19 世纪最后几年涌现的一大批组织者中的一个特例。[72]

虽然这一时期的劳工交易所充满活力，但它们的成就也不应该被夸大。它们的主要吸引力之一——劳务交流——并不十分成功，它们只为少数工人提供了工作，因为雇主们不喜欢与介绍所打交道，这一点并不奇怪。它们反对商业雇用的战役取得了胜利——1904 年 3 月 9 日通过的法律允许市政当局废除商业雇用，但在这之后，市政当局倾向于在市政厅设立自由的职业介绍所。这导致劳工交易所不得不转过头来与市政厅的介绍所抗衡，因为后者成了它们的竞争对手，而且它们担心市政当局会通过法律废除貌似多余的劳工交易所。这些劳工交易所的优势在于，它们拥有一个全国性的机构，因此理论上可以提供有关全国就业情况的信息。然而，在现实中，它们的努力却不幸失败。旅费（失业工人的路费）被用来吸引新员工。例如，昂热劳工交易所给工会会员支付 1.5 法郎，给其他外出找工作的人支付 1.25 法郎，还提供免费食宿的优惠券——但 1896 年只发放了 186 张。一些介绍所，比如南特劳工交易所，晚上不把找工作的工人送到酒店，而是把办公室改造成带吊床的宿舍，然后它们会对这些工人进行长篇大论的政治宣传。但是，随着这些人人都能得到的好处逐渐为人所知，一种新的游手好闲的流浪汉出现了，他们像寄生虫一样利用这些好处周游全国。佩鲁蒂埃为制订一项全国性的福利计划所做的巨大努力（在图书工人中已经有效地实施了）以失败告终，原因有地方的保护主义，也有大型介绍所埋怨小型介绍所无法提供真正的互惠利益的现实。这个问题被研究讨论了很多年。佩鲁蒂埃用于收集失业信息的统计办公室于 1906 年解散了。当他的继任者拒绝说明他们如何使用政府补贴时（事实上是花在了宣传上），政府就停止了对他们的补贴；当介绍所使劳工远离罢工地区时，它就不再是一个公正公平的公共服务机构了。佩鲁蒂埃的失业和事故基金计划仍停留在纸面上。他的那些旨在传播启蒙思想和知识的图书馆令人失望：在迄今为止最大的巴黎劳工交易所，1910 年时仍只有 2 700 册图书，其中许多是小说。职业课程取得了相当大的进展，但规模仍然很小。佩鲁蒂埃对如何争取农民的支持有一些有趣的想法。他说，不应该强迫农民参加工业性质的工会，而应该向他们提供符合他们需求的合作社，合作社由拥有 25 英亩（10 公顷）以下地产的小业主组成。然而，1910 年，法国总工会还是只有 9 320 名农业工人。为水手准备的旅社被证明并不受欢迎，因为崇尚个人主义的水手厌恶城市工人对他们的大肆宣传，这使得他们像讨厌天主教资产阶级的旅社一样讨厌城市工人为他们准备的旅社。只有对码头工人的招募工作取得了进展。因此，总体而言，各介绍所仍处于非常不稳定的状态。尽管佩鲁蒂埃对自己的成功招募感到满意，但他担心，如果政府取消援助，许多新成立的非常脆弱的介绍所肯定会倒闭。他逐渐认为，在现有的劳工交易所变得更强大、更独立，并将其影响力扩散到周围的农村之前，不应该再创建新的劳工交易所。[73]

对公共补贴的依赖不仅将劳工交易所置于脆弱而危险的境地，还在工人内部引发了应该不应该接受补贴、补贴是否为腐败之根源的争论。佩鲁蒂埃去世后，他的继任者伊夫托大大改变了劳工交易所联盟的性质，他越来越多地把劳工交易所用于革命和反军事主义的宣传，与佩鲁蒂埃所赞成的纯粹工人阶级的目的背道而驰。许多介绍所要么失去政府补贴，要么放弃了政府补贴。然而在 1912 年，介绍所仍然从市政当局得到了总额为 369 915 法郎的补贴，从不同部门得到了总额为 52 900 法郎的补贴。[74] 在第一次世界大战前夕，这些介绍所还没有解决它们的财务独立问题，其中有位领导人准确地将这种情形描述为“处于危机之中”。[75]

黄色工会

黄色工会在工人阶级运动中属于右翼，它们的人数在一段时间内可能并不比革命者少多少，尽管它们现在已经被遗忘了。黄色工会得名于它们所采用的徽章——黄色金雀花的颜色。它们的起源可以追溯到天主教教徒主要在巴黎和北部省建立的独立工会。1887 年，耶龙兄弟在巴黎成立了一个车间工人工会，其成员的义务涉及履行宗教义务。但在 1900 年之后，为了增加工会的吸引力，这一要求被取消了。1898 年和 1899 年，图书、金属、建筑、家具和服装行业都成立了类似的工会，它们都提供了大量的互惠、保险和合作社福利。在北部省，天主教工会非常成功，它们组成了一个联合会，甚至出版了一份报纸。这个联合会的所有成员都必须保证在仲裁失败之前决不罢工。

然而，这些工会仍然相对受到限制，因为它们与教会和雇主的联系过于密切：它们最初的成立倡议似乎总是来自上层。其中一些领导人认为，他们应该公开宣称自己是天主教教徒，并公开参与右翼政治，其中德尔古－厄约（Delcourt-Hoeillot）成立了天主教矿工联合会——圣巴布工会联盟。[76] 然而，很少有雇主有这样的煽动性，或足够精明。对大多数雇主来说，成立工会的想法本身太可怕了，这是他们根本不会去设想的。因此，黄色工会运动并没有在这些天主教工会中延续下来，而是由工人们，或者至少是由非雇主身份的男性独立发起的。第一个真正的黄色工会是由 1899 年罢工中的罢工破坏者在勒克鲁佐建立的，它的领导人芒热马坦是一个 28 岁的房屋油漆工。在经历过几次失业后，芒热马坦厌倦了罢工。[77] 他的黄色工会蓬勃发展。在蒙索的采矿业中也形成了类似的工会，其他地区、其他行业也迅速跟进。奥尔良铁路公司的一名雇员拉努瓦尔在巴黎建立了一个独立的劳工交易所，把这些不同的工会联合起来。昂古莱姆地区的拿破仑党造纸商拉罗什－茹贝尔也前来帮助他。巴黎市政委员会中新的民族主义者多数投票赞成给拉努瓦尔的劳工交易所提供补贴，但身为部长的社会党人米勒兰立即取消了这项补贴。尽管如此，共和国时任总统卢贝于1901年在爱丽舍宫接见了拉努瓦尔，并表明会支持他的工作。梅利纳的共和党协会也宣称支持他，但同时也有人指责拉努瓦尔是瓦尔德克－卢梭的工具。似乎有几个政党希望能在1902年选举中得到他的援助并从中获利。拉努瓦尔声称，他的劳工交易所下属的317个工会有20万名会员，不过真实的数字可能是其三分之一。即使如此，这场运动也是一场非常重要的运动。拉努瓦尔有政治计谋，善于沟通的天赋和深沉，以及不动声色的性格，他逐渐在非常有影响力的圈子里赢得了革新者的声誉。

然而，当拉努瓦尔的副手皮埃尔·比耶特里反抗他的权威时，黄色工会内部的不和就像摧毁纸牌屋一样摧毁了整座大厦。比耶特里是一个无可救药的鼓动者，一个精力充沛的演说家，一个能干的群众组织者。他出身卑微，默默无闻，在阿尔及利亚度过了一段充满冒险的青年时期，从事过各种各样的工作（据一些人说，他在服装店卖过手表）。直到他后来参军时，他才学会了读书识字。他在军队里升为下士，但因行为不端而被降级。之后，他做过一段时间的手表制造工，但他在杜省从事各种工作期间，很快就参与了罢工和工会活动。1898年，他组织了一场一万名罢工者向巴黎进军的游行。他是社会主义代表大会的代表，在会上公开宣称反对大罢工。他在拉努瓦尔创办的报纸上发表了一篇文章，这导致他被开除社会党党籍。在为拉努瓦尔工作一段时间并被其开除后，他成立了自己的“黄色联盟”，他的黄色联盟很快就令竞争对手黯然失色。（此后，拉努瓦尔带着一笔退休金到瑞昂莱潘休养，但没人知道这笔钱是谁给的。）1903年1月，比耶特里将其联盟转变成一个政党，并命名为国家社会党——法国人可能会声称他们甚至发明了这个政党名称。这个政党只存在了一年，人们对它知之甚少，但是黄色联盟很快就恢复了。

我们尚不清楚这场黄色工会运动在哪个阶段赢得了雅皮[①]的支持，雅皮在杜省雇用了7 000名制表工人。比耶特里为他工作过，也攻击过他，但后来他们似乎达成了一致。拉努瓦尔曾经非常善于从实业家和政治家那里获得补贴，而比耶特里花了一些时间来学习这门艺术，因此在一段时间里，贫困使他几乎无法举行任何活动。他的总部只有一间单人房，后来又缩小到一间房的一角（而拉努瓦尔的介绍所总共有不下27间办公室）。比耶特里的社会主义信仰也在迅速改变。起初，他只是社会主义者中的一个异教徒。后来他不仅反对罢工，而且反对阶级斗争和没收财产。他鼓吹每个人都需要一份财产。之后，他在雅皮的“利润分享”信条中找到了实现这一目标的方法。造纸商拉罗什-茹贝尔长期以来一直在坚持分享他的利润，他也成为黄色联盟的赞助人。其他6名实业家也加入了这个联盟，促使联盟蓬勃发展。1906年，比耶特里作为工人的候选人和极端革命主义的反对者被选入布雷斯特的议会，他的支持者杜普尔凯也当选了。在此期间，他们声称他们的黄色联盟有40万名成员（这显然言过其实）。

然而，在当选后，比耶特里的处境变得艰难了，因为把政治引入联盟会削弱它，也因为有人对他提出指控，说他的联盟的存在只是为了进一步满足他的政治野心。他试图通过在1908年建立一个独立于工会的“反国家所有权党”来摆脱自己的困境。该政党的目标是通过其成员来夺取权力——它认为这会花上10年的时间——这会促进政党内尽可能多的成员获得财产，同时限制国家权力。因此，比耶特里最终停在了大家本以为他刚刚起步的地方——他变成了财产的捍卫者，但仅限于捍卫小人物的财产。他仍然敌视“投机资本家”和犹太人。当法国西部铁路在1908年被国有化时，他提出西部铁路应该由员工组成的公司运营。他设想了代表工农业的强制性工

① 加斯东·雅皮（Gaston Japy，1854—1936），法国实业家、政治家。——编者注

会和区域议会，以此促进相关法律的诞生。在合作社的问题上，他的联盟内部出现了分歧：一些人支持合作社，另一些人反对合作社，理由是合作社可能会毁掉小商店。比耶特里与社会主义天主教教徒的不同之处在于，他反对慈善，他希望工人们能参与企业的运营；雅皮则宣称自己“不幸”是一个不合格的天主教教徒，不遵循任何教条。黄色工会运动与后来的法西斯主义有一些相似之处，但尽管比耶特里具有突出的品质，他却不具备成为独裁者，甚至政党领袖的素质。他于1910年从政界退休后——退休的原因尚不清楚——去了中南半岛，并于1918年去世。他所代表的现象在“一战”后又重新出现。[78]

要了解工会生活的真实情况，我们不应该只看少数几个大型的全国性工会，它们只是法国工会的一小部分。更加典型的代表是地方省级工会，1912年的法国有5 000多个省级工会。平均而言，这些工会每个都有约100名成员，但有些工会只有8～12名成员。[79]它们分散在法国各地，经常不可避免地处于与世隔绝的状态。如果你不去看巴黎或北部省的工会，而是将目光落到像阿尔代什这样贫穷的省，你就可以从一个完全不同的角度来审视这些小工会。它们更像是俱乐部，而不是有组织运动的一部分。在整个阿尔代什省，唯一可能组织起工会的重要工业城市是阿诺奈，而这个城市的人口只有16 000。老旧的皮革服装和造纸行业是该地居民的主要从业行业，19世纪50年代，只有3家工厂拥有100名以上的工人。因此，该地早期的工会实际上只是兄弟会。1848年，40～50人组成了一个皮革服装工会，但它在1851年解散了。其他几个小团体也短暂地出现了：“美丽的星星和太阳工会”（主席是一位旅馆老板）、“工人工会”（主席是一个商业旅行者），这些名字足以表明它们是传统的、具有互助性质的友好社团。1855年的一场罢工举行时，没有任何工会参与。第一个皮革工人工会成立于1880年，当时只有400名成员，后来迅速增加到1 000人。该工会赢得了许多特许权，但是它的成功主要是因为它的合作社面包店（于1885年成立，到1907年营业额已达10万法郎）和养老金计划。另一个工会“轻革矾鞣①工人工会”，1900年拥有500名会员，到1912年只有350名会员。这更鲜明地揭示了这些省级工会与过去的限制性工会有多么相似：它们专注于保护会员免受竞争对手的伤害，力求限制学徒数量。换句话说，这个城市的皮革工人中只有一小部分工会成员，即使是这些人也不能就成立一个统一的工会达成一致意见。小团体自身会不断增殖。此外，这个地区内还有数量众多的来自各行各业的小工会。这些工会都不隶属于法国总工会。它们当中唯一具有革命性质的工会，不是地方性的或合作社性质的，也根本不是工人阶级的，而是小学教师工会。该地区最大的工会实际上是一个农业工会，它由一位神父创建于1896年。该工会共有1 223名成员，他们每年都要参加一场特殊的弥撒来庆祝圣文森特节，在弥撒上，他们为了军事和农业干杯，聆听一位同时捍卫教会自由和酒类生产商特权的代表就社会和谐问题发表演讲。[80]

个人宣传和宣传者的不同个性解释了工会主义在全法国不同地区的不均衡传播及其不同的政治特征。第二帝国时期的城市利摩日并没有工业化，但它是一个重要的瓷器制造中心，因此有许多收入很高的工匠。1870年（普法战争爆发之前），他们突然组建了一个工会。他们为什么选择这个特殊的时刻来组建工会呢？刺激来自外部：为了履行国际工会的决定，巴黎工会把塞夫尔的两名瓷器工人派往利摩日，他们的公开演讲引发了这场运动。同样，1883年让·阿勒曼所做的演讲，引发了利摩日瓷器工人举行的更具革命性的活动。[81]这次运动向农村的传播，在很大程度上要归功于平版印刷工诺埃尔，

① 轻革矾鞣指通过鞣制使生皮转变为柔款皮革，该技术用于制作手套和鞋子。——译者注

他奔走于一个个村庄之间，建立了一个农业工会。然而，有趣的是，阿勒曼的影响逐渐消失了。爱德华·特雷克是利摩日工会运动的领导人，也是一名瓷器工人，他很快就放弃了阿勒曼的领导，成为一名可能主义者，后来又成为米勒兰主义者。1899 年米勒兰拜访他们时，特雷克宣称："现在你当上了部长，我们就成了自由工人。"特雷克最后得到了部长授予的烟草局局长的职位，作为对他工作表现的奖励。在特雷克的长期领导下，他建立的联盟和劳工交易所明显趋于温和，排斥大罢工。这种温和反映了利摩日瓷器工人的统治地位。在这里，工会运动起源于收入最高的工人，并通过他们对较低地位工人的宣传逐渐传播开来。这场运动中的罢工活动是很有启发意义的：其中很大一部分罢工似乎是针对竞争的——来自机器、女性或学徒的竞争。1895 年，因工人不满工厂日益严格的纪律规定爆发了一场罢工，工人声称他们有想出门就出门的权利。这次罢工是因为工厂不允许他们参加一场激动人心的有关掘尸案的审判。同年，该地区第一个妇女工会——束衣制造工人工会——也举行了罢工，其目的是终止雇主所要求的强制性宗教活动。利摩日工会成为社会主义传播的激进中心，但就像占据城市主导地位的工匠会对源自巴黎的社会主义的本质做出改良一样，周边农村地区特殊的经济特征也对它所接收的信息做了一定程度的修改。对农民选民来说很有吸引力的社会主义代表，坚定地支持私有财产（但反对佃农成为业主）。这些工会中的反军事主义仅仅意味着不应该用军队镇压罢工。[82]

安德烈·利奥奈的案例——该案例在全法国范围内完全不为人知——说明了这场运动在当地的传播方式。一名石切割熟练工人的儿子，13 岁开始就在勒克鲁佐工作，但在工作了 17 年后遭到解雇。解雇原因是他按照一名给予了他很多帮助的医生的请求，以世俗仪式将其下葬。他在被解雇后搬到勒阿弗尔当簿记员，并在那里组织了不下 15 个工会。"我不是资本主义的敌人，"他说，"我是一个相信合作的党派人士，因此，我希望成为一名资本主义者。我也不支持国家对工业事务的干预……我学英语已经 10 年了，我承认，我满脑子都是英式想法，但还不至于想要奴颜婢膝地模仿海峡对岸的朋友……我们要靠自己的力量获得解放，而我们国家 1884 年通过的工会法将成为解放奴隶的工具……两三年后，雇主们将和我们谈判，不会再有罢工了……我们对他们没有敌意。我们希望增加雇主的数量……使资本获得的利润和劳动力获得的利润相等。”[83] 他受到的英国的影响可能并不典型，但与他在勒阿弗尔接触的人有关——那名激进医生对他的影响是相当明显的。利奥奈显然是第一代工会主义者。他的经历提出了一个问题：比起其他国家的工人，法国的工人和雇主及国家之间是否存在，以及在何种程度上存在更难以调和的矛盾。

工人和雇主

1901 年，著名记者朱尔・于雷走访了许多雇主，询问他们对工会、罢工和仲裁的看法。他逐字逐句的采访记录揭示了雇主中存在的令人震惊的保守主义。接受采访的这些雇主虽然样本很小，但同样具有代表性。卡尔莫的玻璃厂负责人雷塞吉耶说：“工人们没有个人想法，没有主动性，他们就像绵羊一样……（他们）需要领导。”工会的形成只是意味着工人们“换了主人”，而且工会领导人一直恐吓他们。他愤怒地表达了对这些领导人和社会主义者的憎恶。他就是一个反对工厂内部关系发生任何改变的典型范例，很多像他一样的人看不到把民主引入政治领域（许多人后悔做了这件事）必然会影响工业和商业世界。泰斯特是里昂雇主工会联盟的副主席，他坚持认为强制仲裁会破坏“秩序和行业繁荣，因为这会破坏雇主的权威”。这种阶级观念同样显示在里尔的一个雇主身上，他拒绝承认工会的合法地位：“在我的工厂里，我告诉我的员工，如果他们有任何抱怨，派两个老员工过来，我会跟他们谈，因为我相信他们是讲道理的。”雇主们拒绝与民选代表谈判让暴力成为工人们唯一的手段。在有关这一时期的罢工文件中，我们可以一次又一次地看到雇主傲慢地无视工会，甚至根本不回复工会成员的信件。“阻碍雇主和工人之间建立和谐关系的主要障碍，”一位非常了解工业世界的作家写道，“通常存在于这样一个事实，那就是雇主有时就像受到伤害的丈夫一样，是最后一个了解工人的愿望及其心中怨怼的程度和强度的，无论这种怨怼是真实的还是想象出来的。”[84] 许多雇主只能从工头那里听说工人的不满，但这些工头绝不是工人的朋友。他们到底该站在劳资调解委员会的哪一边的争议显示了他们模棱两可的立场。许多反对工头行为的罢工表明，激怒工人的往往是工头，而不是雇主。工头因徇私而臭名昭著，他们的妻子大多经营着杂货店或咖啡馆，而且他们更喜欢那些到他们店里消费的工人。可以说，他们的商店代表着雇主之外的另一种赞助制度。

根据里博的说法，在 19 世纪的最后 30 年里，雇主开始改变了。“如今，我们很少见到那些连与自己的工人谈判都不屑的专制雇主了。”[85] 萨翁就是一个新式雇主的例子，这个雇主在马赛雇了几千名码头工人。“不幸的是，雇主独断专行的日子已经过去了。”萨翁说，“最近几年，我们一直在做使自己满意的事情，或者说让自己几乎满意的事情。事情也没有变得更糟。但是，一切都结束了……工人已经睁开了眼睛，或者至少有人承担了让他们睁开眼的责任。工人现在意识到了他们的本质、他们的力量、他们的全能。从现在起，我们必须认真对待这些工人。在很长一段时间内，我们都希望能制服这些反抗我们权威的工会。我们引诱它们的主席，把他们争取到我们这边来。这也结束了，一切都完了。然后我们认为这是政府的错。我们不禁问自己，一个独裁者，一个国王，一个皇帝，一个布朗热主义者，一个强大、坚韧的人，是不是就能很快使这些人恢复理智，使一切旧事物恢复原来的状态。但这是不可能发生的。我们看到，面对工人运动，君主政府比我们现在的政府更害怕……因此，我们要变得明智起来，要懂哲理。当海浪威胁着要淹没我们时，我们不要试图阻止海浪前进，因为那是不可能的。我们得分析它，我们得建造大坝。”[86]

然而，雇主这种来自哲理角度的顺从是罕见的。白里安坚持认为，法国工会永远无法像英国工会一样，因为两国雇主的心态存在根本差异。英国的雇主和工人间只是钱的问题……如果在罢工过程中，雇主发现他的利益受到威胁，他会毫不犹豫地投降。但在法国，工人们不仅要赢得物质利益，还要赢得“工人阶级的自尊、傲慢和属于工人阶级的阶级地位”，因此恐吓和武力是不可避免的。法国雇主通常更多地受到对自己权威的偏见的影响，而不是工业利益的影响：为了维护自己的地位，为了能够说“我想当自己房子的主人”，他们是可以选择牺牲工业利益的。[87]这种对英法雇主的对比的基础或许建立在对英国问题的一种过于简单的看法之上，但白里安的观点也有一定道理。

即使是被称为“法国最自由的雇主”的亨利·雅皮①，即使他让 7 000 名钟表匠参与利润分红和养老金计划，他展现的态度也令工人们难以忍受。他说，工人们不是试图超过他们主人的狡猾的骗子，而是热心和诚实的，“然而，他们是孩子，是只想得到保护的大孩子，只有当他们觉得失去了这种保护或这种保护在试图变成统治时，他们才会想到反抗”。尽管他做了很多慈善事业，但他的目标是保持自己对工人的影响力。他给他们一份利润，不是因为他是社会主义者，而是为了给他们一份资本的乐趣。[88]正如 1874 年巧克力生产商德万克所说的那样，调和阶级矛盾的方法是“教化工人”，给予他们资产阶级的道德标准和雄心抱负。在巴黎第十区出

① 亨利·雅皮（Henri Japy，1848—1936），法国实业家，曾获法国荣誉军团骑士勋章，与加斯东·雅皮同为法国钟表机芯制造商雅皮兄弟公司的继承人。——编者注

生的儿童有46%是非法的。“我们必须重建道德，没有道德就没有秩序。”[89]

虽然许多雇主以前也是工作做得很好的工人，但这一事实改善不了情况。弗雷德里克·莱维在第二帝国时期担任巴黎市市长的12年里，曾试图让工人和雇主组成混合工会，但是后来他承认自己失败了。他说：“曾经是工人的雇主才是最执拗、最顽固的。”[90]刚当上雇主的人当然知道他们和工人之间有裂痕，尽管他们似乎无法解释这一点。1884年，巴黎地毯编织工雇主工会主席抱怨说，当他成为雇主时，他带走了一些以前的同事——“对我来说，他们不是工人，而是朋友”。但是当罢工爆发时，他们也加入了罢工，这让他非常痛苦。[91]一位平版印刷雇主同样宣称，在他的行业中，十分之九的雇主以前都是工人，但是“从你成为一家公司的老板的那一刻起，你就会不顾一切地与工人为敌”。[92]

工人们痛恨被他们的雇主瞧不起，在社会秩序中被人遗弃。然而，他们如果能真的相信老板比自己优秀，那也许还能忍受这一点。事实上很少有雇主能成功地获得他们的尊重。雇主们的平庸和无能如此普遍，工人们有充分的理由鄙视他们。有趣的是，19世纪80年代的工人们在批评资本主义制度时，与其说是在批评资本主义制度，不如说是在批评资本主义领导人没有能力成功地使它运行。工会运动的先驱之一托兰认为，反复发生的经济危机是由雇主的无知造成的。雇主愚蠢地认为调整工资是面对竞争的唯一方法，他们忽视了运输、信贷和销售方法的重要性。“我们的实业家大多是目光短浅的男性，他们认为工作只是一个他们不得不忍受的必要过程，工作一段时间后，他们就可以逃离他们在现实世界的角色，跑到某个遥远的角落惬意地靠积蓄生活——有人通俗地将这种生活称为‘种菜生活’。这些把退休看作黎明到来的实业家，精神处于僵滞状态：他们完全跟不上国内外的形势。只要赚够可以退休的钱，他们就会卖掉自己的公司，甚至如果有需要，他们还会对自己的公司进行清盘处理，然后两手一拍走人。”[93]巴黎出口商会的主席和白手起家的商业巨头雅克·西格弗里德，这两人都承认了以下所描绘事实的真实性：他们一致认为，法国制造商几乎没有试图努力营销过自己的产品，以使其适应世界市场的需求。[94]托兰声称，雇主和雇员之间的敌意正在急剧增加，不仅仅是因为工厂越来越多，也是因为第二帝国时期的雇主普遍开始牟取暴利——投机者弃道义于不顾，以一种愤世嫉俗的方式不择手段地去赚钱。在这种情况下，工人自然感到他们无须承担任何义务。[95]

显然，工人没有从日益繁荣的经济中获得他们应得的利润。1806—1891年，昂赞矿业公司的股票价值增长了23倍；库里耶尔矿业1891年的股票价值是其在1851年时的价值的150多倍；朗斯矿业的股票价值增加了89倍，每年的股息都达到股票原始价格的3倍。在同一时期，矿工的工资只上涨了一点点，大致保持在勉强维持生计的水平，而且每当经济出现问题时，他们的工资会被无情地降低。[96]总的来说，雇主们反对对财富再分配做任何改变。在大多数情况下，他们有组织地反对工会主义的发展。随着时间的推移，一些人开始意识到，这种态度使得法国工会运动对他们的地位构成了不必要的威胁。一名雇主在1907年告诉实业家联盟代表大会：“迄今为止，雇主使出浑身解数阻止通情达理的工人组成工会，结果却是那些不通情达理的人成了工会的领导。”雅皮补充说：“如果雇主不曾无视工会，我们就不会走到今天这个地步。”[97]

工人阶级文化

尽管工会领导人都是很有趣的人物，但他们只是无产阶级中较少的一部分人。他们都是精英，通常拥有高于平均水平的学历和受教育水平；越来越多的领导人本身来自工人家庭，而不是刚进入工业界的新手。跟其他处于同样处境的人相比，他们不具有代表性，因为尽管他们完全有资格向上攀升，但他们并不愿意摆脱工人阶级的身份；他们拒绝独立创业，对升职的期望也很低。[98]很快，这些激进分子就和他们所代表的工人之间爆发了冲突，工会下一阶段的历史在很大程度上由这种冲突主导。

在不断发展的制造业中，有很大一部分工人是农民，而且这些农民在努力提高自己。显然很难发现或概括是什么动机引发这些农民放弃土地去参加工厂的工作的，但根据塔恩省的一位医生的调查，把这些农民渴求的东西从高到低排序的话，依次是更高的工资、更稳定的工作、疾病和意外保险、养老金。[99]这些优势显然是这个时期的农业所不能提供的。长期以来，新加入的农民保留了他们的许多传统观念。例如，在卡尔莫的采矿区，农民经常保留一块土地用来种大量的作物；他们期望能把做矿工赚的工资用于购买自己无法生产的产品，还期待自己能把这些钱存起来用于购买或建造房屋。做矿工并没有缩短他们的工作时间（矿工的工作时间受法律限制），反而使其增长了，因为在他们下矿井工作的前后，他们还要在自己的土地上干大约半天的农活儿。他们和那些没有土地的工人不可避免地发生了摩擦，原因是他们自己种植了大量的粮食，因此可以不那么努力工作。这些农民的彻底无产阶级化是一个缓慢的过程。

在 19 世纪、20 世纪之交的卡尔莫，约 37% 的矿工拥有自己的住房，44% 的矿工拥有土地。他们不是不想住条件更好的房子，但他们宁愿住在自己拥有的条件较差的棚屋里，也不愿住在雇主建造的新型住宅区里。1866 年，卡尔莫矿业公司给工人建了 91 栋平房（每栋平房包括两个房间和一间户外厕所），但只有 20 栋投入使用了，因为工人讨厌雇主从工资里扣房租，讨厌不得不为他们在生活中对房屋的破坏而支付赔偿。总的来说，他们讨厌公司干涉他们的私生活。在这个阶段，很多工人都搬出去自己住了。在加来海峡省，最大的 6 家矿业公司成功地让 51% 的员工搬进公司宿舍，北部省的一些公司则让高达85%的员工搬进了公司建造的宿舍。然而，农民工甚至拒绝雇主主动提供给他们的贷款，宁肯私下借高利贷。农民买房的定金是以很传统的方式积累起来的——他们未婚妻的嫁妆或他们自己得到的遗产往往是其主要来源。尽管他们能支配的钱很少，但他们还是赢得了小业主的身份。即使只能买半套房子或一间屋子来满足自己，但对他们来说，一小块菜地和一个猪圈也是少不了的。20世纪50年代进行的一项社会学研究表明，跟城市出身的非技术工人相比，这些农民出身的工人对自己出人头地的可能性乐观得多。相比之下，他们的家庭规模更小，他们也很少抱怨工厂的工作条件——他们只把工厂当作一个歇脚的地方。他们的受教育水平普遍低于工厂里的其他工人，但也许是因为他们对这个世界更加无知，所以他们对获得更好的工作才抱有更高的希望，至少他们对自己孩子的期望是很高的。他们一般都不想长期做工厂工人。他们不像其他工人一样经常谈论政治，他们不认为社会是阶级对立的。正如他们所相信的那样，他们自己逃离土地的事实表明，个人的努力能够克服社会障碍。[100] 这些农民的不断涌入经常会冲淡革命者的战斗性。

然而，进入工厂也给农民带来了严重的新问题。稳定的就业还远远得不到保证：他们现在成了经济危机的牺牲品，这是他们无法预测的，他们能预测的只有季节的变幻。罗朗德·特朗佩①同时查阅了大量的工人、雇主和公共档案，对卡尔莫矿山的具体情况做出了精确的说明。公司在卖不出去煤时，常常会解雇工人，例如，1886年工人被解雇的时间长达56天。公司还时不时地停止招工，害怕被解雇的恐惧笼罩着全城。工人们感到自己是某种无名力量的受害者，新的暴政也使他们感到厌烦。当初他们刚进入矿井工作时，他们如果还在种地，一般不会一周工作6天。那时工人旷工的规模非常之大——有时高达50%，以至于如果有人每月工作23天，他就

① 罗朗德·特朗佩（Rolande Trempé，1916—2016），法国历史学家。——编者注

会得到奖励，但这是一项罕见的功绩。星期一是从周末的闲散状态中调整过来的日子，集市和节日又被他们当作放下劳动工具的借口。公司做出的主要努力之一是向这些人灌输纪律意识，不守规矩的工人损失了很多钱。到 1914 年，旷工率已降至 4%。公司使用了罚款、解雇、威胁等手段，但最终的最佳解决方案是公司发展出了新的工资支付方式。这也是冲突的另一个主要来源。卡尔莫公司得以幸存，是因为它严格奉行了降低成本、提高生产率的政策。这在一定程度上是通过技术改进实现的，但也是通过逼迫工人更加努力工作实现的。工会日益高涨的躁动情绪是对这种紧张压力的一种明确回应。到 1890 年，该公司的大多数工人受其控制，因为那时大多数工人都是无产阶级，他们靠工资吃饭，公司把自己的优势发挥到了极致。雇主和工人从未了解过彼此的工作。工人们既不懂经济学，也不了解全国市场的趋势，所以他们把所有的失败都归咎于公司，把公司在经济上做的每一次努力都解释为一种恶意行为，或者是为了报复工人罢工胜利的尝试性行动。梅尔海姆是第一个真正研究公司金融状况的工会成员之一，但那是在 1910 年之后了。[101] 矿业公司关心的是生产成本问题，但忽视了生活成本问题，而后者恰恰是工会所担心的。工资涨了，但物价上涨得更多，工人的期望和需求也随之增大。零售商在工人面前大肆炫耀诱人的新食品，工人很快落入圈套——他们发现自己离不开这些美味了，所以他们在零售商那里赊的账越来越多。19 世纪 90 年代，工人开始抱怨食物的成本太高，还抱怨“又出现了许多生存必需的东西”。他们对衣服尤其感兴趣。公司董事们无法理解工人需求的这一变化，谴责他们的需求仅仅是“借口”，并认为他们理应节俭。不可避免地，工人和雇主之间越来越敌对，他们就工资支付的细节展开无休止的争吵。由于工作任务的繁复多变，每一项工作支付工资的方式都不相同，而每一项工作的失业率也不同，所以工人之间也存在持续的对抗。但 19 世纪 90 年代，工人的这些矛盾似乎被团结意识冲淡了。工会终于能够把工人们团结在一起了。这场斗争显现了鲜明的政治特点，整个资本主义制度都被质疑。但后来，工会内部的分裂大大降低了其声望。仇恨使工人们对成为权贵的领导人产生了极大的嫉妒和不信任，雇主对罢工的强烈抵制使得许多工人小心翼翼地走上弃权的道路。罢工运动的重复失败，加上公司对劳动力需求的减少，甚至让工会也变得更加谨慎。工会运动就此陷入了停顿——它和它的追随者之间的关系与它和雇主之间的关系一样困难重重。[102] 为了摆脱僵局，工会开始与国家合作。就像共和党人最终与国家达成了协议一样，许多工会最终成为工人和国家之间沟通的渠道，而不是工人的代表。1914 年之后工会运动的历史在很大程度上就是工会与国家合作的历史。

工会领导人相差不大的行动计划并不能准确反映该阶层所有人的态度。阿兰·图海纳①的作品展示了与其他阶层的关系更密切的巴黎工人们看待世界的独特方式：他们更渴望让孩子们追求学业，对他们也抱有更高的期待。巴黎工人的乐观态度基于他们的工资高于其他地区工人的这一事实，但他们对自己所属的阶层也持有更开阔的观点，他们的判断更多基于政治性，而不是职业性。他们的处境与纯粹工业城镇的工人形成了鲜明的对比，也与由国家官僚机构控制的中等城镇的工人形成了鲜明的对比，在这些中等城镇，工人们渴望自己的孩子成为公务员的程度是巴黎工人的 3 倍。这些地区差异——每一项地区性的研究都强调了这一点——又要根据重要的职业差异进行细分。因此，天然气工人认为他们的晋升机会是矿工的两倍，他们的态度也更加高傲自大。建筑工人阶级意识很淡薄，往往以独立自主为目标。金属工人是工会主义者中最好斗的群体之一，他们在自己瞬息万变的行业中尤其缺乏安全感，所以他们一直

① 阿兰·图海纳（Alain Touraine），法国社会学家，提出了“后工业社会”和“行动社会学”的概念。——编者注

坚定地忠于工人阶级，捍卫它，而不是试图逃离它。但即使在金属工人的队伍中，不同类型的工厂的工人及从事不同具体专业的工人之间也存在巨大差异。所以针对图海纳提出的问题——是否有人的利益和大众的利益绝对冲突，雇用了超过500名金属工人的工厂中有44%～47%的人回答说“资本家是大众的敌人”，但是在只雇用了10～50人的小工厂中，只有12%～15%的人是这样回答的。合格工人、半熟练工人和非熟练工人之间也有很大差别。合格工人强调职业发展和经济利益是他们的主要抱负，但半熟练工人对自己的机会不那么乐观，他们觉得如果自己的孩子还能做工人，他们就满足了。然而，由于他们是工人阶级中的坚定分子，他们往往更有决心将工人阶级作为一个整体来捍卫。工人在就业方面的不安感也存在巨大差异。在一些行业和级别中，怀有不安感的人占60%，而在另一些行业，这一比例则低至6%。[103] 20世纪50年代雄巴尔·德洛韦[①]对工薪阶层家庭的调查报告显示，劳动力的流动性很高——不过这需要更多历史证据证明。在他采集的样本中，有24%的人更换了11个或11个以上的工作地点，42%的人更换了4个或4个以上的行业。73%的非熟练工人、78%的熟练工人和59%的合格工人表示愿意更换行业。这种流动性是工人们对单调的、不安全的和具有压迫性的工作环境的回应，但它与工会组织的严密性不能相容。1954年对未满周岁婴儿的死亡率的调查统计，使不同等级的工人之间的差别再一次令人震惊地显现：非熟练工人家庭的婴儿死亡率为61.7‰，普通工人家庭的婴儿死亡率为51.9‰，合格工人家庭的婴儿死亡率为42.5‰，店主家庭的婴儿死亡率为34.5‰，工匠师傅家庭的婴儿死亡率为32.4‰，文员家庭的婴儿死亡率为30.5‰，工业雇主家庭的婴儿死亡率为23.9‰，自由职业家庭的婴儿死亡率为19‰。[104]

---

① 雄巴尔·德洛韦（Chombart de Lauwe，1913—1998），法国都市社会学家。——编者注

工人之间的差异在他们的娱乐活动中得到了最大程度的体现。在圣艾蒂安，矿工们倾向于参加体育俱乐部；武器制造工人则成立了步枪俱乐部；店主和工匠们热衷于猎鸽，而养鸽是矿工们的一项特殊专长。然而，武器制造工人有两种，这取决于他们是为国家工作，还是在小型工匠作坊工作：后者强烈反对教权主义，也痛恨任何工会。[105] 甚至连喝酒这项许多工人的主要消遣也各有各的特点。19 世纪，卡巴莱夜总会[①]的数目大量增加，资产阶级谴责它们是放荡生活和秘密活动的窝点，但工人们却认为那里是温暖、舒适的社交场所，同时，它们也是工人俱乐部成员的聚会场所。1856—1858 年，里尔的夜总会数量从 909 增加到了 1 303。第三共和国初期，在圣艾蒂安（这里的夜总会数量仅次于巴黎），每 62 个居民就能共享一家夜总会，这意味着每 15 个选民或每 3 个家庭就能共享一家夜总会。这些夜总会可能增进了邻里之间的关系，是一个重要的社交因素。里尔的情况说明了这种党派意识的盛行。据说在第二帝国统治下的里尔，那些在非社团固定聚会场所的夜总会喝了半升以上啤酒的成员，都被友好社团开除了。在法兰西第二帝国时期，里尔有 63 家歌舞俱乐部，37 家棋牌俱乐部，23 家保龄球俱乐部，13 家九柱戏俱乐部，10 家箭术俱乐部及 18 家十字弓射箭俱乐部。这些俱乐部有自己的主席、主管、会计和裁判；他们举办热闹的宴会，庆祝节日，有时甚至要花光成员的积蓄。所以当时的工人们都过着非常忙碌的生活，离工会生活很遥远。[106]

工人认为，没有必要为了解决个人困难就向工会寻求帮助。工厂工人并不常回家吃午饭，这是他们与其他人最明显的区别之一。他们和家人待在一起的时间很少——因为他们的工作时间很长——远远少于一般情况下资产阶级和家人待在一起的时间，这使得资产阶级对他们不实践家庭观念的抱怨显得相当伪善。工人的住房条件

① 卡巴莱夜总会是一种供应食物、饮料，并经常有歌舞表演的餐厅。——译者注

总是非常糟糕，家里除了吃饭和睡觉的地方，几乎没有多余的空间。里尔的人口过度密集是出了名的。比如在1864年，里尔有一栋廉价公寓，里面住着271人，人均居住面积仅为1.7平方米。20世纪50年代，巴黎非熟练工人的人均居住面积为7平方米，而合格工人的人均居住面积则为11平方米。这并不意味着情况在逐渐好转。新郊区的情况有时和之前的贫民窟一样糟糕。1924年进行的一项对工人休闲活动的调查显示，工人们的行为模式往往不会因环境的变化而改变。于是，每天工作10个小时的工人几乎不会再去做其他事情；那些工作时间减少到8个小时的工人往往会干一些兼职，这使他们的总工作时间增加到了12个小时。更多的闲暇引发了人们对旧的生活方式的向往。在圣艾蒂安，八小时工作制使得人们对菜园的需求增加了10倍。摩泽尔省的矿工的生活几乎没有改变——他们每天凌晨4点起床，早上6点上班，下午2点下班，3点半到家，4点吃饭，傍晚6点上床睡觉。20世纪最大的变化便是不规律的上班模式的终结：雇主不再容忍工人在周一和周二的懒散无为。[107] 白手起家的德尼·普洛① 据其个人经验写道，1870年，一个一年工作300天的好工人非常罕见；普通工人通常只工作200～225天，并且一年换3～5份工作。[108] 一位在法国工作了23年的英国机械师亨利·斯蒂尔在1904年写道，法国工厂的纪律没有英国严格，工人享有更多的自由，而工头和师傅也会给予他们更多的尊重。有迹象表明，在20世纪，特别是在某些新兴和现代化的行业中，雇主对上班的要求变得严格起来，自由松散的状态不再被宽容。人们需要一段时间来接受这种转变。斯蒂尔指出，英国工人总是在公共假期花费巨资去游玩，而法国工人则倾向于在不花钱的情况下尽可能享受生活。这一点可能在更晚的时候——直到1936年以后才发生了改变。[109]

---

① 德尼·普洛（Denis Poulot，1832—1905），法国企业家。——编者注

关于工人们的发展潜力，我们能从一位名为乔治·纳韦尔的工人的自传中看到。乔治是家里的第 13 个孩子，他的父亲在蓬塔穆松的一家工厂做了 40 年的工人。这位父亲对他的工作、他的孩子们，甚至是法兰西共和国都感到失望，他对一切都放弃了希望。谈到工会，他曾说“瓦锅是永远斗不过铁锅的”，而唯一能安慰他的就是喝酒。乔治的长兄也在同一家工厂里度过了他的一生，但他更容易地接受了自己的工作，因为他在自己的爱好、种菜和幸福的家庭生活中找到了满足感。然而，乔治自己从小就是一个叛逆的人。他在学校什么也没学到，常因犯错而被赶出教室。他无法忍受在工厂工作，于是到法国各地去做各种各样的工作。他痛恨自己的工薪阶层身份，认为这个身份是古代奴隶制度的残余，完全没有尊严。他感觉自己所在的阶层跟牲畜没有什么两样——在贫民窟里生活，被人瞧不起。如果没有对革命或社会进步的信念，这种生活是不可忍受的。他说，政治活动是治愈“工人的痛苦”的唯一方法。所以这个家庭呈现了三种截然不同的态度。这三种态度都体现了无产阶级被孤立的问题。乔治说，关于资产阶级的生活，作为一个年轻人，他唯一所知道的是他在电影院看到的，对他来说，他们是“一个比我们更优秀的种族，他们的谈吐和穿着都比我们好，他们在学校受教育，学了很多知识”。[110] 甚至他对资产阶级的态度也不是单纯的敌意，还流露些许钦佩或嫉妒的意味。

这一点在勒内·凯斯① 于 20 世纪 60 年代对工人的采访中更为明显。只有 21% 的受访者认为工人应该拥有自己的文化。70% 的人对此持反对意见，因为在他们的定义里，交流就是文化。他们感到悲哀的只是他们被孤立了。他们钦佩自由职业者的原因是这些人能够遇到许多不同类型的人，与所有人都相处得很轻松，能随意安排自

① 勒内·凯斯（René Kaës），里昂第二大学心理学家和精神分析学家，他对团体的精神分析十分感兴趣。——译者注

己的工作。只有最优秀的工人才会梦想自己的孩子能达到这样的地位。没有受过教育的工人对旅行推销员、店员和政府雇员的钦佩，也是出于同一种原因——这些人走南闯北，见多识广，会读书写字，并且可以与公众打交道。他们愿意通过教育摆脱被孤立的状态，获得尊严。他们并不排斥资产阶级的文化，甚至不排斥资产阶级学习拉丁语。这些工人中只有 37% 的人赞成纯粹的技术教育，6% 的人赞成传统的古典教育，50% 的人支持两者的结合。一位木匠将“文化”定义为耻辱的反义词，而耻辱经常和无知联系在一起。当时的小学教师很受人尊敬。因此，法兰西第三共和国的教育工作受到赞赏，它所代表的价值观至少有一部分为工人所接受。工人们认为只有在学校才能获得教育，只有 10.5% 的人对学校表示不满意，而大多数人对他们没有接受更多的教育感到遗憾。他们想要的不仅仅是知识，更重要的是“在社会中生活的能力”——知道如何在与自己出身背景不同的圈子里言行得体，并与人自如相处。一个工人究竟有多大的概率能实现这一理想？这个问题引起了颇大的分歧：39% 的人认为这是可能的，31% 的人认为这不可能，而 17% 的人则认为这是有可能的，但非常难以实现。[111] 这就是一个处于繁荣鼎盛时期的工人对其国家的看法，而且这个国家还是个福利国家。我们不可能根据这些数字去反驳什么，甚至据此去猜测当时人们各种观点的比例也是不可能的。但无论如何，关于社会流动性的进一步研究可能会揭示人们的现实如何与理想接轨。

1914 年以后

1914 年是工会运动历史上的一个重要年份。法国总工会曾多次重申，如果法国宣战，那么它将举行一场不啻革命规模的大罢工，但它并没有这样做。1909—1947 年担任法国总工会总书记的儒奥①的态度发生了180度大转变，转而支持战争。[112]总工会原本进行的反军事主义的宣传突然被爱国主义宣传取代。长期以来，这个转变一直被大众视为一个难解之谜。对面临内战威胁的资产阶级来说，这一转变意味着奇迹般的脱险。大罢工的传说破灭了；革命工团主义作为一种威胁，其终结必须被严肃对待。工会领导人这样解释了他们的这一转变：他们说如果他们不支持战争，他们的成员就会把他们当作叛徒枪毙；他们声称自己是被迫从幕后走到台前的，但这一说法的证据相当薄弱。这一情节也揭示了领导与群众的关系何其重要。儒奥似乎是在本能地行事，他没有咨询他的同事。而且据说他的主要动机是防止工人阶级遭受暴力镇压——如果工人阶级反抗，暴力镇压就会发生。所以与其说这个转变是工团主义的崩溃，不如说这揭示了工团主义的真实面貌。极端主义往往是表面的，并且是不一致的。儒奥可能试图表达的是工人们对融入这个国家的更深层次的渴望，但法国总工会一直试图在工人阶层和法国其他阶层之间建立一道屏障。1914年的情况表明，这只是一道有损自尊而不是让彼此疏远的屏障。我们很难了解当时群众的态度。近年来一项对金属工人的研究表明，他们对工人参与的这场战争从来没有任何热情；他们认为这个爱国的“神圣同盟”只是他们领导人的工作成果。他们对此态度冷漠，无动于衷：既不融合，也不疏远。他们能清醒意识到的只有警察的存在，以及他们如果在工厂里行为不端，就会被派到前线的这一威胁。他们觉得工会领导人与政府已经达成了协议，而他们对此的回答是，推翻这些领导，寻找更接近他们出身的新领导人。他们的自主性并没有发生根本性的改变。有些人认为工人阶级融入这个国家是1914年标志性的意义之一，但这一点却从未得到证实。[113]

1914年标志着工会地位的变化，而不是工人地位的变化。1914

① 莱昂·儒奥（Léon Jouhaux，1879—1954），法国工会领袖，曾获1951年诺贝尔和平奖。——译者注

年后，工会几乎从国家的反对者变成了国家体制的一部分。战争期间，法国总工会的领导人在政府委员会任职，并与各阶层的成员合作。[114] 在贸易纠纷中，他们呼吁政府给予支持和干预。战争结束后的 1919 年，他们通过谈判争取到了八小时工作制相关法律的通过。[115] 但这基本上只是一项原则，需要各部门在各个行业严格执行，因此需要进一步的谈判。（到 1926 年，很可能有大约 500 万名工人受到八小时工作制的影响，尽管各种各样的工作时减免减少了该影响力。）战前，工会蓄意破坏了 1910 年的保险法，但在 1928 年，工会又与政府合作促成了新的保险法。工会的态度发生了变化——它们试图击败雇主，因为雇主在政府的帮助下建立了更体贴的家长式的保险计划，从而吸引了很多工人离开工会。1928 年通过的保险法规定工人和雇主需要各自缴纳 5% 的工资，并且强制要求所有年收入不到 1.8 万法郎的工人购买，政府在 30 年后会给他们发放 40% 的养老金。参议院之所以一开始不同意这一计划，是因为它涉及发放国家补贴——立法不需要政府付出任何代价，但政府却成了工人和雇主的中间人。法律要求工会合作起来成立保险基金，因此工会花了大量时间来成立这些基金；它们越来越经常地在政府部门与雇主见面，还加入了越来越多的官方机构，其中最著名的是 1924 年的国家经济委员会；它们开始坦然接受政府为失业基金提供的补贴，劳工交易所也变成了由国家资助的就业交易所。总工会甚至支持 1925 年颁布的一项要求政府强制介入所有劳资纠纷的法案。总工会现在很少组织罢工，主要是为了让国家注意到它希望解决问题，而不是打败雇主。这就是所谓的“政治性存在”，也就是说，法国总工会在拒绝实际参与政府工作的同时，在每一次关于工人阶级的讨论中都占有一席之地。换句话说，工会越来越多地将自己的角色视为游说者和与政府讨价还价的角色之一。[116]

这种关系在 1936 年达到顶峰，当时政府对雇主强制施行了马提尼翁协议。根据这项协议，雇主被迫承认工会的地位，并在国家的监督下与工会进行集体谈判。工会虽然只代表少数人，但由于得到政府的支持，已成为全体劳工的代表。劳动部进一步下令规定，通常情况下，法国总工会应被视为“最具代表性的工会”，雇主应与工会就集体协议进行谈判。集体谈判是根据1919年通过的一项法律组织起来的，但到1933年，只有7.5%的工薪阶层，主要是采矿业和运输业的工人受到其影响；在金属行业，只有1.4%的工人受到影响。雇主的抵制和他们对工会拒不承认的态度，使得法国在集体谈判事宜上远远落后于邻国。1936年，这一切都发生了变化。新秩序最显著的特点之一是在工会和雇主未能达成一致意见的情况下，如果出现关于集体协议的纠纷，这一僵局将由政府仲裁解决。结果就是，在接下来的几年里，只有4%的纠纷不是由政府仲裁解决的。因此，劳资关系和罢工越来越多地取决于政府裁决和公众舆论，而不是对立方的态度。社会矛盾解决的战略也因此发生了根本性的变化。法国总工会从未正视这一问题，也从未真正讨论由此产生的新问题。总工会于1918年制定的“最低纲领”只谈到了关键行业的国有化，以及工人在经济决策中的更多主导权。总工会1934年的计划表明，尽管总工会倾向于工人代表的国家经济计划，但它并没有立即废除私营企业的打算。因此，1944—1945年，是国家，而不是工会，接手了削弱雇主力量的战役，成为雇主们面临的主要挑战。[117]

工会的特殊组成方式可以部分地解释这种发展趋势。工会在从私营企业招兵买马方面收效甚微，反而成为国家工人和公务员的代表。在两次世界大战之间的大部分时间里，全法国只有大约100万名工会成员。但工会成员的人数在群情振奋的两段动荡期急剧上升：1918—1919年，这一数字几乎翻了一番；1936年，这一数字飙升至500多万。然而，在纺织、金属和建筑行业，1930年的工会成员比1914年少。工会成员的持续大幅增长出现在公共部门，或部分由国家控制的相关行业，如采矿业、运输业和码头业。国家鼓励这种持续增长，因为政府把这些行业的工会组成了混合委员会。1930年的数据显示，公务员部门的工会化比例高达90%，矿业部门工会化的比例为75%，半公共部门工会化的比例为60%，但其他行业（除了印刷行业）的工会化比例低于20%。这些数字都太大了，但它们之间的差异应该是正确的。近年来的一位作家给出了私营企业工人工会化的百分比数据——6.3%。[118] 无论如何，1935 年法国总工会的77.5 万名成员中，有35 万人是公务员或公职人员，16.5 万人是铁路工人（他们的工作条件受到特别法规的约束）。[119]

在人们蜂拥加入工会的危机时期，旧有的领导层无法应对他们。总的来说，新成员代表了一种不同类型的工人，他们通常是处于合理化进程的行业中的半熟练工人，来自新型农民家庭，不受传统的束缚。1936 年，有106.3 万名工业工人在雇员超过500 人的公司工作，另有139.3 万名工人在雇员为100～500 人的公司工作。大规模生产使这些工人的人数不断增加，但对他们的培训在一周内就能结束，不再像过去实行学徒制时那样漫长。这样就在工厂里创造了一种新的氛围：这些新员工的罢工几乎完全绕过了正规的工会。因此，在1919 年5 月，法国总工会组织了一次示威活动，这标志着它在战后又回到了动荡不安的状态。随后，法国各地发生了一系列罢工，这意味着对资本主义制度的一次大规模冲击。但事实上，不同的罢工之间几乎没有什么联系，因为这些罢工的目的只局限于在地方赢得让步。1920 年，成立了当时全法国最大的工会——铁路工人工会；同年，该工会举行罢工，并要求总工会也宣布举行大罢工以表示对它的支持。但这场罢工的结果是灾难性的：只有大约40% 的铁路工人参加了罢工。来自国家和中产阶级的强烈抵制避免了可能导致的经济混乱。法国总工会谨慎采取的连续罢工政策被证明完全没有效果。一个由蒙穆索① 领导的极端主义少数派占领了铁路工人工会，并

① 加斯东·蒙穆索（Gaston Monmousseau，1883—1960），法国铁路工人、工会领袖、政治家和作家。——编者注

胁迫法国总工会的领导人，因此，内部分歧导致该运动陷入瘫痪。12% 的铁路罢工工人被解雇（约有 1.8 万名工人被解雇，占铁路工人总数的 5%）。雇主们取得了全面胜利。深刻的挫败感立刻使工会成员减少了一半。事实证明，法国总工会没有能力领导工人阶级——很多重要的罢工在未经工会同意的情况下爆发；在一些独立的联合会中，地方工会也同样蔑视它们的领导人。这在金属工人当中尤其明显：他们不承认工会与雇主就八小时工作制达成的协议，并且拒绝接受当地的工会。[120]

1921 年，当无政府主义者和共产主义者脱离总工会，建立了总工会的竞争对手——全国劳工联合会时，工会运动的声誉进一步受损。俄国革命对法国工人阶级产生了极其重要的影响，这种影响和共产党在法国的崛起，都是需要单独讨论的主题。[121] 但是单从工会的角度来看，分裂的结果不仅是工会的力量被严重削弱（工会成员减少到 25 万名，而分离主义者有 50 万名），而且是新成立的全国劳工联合会创造了一种新型的工会。1924 年，法国共产党获取了全国劳工联合会的领导权，并遣散了大多数无政府主义的工会成员，这使得工会成员的人数减少到 23 万（1935 年工会宣布的成员总数）。① 他们由此建立了一个全能的、永久性的、接受共产党命令的领导机构。他们成立了一个管理工会的官僚机构，坚决反对轮流领导的无政府主义传统。全国劳工联合会因此成为保障和安全的源泉，而不是自由讨论的场所。共产主义者的观点是，工会只是组织工人的一种方式，真正重要的是党员的身份，因为工人自己无法获得革命意识。遵守工厂纪律是工会组织的要旨。1936 年，全国劳工联合会重新加入法国总工会。到 1938 年，共产党员在改组后的总工会中占了多数，工人在工会中的地位现在大不相同了。[122]

① 因为工会成员的团结一致，当时的法国总工会人数是全国劳工联合会人数的三倍。

1936年，当工人经历了堪称他们人生中最感人、最重要的事件时，这一转变最终完成了。[①] 变化是显著的，也是自相矛盾的。人民阵线政府能够利用各种资源迫使雇主与总工会和其他工会进行谈判。然而，尽管人民阵线的地位得到了这样的提高，尽管他们的人数以前所未有的方式增加，但他们并没有成功地成为工人意志的真正代表。工会成员人数在短短一年里增加了五倍，这完全改变了工会的性质。在化工行业，工会化程度提高了6倍，在玻璃行业提高了23倍，在金属行业提高了18倍（相比之下，公务员和教师队伍——20世纪20年代总工会的支柱——的人数增长才不到50%）。至少以法国的标准来看，那时终于出现了某种接近大规模工会化的东西，因为工会化整体水平仅略高于50%。但这同时意味着，工会中充斥着没有组织经验的半熟练工人，而领导层对他们束手无策，据说工会组织者把所有的时间都花在了收取会费上。这也是共产党能够大显身手的时机，他们设立了一个管理机构来引导这些人提高政治觉悟。1936年后，加入工会不再是一种反叛行为，倒是那些没有加入工会的工人更引人注意。加入共产党成了一种比加入工会重要得多的政治姿态。

1936年，有着改革传统的法国总工会急于维持秩序，进行和平谈判。其四分之三的成员都没有参加那一年的罢工。罢工是那些没有组织、独立行动的工人自行发起的。罢工中的占领工厂行动已经成为革命史上的一个传奇，而说该行动是革命性的，是因为有一段时间工人们觉得自己就要从工作的纪律约束中解放出来了——他们迫使雇主们屈服于他们，他们之间的关系似乎发生了翻天覆地的变化。但值得注意的是，这些罢工只是工人以他们自己的方式组织起来的，占领工厂成为罢工中的新式武器，它在没有任何中央或工会

① 1936年5月3日，法国人民阵线在议会选举中获胜，组成了以社会党莱昂·布鲁姆为总理，有激进社会党人、共和社会党人参加的人民阵线政府。——译者注

的命令下通过自发的模仿而传播。工人们认为他们的行动表明了依靠工会甚至政府都是没有用的，他们要把主动权掌握在自己手中。因此，他们单方面与各自的雇主谈判并且只争取自己工厂的利益。这些占领运动在当年6月中旬达到顶峰，涉及约100万名工人，最终以不同的方式在各个罢工地结束。几乎没有人设想过破坏资本主义制度：罢工形式有静坐、占领，但没有接管。罢工过程中出现过危险信号，但是公共服务没有受到影响，也没有把资产阶级当作一个敌对阶级的反抗活动。工会成员的确增加了，但在罢工过程中，工人们拒绝听从工会的领导。当需要外界的帮助时，他们会找当地的副市长、市长或市议员。位于拉库尔纳夫的亨特利－帕尔梅饼干工厂的一名主管曾被他的工人监禁——不过这种现象并不像人们认为的那样普遍。[123]

1936年后，工会更多地与雇主们打交道，但从工人的角度来看，这几乎是多余的，因为在纠纷中做出裁决的是政府。许多人认为工会领导人已经取代了政治家的角色——他们成了追随者的主人，而不是仆人。到1946年，法国总工会的确有5 000～6 000名常任官员。法国共产党以一种新的方式所提供的政治活动当时被认为是至关重要的了。但是，对第二次世界大战之前工会的重要性进行过多概括是不理智的，因为在不同的地区，工会的意义明显不同。北部和东北部组织良好、以大型工厂为基地的群众工会显然与以车间为基地的中部和西部的工会不同：中部和西部工会有更多的个人主义激进分子，组织更松散，更忠诚于19世纪的革命传统。在南方，政治因素和情绪因素在工会中占主导地位，工会党组织以个人而不是以党为单位。在巴黎、里昂和马赛这些大城市，阶级混杂程度很高，这意味着工人们的怨恨不像在其他地方那么突出。

因此，在1848—1945年这一时期结束时，我们不可能简单地得出工人们阶级意识觉醒的结论。在某种程度上，工人们似乎被分隔成了一个对整个资本主义秩序怀有敌意的独立政党，但既然他们能够参与政治，这也就标志着他们从这个秩序中获得了认可。在文化层面上，他们的立场是模糊的，但远非资产阶级文化的坚决对立面。在1936年的危机中，他们迫使他们的领导人团结起来，但这种团结是脆弱的。此外，许多工人完全不参与工会运动，一小部分人——这一小部分人很快变得越来越多——加入了基督教工会组织。无产阶级的传统和他们所承受的压力，使得他们的行为难以预测。[124]

第二部分

第十一章

婚姻与道德

这一时期的法国家庭，和任何政治制度或经济力量一样，对人民的生活产生着深刻的影响。家庭是一种强有力的制度，在抵抗变革上具有强大的生命力，它是旧制度时期的行政集权在私人生活中的映射。旧制度时期的行政集权尽管饱受攻击，仍然一直存续到20世纪中叶。家庭制度本应该得到和政权更迭与工业革命一样的重视，但是，要查明家庭制度的真相，却面临着诸多困难——其中很多是不能克服的，因此家庭制度从未受到这种重视。当然，家庭的活动极少被记录下来，而关于它的研究也仍然非常有限。家庭常常被简单地描述为资产阶级最尊崇的价值观之一。没错，1940年，维希政府将"家庭"确立为新的法国信条之一，与"劳动"和"祖国"并列。或许直到1968年的学生革命，家庭所遭遇的真正威胁才引起了广泛的注意，而家庭内部隐藏的矛盾也才显露。家庭的理想和挫折不止与个人利益息息相关。但是，历史学家也不能轻易确定家庭是从什么时候开始如此发展的。除开渐进的演化不谈，历史学家注意到了偶然的个人影响——有的人选择反抗自己的成长环境，而有的人则延续传统；不同阶级、行业、地区的人都各有自己的习俗。国内关系史与国际关系史截然不同，而对它们的所有叙述都必然是暂时的、不完整的。

1883 年出版的一部作品把当时的婚姻描述为三种类型：第一种是为了方便的婚姻，第二种是源于同情或爱情的婚姻，第三种则是出于责任的婚姻。[1] 那么，我们能不能调查出三种婚姻的比例和该比例在这一百年中的变化情况呢？在 1947 年的民意调查中，男性和女性的想法基本一致，71% 的男性和 78% 的女性认为源于爱情的婚姻是最理想的。但这并不代表着浪漫理想的胜利。即使是 19 世纪最谨慎的媒人也会希望，倘若婚姻并非源自爱情——如果男方和女方没怎么见过面，这就是很有可能的——那么爱情就应该通过婚姻产生，并且成为巩固婚姻的基础：出于方便的考虑而出嫁的女孩有责任爱上丈夫。在 19 世纪，关于如何缔结婚姻的观点可能有所改变，但婚姻运作的方式大体相同。在 1947 年的同一项民意调查中，人们被进一步问起他们生命中最重要的事物，只有 1% 的男性和 5% 的女性的回答是爱情。47% 的男性和 38% 的女性认为钱更重要，调查结果给出的顺序依次是：健康，和平，财富，和睦的家庭，希望。[2] 在 1966 年的一项在 10 000 名年轻人中开展的调查显示，男孩和女孩都把忠诚作为寻找理想伴侣的首要条件——居于爱、外貌和智慧之前。[3] 在另一项调查中，83% 的女性提到了对男性的依赖，她们认为这是她们获得幸福的必要条件。但是，当进一步询问她们希望从中获得什么时，只有 22% 的人回答爱情；41% 的人想获得一个“好丈夫”——一个忠诚、善解人意、勇敢、善良的人，能时常陪伴妻子和孩子；20% 的人想要一个“好家庭”——家人之间互相理解，家庭气氛和谐、安宁。54% 的女性表示自己绝对不是一个浪漫的人，而在二十几岁的女孩之中，这个比例只低一点点。有趣的是，浪漫主义之风在乡村地区和小镇最为强劲，但这样表示的女性比例为 60%，在城市最低（47%）。只有 44% 的女性相信“伟大的爱情”，而 25 岁以下的单身女孩中仅有 61% 相信它的存在。在所有女性中，仅仅 29% 的人表示，她们经历过一场“伟大的爱情”，其中来自专职人员家庭和白领家庭的是来自农民家庭的 2 倍。农民的女儿可能自称很浪漫，但显然没有几个有机会浪漫。区分现实生活和小说作家们的幻想是很重要的。真正的变化并不是对过去价值观进行激进的否决，而是更为微妙的东西。[4]

一个男人该怎么选择妻子，他对她、对他们的关系，又应该有什么期望呢？这个问题在这个时期有各种各样的答案。不过，只要“听话”还是父母灌输给孩子的第一美德，只要父母还按照“纯真、不谙世事、贤惠、必须结婚”的模板来培养女儿，那么和谁结婚就以父母的标准来决定。而父母的决定似乎又被他们的社会地位和阶层影响。子女的婚姻是对父母社会地位公开的评估，同样也是父母提升社会地位的一种方式。关于婚姻，最大的问题就是如何达成门当户对的结合，这也是为什么人们称爱情为最大的敌人，因为子女对父母权威的反抗会破坏父母所有的计划。贵族们非常重视结亲家族的古老和高贵，不过，如果他们自己的家族已经非常古老，那么他们也可以为了财富结亲——只要能得到的财富数目足够大——很多家族也的确这么做了。无论如何，人们普遍认同，如果要结婚，那么财产必须令人满意，必须足够夫妻两个和他们的孩子日后生活。资产阶级接受了这些价值观。对他们来说，婚姻是提升社会地位的重要手段。儿子能得到的嫁妆越多，他的处境就越好，前途也就越乐观。较低层的商业中产阶级会结合两家的财富，用来进行创业或扩张。农民的做法也大同小异，只是规模更小，他们的目的是通过积累来扩大所拥有的土地的面积。只有最贫穷的工人是社会的贱民，在 19 世纪，他们当中的很多人根本就不会结婚，因为他们支付不起举办婚礼的费用。他们在城市里无依无靠，也就没有来自家族的压力。可一旦他们爬到工匠阶级，积累了些许财富，他们就也会遵循同样的模式。

这种将经济条件作为家庭关系的基础的社会图景只是事实的一

部分。的确，在那些年，很多人对婚姻就抱有这种看法。直到 1912 年，巴黎第十区的和平法官发表了这样的评价："古代婚姻只以异性之间的爱情为基础而缔结，然而，基督教出现以来，婚姻的寓意发生了翻天覆地的变化。在 19 世纪，如今尤甚，现代婚姻缔结的真正原因是金钱。因此，社会体系将婚姻作为一个名副其实的经济合同，用来抑制合同双方之间可能出现的欺骗行为，消除未来配偶之间无声的怀疑。丈夫想要的是嫁妆，而妻子则是一次性购买了一个保护者和一个更有经验的财产管理者……"[5]"一战"结束后，解放了的女孩子都在抱怨说男性一提起婚姻总要谈论嫁妆的多少。一些男性甚至还会在报纸上刊登寻求嫁妆的广告，而公证人也会告诫年轻男性："现在这个年头，生活成本太高，你们年轻人绝对不能娶一个嫁妆还不到 10 万法郎的女孩。"[6]1806 年，法兰西研究院的约瑟夫·德罗兹（Joseph Droz，1773—1850）撰写了《论快乐的艺术》一书，但情况并没有发生太大的变化。《论快乐的艺术》这本书到 1853 年已经出版了 7 次，还被放置在国家图书馆的开放书架上，看来是被人看作一份公认的快乐指南了。书中这样讲："婚姻，从大体来说，是提升信誉、增长财富、确保成功的一种手段。"[7]有人指出，法国是欧洲唯一不存在长期婚约风俗的国家。年轻人不愿意一直等待婚期，也不愿意为了结婚而攒钱。他们还希望，结婚之后能够保持自己一直以来的生活水平，因此，嫁妆至关重要。[8]第二帝国的剧作家还以此为主题创作了诸多剧本，来解决"良好的婚姻由什么构成"的问题。他们认为，财务问题在婚姻中非常重要。埃米尔·奥吉耶等人宣扬一种安全的道德观，奥吉耶认为，在最成功的婚姻中，婚姻双方一般都在财力上势均力敌，理想的婚姻就是一场公平的交易。他还展示了打破这一规则的婚姻所带来的困境。婚姻的价值在一定程度上与财政息息相关：妻子不能比丈夫富有太多，不然她可能不会尽妻子的义务，但她又不能太贫穷，不然可能会被人看成有所图谋。小仲马 35 年来专注于对婚姻的写作，并在此基础上总结出了一个道理：源自爱情的婚姻可能是最理想的婚姻，但它却不符合现实；人们不应该对婚姻有太大期待，要对能获得的幸福心存感恩。利用婚姻来攀高附贵的行为带来了不少冲突和难题。小仲马认为，婚姻“不仅是两个人的结合，更是两个家庭的联盟”。如果地位能够循序渐进地提升，两家又能够互相沟通，互惠互利，那么这样的婚姻关系是最有可能令人满意的。[9]因此婚姻就像教育一样，是自我提升的一种方式。从这个角度看，婚姻最符合当时社会上对进步的狂热追求。所以，在机会均等和道德规则都还没有完全实现的时候，这种对婚姻的态度就留存了下来。

但是，结婚嫁妆不仅仅是男性取得财富的方式。婚姻一般都涉及结婚契约——不只在富人中，有时甚至在只有几百法郎身家的仆人和农民中也存在契约。如何起草契约对确定家庭的性质至关重要。因为尽管《拿破仑法典》赋予丈夫保护和管理妻子财产的权利，他在行使这一权利时仍可能会遇到诸多障碍，而妻子也可能保留强有力的权利。法国南部和北部在这个问题上的做法大相径庭。在罗马法律占主导的地区，奁产制允许丈夫使用嫁妆获得利润，但是嫁妆的本金属于妻子，不可转让。这笔资金是对寡妇的保障，仍可以被妻子的家庭支配。而北部遵循习惯法，因此这些限制并不适用，丈夫甚至能卖掉妻子的嫁妆来偿还自己的债务。因此妻子的地位在南部和北部并不相同，但是在1835—1860年，奁产制在西南部基本被废弃了。从起草婚姻契约的公证人的记录中，我们可以准确看到变化发生的时间。而变化发生的原因是，奁产制对丈夫照顾妻子的能力，以及妻子离家之后的自理能力都保有怀疑。这样的制度最适合稳定的社会。商人和实业家是最先弃用这一制度的人，而这一制度在吃息人、公务员、贵族和那些非常富有、满足于靠本金生活的人当中留存的时间最长，一直持续到20世纪。这个制度阻碍了积极投资政策的实行，令贷款更加普遍，并涉及高昂的法律费用。很重要的一点是，这个制度剥夺了妻子分享丈夫利用她的钱所赚取的利润的权利。

而法院一方则试图维持嫁妆的不可转让性，法院声称，巩固家庭关系符合社会利益，因为如果丈夫破产了，那么在这个制度下，嫁妆就不能被人用来抵债，这样妻子与儿女的生活就能得到保障。应客户要求，公证人起初试图用更大的灵活性来破坏这种不可转让性，但后来则越来越倾向于废弃这种制度。西南部地区的改变，一部分可以归因于这一代在波尔多接受教育的公证人，他们将波尔多商人的做法传播到了当地的乡下地区。现在，因为夫妻共有财产制的广泛传播，婚姻变成了一种合作伙伴关系。这种制度使得配偶双方能够平均分享婚姻的利润。有趣的是，当时的公证人在报告中写道，情侣找到他们，表示他们希望以这种方式平等结合，并订立契约。《民法典》规定，如果没有契约，财产就是共有的。而现在，矛盾的是，这种制度给了丈夫主导权。因此，大多数弃用奁产制的人倾向于选择财产分开制，这个制度允许夫妻双方保留各自财产的所有权，只有二人一起获得的利润是夫妻共同财产。1884 年，离婚制重新生效，采用财产分开制就更为合理。因此，在 1900—1949 年，采用财产分开制的婚姻契约占比如下。（见表 11-1）

表 11-1 1900—1949 年法国采用财产分开制的婚姻契约占比

年份	百分比	年份	百分比
1900—1909 年	9%～15%	1930—1934 年	47%
1910—1914 年	14%	1935—1939 年	45.5%
1915—1919 年	21%	1940—1944 年	56%
1920—1924 年	22%	1945—1949 年	66.1%
1925—1929 年	40.7%		

这些数据源于巴黎的一个样本，在对其进行分析的时候要适当有所保留（因为数据包含离婚和配偶离世的情况，如果去除这些数据，百分比会从 7% 上涨至 48.5%）。对有关嫁妆制度的留存情况还

没有进行过数据分析。只有公布19世纪晚期和20世纪早期的公证档案，我们才有可能准确地了解金钱在婚姻中的角色。然而，这种复杂的安排不管如何公平，都进一步证明了婚姻的商业性质。1927年，保罗·比罗写道："对绝大部分资产阶级来说，婚姻是他们一生中最大的财务运作。"[10]

已婚夫妇的情感历程更加难以追溯。浪漫理想的实现不一定意味着家庭生活会很亲密。相反，女性的理想化甚至将她们与男性的距离拉得更远。女性对纯洁的信仰使得她们难以靠近：她们专注于扮演母亲的角色，而在这种情况下，男性就很难同她获得性交的愉悦。浪漫主义可能也使妓女的存在变得更加必要。有人认为，这与实证主义产生的影响没有太大差别。"唯物主义和对形而上学的厌恶破坏了人们的热情，阻挡了通往无限的道路。所以，在文学、艺术和生活中，男性常会沉浸于肉体之爱，而其智力和潜意识的精神需求会强化他们的暴力倾向。这导致了野蛮、堕落、虐待和歇斯底里，它们在近期有关爱情的构想及绘画作品中有较多的体现……（这加剧了）性别间的冲突。"[11]

宗教信仰上的差异也给家庭带来了分裂。妻子与丈夫在宗教方面经常存在根本性的分歧。在与神职人员权力相关的冲突气氛中，女性被中世纪的偏见蒙蔽，成了教会统治的工具，因此在19世纪，将女性视为低等物种的倾向非但没有减弱，反而增强了。一位中学女校长指出，在18世纪，女孩子只是接受了教理问答的教育，至少她们的思想没有受到侵蚀，而且由于早婚，她们很快就可以自由地阅读，并与男性交流了。然而，在接下来的19世纪的革命冲突中，保守派的原则被不遗余力地灌输给了女孩们。因此在婚姻中，被灌输到头脑中的理论使她们不可能与丈夫成为朋友。[12]米什莱等人抱怨说，一个信奉自由的丈夫在自己家里竟然感受不到自由：妻子代表神父监视他，在告解时吐露他的一切秘密。神父是唯一有权随意和一个已婚妇女私下单独交谈的男性。[13]只有在餐厅里或者在情妇面前，已婚男性才有机会得以纵情歌唱、开怀大笑。[14]

尽管知识分子信奉自由主义，但他们也无法解决这一难题。米什莱写过几本书来赞美女性的出色品质，赞美爱情的美丽，赞美和谐、舒适的家庭的乐趣。他迫切希望对家庭的崇尚能取代对神学的抽象信仰。他强烈要求女性不再作为男性的奴隶或敌人，而是成为他们的朋友和伴侣，夫妻应该团结起来，建设家庭。他觉得，没有什么能比辛劳工作一整天的工人在夜晚归心似箭，要回到妻子身边更加动人的了。人们通常将米什莱视为女性解放的英雄之一，然而，正是一位女性——阿代勒·埃斯基罗斯，对他的书表示批评，这表明从女性的角度来看，他的观点是多么不充分。埃斯基罗斯写的那些关于爱情的书，比米什莱的书更应该被列为女性解放文学的经典作品。她对米什莱的傲慢感到震惊，她认为这是典型中产阶级男性的表现。米什莱称，他希望男性不要埋头于工作，为自己的专业知识而感到优越；他声称希望男性能和女性分享自己的生活，但实际上他只是给了女性又一层压迫。他认为男性应该教育妻子，按他们自己的标准塑造女性，告诉妻子她应该想什么。他声称要解放女性，但事实上，他只是想让女性将丈夫视作上帝。埃斯基罗斯夫人写道："我不相信米什莱先生的顺势疗法，他想消除男性的傲慢，可实际上他助长了他们的傲慢。"她控诉说，婚姻应该是幸福的源泉，但很多男性把它变成了痛苦的根源。只有在丈夫不履行责任的情况下，女性才会去找神父。米什莱说，妻子厌倦了丈夫，因而变得冷酷无情。而埃斯基罗斯夫人表示："我很遗憾，先生，你既没有看出也没有找到这种几乎存在于所有婚姻中的冷淡感的原因。"她说，原因是男性要么"野蛮、粗暴、不讲理"，要么觉得自己不公开表露感情就是对妻子的尊重。在社会上，特别是在中产阶级中，有一种普遍的偏见，就是轻蔑源于亲近。唯一的结果就是妻子变得无趣且暴躁，自称清楚自己的职责；丈夫则变得自私自利，将自己封闭起来，以类似的清醒和严格的态度履行责任。"什么尊重，什么责任！"丈夫应该让妻子了解自己，真正熟悉自己。只要是在有感情的人之间，亲近就会产生尊重。男性不应该再过分关注自己，不应该只想得到而不愿付出，他们应该理解妻子。女性有自己的想法，且任性而敏感，男性仍需要向她们学习。然后，男性就不会再装糊涂，而会变得自信而自由。她不喜欢那位曾经说“爱情，就是倾慕别人身上的自己”的诗人（半个世纪之后，瓦雷里①仍写道，“爱别人其实就是爱自己”；普鲁斯特将爱情视作男性在别人身上创造的自己）。男性垄断了世界上所有的工作、荣耀和乐趣。他们被傲慢、烟草、情绪和邪恶的激情吞噬，还将女性贬低为无知之人。只有当他们意识到只要女性愿意，她们还能比现在付出得多得多的时候，他们才能拥有幸福的家庭。[15]

当然，很早之前就有人提倡两性之间的亲密和友谊。第一次革命期间，在关于婚姻的讨论会中，科多尔省的议员乌多提出废除21岁之后结婚需要家长同意的制度，来帮助“合适的两个人因为性格相似而结合”，即使在野心、贪婪和傲慢方面的相似会影响二人的相处。[16]也有些乌托邦主义者，比如傅立叶，在这么多不利情况之下，仍然希望两性之间的关系完全自由。但更有趣的是，一些有社会地位的人开始觉得，男性应该在婚姻生活中获得更多的乐趣。早在1806年，法兰西研究院成员、前地方法官约瑟夫·德罗兹在他写的幸福手册中就表达了“婚姻不应该仅仅是提升个人地位的方式，而应该成为获得幸福的方式”的强烈主张。他认为，应该给予女性纠正男性的迂腐、傲慢和严肃的机会。他不认为爱情能够在包办婚姻之中产生。“我相信，一个人除非赢得了一位女士的芳心，否则便不应该和她结婚，因为丈夫不一定能激发出爱情。”但他没有达到埃斯基罗斯夫人那样的程度，他还是认为丈夫应比妻子年长，并教育妻子。像小说中描绘的那样的婚姻是很危险的：“情侣的梦想会被婚姻的现实破坏。”他仍然认为，男性在家庭中必须行使一家之主的权

① 保尔·瓦雷里（Paul Valéry，1871—1945），法国著名诗人和评论家。——编者注

力，妻子对他只能够产生一些影响。约瑟夫·德罗兹代表第一阶段，并没有超越米什莱。古斯塔夫·德罗兹（二人没有关系）的父亲是一位颇有成就的雕塑家，祖父是一位导演。古斯塔夫曾就读于一所美术学校，后来成为一名记者，他在《两世界评论》杂志社工作了很长时间，担任比洛的助手。1866年，他写了一本名为《父亲、母亲和宝宝》的畅销书。1866—1884年，这本书发行了121个版本。他说他打算做一件从没有人做过的事：写下婚姻中的爱情。人们把婚姻描述得太恐怖了，婚姻中的人好像都被责任压得不堪重负，但是宣扬这一观点的男性都是那些常去妓院鬼混和饱受风湿折磨的丈夫：他们想把婚姻变成退休之后的港湾，而他们的年轻妻子就是这港湾中的天使。古斯塔夫·德罗兹认为，他有责任使女性从这个角色中转变过来。“作为天使确实还不错，但是，相信我，你要么会觉得负担太重，要么会觉得不满足……一个有地位还有点儿谢顶的丈夫是没什么不好，但是一个爱你的、会和你共饮一杯酒的年轻丈夫更好。如果他不小心弄皱了你的裙子，让他在你的脖颈上留下一吻吧；如果他在舞会之后开心得像个傻瓜，让他帮你脱下衣裙吧。没错，你有美丽的心灵和思想，但你的身体也同样美丽。如果他爱你，那么他会爱你的全部。在这些有点儿愚蠢的举动背后，就是幸福。感谢上帝吧，如果你能在这像职业一样的婚姻之中找到笑声和欢乐；感谢上帝吧，如果你发现你的丈夫同样喜爱那本你一直带在身边的小说；如果……可是如果我接着说下去，你却会尖声骂我不道德了！”“要想让女性不再古板，要想克服教育对她们的限制，”古斯塔夫·德罗兹说，“我们任重道远。”他一直坚持一个理想，那就是让相爱之人结成夫妻。[17]

女性可以从性中获得快乐的观念不是20世纪才产生的，玛丽·斯托普斯①也并不是宣扬女性有权利享受性高潮的第一人。17

① 玛丽·斯托普斯（Marie Stopes，1880—1958），英国作家，英国节制生育的提倡者，追求“平权主义”。—编者注

世纪的尼古拉·韦内特医生创作了一幅画，并且为如何满足两性的需求提出了建议。这幅画作在19世纪被重印了多次。1907年，一位医生出版了韦内特所著的关于夫妻关系的著作的修订版。在书中，他像德罗兹一样，鼓励已婚男性在性生活方面以对待情妇的方式来对待妻子。[18] 在19世纪，出版了众多的性与婚姻指南，其中有些具有道德说教倾向，但也有很多强调了在情感上满足女性的重要性。其中特别成功的一本指南为一名退休军医所著，在1848—1888年发行了173个版本，具体讲述了女性与男性在对性爱的享受上是一样的。这本书给男性的建议是，虽然有些女性不需要太多触碰就能获得快感，但很多女性需要被经常反复地抚摸才能达到性高潮。在一些极端的性压抑情况下，他提出可以使用鞭打增加激情，但他主要的建议还是通过温柔和体贴来征服女性。他说，医生也赞同20～30岁的已婚男性一周仅进行2～4次房事，但每次要间隔一天；40岁之前一周两次；50岁之前变为一周一次；60岁之前两周一次；超过60岁就不应该再有了。如果纵欲过度——“一天五六次，很多年轻人都这样”，年龄大了就会产生不好的影响。女性比男性更容易沉迷，应该约束自己的欲望，否则这样可能导致疾病，甚至癌症。出于同样的原因，“由于对丈夫不满而手淫”也应该避免。[19]

另一位医生出版了《年轻夫妻的小圣经》（1885），虽然用词更加谨慎，却也强调了丈夫要满足妻子对性快感的需求，尽量达到共同高潮。[20] 但这些建议都必须克服两性各自根深蒂固的偏见。有这样一个案例，一个妻子要求离婚，其原因是丈夫过于热情和其“不自然的爱抚”。她丈夫辩解道，自己只是想取悦妻子，增强她对自己的热情——法院支持了他的说法。[21] 1887年，一本宣扬性爱艺术革命的书出版了，这本书提出，妻子通奸是由于丈夫无法满足她的性需求，而女性有权获得高潮。[22] 20世纪50年代，对已婚妇女进行的一项民意调查显示，68%的被调查者表示性关系是婚姻生活中重要的一部分，22%的被调查者称性关系只占婚姻的一小部分，而10%的被调查者拒绝回答。但是，只有46%的被调查者对自己婚姻中的性生活表示满意；随着被调查者年龄的增加，表示不满的人数也在增加。[23]

因丈夫想要做爱的举动受到惊吓而要求离婚的女性，很可能是受到了保守派对性行为、性享受的敌视的影响。天主教神职人员宣扬的教义是：婚姻的目的绝不是为了快感，而是为了组建家庭和繁育后代。1920年，格里莫神父出版了一本书，该书发行了至少33个版本，并被法兰西研究院表彰。他用一句话很好地总结了书中的态度，他说："上帝以其智慧预见到，如若没有快感作为动力，情侣将不会愿意接受和承担婚姻的重担。"但性快感本身并不应成为目的。神职人员大都会宣扬，妻子的责任是满足丈夫的性冲动。他们将压抑性欲视为最终目标，并为这个目标做出表率：圣约瑟和圣母马利亚二人相爱，但从未发生过性行为，这就是终极的美德。但是，没有什么人能够达到这种高度，生育之后，在婚姻双方同意的基础上进行节制是可取的，就算这种节制意味着二人要摈弃所有可能重燃激情的触摸、眼神和话语。神职人员的确真正关心女性的尊严，但有时这种关心会以限制女性的智慧作为代价。因此，格里莫神父在探讨男性应如何选择妻子时，强烈建议男性就像不选择妓女结婚一样，不要选择聪明的职业女性（除非她们愿意放弃工作）。一名女性必须将其母亲的职责放在首位，专心将孩子培养成合格的基督徒。尽管他相信灵魂平等，但他还是敦促男性选择同一阶层的女性结婚。如果男性觉得自己即将爱上某人了（他将其比作被微生物袭击了），那么他要想到的第一件事就是去征求父母的意见，确定那个女孩是否合适。之后，当所有理性的条件都满足时，他才能允许自己坠入爱河。当然，激情会迅速消逝，并不能作为婚姻的基础。这就是为什么老板不应该"将年轻的男孩、女孩安排在一起工作。举个例子，你走进一家银行，如果你刚好知道一点儿心理学知识，那么很快你就会发现，一个年轻男孩尽管想尽可能保持体面，也仍然会深深恐惧不幸的婚姻。这些男孩——他们基本上都非常杰出，受过教育，出身于社会特定阶层——的身边坐着打字员，她们有的接受过良好教育，也有不少看起来不太庄重。你可以通过这些女孩的衣着推测出她们大部分是什么样的人。而在这家鱼龙混杂的公司，人们怀疑她们不会是那种文文静静的，像修女一样端庄、像自己母亲一样保守的女孩，她们能吸引男性的关注。而那些修女一样的女孩则既无趣又没有吸引力。相反，其他女孩则会不遗余力地取悦年轻男性，因为她们会毫不犹豫地去博得众人的关注”。[24]

教会的婚姻观念强调庄严、责任、繁衍、顺从、对命运的接受，以及虔诚祈祷带来的慰藉。教会强烈反对避孕，在进行告解时，有些神职人员要求女性在进行“性交中断”（当时最常见的避孕方法）时拒绝丈夫的拥抱。教会以宣扬自制的方式来维护道德。教会为女性提供大量的情感安慰，但是起安慰作用的却不是丈夫，而是上帝和祈祷。一位作家写道，女性唯一能获得的真正的、完整的爱，就是上帝之爱。19 世纪 60 年代，杜庞卢主教强调，婚姻为母亲提供了尊严，也为父亲提供了权威。1920 年，卡斯泰尔诺将军在法国家庭三级会议（一个反避孕组织）中发表了他的“家庭权利宣言”，他对家庭的定义为“以婚姻为基础，以父亲为最高权威，旨在完成人类生命的传播、维持、发展和永恒”。他强调将家庭单位作为一个整体，不注重个人的权利。[25] 性教育则主要是告诫人们要虔诚、贞洁、压制性欲。教会反对学校进行性教育，而坚持要把这项工作留给家长完成。[26] 一位作家进行性教育的做法被推崇为模范，作为一个虔诚的父亲，他在儿子 18 岁的时候把儿子叫到书房里，对他说：“孩子，我有一些很重要的事情要告诉你。我们先跪下来，说‘万福马利亚’。”他问儿子懂不懂得这句祷告语，然后他解释了上帝化身为耶稣来到人间的神圣奥秘，接着讲述了悲惨的人类不那么崇高的起源，之后他对儿子指出了男人的责任、男人将会遇到的危险和应该采取的预防措施。男孩子认真地聆听教诲，几乎没有问任何问题，他理解了这个概念，内心开始改变。“我感觉，”他说，“我成了一个男人。”对话以祷告开始，也以祷告结束。[27] 婚姻被视为一种责任，地位仅次于修女和僧侣做出的彻头彻尾的自我奉献。

温和的自由主义传统对婚姻有着非常相似的看法。朱尔·西蒙创办了《家庭杂志》(*Revue de Famille*)，隔周一期，发行了20年，旨在通过家庭精神重建国家道德。杜庞卢主教认为，如果不在婚姻中保持等级关系，等级关系就难以在政治或社会生活中生存。西蒙也有类似的想法。“一个人越依恋家庭，他就越能够为国家牺牲。”自由主义者和天主教教徒一样，重点宣扬婚姻的责任，而忽视乐趣，不过他们对乐趣的控制并没有那么苛刻。他们同意，在婚姻生活中适度地享受性是正当的，不过他们也同样不愿谈论性，并且不希望民众去过多地考虑这一点。他们认为，女性在家庭中扮演明显独立的角色。一位医生在《已婚人士的健康》一书中给出了这样的建议：“只有每个人在婚姻中扮演好自己的角色，做好自己这个性别应做的分内之事，不侵犯异性的特权，婚姻生活才能幸福。”丈夫为家庭提供力量、安排活动，他的职责是“代表家庭或者指导家庭与外界进行接触，保护家庭，促进家庭的发展”。妻子富有魅力，具有准确的直觉，能够与人产生情感上的共鸣，她的职责是“管理家庭内部的生活，运用她在家庭方面的丰富知识，确保家庭的发展蒸蒸日上”。孩子是二人结合的果实，而这果实是苦是甜取决于婚姻的成功程度。他建议不同性格的人结婚——脾气暴躁的人应该与性情温柔的人结婚，乐观的人应该和焦虑的人相配，因为这样孩子就会将二者的特点有机结合起来。[28] 当然，这不是说在智力上的契合不好。很多作家热衷于激发夫妻间的智力探讨，不过他们基本都认为这是在婚后才出现的。19世纪下半叶，一流大学的伦理学者保罗·让内认为，丈夫应该是家庭的领导，因为男性更加理性，更适合担任指挥工作，更有广度，更讲逻辑，也更公正。女性也很理性，但这是另一种理性，她们要居于从属地位只是因为领导者最好只有一个人。如若不然，丈夫和妻子之间就应该存在“道德平等”。[29] 与他同时代的还有一位阿梅代·德马尔热里，他在作品中赞颂了家庭的美德，但同时又表现了很明显的不安，因为他觉得现在的家庭好像有一点儿奇怪。他强烈建议男性们在晚上和妻子聊聊天，在谈话结束后，再在一起读一会儿书。德马尔热里很希望能增加妻子在婚姻中的道德影响力，因为妻子通常信仰宗教，所以她的任务就是让丈夫也成为信徒。“我们的时代需要强大的女性。”妻子必须在丈夫放任时承担起管理家庭的责任。的确，他说，“尽管女性在原则上居于从属地位，但她们对家庭的影响力却有压倒性的优势”。[30] 关于妻子的力量，我们会在之后分析妻子对孩子的影响时做进一步讨论。

1920 年，新闻界进行了一场有趣的辩论，主题关于丈夫与妻子的关系。从普通人的书信中，我们可以看到公众行为发生变化的直接证据，也可以看到人们对传统婚姻的普遍不满。但我们并不能得出结论，认为这种不满是由于战争，由于家中男性的常年缺位，女性的责任增加了，虽然这种情况确实是矛盾加重的原因之一。因为早在那之前 60 年，阿代勒·埃斯基罗斯就在书中表达了对家庭的不满。不过，战争也确实打破了常规，让人们看到自己内心深处的习性。“由于丈夫的缺位，女性独立运动在各地不约而同地爆发了。”一封信中写道，“这足以表明，即使是最服从于权威的人，其内心也压抑着力量和愿望……夫妻感情以及为人母的快乐和担忧使她们默不作声地忍受了很久。”这种爆发绝对不是偶然的，但是，很多女性后来对婚姻有了不同的看法。她们拒绝丈夫将她们当作家庭保姆。她们要求丈夫视她们为朋友和伴侣。但是，战争也增加了男性发展新爱好的机会，从而使他们更加远离家庭。一位铁路工人写道，他不仅没有因为女性在战争中做了男性的工作而对她们产生敬意，反而将女性视为经济上的竞争对手。“女性再也不愿意服从了……现在，男女之间的婚姻就像德法之间的和平一样。”一位法官拒绝了一名男性因对妻子不满而提出的离婚请求，并告诉他不要逼迫妻子，而是必须通过温柔来赢回妻子的芳心。[31] 20世纪50年代的一项民意调查显示，有三分之一的女性认为丈夫在结婚之后变坏了，但是也有几乎三分之一的人认为自己在婚后也堕落了。这是我们能获得的最能体现婚姻幻灭情况的数据。

决定婚姻性质的一个重要因素是夫妻二人在结婚时的年龄。"总体而言，"法兰西研究院的一名成员在1917年写道，"一个男人直到他累了，对生活开始感到厌倦了，才会正式娶妻。"因此，他很自然地会希望妻子能够非常顺从。通常，他的妻子的年龄比他小很多，她不能和他叫板。莱昂·布鲁姆在年轻时写了一本书，书中表示，只要男孩和女孩不用遵守相同的道德行为准则，那么不同等的阅历就一定会让二者之间产生摩擦。他提出了一个大胆的建议，即无论是男性还是女性——不是只有男性——都应该在他们不再轻率行事，愿意接受一夫一妻制之后才能结婚。[32]

在工人阶级中，年龄和阅历上的不平等一般没有那么严重。有人称正因如此，工人阶级中的家庭生活更和谐也更平等。在这里，丈夫不会用自己在工作技术上的威望压制女性，所以女性可能更早就获得了更大的影响力。长期以来，结婚都是工人们的一个难题。卫道士们认为，在工人阶层，婚姻的作用是束缚男性，防止他们在街头晃荡，以降低犯罪率，婚姻还是给穷人灌输爱财思想的手段。[33] 我们并不清楚爱情在他们的婚姻中是否扮演着更重要的角色，特别是在乡下，在婚姻的地方风俗中——各地截然不同——仍保持着父母的权威，也很少出现对嫁妆讨价还价的情况。而在有的地方，家长规定只在圣诞节期间举行婚礼——还得是在当年有好收成的情况下。有时，女孩会向男孩求婚，这通常需要一个中间人——旅行裁缝似乎热衷于担任这个角色。[34] 当然，在城镇里，婚姻介绍所蓬勃发展。值得一提的是，婚姻介绍所的服务是提供给双方家长而不是婚姻当事人的。[35]（第一次世界大战之后，婚姻介绍所又补充了离婚服务，收取的费用与夫妻结婚时间成反比：结婚一年的离婚会收取

2 000 法郎，三个月之内则是 5 000 法郎。）一名作家在对比了法国、英国和美国之后称，法国女人在选择丈夫上最没有自由，但结婚之后，法国女人的影响力却是最大的。[36] 从很多方面来看，婚姻制度对孩子的压迫比对妻子更甚。毕竟，妻子可以盼着日后成为母亲，再变成祖母，行使女家长的权力。

金钱在婚姻中扮演着如此重要的角色，婚姻中的性关系又受到了诸多限制，妻子们也急于摆脱新娘的身份变成女家长，所以，通奸和卖淫就不可避免地成为这一制度运作中重要的一部分。还有一个通常不被人理解的原因，那就是妇科病缓慢的治疗过程。人们大都关注致命的疾病，比如天花和结核，而对那些只是影响生活质量的疾病则不太在意。其中一个例子就是女性的白带异常。1865 年，一位医生估计，法国有多达 80% 的女性患有这种疾病，在城市中尤其严重。[37] 另一位医生于 1868 年又描述了大量其他疾病，如子宫炎、溃疡、炎症、出血等，其中很多都是由不专业的避孕用具的刺激性导致的。[38] 1872 年，一项受到法兰西伦理学和政治学学院表彰的研究指出，就因为这些疾病，很多夫妻都不能同房，更不用提其他那些令人作呕的湿疹、风湿病、肿瘤之类的了。调查发现，既健康又有魅力的年轻人占比非常小。他们没有得到女性健康的数据，但是因征兵而暴露的年轻男性的健康状况令人震惊。1872 年公布的一项分析称，在 32.5 万名应征入伍的 20 岁年轻男性中，有 18 106 人身高不足 4 英尺 10 英寸（约为 1.47 米）。30 524 人“体质孱弱”，即患有佝偻病或肺结核等。15 988 人是肢体残疾人、跛子，或者患有疝气、风湿等疾病。9 100 人有驼背、畸形足或扁平足的毛病。6 934 人的听觉、视觉或嗅觉有缺陷。963 人有语言障碍，4 108 人缺牙齿。5 114 人由于“年少时花天酒地”而损害了身体健康。2 529 人患有皮肤病，5 213 人患有甲状腺肿或淋巴结核。2 158 人有中风、抽搐或痉挛症状，8 236 人患有其他疾病。因此，一共约有 10.9 万人——也就是约三分之一的人——有体弱或残疾的情况，他们可都是些 20

岁的小伙子。[39]

卫道士用梅毒来恐吓人们，以敦促人们保持贞洁。梅毒确实是法国的一个主要的疾病。福楼拜在《庸见词典》（*Dictionary of Received Ideas*）中将其定义为像感冒一样普遍的疾病："多多少少每个人都有这个病。"在 19 世纪末，保险公司的记录显示，14%～15% 的死亡是由梅毒导致的。另一份资料给出的数据是 17%。在两次世界大战之间的时期，有数据估计，法国大概有十分之一的人，即 400 万人患有梅毒，而且，每年有 14 万人因梅毒丧生。梅毒每年导致超过 4 万例死产，而且它是导致精神失常的主要原因之一。有一半梅毒患者的患病时间是在 14～21 岁。而资产阶级中有十分之一的梅毒患者是在上学时患上此病的。据说，法国历史上有很多杰出的名人罹患梅毒，比如甘必大、波德莱尔，我们甚至能列一份名单出来。

梅毒之所以如此顽强，是因为每个政府都虚伪地保持着沉默，假装它不存在。1887 年，法国国家医学院专门成立了一个委员会来研究如何抑制梅毒；1901 年，旨在预防与控制梅毒的卫生与道德协会成立，但是，议会尽管终于在 1907 年把梅毒放上讨论桌，却并没有讨论出任何结果。战争终于刺激政府采取了一些措施，但主要是在军队中。1924 年，全国性病治疗联盟成立，除此之外，还有很多其他社会组织。但这些都比不上美国采取的强制治疗政策。19 世纪，针对梅毒的可行治疗方法非常有限。医院也没有为性病分配多少病床，而且一些医院的护士拒绝治疗梅毒患者。1871 年之前，巴黎治疗性病的主要医院——朗西纳医院，甚至还设有惩罚道德不端患者的地下牢房。这家医院会对外公布患者的病情，这一点使许多性病患者无法接受。1880 年，阿尔弗雷德·富尼耶[①]第一次提供了专门治疗性病的服务，性病治疗的情况才得到改变。富尼耶在一家普通

① 阿尔弗雷德·富尼耶（Alfred Fournier，1832—1914），法国皮肤科医生，专门研究性病。——编者注

医院里开设门诊部，并承诺保证患者的隐私，1882 年，共有 31 000 名患者找他治疗，而去朗西纳医院就诊的只有 4 800 人。人们都被一种传言迷惑，传言称，性病传播的根源是妓女，而解决性病的唯一方法就是控制卖淫行为。而控制性病还遇到了另一个巨大的障碍，那就是有很多骗子自称医生提供治疗。这些人在厕所墙壁上贴满了小广告，有很多社会组织的主要活动就是和这些骗子做斗争。在这个时期，梅毒是人们遭受苦难和折磨的主要原因之一。[40]

婚外性关系几乎是人们生活的普遍特征。卫道士们总是会怀念纯洁的黄金时代。1865 年，一位医生写道："现在，人们总想尽快摆脱贞洁的负担，越早越好。"[41]"现在，"另一个人写道，"十七八岁之后还是处男的男孩子非常罕见。"[42] 福楼拜笔下的一个主人公对妓院的评价是："这是唯一让我感到快乐的地方。"皮埃尔·路易①的《阿佛洛狄忒》被看作社会上赞美卖淫的一个缩影。这本书出版于 1896 年，到 1904 年，已经售出 12.5 万册，并被改编成三部戏剧和四部歌剧剧本，之后又再版多次。

男孩子还在上学的时候就开始去妓院了。一到节假日和周四的半天休息日，一大群男学生就挤满了妓院。[43] 当时，社会上普遍反对男孩子手淫，这反而促进了这种早熟现象的出现。手淫的危害是家长和学校最在意的事情之一，他们为杜绝手淫做出了巨大的努力，其程度堪比中世纪的猎捕女巫。[44] 制造商为儿童生产穿着难受至极的紧身内衣来避免他们手淫。而书中讲的也都是防止手淫最有效的食物、运动和衣着。神父在告解时、老师在学校里都会极力表示对手淫的唾弃。他们宣扬人要自制，他们认为，在理想情况下，这种自制要持续到 25 岁，因为如果一个人年纪轻轻就当父亲，那么生出的孩子也会身体孱弱，而这个浪荡子的一生也就毁了。据说，一些

---

① 皮埃尔·路易（Pierre Louÿs，1870—1925），法国象征主义诗人、小说作家，代表作有《碧丽蒂斯之歌》。——编者注

教会学校甚至会定期惩罚那些表现了过度性欲的孩子，将他们打到受伤流血。[45]妓女在青少年的生活中扮演着重要的角色。在一个针对天主教已婚男性的调查中，有60%的男性承认有过婚前性行为，而其中47%的人说他们的性经历是由妓女启蒙的。这与20世纪70年代美国和英国的情况完全不同。[46]我们很难确定法国人的婚前性行为是否比一百年前普遍。20世纪50年代，30%受访的法国已婚女性承认与丈夫发生过婚前性行为。然而在农民家庭，这个数字只有24%，在工人家庭有43%。而当丈夫是行政人员或专职人士时，发生过婚前性行为的比例是34%。[47]男性和女性对婚前性行为的态度截然不同。1966年，在10 000名年轻人中开展的一次民意调查显示，60%的女孩反对婚前性行为，而66%的男孩赞成婚前性行为。[48]

婚后，通奸几乎是不可避免的。[49]在一次民意调查中，所有男孩和女孩都把忠诚作为他们选择未来配偶的首要品质，居于爱情、外貌和智慧之前。但是，有84%的男孩认为他们能够做到在爱妻子的同时欺骗她，而只有18%的女孩抱有同样想法。只有52%的男孩认为通奸必然会破坏婚姻，而相比之下，这么认为的女孩有74%之多。不过，男孩（79%）和女孩（76%）都认为，离婚不比通奸好多少。婚姻制度并没有遵循教会的标准，因而没有受到威胁。一项对法国已婚男性性生活习惯的研究表明，正是传统道德教义的留存使通奸行为得以维持。一位50岁的实业家在接受采访时说："我只有在想要孩子的时候才和妻子做爱。其他时候，我会去找情妇。妻子是用来生儿育女的。我如果要找乐子，得找别的女人。"低离婚率掩盖了很多性生活为零的婚姻状况，丈夫一般都会去别的地方满足性欲。这项研究表明，在体面的婚姻背后，隐藏着一个充满秘密的、经常被精心设计的谎言掩盖的世界。[50]

19世纪50年代，据估计，伦敦大约有2.4万名妓女，但是在人口仅占伦敦一半的巴黎，据说有3.4万人是妓女。[51]直到1946年，法国政府才规范了妓女的活动，其原则是，既然妓女的存在不可避免，那么她们在进行交易时就要尽可能地不冒犯别人。只要她们不在公共场合交易，也不骚扰那些不需要她们服务的人，公众对她们的存在就不那么厌恶了。巴黎还成立了“道德警察局”，要求妓女都住在妓院，接受医学检查。1810年，巴黎有180家这种官方妓院，1840年有200家，但是到1870年逐渐减少到145家，1881年有125家，1892年有59家，原因是地下妓院的发展壮大。警方估计，1888年，大约有1.5万名妓女在这些地下妓院中工作。1871—1903年，大约有15.5万名女性注册成为妓女，但警方也逮捕了72.5万名未注册的涉嫌卖淫的女性。1900年，警察局局长莱皮纳考虑到这种新的社会习惯，设计并开展了一次改革。他授权开设了“约会之家”，就是供妓女们工作但不能居住的场所，只要入场费超过40法郎，警方就不做任何监督或登记的要求。这样，中产阶级的享乐活动就不再受国家控制了。[52] 莱皮纳认为，卖淫是一种无比正常的行为，这种行为本身并不令人厌恶。他在规定中说：“由于妓院是一个公共场合，所以在这种类型的机构中，任何人如果在他人面前做出了不道德的举动，引起他人的愤怒或羞恼，那么都将被起诉。”他的目的是杜绝变态行为，建设一种新型的清白的妓院，他的格言是“没有偷窥，没有猥亵”，不过这些并没有起什么作用。美国调查员弗莱克斯纳调查了战争期间欧洲卖淫的情况，却发现了巴黎当时各种专业化的变态行为，还有各妓院为了相互竞争使用的极具创意的手段，这些着实令他吃了一惊。20世纪60年代，巴黎警方估计，巴黎市内的妓院——大约接待过100万名成年男性——每天接客4万人，这表明与妓女有染的巴黎市民可能是巴黎总人口的四分之一。

外省的情况略有不同。每个城市和集镇都有自己的安排和规定。第二帝国对妓女实行自由放任的态度，但是在19世纪80年代，政府开始试图恢复控制权。在有关卖淫的557条已知规定中，只有219条制定于1880年之前。多数规定都是在那之后制定的，而不同城镇的规定也截然不同。义务医学检查的频率从一周两次到一月两次不等。在维希市，每名妓女都必须在警方处留存三张照片备案。在圣艾蒂安，妓女在街上必须穿着“体面女性”的服装。而在欧坦和默伦，妓女的发型需要遵守规定。在南方的城镇和港口——最著名的就是马赛——仍然存在中世纪的妓女区。法规几乎没起什么作用，因为检察官一般不会把这种丑闻公之于众。在两次世界大战之间的时期，有很多城市，特别是斯特拉斯堡、格勒诺布尔和南锡，都试图关闭过城市内的妓院，但是男性嫖娼的习惯并没有多大改变，而且一些提供地下妓院地址的出版物马上就出现了。当地的驻军也为妓院提供了大量的客户。军队虽然在原则上禁止士兵光顾妓院，但是在殖民地却设立了特殊的妓院。据称，这些在军队妓院里工作的妓女不得不卖力工作，士兵对她们的剥削比在外面任何一个私人妓院的皮条客的剥削还要严重得多。这种剥削和贩卖女性的行为导致政府在 1946 年废止了这种被称为“宽容之家”的妓院。“宽容之家”的确遭到了滥用，但是也有证据表明，在 19 世纪末期，妓院的经营开始越来越自由化，越来越多的妓院不再提供住宿。

在 19 世纪，妓院就是一个和其他地方一样供人放松的再自然不过的休闲场所。莫泊桑在一部讲述外省小镇生活的作品中描绘了这样一家妓院：妓院和咖啡馆一样，体面的商人和年轻人定期在那里会面，去那里的夫人们也会得到尊重。而街道上却到处都是纠缠不休的妓女，和难缠的乞丐感觉差不多。1900 年前后，巴黎有 115 家小酒馆，和普通的咖啡馆一样，只不过在那里工作的女孩子也提供特殊服务，可以带客人去宾馆。这种小酒馆的客源大多是学生。也有很多其他的场所具有同样的功能，例如香水店、澡堂和按摩馆。当时有一本年刊《玫瑰指南》提供了这些场所的地址。此外，剧院和奢侈品店也有兼职卖淫者。有传言称，中产阶级女性有时为了与邻居攀比，会兼职卖淫来赚钱，而一项社会学调查证实了这个传言。(一位女权主义者还写了一本书，要求为女性提供妓院。) 一些学生在和别的女同学上床之前，会和“女工”同居——女工就是那些做针线活的女孩，她们想拥有一个情人，想出人头地。一位观察家于1840年写道，像这样的一名女工，如果她怀孕生了一个男孩，她就想把他培养成一个印刷工；如果她生了一个女孩，那她就会把女儿送到剧院当学徒——只要他们可以不像母亲一样做针线活，怎么都行。这样的女工对学生们来说，“比狗好那么一点儿，但是比烟斗差那么一点儿；她们肆意挥霍自己生命中最美的年华，纵情享乐，朝秦暮楚”。她们戴着一张快乐的面具，但面具背后常常隐藏着深深的悲哀和对生命的轻蔑。她们很贪婪，会接受任何人共进晚餐的邀请；她们是舞会上最容易被“钓”走的那种女孩。但是她们会在学生们沮丧时安慰他们，在他们生病时照顾他们。[53]

妓院的存在是为了满足所有阶层的人，但是，随着时间的推移，有的妓院变得更像以实惠的价格提供批量生产的奢侈品的百货商场了。在两次世界大战之间的时期，巴黎的几家老牌妓院从肮脏的贫民窟发展成了富丽堂皇的场所，成群结队的女孩子以低廉的固定价格一周七天提供服务。这些妓院经常被转手。有的老板还开了连锁妓院。但是，越来越多的女孩将自己定位为高级妓女，行事更加小心谨慎。据估计，1789年，只有10%～20%的妓女是高级妓女，而20世纪70年代则有半数之多。高级妓女的总数大幅增加了。大革命时期的蓬塞·德拉格拉夫（Poncet de La Grave）在他的著作《关于独身的思考》（1801）中估计，法国有10万名高级妓女。20世纪60年代，法国人口数量翻了一倍，而高级妓女的人数据称达到了40万。但是当时年轻人似乎开始抛弃这种生活习惯，那是一个新道德与旧道德并存的时代。[54]

通过研究20世纪20年代巴黎不同文化和娱乐场所的营业额，我们可以发现法国人生活中不同形式的娱乐活动的地位。歌剧院的票房收入为1 200万法郎，女神歌剧院位居第二，收入为1 000万法郎，多过法兰西喜剧院和喜歌剧院。1923年，巴黎的电影院已经有8 500万法郎的票房收入，而巴黎所有剧院的营业额为1.1亿法郎。反色情社团报告称，什么可以被归为文化尚不清楚。社团的人抱怨奸商们在电影中滥用“粗暴和野蛮的艺术以及犯罪和激情的场景”，他们说这些人既没有品位，也毫无顾忌，意识不到这种媒体对儿童和青少年的严重危害。但同样地，剧场也会使用通奸、自由恋爱、离婚的戏码吸引资产阶级，还美其名曰描绘时代现状。它们之间的竞争是围绕着谁能“更露骨地展示做爱前的准备阶段，包括上床的场景”展开的。1914 年，《时报》要求性爱场景必须在舞台上进行，以便警察能够进行干预。而在音乐厅和咖啡馆音乐会上，一定会出现“露骨到能被称作性交的画面和场景”。目前尚未有人研究过这些场景及大量色情描写、色情书和杂志、色情照片的情况，据报道，这些产品有着巨大的销售额，构成了法国娱乐业重要的一部分。[55]

如何划分色情程度的可接受范围并对其进行适度控制，如何以公众道德之名对色情内容进行压制，都是复杂的问题。利特雷①将放荡定义为有辱斯文的行为，而将淫秽定义为公开有辱斯文的行径。法律能够容忍前者，但对后者绝不姑息。二者的区别在于，对于放荡，人们可以说它是“艺术性的，不是为了获得名利”，但是淫秽则是“低级的，目的是获得钱财”。正如 1884 年的一项法院判决：“淫秽所在之处……艺术不会提升其内涵，野性和本能产生的欲望，任何高雅的情操也压抑不住。”[56] 20 世纪上半叶，人们逐渐开始认为，艺术不会是淫秽的，但是艺术的新形式总是需要时间才能获得认可。人们曾认为福楼拜的《包法利夫人》是淫秽的，因为这本书没有反对通奸。同样，还有一本极其无趣的书描写了一个女性的一生，她水性杨花，男人换了一个又一个，但她除此之外没有做过任何不好的事，几年之后，这本书的作者被判犯有淫秽罪。[57] 在几乎同样的

① 埃米尔·利特雷（Émile Littré，1801—1881），法国辞典编纂家、共济会会员和哲学家。——编者注

时间，一个卖便壶的商人也被判了淫秽罪，因为他在便壶底画了一只眼睛，还写了一行字——“看见你了”。但是，一名分发妓院开张小广告的男性却被无罪释放了。1902 年，一家法院裁定，只要是对人类行为的呈现，无论多么轻浮，都不能被视为淫秽，因为这会给艺术带来巨大负担，而无论艺术描绘的是什么，它都会“在一定范围内有助于道德的提升和思想的净化”。[58] 报纸和经典书籍的廉价重印版开始涌现，与此同时，色情文学的流通量也在增加，而摄影的发明加剧了这种情况。色情图片开始在大众市场上崭露头角。但是，每年检察官也会对几乎同样数目的淫秽罪提起公诉。在 1876—1906 年色情作品大量出现的时候，每年约有 55 起相关案件，涉及约 85 人。几乎所有案件审判时都没有陪审团在场（1881—1902 年只有 34 起案件有陪审团），因为很多人（42%）都被无罪释放了。议会于 1898 年通过了一项法律，加大了对淫秽罪的处罚力度，也扩大了淫秽罪的定义，司法部部长也发布了通知，强烈要求更严格地执行法律，但实际效果并不理想。只有阿尔芒·法利埃在 1891 年成功将起诉数量增加了一倍，但情况很快又回到了常态。主要的变化是清教徒社团数量的激增：1905 年，第一届反色情大会举行。中产阶级维护秩序的新方式就是成立公共道德联盟、反对站街许可证中央协会及全国工人保护协会。[59]

然而，这一时期对性行为的另一个方面的压制却明显减弱。在这一时期初，同性恋行为受到人们的普遍声讨。19 世纪 60 年代，《拉鲁斯百科全书》中写道：“（同性恋）既恶心又下流，怎么能存在于我们先进的文明中呢？”这本书在其他方面都很开明，对傅立叶等人的异性恋观念也不怎么厌恶。在它对同性恋的声讨中，存在一种很有意思的阶级意识。“肆无忌惮的放荡、司空见惯的淫乱在某种程度上是同性恋的写照，但是在很多情况下，我们很难否认这种行为其实存在着真正意义上的道德错乱。一个高高在上的男性，不惜堕落到最底层的地位，把街上肮脏的男孩子带回家，在他面前跪下，带着热情和顺从亲吻他的脚，乞求他带给自己那令人不齿的快感，对于这种事，我们能说什么呢?”这只能是一种“最不知羞耻的疯狂”。据说，在19世纪中叶，男妓卖淫和勒索已经具有“几乎令人难以置信的规模”。警察会不时对这种现象进行突击检查。在1845年的“围墙街事件”①中，有47人被告上法庭；在接下来的诉讼中，多名同性恋者遭到审讯。第二帝国在两次突击检查时又分别逮捕了97人和52人。几起谋杀案，包括一起凶手是未成年人的谋杀案，引起了公众对此事的关注，一位名叫比瑟罗勒的地方法官对压制同性恋表现了极大的热情。研究尚未表明这种检控程序是何时及为何而停止的，值得说明的是，在当时的环境下，孟德斯鸠等人还能够炫耀自己的品位，普鲁斯特还以同性恋为题写作，而纪德甚至公开出柜。这些人让公众注意到了同性恋者受到的折磨，或许还起了转变舆论的作用。据称，1937年，来自各阶级的同性恋者都不再隐藏身份。在巴黎，同性恋者的数量至少有25万，其中约2万人在警察局备案。他们经常光顾的俱乐部、餐馆和澡堂让他们自成一个独立的圈子，而戏剧和文学界的名人对其则是既有不齿，又有尊重。同性恋者宣称，《拿破仑法典》为他们提供了保护，而作为其编者之一的康巴塞雷斯据说就是一名同性恋者，但是同性恋还是经常受到警方的霸凌。在公立中学的同性恋者——这里的同性恋者比在教会学校中常见得多——遭到了大力压制，虽然这种压制并不怎么成功。[60]总之，人们花了很长时间才慢慢接受了“同性恋是不正常的原生家庭的表现症状”这个概念。

---

① 围墙街事件是法国司法史上有名的案件，集中审判了多名被告，因被告在案发时聚集在围墙街（rue du Rempart，巴黎一条街道的名称）而得名。——译者注

第十二章

儿童

法国儿童的生存状况像法国人的婚姻一样也经常受到外界的误解。在法国，很大一部分孩子没有完整的家庭。1900 年左右，父母双全的完整家庭与那些不完整家庭的比例是 15∶6（不完整的家庭中，有 2/3 是父亲去世，1/3 是母亲去世）。只有 54% 的婚姻持续时间超过了 15 年。因为一方或双方死亡，15.6% 的婚姻在 4 年内结束，29.7% 的婚姻持续了 5～14 年，只有 31.3% 的婚姻存续超过了 25 年。45% 的孩子在青少年时期就成了孤儿，还有很大一部分在婴幼儿时期就失去了父母。[1] 第一次世界大战延续了这种情况：1931 年，又有 64.6 万个家庭在战争中失去了孩子的父亲；有 132.2 万个孩子的父亲在战争中受伤或变成残疾人。[2] 在 1875 年出生的孩子中，有 9.3 万人被父母遗弃；每 14 个孩子之中就有 1 个没有合法户口。[3] 很多孩子一出生就被母亲送走，由乡下的职业乳母抚养长大。

人们普遍认为，法国家庭的根本性转变开始于孩子占据家庭的中心地位。在被忽视了几个世纪之后，他们有权利享受与成年人不同的一种特殊的生活，并且肩负着不同的期望——在之前的几百年里，孩子被简单地当作“微型成年人”对待，他们穿着和成人一样的衣服，还要像成人一样工作。菲利普·阿利埃斯[①]认为这种根本性变化开始于18世纪。在此之前，一个称职的家长不会获得任何社会地位，而一个不称职的家长也不会被人瞧不起。家庭从根本上讲并不是一个感情单位。维莱尔[②]等保守派试图保持长子继承权，因为他们认为单靠脆弱的感情不能维持家庭的存在。长子继承制的废除，标志着家庭从此终于不再是一个类似商业公司的单位了。阿利埃斯说，人们对孩子给予了越来越多的重视，但这并不意味着孩子就从压抑中解脱出来了。恰恰相反，过往的忽视被执着的爱取代，这使人们对孩子的要求大大提高。人们将纪律和理性强加到孩子身上，不再让孩子自行发展，而是把罪恶感灌输给他们。16世纪时自由的性游戏不再被允许；为了儿童的健康成长，经典作品中的情节遭到删减，还美其名曰是为了保护儿童的纯洁无瑕。

大卫·亨特对阿利埃斯开创性的工作做出了进一步的推进。大卫偶然得到了大量有关路易十三的童年的私密信息，并据此研究了路易十三的童年。亨特的研究说明，很难把对童年时的路易十三采取的不同育儿形式分出明显的时间段。成年人会在路易十三还是婴儿的时候把玩他的生殖器；家长允许他手淫，满足他对性的好奇，还同意他看色情读物；他几乎没有接受过如厕训练。但是，也不是说这个阶段就一点儿约束都没有，当时的儿童也面临着我们现代面临的一些问题。即使在当时，社会上依然存在关于性的争论：有人相信性自由更好，有人认为应该自我节制。儿童也同样会感到性焦虑，有关性的细节对于他们仍然是个谜。而男童与母亲的关系也受到了约束——有长达6个月的时间，路易十三的母亲都不

① 菲利普·阿利埃斯（Philippe Ariès，1914—1984），法国历史学家，无政府主义者。——编者注

② 约瑟夫·德·维莱尔（Joseph de Villèle，1773—1854），原名让－巴蒂斯特·纪尧姆·约瑟夫·马里·阿内·塞拉芬，法国保守派政治家。——编者注

曾拥抱他，后来他们二人之间的关系也一直很冷淡，直到他父亲去世。在此之前，母亲是属于父亲的。当父亲活着的时候，孩子不能接近母亲。有些人怀疑父权制在旧制度时期是否真的有所消减；有一些人则称专制君主制进一步维护了父权制。无论如何，旧秩序还没有完全消失，对孩子的忽视仍然存在；在今天，孩子也并不总是家庭的核心。亨特表示，对儿童这个庞大群体的特点进行简单归纳就像妄想对其他庞大的群体进行总结归纳一样，是极其困难的。[4]

在养育孩子以及如何看待孩子在社会中的地位的问题上，人们产生的分歧几乎和他们在政治上产生的分歧一样大，而在本书所涵盖的年代中，各种不同的态度并存。仅凭医疗手册，不足以追溯人们的态度在这方面发生的变化。随着时间的推移，这些手册上给出的建议发生了根本性的改变，在18世纪更是产生了巨大的突破。在那之前，育儿书主张：新生儿应该先被清洗；乳母比母亲更适合喂养孩子；喂食不应该按规定时间进行；襁褓、摇篮和冷水浴对婴儿有益；等等。在这之后，人们开始重视给婴儿保暖，杜绝儿童玩弄性器官和手淫，不允许婴儿吮吸大拇指（最后一条在19世纪中叶才出现）。人们开始建议要重视婴儿情感的表达，但是同时，如何对婴儿表达情感也受到了越来越多的限制，因为担心表达不当会对婴儿产生过度的刺激。[5]然而，在这个建议的一些关键部分中存在着模棱两可的地方。该建议和教会的教化极其类似。母乳喂养早在卢梭提出之前就被医生提倡，但显然没有获得多大成效，因为医生不断抱怨自己的建议遭到了忽视。在卢梭再三呼吁之后，母乳喂养依然没有被广泛接受；直到19世纪末期，为孩子请乳母的行为都一直风靡，而这种现象的消失并不是依靠观念的转变，而是由于医学的进步使婴儿可以安全食用动物乳汁。尽管卢梭关于母乳喂养的观点十分著名，但其实这是他在《爱弥儿》一书被人指出缺少了婴儿时期的养育方法之后才添加的——差不多算是他引用的想法。他说自己对婴儿时期的养育一无所知，有个朋友就把同时期的德塞萨尔茨①的作品给了他，他几乎逐字逐句地将有关内容搬到了自己的书中。[6]卢梭更为重要的贡献在于，他为教育孩子的新方法提供了哲学基础。他宣扬孩子是纯洁无邪的，应该让他们自由发展自己的个性；孩子既不是未开化的野兽也并非成人，他们有着自己独特的思考方式——15岁时，他们才学会理性，之后再懂得爱情。当然，卢梭的主张与天主教的观点相悖，天主教认为，儿童生来有罪，必须教导他们学会顺从。他的主张也与经验主义者的观点冲突，后者认为儿童具有无限可塑性，儿童的所有性格特点都受到经历的影响。这些不同的传统观点在19世纪并存，如果要给它们做个一般性归纳，也只能是尝试性的——因为缺乏更多家庭行为的证据——这个归纳就是卢梭所认为的孩子天真无邪这一观点并未得到普遍的认同。卢梭的思想是理论史而非实践史上的一个重要转折点。[7]

在此期间，大多数关于儿童的书反映的都不是卢梭的观点，而是保守派和天主教教徒的观点。我们需要记住，这些由母亲教导给女儿的传统观念，在影响如何育儿方面发挥着决定性的作用；女性不像男性那样容易受到新教育理念的影响；男女之间观点和态度的差异是社会的基本特点。我们不应该说这些天主教的教义决定了人们的行为，而应该说它们反映了当下人们的生活理想。家庭的发展不可能完全符合任何一种理想化的情况。一些天主教教徒的理想是坚持自由主义者和先进思想家的理论，同样，先进思想家的一些理念也改变了一些教义。总体来看，人们在育儿方面有各种各样的立场，但理论在实践中遇到的困难也引发了很多犹豫和困惑。因此，在这个时期，法国家长教育孩子的方式各不相同，这是一个充满不确定性的时期。连续几代人所经历的冲突在很大程度上是由孩子的

① 让－夏尔·德塞萨尔茨（Jean-Charles Desessartz，1729—1811），法国医生。——编者注

愿望与父母的传统之间的矛盾造成的。

保守派认为，应该通过对孩子行使家长权威来给孩子灌输尊敬家长的思想，把价值观传递给他们。家庭反映了神圣的秩序，父亲是上帝的代表，就要行使类似的权力。1862年，在阿歇特出版社的畅销书《玫瑰插图图集》中，有一篇关于孝敬父母的儿童作品，文中说："你的父母，从上帝处承接下教化你的使命，同时也获得了完成使命所必需的条件……他们的声音就是上帝的声音。"[8] 1946年，罗贝尔·罗什福尔揭示了书中所描绘的这种父子关系在实际中是如何实现的，他说，他的童年是在"父亲的王国"中度过的。"我生活在他的权威之下，按他的意愿行事。我面对着他，就像信徒面对着上帝一样。我没有选择的余地，不能决定自己是该接受、拒绝，还是怀疑。但是我们之间的联系太紧密了，所以我想象不出我们还能以另一种方式相处。父亲的表情总是捉摸不透。在饭桌上，我几乎不敢直视他的脸，他总是一脸沉思状，表情阴沉沉的。"[9] 在18世纪的上层社会，有一些父子之间的关系总是很冷漠疏离。米拉波这样描述他的父亲："我从未有幸摸过那位长者的面颊。"塔列兰怀疑他都没有和父母在同一屋檐下睡过两晚。夏多勃里昂一见到父亲就完全石化。这种冷漠的父子关系有时也会在资产阶级中出现。埃德加·基内极其害怕他的父亲，就算到了50岁，当和父亲坐在同一餐桌旁吃饭时，他仍不敢自取所需。有一次他这么做了，就被母亲说教了一番。[10]

卫道士们认为，父母的权威下降是因为父母与子女之间过于熟悉。约瑟夫·德罗兹认为，子女以"你"来称呼父母破坏了应有的从属关系，是一种"荒谬的平等"。1886年，一本当时流行的名为《教子有方》的使用指南重申了传统礼节的重要性。这本书要求孩子在家长进屋的时候起立。"如果你有幸加入你母亲的沙龙，那么你必须懂礼貌，好好表现，别让他们后悔给予你这种恩情……你必须戴上手套，才能在沙龙中露面。外省人对于这种礼仪比我们还要严格呢。”[11]一项对出版于1890年的《教子无方》的研究坚称，成功的教育方法就是要实行专制。“家长行使权威，能让儿子成长为一个体面、负责的人。”孩子和家长的地位不能等同，而应该——这是作者给出的比喻——“被当作狗一样对待”。“如果有人养了条狗，他会让狗依赖自己，让它熟悉、喜爱这个家，但他不会让它随心所欲地闲逛。他有时会使用威胁，有时则通过爱抚来让它服从自己。所以，一个人对待孩子也至少要付出同样的心力……做出最严厉的惩罚，获得最微弱的反抗，这就是权威的秘密所在。服从必须是无条件的。”另一种获得权威的方法，就是要让孩子知道，他来到这个世界上不是为了享乐。在他很小的时候，家长就要告诉他，牺牲和顺从才能够引导他成长；生活是一种磨炼而不是乐趣；成功难得，而忘恩负义者众多；人最大的敌人就是自己的私欲。这本书认为，孩子只有一种基本的本能——害怕受苦。除此之外，“孩子会根据他接受的教育来认识人和事”。因此，子女对父母的感恩和顺从并不是自然而然的。人们普遍认为子女对父母的感恩比母爱弱得多，所以，将这些感恩之情灌输给孩子就成了父母的责任。有人将父母给予孩子的恩惠写成了书，让孩子背诵。[12]然而，有一些作家拒绝接受这种观点，他们称，子女之爱是由血缘关系自然产生的。他们抨击那些心理学家，说他们诋毁母亲和孩子之间的关系。[13]

这种教育制度有一个特点，就是它将生活视为一系列需要避免的危险和诱惑。有一本出版于1935年的书，主题是孩子应该如何度过假期。这本书由一名教士出版，受到了主教的推荐。该书的第一章讲述的就是假期的危险性，第一句是：“父母的首要职责就是了解假期所涉及的风险。”孩子们没有人看管，没有老师管教，他们就会把在学校上的那些道德课程全部抛到脑后。他们会在玩耍的时候从别的孩子那里学到一些坏习惯。“美国的例子可能会表明，这种缺乏监视的情况没有什么不好的。但是，法国人和美国人的性格不同，美国人在家庭生活方面也并不是什么表率：美国人的家庭关系不太亲近，离婚率高，孩子也少。”很多家长都怕孩子跟他结交的朋友们学坏，所以最好还是和表兄弟一起玩，更知根知底。孩子被带着去山上和大自然中游玩比较安全，去海边度假的话就比较危险，这会对孩子的心理和人身安全造成严重的威胁。1934年，父母日益深重的忧虑导致了“打击海滩不道德行为运动”的爆发，半裸被视作放荡和道德感衰退的表现。人们的口号是“在海滩上，基督徒还是基督徒”，要杜绝“古代异教徒、中非的野蛮部落，还有德意志帝国时期那样的不雅举止和嬉闹”。医生警告大家说，日光浴必须在医疗人员的监督下才能进行。“游戏确实令人开心，但是却极其危险。”亨利·德·蒙泰朗在给儿子的建议中这样写道：“你乘着独木舟，它就像是你的一个新玩具，但你漂流的海上布满粪便，污浊不堪。如果你能不翻船，那简直就是奇迹了。”[14]

这种思想流派认为，儿童面临的最严峻的危险就是性欲的觉醒，而父母最重要的责任就是尽可能推迟儿童性欲的表现，避免他们对生殖产生好奇。保守派一致倡导压抑儿童的性欲，而弗洛伊德学派人士则一致谴责这一理念。让·维奥莱特①写过的一本在两次世界大战之间的时期被广为传阅的书，可以被当作这种观点的代表。他坚持认为，“残忍地让孩子直面”生活中的事实是“错误且危险的”。首先，父母对孩子来说一定要有种神秘感，这样孩子就会更多地将婚姻看作一种有尊严的道德责任，而不是肉体的关系。其次，必须让孩子习惯不去追求身体的健康和肉体的满足，要抑制他对食物和身体安逸的欲望。要让他通过习惯性放弃自己想要的东西、牺牲个人享受，来锻炼他的意志力。必须让他远离那些可能把他带入歧途的朋友。他给出的一个证明这种方法的有效性的例子是：在修道院长大的女孩对性的无知令人惊异。一个接受修道院教育的女孩在火

① 让·维奥莱特（Jean Violette，1876—1964），瑞士作家、诗人。——编者注

车上被一个男性搭了肩膀后，就急忙去忏悔告解，因为她以为自己会怀孕。对 20 世纪 50 年代意大利流行的女性杂志的分析也揭示了类似的情况，证实了很多女孩到青春期仍对生命常识和解剖学的最基本的概念一无所知。[15] 但是，维奥莱特却哀叹这种一无所知正变得越来越罕见。他意识到，越来越多的人开始反对他的观点。“年轻人的纯洁，”他写道，“好像被很多人视作不正常的、让人自卑的东西。”[16]

即使在某些极端情况下，人们感觉到需要对孩子进行全面、持续的压制，但对父母权威的强调并没有被盲目推崇。杜庞卢主教在 19 世纪 60 年代出版的作品在本书所述这一时期一直在被人引用和传阅。杜庞卢主教早年曾是一名成功的教师，他写书的灵感来自他对儿童真实又感人的爱。杜庞卢不排斥引用卢梭的观点，不过他更经常连篇累牍地引用的是费纳隆的观点——他的行为展示了费纳隆的观点如何影响了几个世纪的人。而保罗·让内等共和主义作家也不排斥引用杜庞卢书中的内容。双方之间存在很多相互渗透的想法。杜庞卢的观点是一种基于大量经验的中观之道。他告诫父母说，如果他们忽视自己的孩子，那孩子在长大之后也会忽视父母。和大多数保守派一样，他强调权威、尊重、纯真、纯洁和顺从。他说，这些美德变得越来越稀少（美德一般存在于一个黄金时代）的主要原因是，父母懒于承担他们的责任，而且太过自负，不愿承认自己的孩子有任何缺点，也不确定自己到底要给孩子灌输什么想法。杜庞卢与很多家庭关系很亲近，从他的描述中我们可以感觉到，当时的父母对年轻人的控制是间歇性的、不定期的，而且是非常随意的。他抨击得最厉害的就是那些被宠坏的孩子。父母允许孩子为所欲为对孩子来说并不总是一件好事。这些父母极其讨厌老师批评孩子，无论孩子天资如何，他们都要求孩子学习优秀。虽然杜庞卢在书中赞扬权威，但同时他也捍卫孩子的利益。他认为，傲慢、好色和贪婪是孩童最大的缺点。他严格禁止男学生在学校里喷香水、戴金链子，也非常注意他们的发型和衣着。在学校里，他狠抓手淫、同性恋和任何对性的兴趣。他试图根除孩子们不服管教、独立（他认为这是一个缺点）、逆反等缺点。但他也在父母面前保护孩子的权利，所以他那本关于儿童的书也被称作“儿童宪章”。孩子的个性、智慧和职业选择有权得到尊重。“我对孩子有虔诚的敬意，”他写道，“我甚至学会了敬畏他们。”对待每个孩子都要用不同的方法。为人父母的第一项任务就是要研究孩子的天性，以此来发现他的能力。而父母的自私、野心和虚荣则是孩子最大的敌人，这种心理会强迫孩子去做不适合他的工作。最糟糕的就是那些刺激孩子在学业上取得成功，之后却逼迫孩子去做“体面”工作的父母。[17]

长期以来，所谓的“心理学家”和“教育家”对儿童的看法与他们对原罪的观点并没有多大不同。贝尔纳·佩雷撰写了最早专门讲述儿童心理学的书——《儿童心理学》（1882），他的灵感源自科学观和进化论，但他对“儿童天真无邪”这个观点的支持远没有卢梭强烈。他强调遗传因素对孩子行为的决定性作用，以及和原罪一样强大的先天恶习的影响（虽然他没有说出来）。孩子生来就会感到害怕、生气和嫉妒，他们天生会撒谎，因为“狡猾是所有动物的天性”。他们的头脑与动物相似，但是其实远不如成年人和有经验的动物聪明。尽管孩子有和动物一样的天性，但人们还是可以“通过正义和善良，使孩子基本沿着正确的道路成长”。[18]加布里埃尔·孔佩雷是一位顶尖的共和党教育家，1893年，他在《儿童的知识和道德革命》上发表文章，抨击原罪的观点，反对杜庞卢强加到孩子身上的罪恶品质。他说，孩子的残忍是出于无知、恐惧或者顽皮的想象，而教育方法不当要为孩子所犯下的错误负责。即便如此，孔佩雷也并不赞同卢梭的所有观点。他说，孩子的确有一个“人性本恶的基础”，这不是父母溺爱能够解释的：孩子的堕落不只是因为社会因素，还是因为这个孩子天生就比较叛逆。孩子的本性就是反社会的。[19]

对儿童的科学研究在法国的进展较为缓慢，而国外的观念也很难进入。19 世纪 60 年代，阿尔弗雷德·卡龙曾试图做一场关于育儿艺术的讲座——他将其命名为“育儿法”——他得到了维克多·迪吕伊①的支持，但欧也妮王后却认为这个活动是有失体面的，这导致前去参加的观众寥寥无几。1865 年，他在巴黎大学省级学会上想就这个主题发表演讲，却被主席以该主题会“引起骚乱”为由拒绝了。1919 年，教授育儿法的学校才在美国红十字会的推动下得以成立，以纪念其在战争中的贡献。[20]法国智力测验的伟大先驱阿尔弗雷德·比奈发起了一场几近孤立无援的运动，呼吁改进整体的教育系统来满足个人发展的需求。1910 年，他在写作中抱怨道：几乎没有人会问，除了是微缩版的成人，孩子还是什么。大家都认为世界上存在一种标准型孩子，所有孩子都应或多或少地与其类似；相比于孩子的天赋能力，老师更重视自己教学内容的价值。但是比奈又没能帮助人们了解孩子的情感需求。他的文章主要关注如何测量孩子的智力、记忆力、视力和听力。尽管他承认完全基于理性与孩子相处有其不足之处，但他无法超越尊重权威和利他主义的传统观念。[21]

在两次世界大战之间的时期，貌似最权威的关于儿童的科学书都强调的是物理因素对儿童的决定性影响，大有要回到之前左拉等人强调遗传因素的趋势。维克多·波谢②医生（1929 年其作品获法兰西研究院奖项）认为，90% 的儿童的性格特点受体质的影响，而弥补他们这种性格缺陷的最好办法，是让他们接受甲状腺治疗。然而，对于传统观念，他也不能免俗。他重申了行使父母权力的必要性，并且同样使用了驯狗的例子，而他所谓的对怯懦——他称之为

① 维克多·迪吕伊（Victor Duruy，1811—1894），法国历史学家和政治家。——编者注

② 维克多·波谢（Victor Pauchet，1869—1936），法国外科医生。——编者注

“道德软弱”——的治疗，是采用“自我控制”的老办法。他赞同弗洛伊德，赞美效率为一种美德，但这种只停留在口头上的新学说并不能改变人们已经根深蒂固的态度。[22] 另一位儿童心理学家 G. 科兰在 1943 年写道，他完全赞成蒙台梭利、杜威、德可乐利等人的思想，这些思想渗透在幼儿园和小学一年级的教育中（但止步于此）。不过很遗憾，心理学家多年来对儿童智力的关注远多于对儿童情感的关注。在探讨如何让儿童克服恐惧时，他给出了两个提议：一是改善儿童体质，用力量来战胜恐惧；二是“诉诸理性”——让儿童不再无知。[23] 这种理智主义的方法流传了下来，并对后来的儿童教育产生了影响。劳伦斯·怀利正是在对法国儿童的理智主义教育中看到了法国儿童和美国儿童的主要差别：在理智主义教育下，法国儿童学会了控制自己的冲动，他们将教育视为记忆他人的思想，并且在生活的各个方面都力求表现得体。[24]

这一时期心理学在法国的发展势头较弱的部分原因是性格分析学的绝对影响力。性格分析学是一门法国特有的科学，由古老的体液学说发展而来。体液学说认为人体中存在四种体液，分别为血液质、胆液质、黏液质、黑胆质。后来，当解剖学证明了这些体液并不存在，反而是神经的作用比较重要的时候，人们就修改了这个体系，并将其转变为一个心理学上的理论，但是这几种分类仍保持不变。19 世纪，这个理论被进一步细化，各种分类也被重新划分。医生富尔科将该理论的基本类型减为 3 种，分别由神经系统、血液系统和细胞系统主导，而这 3 种类型的性格在互相作用后又会再组合出 7 种类型。1858 年，医生欧仁·布尔代在他的《性格的疾病》中给出了 36 种不同的类型。阿藏教授在《健康性格与患病性格》（1887）中给出了 120 种细分类型。要在这些著作中列举出数量庞大且越来越复杂的（或者越来越简洁的）对性格的分类是极其枯燥乏味的。这种情况并不局限于 19 世纪。与体液学说内核相似的流行学说是相面学和笔迹学。当时，法国的雇主使用笔迹学对雇员进行测试就和美国的雇主给雇员做心理测试一样普遍。[25]

自由主义者——其他领域的自由主义者——也并没有给出完全不同的育儿方法。儒勒·米什莱称自己是一个被宠坏了的独子——他会毫无道理地大发脾气，不断为自己的叛逆寻找借口；一直独来独往，只有一个朋友及几本喜欢的书；在中学的时候经常遭受暴力，因此觉得自己憎恨人类。米什莱宣称，孩子的本性纯洁天真，这种天真能够照亮一切，也能够净化一切。他赞颂家庭生活，但他又太聪敏，不相信家庭教育能产生令人满意的结果。他说，单靠家庭教育只会让孩子感到窒息，让他们完全不能适应社会生活。父母确实不再把孩子丢给恶毒的仆人照料，但是却开始过分溺爱孩子，以致让他们染上了酗酒、好色的恶习。他们放任孩子一味沉溺在感官享受中，也因此失去了管教他们的能力。所以，米什莱并不希望家庭关系变得更加亲密，相反，他敦促人们注重家庭生活中的礼节。“就算是为了孩子自己好，大人也应该和孩子保持一些距离。作为家长，确实要爱孩子、关注孩子，但是距离是必需的，不能像今天这样不分青红皂白地把孩子掺进家长的生活。如果在孩子的心目中，家庭是由父母两个人组成的，而他自己只是一个附属品，那么他就会更加谦卑。不应该让孩子过多地感受到家庭关系的亲密感。”这段有趣的文字表明，社会的上层家庭和底层家庭的发展趋势正好相反：资产阶级对礼节已经感到了厌倦，但与此同时，工人阶级的上层——那些正努力跻身小资产阶级行列的人，却想要摈弃他们一直以来随和的家庭氛围。[26]

保罗·让内在 1861 年写了一篇关于资产阶级家庭的文章，与米什莱不同，他在文中赞颂了“在如今家庭中常见的亲近、自信和自由感”。他坚称，这种现象并不代表家庭的衰败。如今的父母更容易溺爱孩子，但也能更好地照顾孩子。过去，父母要求孩子们尊重家长，但他们自己对孩子却不重视。这种忽视现在仍然存在：“有的孩子一天只有固定的几个小时能见到妈妈。”但是现在，家长不再通过纪律来获得孩子的尊重，而是通过爱。[27] 让内对此表示赞同。然而，米什莱与让内之间虽然有明显的矛盾，却也存在着一个基本的相似之处。在这二人的观点中，孩子都是达成父母希望的工具——一个是获得更高的社会地位，另一个是获得爱的情感。从这一点来看，19 世纪育儿方法的变化并没有人们想象的那么大，与过去的“孩子要服从家庭利益”的观点也并没有明显不同。因此，年轻人的反抗情绪并没有减少。我们接下来会谈到这一点。

在我们之前提到的那本畅销书《父亲、母亲和宝宝》中，我们可以看到作者对家庭情感的狂热渴望。德罗兹不但敦促男性与妻子做朋友，享受同处的时光，还告诉家长要同孩子做朋友。他怜悯那些“总是不知道如何当爸爸的人，他们不会在地板上滚来滚去，不知道怎么扮演骏马和大灰狼，也不会给孩子脱衣服。他们错过的不只是令人愉悦的小孩的游戏，还有真正的快乐、美妙的享受……幸福就是这么简单”。但是他接着说，比起母爱，父爱更加具有目的和心机，因为父爱不像母爱那样完全出自本能。父亲和孩子做这种游戏的目的是赢得孩子的爱。“问题就是，如何才能一生都让你爱的人爱你。”孩子并不会自然而然地爱父母，父母要去赢得孩子的爱，要让自己值得孩子去爱，而逗孩子开心就是最好的办法。“先要做他的玩伴，才能有权利成为他一生的伙伴。”德罗兹承认，这件事做起来并不简单，因为儿童的判断极其敏锐，那些在和父亲玩耍的过程中觉得不舒服的孩子日后会变得叛逆。书中给出的这种看似过于感性的方法之中隐藏着一个严肃的目的。德罗兹的观点的重要性并不在于他主张以朋友的方式对待孩子——从 17 世纪开始有很多例子都能表明这种想法并不新鲜——而在于他看到了两代人之间沟通和理解的难处。他提出的快乐解决法其实差不多就是唬人的。[28]

几乎在德罗兹的书出版的同一年，埃内斯特·勒古韦（法兰西研究院成员）指出，德罗兹所倡导的改变已经发生了。“现在的孩子，”他于1867年写道，“在家庭中的地位比原来重要得多。父母的生活更多围绕着孩子。不管是更加小心翼翼，还是投入更多感情，抑或是不再那么强势，放下自己的权威，家长们都更多地考虑孩子的幸福，并更多地倾听他们的意见。”但他说，结果就是“这些可怜的小家伙才三四岁就被这些关注和放纵搞得一点儿活力都没有了；到了7岁，就成了自私、专制又贪婪的小主人；12岁就叼着烟，表情严肃地去上学；17岁的时候就会跟父亲争吵，无论是父亲的年龄还是地位都压不住他们；18岁开始讨论政治和艺术，有的还成了无神论者；等到了20岁，就变得游手好闲，天天从父亲那里要钱花”。勒古韦（等人）论述了父母向子女学习的必要性，但是对于如何不让孩子因此变得专横跋扈，他们公开承认自己并没有可行的建议。[29] 人们赞颂家庭是幸福感和道德感的源泉，但同时也哀叹家庭的发展太容易走入歧途。而孩子的目空一切就是人们最常抱怨的问题。孩子如果受到太多的关注，就会变得难以控制。加瓦尔尼①的漫画《坏孩子》就展现了亲密家庭关系的另一面。

共和主义哲学家阿兰②对这种问题进行了深刻的分析。他认为，让孩子当家里的小皇帝必然会导致母权制的产生。谈到夫妻，他认为，真正的“两口子”其实指的是母亲和孩子，而不是丈夫和妻子。没有孩子的婚姻只是“一种概念，而不是事实”。母亲和孩子之间的爱才是唯一的真爱。孩子，尤其是男孩，和父亲必然难以相处。父亲对孩子来说是一个陌生人，因为在父亲拼搏的世界里，童年和童年时的情感必须被淡忘。但是母亲则可以和孩子一直待在那个以爱为纲的世界里，孩子只要跟母亲张口或撒撒娇，就能得到自己想要的。孩子也想得到父亲的爱，但是父亲的要求太高：他希望孩子能够实现自己未能实现的目标。孩子学着像母亲一样顺从父亲，但是

---

① 保罗·加瓦尔尼（Paul Goavarni，1804—1866），法国插画家。——编者注

② 阿兰，原名埃米尔-奥古斯特·沙尔捷（Émile-Auguste Chartier，1868—1951），法国哲学家、记者、和平主义者。——译者注

父亲既严厉又不耐烦，所以孩子做不到真正地仰慕父亲。孩子往往是父亲的耻辱，因为他可能完全不能满足父亲对他的期望。在理想的情况下，无论孩子有什么缺点，父亲都应该无条件地爱他，但这与父亲世界中的理性法则矛盾；反过来，如果无论孩子的个人品质如何，父母都爱他，那么孩子也会认为父母对自己的尊重不够。因此，家庭生活和外部社会存在冲突。家庭中的价值观不同于外部世界的价值观，它对个人行为的判断并不公正。在外部世界中，事物的价值根据实际的功用来衡量，但是在家庭中，价值的评判则根据喜爱和运气。如果任其发展，家庭就是“野蛮的”。“因为希望太多，所以失望往往会带有仇恨的色彩。因此，父爱有时会变得极其严厉，而孩子则可能会对父亲怀恨在心。正因为父子都知道和解并不遥远，甚至已经感觉到了一点儿和解的迹象，所以结果反而可能变得更糟。”骄傲不允许我们对愤怒时的行为做出补偿，所以家庭危机往往会演变成受伤后的沉默，这种沉默绝对不是无聊导致的。学校和家庭中不同的奖励机制使孩子的生活进一步变得复杂。但阿兰坚称，学校可以弥补家庭教育的缺陷。学校必须“教化”孩子，带孩子进入真正的世界，以人文教育告诉他们世人的普遍理想，并为他们提供在狭隘的圈子之外结交朋友的机会。[30]

阿兰精彩的文章作为对迪尔克姆于1938年发表在《道德教育》上的一篇更出名也更保守的文章的补充，非常值得一读。与阿兰一样，迪尔克姆也坚持认为，家庭本身对育儿来讲并不足够。他以一种相当抽象的方式论证说，家庭引起了孩子心中最初的利他主义的萌芽，但是程度很有限，而且这种利他基于感情，而非责任。因此，学校就是一个重要的补充，只有学校才能让孩子拥有更广阔的视野，培养孩子的纪律精神。迪尔克姆对培养孩子纪律性的重视不亚于任何一个天主教教徒。[31] 最关注社会利益和社会凝聚力的迪尔克姆提出了一个能让社会达到他希望的团结程度的方法，却忽视了个人对此的心理反应。他认为既然社会塑造个人，社会和个人之间就没有理由产生任何冲突。他的结论与天主教教徒的结论非常相似。阿兰的文章则有效提醒了人们注意共和党内部存在着分歧，就像天主教教徒之间也存在分歧一样。阿兰也提醒我们个人主义发展的不可遏制性。

现在看来很明显，当时法国并没有斯波克[①]医生——关于如何育儿，没有一本权威的书。不过，有一位和他地位相近的专家——吉尔贝·罗班医生。他的文章既精辟又接地气。在两次世界大战之间的时期，他发表了至少 12 卷和儿童相关的书。他的作品代表着真正的进步，因为他所关注的领域表明，人们终于开始意识到，即使是不受长期疾病折磨的正常孩子，也可能存在严重的心理问题。他写过一本名为《家庭中的仇恨》的书，其中列举了很多可能会产生紧张和敌意，却看上去非常正常的家庭关系。他著有《问题儿童》《青春期的兴奋与焦虑》《儿童的神经和心理问题》等。但是，他没有提供激进的新的治疗措施，而且他的很多观点已经是老生常谈了。他代表了一种温和的折中主义，他在书中既引用弗洛伊德的观点，也引用德比克神父（《疑难问题》一书的作者）的观点。他的观点在当时非常典型。他认为，舒适极其危险，因为舒适会削弱人的意志力；他建议父母不要使用中央供暖系统，也不要使用舒服的扶手椅，还有自动换片的留声机。但他也同样有力地抨击了“只要孩子老老实实待在家里听父母的话，就不会有问题”的错误观念。他还揭示了阿兰的个人主义和他代表的传统观念之间的协调一致性，说法相当有趣。罗班说，孩子并不比成年人难以满足，孩子最大的要求就是自由，就像成年人的自由一样，这种自由并不是指能随心所欲地做自己喜欢的事，而是思想上的自由。“作为给出自由的回报，你能不费吹灰之力地让孩子学会讲卫生、守时、爱干净、懂礼貌。学习不再是负担，相反，学习是孩子建立自己王国不可或缺的手段。学

---

① 本杰明·麦克林·斯波克（Benjamin Mclane Spock，1903—1998），美国儿科医生，主张父母在对婴幼儿的教育中应该运用理解和灵活的方式，而不是肉体惩罚。——译者注

习是孩子尊重他人和获得尊重的标志，也是孩子和别人和睦相处的标志；学习让孩子学会给予每个人应有的尊重，也获得同样的回报。这些习惯能确保孩子得到自由。孩子已经为自己在剧院买了座位，他们相信自己的梦想肯定会上演。”[32]这与劳伦斯·怀利在法国儿童和美国儿童的比较研究中所观察到的结果非常吻合。怀利强调，法国儿童会在表面上接受长辈提出的礼仪要求的原因是，他们很擅长回到自己自由的私人小世界中。

越来越多的人开始认同，在某些情况下，过度的母爱可能会产生灾难性的后果。杜庞卢对溺爱孩子的母亲进行了极具洞察力的抨击，尽管他使用的是旧式的措辞。玛丽·迪加尔——一位很有意思的女作家——在1900年犀利地指出，母亲的溺爱和控制欲是经由女性受到的教育代代相传的。女孩在学校接受的教育和在家庭接受的教育之间发生了冲突，等女孩成为母亲的时候，这种内部的冲突就显现了。一方面，婚姻仍被视为女孩一生的目标，而智慧则被认为是婚姻的障碍：最好的婚姻就是为了利益嫁给一个自己几乎不认识的人。而另一方面，一种名为野心的东西在女孩的心中悄悄萌芽。“因此，女孩既不愿屈服于过去，又无法担起现有的责任。”她们还没有做好准备去承担责任，而在修道院中接受的教导又导致她们“要将任何一个思考者当作疑犯，把任何一个独立者视为叛逆者；她们凭着本性及法国女性独有的对孩子的热情和爱来教育孩子，让孩子一直处于焦虑的监视中，不让他们离开家，目的是更长时间地占有他们，并将孩子所有的热情和能量都压抑住”。[33]然而，即使这些女性通过对孩子的强烈的占有式的爱来反抗社会强加在她们身上的柔弱形象，即使她们以此来弥补自己对丈夫的漠不关心，她们塑造的神圣母亲形象所受到的攻击比父亲的权威形象所遭受的攻击也少多了。[34]后者所遭受的诋毁显然无处不在。如果父母不识字，而孩子学会了读书，并且开始评价父母，这对父亲就是一个巨大的挑战。扫盲运动在这方面的影响还没有被充分研究过。于连·索雷尔的父亲不识字，而他最不能原谅儿子的一点就是儿子对书籍的热情。家庭对进入上流社会的向往和动力在强化家庭结构的同时，也动摇了家庭的根基。弗洛伊德学说进入法国的过程非常缓慢，不过到本书所述这一时期末时，有些人认为对父亲的恨可能真的是大多数男性心中最初的矛盾所在。让·拉克鲁瓦①于1948年撰写文章讨论了家庭的优势与劣势。他指出，家庭是大多数人产生怨恨的关键因素，也是“男人满足最深刻欲望和最根本需求的主要障碍。当今民主运动的很大一部分原因都可以用弑父杀母的愿望来解释……只有父亲的死能使男性获得自由”。而无神论不过是这种弑父愿望的另一种形式。[35]

人们开始质疑“青少年时期是人一生之中最快乐的时光”这种说法。从1890年左右开始，关于青春期的书越来越多，到1930年，至少有100部以青春期为主题的小说出版。人们认为，这一处于幼年期和成年期之间的人生阶段的问题非常特殊，它的性质与众不同，属于一种单独的类别。心理学家和教育学家都进行了关于青春期的特殊研究。[36]在第一次世界大战之前的两年里，期刊中出现过不止五篇“探究”青春期问题的文章，其中阿加顿②的文章最为著名。[37]1929年，《教育》杂志的评论文章有一整期都是讨论“青春期危机”的。[38]1905年的一项关于犯罪的研究表明，被控犯有杀人罪、纵火罪、殴打罪、流浪罪和盗窃罪的未成年人数量几乎是被指控犯同样罪行的成年人的两倍。[39]亨利·贝朗热③称，青春期远远不是所谓的“天真快乐”的时期，而是一个“头脑、情感和行为都在产生焦虑”的时期。儒勒·拉弗格④将他的诗命名为《痛苦的青春期之怨

---

① 让·拉克鲁瓦（Jean Lacroix，1900—1986），法国哲学家、散文作家。——编者注

② 阿加顿（Agathon）是法国作家阿尔弗雷德·德塔尔德（Alfred de Tarde，1880—1925）和法国散文作家亨利·马西斯（Henri Massis，1886—1970）在发表合著作品时使用的笔名。——编者注

③ 亨利·贝朗热（Henry Bérenger，1867—1952），法国作家、政治家。——编者注

④ 儒勒·拉弗格（Jules Laforgue，1860—1887），法国诗人。——编者注

言》。罗曼·罗兰在《约翰·克利斯朵夫》中描绘了青少年的各个方面。过去，教育的目的一直是"治疗"青春期的孩子，帮助他们成长。在两次世界大战之间的时期，青少年中形成了一个对抗成人价值观的团体。1923年，由青少年撰写的第一部小说出版，作者是雷蒙·拉迪盖，他在开始写这部小说的时候只有17岁。5年之后，另一本书出版，作者是让·德博尔德，这本书给人留下了更深刻的印象，因为，不同于拉迪盖的冷静严肃，德博尔德的文风狂妄放肆。这本书被年轻人视为一种宣言，就如同35年前莫里斯·巴雷斯的文章一样，但是它对人们有着不同的意义。这本书象征的不仅仅是新一代的年轻人对上一代人思想的反抗，亨利·德·蒙泰朗在1926年认为这是一种叫作"青少年主义"的新的社会弊病，它与女权主义的危害并驾齐驱。在世纪之交，崇拜运动和健身成了新的潮流，这也给年轻人带来了新的声望。[40]战争结束后，阿贝尔·博纳尔①说，社会上对青年的崇拜正在取代对老者的尊重。[41]在埃德加·基内7岁生日的时候，他的家长就告诉他，他已经到达了应该理智行事的年龄，但是现在，人们愿意用更多的时间来成长。纪德为青少年写作，与他们保持联系，并为此感到自豪。此外，他还告诉青少年们要培养那些被人认为"不成熟"的品质，他赞颂不安、焦虑和欲望，憎恶家庭所代表的一切。他那句著名的"家人，我恨你们"变成了很多人的座右铭。他发现自己是同性恋，这对他的生命产生了决定性的影响——他对年轻男性有兴趣，而不想跟女性结婚，虽然结婚是一个人成年的标志。他还罔顾社会公序的制约，公开谈论自己的性取向。当时的成年人也读他的文章。成年人对年轻人的专注、情感及思想都产生了强烈的好奇，这是当时的一种新现象。这种现象无疑增强了年轻人的自信和自我意识。年轻人作为一个独立的群体，

① 阿贝尔·博纳尔（Abel Bonnard，1883—1968），法国诗人、小说作家、政治家。——编者注

从家长的监视中摆脱，并与成人隔离开来，如同莫里亚克所说："（他们之间隔着）胆怯、羞愧、不理解和感情上的伤害所筑成的高墙。"[42]纪德断言没有任何一个家人能与他成为朋友。[43]然而，这不仅仅是传统意义上的几代人的对抗，他们对抗的程度也并不像置身其中的一些人所想象的那么激烈。在1890—1930年的百部青春期小说中，只有14部涉及对权威的反抗，其中仅仅5部用了较大的篇幅来描述这个主题。更常见的题材是性别觉醒和与之相伴的问题。[44]年轻人仍然在尝试着了解自己。

我们有必要研究一下那些以"反抗'父母无所不知'的迷思"为题材的小说给人带来的影响。儒勒·瓦莱斯所著的关于童年的自传体小说就是其中最具感染力、最具影响力的一部。[45]这本书描写了一个男孩，他的母亲是一个按照传统道德观念行事的人。小男孩被要求读一本教导孩子必须听父母的话的书，但是他既不喜欢父亲，也不喜欢母亲。他以父亲为耻，因为他的父亲是一个出身农民家庭，贫穷、胆怯且毫无穿衣品位的人，通过阿谀奉承才成为一名老师。他母亲担心他走父亲的老路。母亲不允许他和鞋匠的儿子玩，因为这样有失身份；她想让他举止得体；她不愿让他做个农民，因为她自己就是农民出身。母亲每天都打他，因为她觉得儿子不能被惯坏了。为了培养他的自制力，母亲不让他吃他喜欢吃的食物，只给他吃他不爱吃的。母亲答应他，如果他好好表现，他就能得到零花钱，但是之后她却把钱都放在一个储蓄盒里，不允许他动——她特别希望能给他存一笔资金等长大之后使用，所以她从来不给他零花钱。"小孩子干干净净，为人正直，这样就行了。"他在家中从来没有感受到爱，相反，他感到特别有罪恶感。母亲越是打他，他越觉得她是个好母亲，而自己则是个忘恩负义的坏小孩。在外人眼中，他不过是个正常的孩子，他的家庭也是一个体面的正常家庭。但是不管是外人还是家人都不知道他的感受。1851年12月的政变给了瓦莱斯逃脱的机会，他加入了共和党的反对派。可父亲却把他送到了疯人院（这是真实发生的故事）。瓦莱斯抗议道："（我的父亲）有权逮捕我，把我当贼一样对待。他待我不过像一条狗一样。"他开始投身于社会主义政治活动，当公社成立时，他的激动与幸福溢于言表："这一刻终于到来了。自从我父亲第一次残忍地对待我，自从门房第一次打我，自从第一次没有面包的那天，自从第一次没有住宿的那晚，我一直在盼望和等待这一时刻的到来。这是一场针对学校压迫、贫穷困境和这个艰难的12月的复仇。"在被流放之后，瓦莱斯尝试着建立了一个儿童权益保护联盟，他把他的小说"献给所有在学校无聊到死的人，在家只能哭泣的人，在儿时受到压迫、被父母打的人"。他的书也对当时另一个根深蒂固的偏见提出了抗议，那就是子从父业——孩子去完成父亲未竟的事业。他不想从事他父亲那种和"有学问的狗"一样的职业。他想做一个普通的农民，因为在他的想象中，当一个农民无须承受任何压力。虽然参加了革命运动，他还是说"童年给我的内心带来的忧郁和痛苦似乎永远都会存在"。

瓦莱斯这本书在1879—1886年从评论家那里得到的都是愤怒的回应。布吕纳介的评论开头就是"我要说的是一个邪恶的人"，他谴责瓦莱斯是一个自负到夸张的人。布吕纳介将此书看作19世纪的弊病，他意识到了一种重要的现象，但他倾向于否认这种现象的存在。"瓦莱斯的父亲和母亲，"他写道，"除了教育孩子可能太过严厉，实际上没有别的错误。但是我们也有理由说，他们对他的教育还是太温和了，因为他竟然长成了这种人。"他抗议说，瓦莱斯这个人是不道德的，因为他质疑社会的存在。另一位评论家评论说，我们不能原谅的是，瓦莱斯的这本书竟然是一部儿子指责母亲的小说，社会有理由对其表示抗议。

但是15年后，朱尔·勒纳尔的《胡萝卜须》却引起了不同的反响。[46]这本书也是一部自传体小说，它反抗有关和谐家庭的错误观念。这本书讲述了一个因为缺爱而变得既恶毒又悲惨的叫胡萝卜须的小男孩的故事。胡萝卜须在家里被父亲冷漠地忽视，被哥哥残忍地嘲笑，而且常常遭受母亲的批评——为了向他灌输道德原则，为了让他顺从听话。在这个受人尊敬的家庭中，胡萝卜须觉得自己就是一个孤儿。在学校里，他看到一个年轻老师亲吻一个男孩就举报了这个老师，可当老师被解雇的时候，他却追在老师身后大喊：你为什么不亲亲我？朱尔·勒纳尔为他父母的行为给出了不同的解释。他认为，沉默寡言的父亲（工程师，后来成为村长）之所以沉默，对家庭不闻不问，通过不忠寻求安慰，是因为他与妻子没有任何共同语言，妻子的控制欲让他感到害怕。勒纳尔认为，母亲对父亲的疏离是因为她是虔诚的天主教教徒，而父亲不是。但是在书中，勒纳尔让父亲承认，是他对妻子的忽视才让妻子对儿子进行报复的。一次，胡萝卜须对父亲抱怨道："母亲不爱我，我也不爱她。"可父亲对他的回答是："那我呢，你觉得我爱她？"这样的回答并没有让父子俩产生共鸣：胡萝卜须从来没有获得过父亲的信任，父子之间的和谐完全不存在。后来，勒纳尔结婚之后，母亲还想控制他的妻子，正是这件事最终促使他写下了这部小说。但是，这本书引起的反响却出乎意料地好。批评者提出的最大的反对意见是书中把孩子比喻成动物的做法太过现实主义，应该使用更理想化的词语，比如"天使"，来描绘孩子们。读者接受了书中对这位母亲的攻击，甚至表示这种"神经质母亲"的形象非常典型。法兰西喜剧院把这本书的剧本作为常驻剧目，这本书还被改编成了3部电影。但是，我们也不能认为抨击家庭的言论就一定占了上风。1923年，米勒兰总统撤回了维克多·玛格丽特[①]的荣誉军团勋章，因为他的《假小子》涉嫌诽谤女性。由此可见，人们接受抨击言论的程度完全取决于进行抨击的方式。[②]

20世纪50年代，有人在法国进行了一项调查，询问人们心中

---

① 维克多·玛格丽特（Victor Margueritte，1866—1942），法国小说作家。——编者注

② 我要特别感谢尼古拉斯·休伊特博士，他参加了我于1969年在哈佛大学举行的研究生研究会，并写了一篇关于这个主题的论文。我这里的论述参考了他的论文。

最重要的戒律是什么。第五戒律，也就是“尊重父母”，轻松取胜。只有 12% 的人认为新一代强过老一代，也只有 27% 的人认为新一代相比于老一代基本上没有变化。70% 的人认为，在教育孩子方面，惩罚极其重要，而大部分人都希望惩罚能更加严格。52% 的父母反对学校进行性教育。[47] 很显然，传统价值观在大多数人心中仍然占有一席之地，至少是作为一种理想的价值观存在。父母心里想的和真正做的是两码事。一位校长多年来在不同学校进行观察和记录，对学生的心理状态进行了调查，然后在 1913 年发表了一项有趣的研究。这项研究表明，绝大多数父母对孩子都有所忽视。“你很难想象，”他写道，“绝大多数父母对儿子在智力和道德上的进步都漠不关心。”有一个班级，在年初的时候，只有 4 位父亲来到学校和老师讨论孩子的情况——当然这 4 位父亲非常令人尊敬——而班级里一共有 33 名学生。农民对孩子最不在乎，“他们一门心思扑在地里，对儿子则听任其自由发展”。老师觉得父母并不怎么喜欢他们的孩子，甚至对他们都没什么感情。“他们都不快乐。”[48] 当然，老师们的观察与此次调查结果是一致的。原则与现实之间的矛盾是冲突的另一个来源，然而，除了这个矛盾，还有很多其他的矛盾。孩子经受的压力不仅仅来自家庭。

压力还来自孩子的同龄人团体。父母对孩子的孤立及老师的权威主义必然会导致孩子在学校里形成小团体。据称，这种小团体对孩子日后的表现会产生至关重要且旷日持久的影响。杰西·皮茨① 称之为“少年犯团体”，这些团体形成的原因是团体成员对老师都怀有敌意。这种小团体使学生在忠于家庭的前提下，能够有机会发泄他们的叛逆情绪。因为老师的存在挑战了家庭的权威，家长对这些小团体的叛逆行为也就睁一只眼闭一只眼了。不过，家庭和小团体之间的合作无声而默契：小团体的成员从不会提到家庭，两者处于不

① 杰西·皮茨（Jesse Pitts，1921—2003），美国社会学家。——编者注

同的世界，小团体的成员也不会去其他成员家里做客。小团体是一个防御性的集体。它们的存在完全是消极的。美国孩子的同龄人团体不仅可以得到父母和学校双方的认可，享有一定社会声望，而且可以在体育赛事中赢得荣誉，为孩子的社会生活提供各种重要的机会。但是，法国孩子的同龄人团体没有成熟的价值观，它们只会帮助孩子和老师对抗，而且团体内部的团结仅仅是为了获得突破禁忌的乐趣。不过，这种团体的主要功能大概是保证每个成员都能享受私人的欲望。这种团体力图摧毁权威、诋毁老师，比如让老师宣布自己的政治观点。老师采取的对策就是设法破坏团体的凝聚力，这对小团体来说是一个考验，因为它们的团结只存在于极有限的情况之下。成员之间仍然存在着不信任，孩子们也仍然处于被孤立的状态。不过，这种孤立被小团体对政治的兴趣掩盖，政治兴趣似乎能让这些团体感觉自己处于更重要的社会位置。但事实上，这种掩饰只能将小团体的不良行为放大，变成对现行政治秩序的普遍反对。人们将这种现象视为两代人之间意识形态对立的根源，它同时也昭示了这种对抗的浅薄。小团体对成人世界的反抗是抽象的，而且仅仅停留在口头上。小团体的成员在表达了反抗情绪之后，就又躲回了安全舒适的家中，继续依赖父母。杰西·皮茨将这种同龄人团体视为青少年版的成人世界中的派系、沙龙和校友会，正如朱尔·罗曼在其青少年畅销书《朋友》中描述的那样。成人世界的这些团体一样存在不良行为，例如强调完全的言论自由，对其他派系有强烈的敌意，以造谣和诋毁他人来建立团体内部成员之间血缘般的联结。举个例子，如果一个派系的成员想找一个政府官员办事，那么他就会联系对方，跟对方套近乎，看看能不能把对方和自己凑到同一个反对政府的团体中——如果能，这件事就算办成了。所以，这样的社会交往和政治活动在成人之间很普遍。皮茨认为，能让人经历种种风波而不被伤及分毫的最大力量就是家庭，因为只有家庭真正被人们依赖。所以，在生命的最早阶段，人们就对公众利益渐渐失去了尊重；友谊虽然被人称颂，却也是不可信的。[49] 根据这一理论，我们可以争辩说，儿童不仅在情感的发展上受到了来自严厉家庭的阻碍，他们的社会能力也受到了同龄人团体性质的限制。他们未来在社会上将会更擅长消极地阻挠和耍嘴上功夫，而不是合作和行动。

的确，学校、家庭和同龄人团体都在朝着不同的方向发展。学校在名义上声称要像迪尔克姆宣扬的那样，提高学生的社交能力，但是事实上却在竭尽全力破坏孩子自己组成的团体。罗歇·库西内 ① 是儿童社会学的先驱，皮茨的研究也建立在他的基础之上。库西内表示，尽管学校喊着团结的口号，但其对孩子的培养依然是充满个人主义色彩的。在学校里，孩子很少有做游戏的机会，学校竭尽所能地监视着孩子，只有课间休息的时候才允许孩子玩耍；一旦孩子们开始吵闹，玩耍时间就要停止。而儿童小团体最主要的破坏者则是人们对学习成绩的重视。库西内认为，计分制是分裂小团体的中坚力量，因为随着孩子长大，分数对他们来说就会变得越来越重要。而在家庭方面，父母对孩子在学校中产生的友谊抱有恐惧，会设法限制它的发展。但是，家庭并没有与学校联手。家庭更加关注的是社会的不平等，这是阻止学生之间友谊延续的另一主要障碍。[50]

但是，学校、家庭和同龄人团体在带给孩子相互冲突的压力的同时，也造成了儿童世界和成人世界之间的矛盾关系。1953 年，一位法国心理分析师对比了法国和美国的儿童。她指出，法国儿童认为自己与成年人是不同的，并且不信任成年人。法国儿童被强制学习成年人的行为模式，却又不能享受成年人的特权。成年人的行为受快感驱动，而儿童却只能当圣人。因此，法国人的人生在儿童时代结束时才算真正开始。但这也不是说成长过程更加自然的美国儿童的童年就真的更加自主——美国父母因为担心孩子心理上受到伤害而迟迟不愿对孩子放手。美国儿童的独立是家长给他们的特权，

---

① 罗歇·库西内（Roger Cousinet，1881—1973），法国教师，法国进步教育体系的开拓者。——编者注

而他们也因此更易受社会压力和心理压力的影响。法国家长并不在乎自己有没有给孩子带来心理创伤，他们经常用怪物、妖怪一类的故事吓唬孩子，让孩子好好听话。尽管学校里禁止体罚，老师还是常常会使用教鞭，而且家长会请热心的警察去吓唬那些不听话的孩子。用武力、警察、生病和上帝来恐吓孩子、让孩子听话，是当时的法国家长们惯用的手段。美国儿童与法国儿童对纪律的认知方式大不相同。这位分析师称，法国家长比美国家长更笃信自己教育孩子的方法，这种笃信来自他们自己在原生家庭的成长经历及他们的信念，他们自己的经历告诉他们，个人首先是家庭的一员。这位分析师说，来咨询她的人总是会称“在我家里”这么做是对的，他们认为，这样说能给自己的做法一个正当的理由。[51]

玛莎·沃尔芬斯坦①在对比法国孩子和美国孩子在公园玩耍的方式时，发现两国孩子之间的差异很有意思。每个法国家庭都把孩子们的玩具严格区分开；家长不鼓励自己的孩子和别的家庭的孩子交朋友；家长经常干预孩子的游戏，指责不遵守规则的孩子；孩子之间不允许打架，家长会制止他们肢体上的冲突，所以孩子们发生的争吵更多是口头上的。法国儿童喜欢长时间和自己的家人待在一起；他们能够和各种年龄段的孩子玩耍，这一点和美国孩子很不同，后者更愿意与同龄人玩耍。法国孩子只会远远地观察别的家庭的孩子，并不会加入他们。尽管法国家长会作为“仲裁”介入孩子们的游戏，但是总体上他们会让孩子自己玩，而自己去忙自己的事。而美国人就又有所不同，他们更喜欢和孩子一起活动。法国成年人的世界是独立的，儿童以从属的身份参与他们的活动。法国人只有在童年时期过后才能真正自主，因此美国人认为法国人更能享受成年之后的生活，而不是像他们那样常常回忆童年，认为那是一生中最无忧无虑、最能随心所欲的日子。[52]

---

① 玛莎·沃尔芬斯坦（Martha Wolfenstein，1869—1906），犹太作家。——编者注

第十三章

女性

法国社会独有的特点是，对女性和儿童的压迫与对他们的理想化同时并存。而为了弥补和缓和女性受到的压迫，法国女性在某些受严格限制的领域内具有相当重要的权力。尽管如此，有压迫就会有反抗，而反抗主要存在于两个方面：心理上的反抗和政治上的反抗。前者是传播范围最广也是最有效的：对家庭事务漠不关心、组成同伴群体、与教会联合以及某些个人行为都是抵抗男性和成人统治的策略。除了这些手段，儿童就没有其他的办法了，但一些女性会自发组织起来，煽动群众抗议。法国女性的历史非常有意思，其最重要的原因是，她们反抗压迫的失败让我们看到了女性地位自身的矛盾和微妙之处。

法国女性在法律上的地位确实比男性低。法国大革命仅仅废除了男性的长子继承制，而对提高女性地位的作用微乎其微。法律依然要求女性服从丈夫，而丈夫则为女性提供“保护”。妻子必须住在丈夫选择的地方，而丈夫也有权动用武力让妻子服从他的安排。如果女性与人通奸，那么她应当受到3～24个月的监禁，但是男性这样做却可以免于惩罚。男性只有真的在家中养小妾才算是犯罪，但是惩罚也仅仅是处以100～2 000法郎的罚款而已。如果丈夫无意中发现妻子通奸，并当场将其杀害，那么他并不会以谋杀罪被起诉。但是，在相同的情况下，法律却不允许妻子攻击丈夫。未经丈夫的许可，妻子无权提起诉讼；即使妻子有自己的生意，没有丈夫的许可，妻子也无权进行购入或抛售。没错，法律将女性视为未成年人。通常婚姻会涉及共同财产，但是对财产的管控并不是共同的。丈夫拥有管理共同财产的唯一权力：尽管丈夫只能享有妻子房产的使用权，但是丈夫有权分得妻子的个人财产。即使是在实行财产分开制的婚姻中，未经丈夫同意，妻子也不能将自己的不动产分给其他人。即使妻子与丈夫已经分居，妻子的任何商业行为也必须获得丈夫的签字许可才能进行；妻子只有选择居住地和同居人的权利，却无权销售自己的财产。丈夫对孩子能够行使完全的权力；当丈夫去世之后，妻子行事必须得到与丈夫血缘关系最近的两个亲属的同意。失去丈夫的女性享有对孩子的监护权，可一旦再婚，她能否留下孩子就要取决于家庭委员会的决定。[1]

在这一段历史初期，女性的工资是男性的一半，大多数需要专业技能的工作不对女性开放。女性的教育机会也比男性少得多，基佐的小学教育法忽略了女性的教育。直到1850年，政府才要求超过800人的行政区成立女子学校，到1867年，对人口的要求才减少到500人——即使如此，因为缺乏接受过正当培训的教师，女性能获得的教育价值也很有限。直到1879年，大学才普遍设立了女性教师培训学院。女性的中学教育起步所花费的时间更长。维克多·迪吕伊依照1867年颁布的法律成立了大约50所女子中学，但是很多都没有开下去。直到1880年，由于卡米耶·塞（一位33岁的议员）的提议，女性中学教育才得以成立规范的体系，但是女性毕业之后只能获得学校出具的证书，并不能获得国家的中学毕业证书。女性的课程和男性的不同，内容停留在表面。巴黎大学在1880年之前都不允许女性听讲座，而巴黎医科学院在1868年之前也不允许女性参加此类活动。第一位获得国家中学毕业证书的女性是巴黎的一个 37 岁的小学老师，在她参加巴黎考试的申请被拒绝后，里昂的一位院长自己承担责任允许她参加了考试。巴黎法学院在 1884 年接收了第一位女学生，这位女学生“年龄已经不小”，她在丈夫和学院秘书的陪同下入学，因为害怕会出现丑闻。1913 年在大学读书的女性仍然只有 4 254 名，而男性却有 37 783 名。在 1876 年之前，每年最多只有 5 名女性获得学士学位，到 1913 年也仍然只有 69 人。[2]

女性在教育机会上的弱势地位，得到了长久以来以此为题进行写作的作家的支持。“女性只应该接受家庭教育”，“知识之于女性是最危险的东西”等是当时一些名人的观点。更有人认为女性的智商和道德价值只有男性的三分之一。[3]之前我们提到，米什莱在作品中赞美女性，但是他赞美的也只是传统的主妇形象。孔德坚信，女性必须留在家里，并且“男性要负责为女性提供食物”。确实，孟德斯鸠、爱尔维修和孔多塞都呼吁让女性接受平等的教育，但是在 19 世纪支持女权的人主要是社会主义者。傅立叶发明了“女权主义”这个词，他认为，女性权利的发展是衡量社会整体进步的标准；他设想女性能够和男性接受完全一样的教育；他主张进行彻底的婚姻改革，而这种想法在当时非常超前。圣西门主义者不仅宣扬平等的思想，还在践行这种思想——又一次造成了普遍的恐慌。1848 年，维克多·孔西得朗要求赋予女性选举权；1851 年，皮埃尔·勒鲁就此提出了第一个法案，不过此法案将女性的选举权限制在市政府选举中。正是这些人开始了女权运动，而最终也正是这些人带领女权运动走向了成功。

不幸的是，对女性来说，只有少数人在为她们的事业进行奋斗，而且仅仅停留在自身利益不牵涉其中的理论层面。相比之下，大多数共和党人认为，因为女性去教堂的次数远高于男性，所以赋予她们选举权就意味着神职人员的胜利。激进党非常害怕这种风险，尽管他们是女性教育改革的支持者，但他们仍然是女性在获得选举权道路上的主要障碍。一心要取得革命胜利的保守派，则极其依赖传统家庭制度，因此不会破坏男性在家中的主权。麻烦的地方在于，女权主义事业不能与其他任何事业相提并论。在美国，人们将女权主义与奴隶解放联系到了一起：如果不识字的黑奴都能投票，那么女性当然也可以。但是在法国，尽管社会主义者总将解放无产阶级与解放女性联系起来，但事实上，这两者在经济上是竞争对手的关系。获得了选举权的无产阶级绝对不会愿意让女性也加入投票的行列。女性较低的工资水平也许需要提高，以避免低价竞争，但是女性加入劳动市场无疑会威胁到他们的工作。因此，法国总工会尽管在 1898 年宣布支持男女工资平等，可又全体一致增加了一条规定——“只接受未婚女性和寡妇参加工作”，总之就是“男性必须供养女性”。蒲鲁东已经明确表达了这种观点，且为人所普遍接受。到 1935 年，法国总工会才接受了完全的男女平等。

在英国，女性在 1918 年通过激烈的抗议为自己赢得了选举权。但在法国，女性给予男性的公开压力相对较少，就算有压力，针对的也是公民权利而非政治上的解放权。法国没有爆发大规模的女性运动。潘克赫斯特①女士对此的解释是，法国其实是受到了女性势力的暗中影响的：法国女性知道自己手中有权力，但她们认为，获得选举权并不会扩大她们的权力。[4]“尽管在法律上，女性的地位比男性低得多，”维奥莉特·斯图尔特·沃特利于 1908 年写道，“但事实上，女性才处于高等地位。她们是‘王室背后的力量’，而且，无论是在家庭中还是在商业关系上，法国女性都无疑比英国女性更受关注。”[5]在旧制度时期快要结束的时候，内克②就已经说过：“想要你

① 埃米琳·潘克赫斯特（Emmeline Pankhurst，1858—1928），英国女权运动代表人物、政治活动家，被誉为英国“妇女选举权之母”。——编者注

② 雅克·内克（Jacques Necker，1732—1804），法国大臣、银行家，路易十六的财政总监。——编者注

的观点流行起来吗？给女性讲讲就好了。她们无知，所以会接受你的观点；她们健谈，所以能传播你的观点；她们顽固，所以会支持你的观点。”[6]外国观察家似乎都不约而同地强调法国女性的特殊影响力。“在大多数法国家庭中，女性都处于不可撼动的统治地位。”[7]

早期的女性女权主义者都是孤军奋战的，她们的活动一开始也都仅仅是写一些文学作品或新闻稿。奥兰普·德古热通常被认为是第一位女性女权主义者，为了纪念她于1791年发表的《女权宣言》（她几乎不识字，所以只能口述，让别人代笔）。圣西门主义者创办了第一本仅由女性撰稿的女权主义评论杂志，名为《自由女性》，但是因为这个名字会让人产生不好的联想，后来只能改成《未来女性》，之后又改为《新女性》（1832—1834）。虽然这本杂志并未呼吁赋予女性选举权，而仅仅主张女性应获得受教育权和工作权，但是仍有人创立了《女性杂志》（1832—1837）作为基督教内部女权运动的官方刊物来回应其观点，指责其过分夸大事实。1836年，埃尔比诺·德莫尚夫人创立了《女性公报》，这份报纸仅由女性运营，呼吁赋予女性选举权，允许女性从事专业性工作及进入行政部门。但是，她的关注范围仅限于资产阶级。1848年的革命催生出了很多昙花一现的女权俱乐部和女权报纸。1848年3月23日，让娜·德鲁安①前往市政厅进行拉票；1849年，她代表议会获得了15票；她创立了一家名为《女性政治》的报纸来攻击蒲鲁东。朱丽叶·朗贝②在《反蒲鲁东主义观点》（1858）中发表文章，声明家庭生活并不足以占据女性所有的精力。“抱窝母鸡的角色的确令人尊敬，但这个角色并不适合所有女性，它也没有人们宣传的那么吸引人。”

但是，影响深远的女权主义运动事实上是由一名男性发起的，

---

① 让娜·德鲁安（Jeanne Deroin，1805—1894），法国社会主义女权主义者。——编者注

② 朱丽叶·朗贝（Juliette Lamber，1836—1936），原名朱丽叶·亚当，法国作家和女权主义者。——编者注

这个人就是莱昂·里歇尔（Léon Richer，1824—1911）。他接受过公证人职业教育，但是家庭的变故使他在舒瓦西勒鲁瓦当了15年的公证人书记员，其年薪是1 200法郎。在业余时间，他会去参加公众集会，特别是法兰西大东方社的集会，并在集会上就女性权利发表讲话，他还在盖鲁①的《国家意见》中发表了文章。他发表过的一些文章后来被重新出版成了一本畅销书，名为《一位自由人士给乡村神父的信》。共济会、反教权主义和女权主义的联盟已经启动。1869年，里歇尔创办了自己的报纸，名为《女性权利》，并于1871年创立了女性权利协会（也就是后来的女性权利联盟）。他还组织了国际女性权利大会，于1878年和世界博览会同时在巴黎举行，大会激起了不小的水花，是法国女权主义的第一个重要行动。里歇尔请维克多·雨果作为他的社团主席，发动了重要的女权主义运动。不过他的目标仅限于获得法律平等，他并没有主张女性应该获得选举权，他说："女性的思想仍被教会的枷锁束缚。"里歇尔是一位与政治界联系紧密的记者，后来他请到了维克多·舍尔歇②，然后是勒内·维维亚尼③来接替雨果。[8]他吸引到的第一位重要的女性同盟者是玛丽亚·德雷姆（1828—1894），她也是一名法兰西大东方社集会的演讲者，还是记者、《塞纳－瓦兹省共和党》（1881—1886）的创始人兼编辑、一名活跃的反教权主义者及第一名加入共济会的女性（1882），之后她还创立了混合型共济会地方分会（1893）。和里歇尔一样，她赞成平缓且有限的改革，这无疑是因为"她与投机共和党政客之间的联系"。[9]

---

① 阿道夫·乔治·盖鲁（Adolphel Georges Guéroult，1810—1872），法国记者、作家和政治家。——编者注

② 维克多·舍尔歇（Victor Schoelcher，1804—1893），法国报界人士、政治活动家、政论家和作家，积极主张废除奴隶制。——编者注

③ 勒内·维维亚尼（René Viviani，1863—1925），法国社会党政治家，曾任法国总理。——编者注

里歇尔和德雷姆的平缓改革主张很快导致社团内部出现了分裂，于贝蒂娜·奥克莱尔（Hubertine Auclert，1848—1914）另立门户创立了竞争社团，成为法国历史上第一位女性参政权论者。奥克莱尔不是德雷姆那样的贵妇人，也不如她那么有文化，她只是一个收入微薄的孤儿。在离开女修道院学校之后，她就加入了里歇尔的社团，但是，1876年当里歇尔认为女性不可能获得选举权时，她就离开了。她把自己所有强烈、不羁的热情全部投入女权主义事业，如同英国的女权运动将要采取的方式一样。她与当局频繁发生冲突，拒绝缴纳税款，并坚称自己只会屈服于武力，这吸引了媒体的关注。她的确成功地说服了几位代表，并且于1907年在塞纳省议会赢得了支持两性政治平等的投票。但是，很少有人响应她的极端主义做法，她的事业失败也标志着女权主义运动早期激进主义做法的失败。在此之后，激进主义做法就被放弃了。[①]

在奥克莱尔之后，女权主义者表现得就与无数其他温和派社团一样，开始支持较为温和的社会事业。其主要原因是，那时的女权主义运动其实是资产阶级与上层阶级的运动，而领导者是共和党政客的妻子，她们并不想威胁到自己本身依附的政权。因此，1901年成立的法国国家女性委员会的主席是一位出身于著名的学术与神职家庭的女性，名叫萨拉·莫诺。1912年，朱尔·西格弗里德（1848—1922）夫人继任，她也是一名新教教徒，她的父亲是牧师，丈夫是身家百万的温和派政治家。朱尔为寡妇、女工人和未婚女性组织过多次慈善活动。朱尔的继任者是阿夫里尔·德圣克鲁瓦，她专门为妓女辩护，并且担任委员会主席一职直到将近80岁。[②]接替她的是玛格丽特·皮雄－朗德里，她的兄弟和侄子都是激进派大臣，丈夫

① 她的新闻剪报和信件等文件保存在位于巴黎第五区的最大的女权图书馆——玛格丽特·迪朗图书馆中。

② 阿夫里尔·德圣克鲁瓦于1901—1922年任委员会秘书长，1922—1932年任委员会主席。

是钢铁铸造委员会成员。她继续履行委员会彬彬有礼和谦虚温和的传统，并满足于使委员会“作为一个培养女权主义的温室，小心翼翼地在社会博物馆厚重阴郁的围墙的保护下追寻着自己的小梦想”。[10] 国家女性委员会将大约150个不同机构（1938年有300个）联系起来，但是却完全没有做到团结所有的成员。委员会内的组织太多，而且其中很多是互相对立的，这些组织的存在分散了委员会在女权上做出的努力。关于选举权的就有两个组织，一个是全国女性投票权联盟，另一个是全国女性选举权联盟。前者的主席是塞西尔·不伦瑞克，① 她的丈夫是巴黎大学的教授。不伦瑞克努力改善穷人的社会状况，帮助酗酒者和结核病人，但是却和很多激进派人士有私交；她认同激进派的观点，那就是“只要共和制实行起来还有困难，那么赋予女性选举权就并不明智”。后者的主席是拉罗什富科女爵，② 她是一位少女诗人，与天主教和温和派右翼政党结盟，因此也不会挑起太大的事端。妇女解放与幸福联盟的主席是伊冯娜·内特，她是一名成功的律师，常在公众集会上热情地演讲，她主张赋予女性选举权。但是后来她的职业对她的影响越来越深，因此她也不愿违法行事了。战争过后，因为战争而失去丈夫的遗孀们成立了两个不同的联盟——一个由再婚的女性组成（她们迫切想在再婚后保住抚恤金），另一个由尚未再婚的女性组成。两个联盟相互对立，几乎要发生暴力冲突，但是暴力行为针对的是对方，而不是当局。当时还有一个和平与自由女性共产主义（后来的“反战争与反法西斯”）联盟。这些组织的数量越多，组织内的成员也就越少。目前并没有可靠的数据，但据说战前规模最大的女性示威活动发生在1914年7月5日，共有6 000人参加。[11] 1929年，法国国家女性委员会声称拥有

① 塞西尔·不伦瑞克于1924年继维特－施伦贝格尔夫人之后成为全国女性投票权联盟主席，后者是基佐的孙女。

② 拉罗什富科女爵继勒韦尔－肖塔尔夫人之后于1920—1931年任全国女性选举权联盟主席，后者为该联盟创始人。

15 万名成员；1909 年，法国全国女性选举权联盟拥有 300 名成员，1914 年有 9 000 名（分散于 45 个部门），而在 1929 年则声称拥有 10 万名成员（分散于 200 个小团体）。[12]

最成功的女性组织是法国女性爱国同盟，据称该组织在 1906 年拥有 25 万名成员，1914 年成员数达到了 50 万。但是，该同盟在争取女性选举权上毫无兴趣，而且几乎不参与政治。[13] 与绝大多数其他联盟一样，该同盟由生活安逸的女士领导，成员主要是中产阶级女性。农民群体中的女性没有参与，也没有什么兴趣参与。1934 年后，有一位名为路易丝·魏斯的热血记者想要通过引进现代的宣传手段、在选举现场站立发言、吸引不知情的公众参加公众集会等方法为女权注入新的活力，在这之前的公众集会都不过是老朋友的社交聚会。可是，她在那些老牌组织中遭到了冷遇，而在其他阶级中也遇到了无法克服的阻力。“我说到选举的时候，农民都张大嘴望着我，工人们会仰天大笑，店主们只会耸耸肩，资产阶级人士则一脸惊恐。”她总结道，除非女性改变了对自己和自身利益的想法，否则法律不可能改变。[14]

“一战”没有给法国女权主义者的态度带来任何明显的改变，主要是因为战争对女性并没有多大的影响。当时，丈夫缺位造成的法律上的困难不是通过法律改革来处理，而是通过添加暂时性的法律拟制去解决的——特别是对那些丈夫死于前线的家庭的“默许制”。[15] 早在战争之前，法国女性工作者的比例就比多数欧洲国家高，这是法国独有的特点。1906 年，在全年龄段的统计中，法国男性工作者占男性总人数的 68.2%，而女性工作者则占女性总人数的 38.9%。这些数据在接下来的 30 年中几乎保持不变，1921 年，男性工作者和女性工作者的比例均有 3% 的增长，但在 1931 年又分别回落到了 68% 和 37%；在 1936 年的经济萧条中，这个数据仍保持在 65.39% 和 34.2%。首先，法国拥有占比极大的农业人口，这给了女性工作的机会。但是，1906 年，20.2% 的已婚女性从事农业之外的工作，在战争之后这一数字也并没有增长：1921 年为 19.1%，1926 年为 16.4%，1931 年为 19.4%，1936 年为 18.7%。唯一发生的重大变化就是女性工作者从工厂的迁出。1911 年，从事非农业工作的女性中有 56.6% 从事工业工作，18.6% 从事商业工作，7.5% 是自由职业者，17.3% 是家庭主妇。到 1921 年，这四种类型的人数比例分别变为 52.9%、21.7%、10.6%、14.8%。1936 年，这些数据又分别变成了 44%、27.1%、13.8%、15.1%。因此，这种变化其实远远滞后于战争，它并非战争的直接结果。战争之前，工厂中的男女比例约为 2∶1，而在 1939 年，男女比例变为 3∶1。商业雇员的人数上涨了 3 倍。家庭用人的人数在减少，同样减少的还有女性小商贩、自由工匠，她们开始转而做店员和文员。然而，一个基本的事实是，法国的已婚女性工作者的数量是英国已婚女性工作者的两倍。[16] 在这种语境下，战争真正的重要影响在于它对资产阶级的影响，因为有更多出身资产阶级家庭的女性需要去工作，以弥补家里逐渐缩水的收入。这就是为什么女权主义主要在中产阶层中盛行，因为资产阶级直到那时才真正认识到女性需要工作的问题，而较为贫穷的阶级在很早以前就明白这一点了。

“摩登少女”一词很早就出现了。1864 年，龚古尔兄弟就写了第一部关于摩登少女的小说，名为《勒妮·莫普兰》(*Renée Mauperin*)。在书中，他们尝试用现实主义的笔触描绘了一个“由过去 30 年的艺术教育和中性教育塑造的摩登女郎”。[17] 但是，女权主义运动在法国失败的一个重要原因是，它出现的时间太早了，所以在 1914 年之前其火苗就已经燃烧殆尽，在女性之中只获得了很保守的回应。19 世纪中叶，乔治·桑不仅提高了女性反抗的标准，而且已经过上了解放女性的生活。她告诉自己的丈夫：“我愿意去什么地方就去什么地方，不必向任何人交代。”她一年中大部分时间都不和丈夫住在一起，而是在巴黎过着放荡不羁的生活。她一直靠创作小说来谋生，她的书和她本人的生活一样，主题都是女性对压迫的反抗，以及对社会强加给女性的“不管丈夫如何，都要爱他”的责任的反抗。[18]她本人早已不再尊重自己的丈夫。她在嫁给他的时候还不了解自己的内心，而在顿悟之后，她也有勇气离开他。但是，乔治·桑不算一个彻头彻尾的女权主义者，她的浪漫气质太重。她相信男性和女性应该接受同等的教育，有同样的公民自由，在感情上也应该是平等的关系。她认为，男性让女性服侍自己，破坏了女性幸福的未来，而女性的未来如果没有自由，是不可能幸福的。她说：“女性受到了不公正的待遇；她们被迫变得愚蠢，却因此受到责备；她们的无知被人轻视；她们想学习却被人嘲笑。在恋爱中，她们被看作妓女；在夫妻关系中，她们又被当作用人。她们并非被爱，而是被使用、被剥削，而这一切都是为了让她们遵循那名为‘忠贞’的法律。”她认为，一个女人真正的罪行，不是为了一个她爱的男人离开一个她不爱的男人，而是明知道不爱，却还强迫自己留在一个男人身边，即使这个男人是自己的丈夫。对乔治·桑痛苦而混乱的情感关系的解释之一是她永远无法获得性满足，所以一直在寻找一个能满足她欲望的新情人。而事实上她寻求的仅仅是离婚的权利，她不要求获得选举权。她说，女人的功能和男人是不一样的——“女人一定要拯救的是她狂野的热情之中的那颗仁慈的心”。她写作并不是为了做一名独立女性，而仅仅是因为她需要钱。在她内心更加宁静成熟的阶段，她的作品开始更多地表达对婚姻的尊重，她后来也说：“如果让我重新活一次，我要成为一个贞洁的女人。”[19]

乔治·桑开启的传统延续了数年，反抗传统的女性形象也出现在了多部小说之中。[20]但是，反抗者仅仅局限在少数几个群体——左翼人士、高级知识分子及左翼高级知识分子当中。到1914年，这种行为在很多年轻女孩眼中已经过时了。部分原因是20世纪初天主教及保守派人士对这类女性形象所做出的反应。当然，教会对女性的角色依然保留着传统的看法，[21]主教们甚至严词谴责女性“令人羞耻”的新着装方式及“不雅且令人气愤的时尚潮流”，巴黎大主教还参加了巴黎市内针对女装设计师的抗议活动。[22] 1914年，一项在年轻女孩中展开的调查显示，在女性中出现了一种与在年轻男性中的情况十分相似的情形，阿加顿的《当下的年轻人》（1913）对此也有所体现——女孩子们不再为小说中那些反抗传统和桎梏的女人动容，她们认为，这些人表达的是一种“对感官享乐的无止境的索求”。1914年的女孩子寻求纪律、秩序和理性。阿兰说，他教的女学生们最喜欢的哲学家是孔德，而孔德呼吁的是在家庭和社会中都要执行最严格的纪律。“第一批女权主义者，”她们说，“试图和丈夫成为朋友。”对新一辈女性来说，这样还不够，“我们不愿失去任何作为女性的特权”。在女性之中，撒娇和温柔很快又流行起来。硬汉成了理想的男性形象，而上一辈人喜爱的“小鲜肉”则已然过时。她们拒绝采用英国妇女参政权论者的暴力手段。她们爱自己的国家。在她们眼中，母亲的身份是作为女性所能扮演的至高无上的角色。她们希望自己接受的教育能够让自己不再像过去一样接受强制性婚姻，她们只要有了自己的工作，就能够自由选择适合自己的婚姻，并且保持独立。但是，大多数人反对已婚女性工作，甚至反对她们参与选举。只有像男性一样生活的女性才有资格享有男性的特权。[23] 科莱特·伊韦①是该时期最受欢迎的小说家之一，在她的描述中，才女的生活是孤独而寂寞的：“女性是为爱而生的，然后才需要知识。”[24] 在畅销于各个阶层的女性杂志《夏娃》（*Eve*）的读者来信栏中，爱情和文学内容的比例占有绝对的优势地位，而关于女权主义的内容则少之又少：有关人际关系的小说比有关女性解放的政治方案对女孩子有吸引力得多。[25] 1937年，一家更具现代美国风格的女性杂志《嘉人》创刊，发行量达80万份，但是传统杂志的发行并没有因此受到任何影响。[26] 即使

① 科莱特·伊韦（Colette Yver，1874—1953），法国罗马天主教作家，其作品《科学公主》（*Princesses de science*）获1907年费米娜奖。——编者注

是在自传中对自我进行了绝妙剖析的西蒙娜·德·波伏娃，即使其代表作《第二性》提供了对两次世界大战之间的时期新女性的思想态度的最佳描写，她对女权主义运动也无动于衷。她信仰存在主义的生活方式；她所感兴趣的是自己作为一个人的身份，而不是作为一名女性；她的思想是："女性并非生来就是女性，而是逐渐成为一名女性的。"然而在她的作品中，到处都是对女性能否获得如男性一样的独立性的怀疑。虽然她与让－保罗·萨特未婚同居而广受争议，她着重强调的仍然是自己在挣脱传统束缚时的艰难之处。她没有孩子，因此她的做法并没有获得同时代人的效仿。她笔下的女性活在由男性统治的世界之中，但是她们也生活在一个充满变化的时代。她的作品在 1945 年以后出生的人当中广为流传，不过，中年人也很喜欢读她的书，以此来回忆自己年轻时的挣扎和失败。[27]

妇女解放需要摆脱传统的影响，而传统的力量是不容易被推翻的。泰纳对传统的力量有过这样的评价："(传统）能延缓新思想、新情感的觉醒，能让灵魂保持最初的粗钝与无知，能教会人们服从与沉默。这就是教育陷入的境地——彻底的压迫。"[28] 埃德蒙·阿布①这样解释道："我们首先是想让女性对丈夫忠贞不贰，所以我们希望女孩子能以天使那样的纯洁天真来约束自己，不为任何诱惑所动。"因此，倘若儿子学有所成，父亲会加以赞赏；对于女儿，父亲则会更满意于她的无知，推崇教会学校所倡导的纯洁的理念。[29] 斯克里布②的剧本中的女性形象都是一些无足轻重、愚笨不堪、羞怯胆小的女孩子，她们就像提线木偶一样，只会叫"爸爸"和"妈妈"，斯克里布也因此备受指摘，但是儒勒·勒麦特③却为他辩护称，他所描绘的

---

① 埃德蒙·阿布（Edmond About，1828—1885），法国小说作家、宣传家、记者。——编者注

② 欧仁·斯克里布（Eugène Scribe，1791—1861），法国剧作家。——编者注

③ 儒勒·勒麦特（Jules Lemaître，1853—1914），法国评论家和戏剧家。——编者注

都是现实中的女性形象，因为现在男性就喜欢这样的女孩。“我们对年轻女性的一部分感觉就是，18 岁女孩子的心是猜不透的，她们身上总有一种不可亵渎的神秘感。”第二帝国剧院的戏剧讲述的全是些开开心心接受父亲安排的婚姻的女孩子——埃米尔·奥日埃[①]和大仲马描写这种故事，其一是因为它们在现实中确实存在，其二也是希望女孩子们能够效仿故事中的人物。E. 卡尼尔夫人在回忆录《十九世纪的巴黎家庭》中写道：“我们相信父母的智慧，我们也不觉得接受他们的想法贬低了自己的身份。”胆小羞怯在很长一段时间内被人看作美德。基佐就对自己的女儿说：“你的傲气太盛，就是说，你太自信了。一定要常常注意自己的这个缺点。”女记者塞维琳[②]在回忆过去时，认为年轻时的自己一直处于压迫之中。“我要压抑自己的天性。我父母说，孩子不应该有自己的想法，要通过严厉的纪律把他们的爱好、品位和个性的觉醒全部扼杀在摇篮中。孩子不仅不该说他想要什么，最好连欲望是什么都不知道。”玛德莱娜·达尼埃卢著有一本极负盛名的《法国女性的智慧之书》（1950），书中展现了服从与纯洁的理念在法国家庭中，尤其是在天主教家庭中是如何流传下来的。[30] 尽管有人认为对女性的教育应该普及，但是也有人坚称女性应与男性接受不同的教育。格扎维埃·德·梅斯特[③]给女儿写道：“一个女人最大的缺点就是想成为男人，还想和男人一样学识渊博。”巴尔贝·多尔维利对《蓝袜子》（1878）的批评代表了一种根深蒂固的观点。作为母亲，很多女性支持这种教育女儿的方法，但在她们

① 埃米尔·奥日埃（Émile Augier，1820—1889），法国诗人、剧作家，法国风俗喜剧的代表作家。——编者注

② 塞维琳（Séverine），原名卡罗琳·雷米·德盖巴尔（Caroline Rémy de Guebhard，1855—1929），法国新闻记者，支持无政府主义、社会主义、共产主义和女权主义。——编者注

③ 格扎维埃·德·梅斯特（Xavier de Maistre，1763—1852），法国作家。——编者注

践行这种传统的思想时，她们也就背叛了女性解放的事业。

因此，在提高女性的法律地位上，人们的努力收效甚微，而且新法令出现时，社会各个部门的实践与法律之间总会出现分歧，也就不足为怪了。1881年和1895年颁布的两项法律都允许女性在自己名下开设银行账户，而且使用这些账户取款无须经过丈夫同意。1907年颁布的一项法律规定有工作的已婚女性有权自由支配自己的全部报酬。但是，这些法律施行起来并不容易，尤其是因为丈夫在法律上仍有偿还妻子债务的责任。事实上，多数股东和银行家都无视这项法律，拒绝在没有丈夫许可的情况下帮助已婚女性购买股票或开设银行账户。有这样一个故事：马赛的一位学校老师收到了两份纳税通知单，一份收信人的名字是她本名，而另一份是她婚后的名字。她亲自去税务局抗议，税务员向她道了歉，并请她写一封书面的拒付信。她立刻照做了，但是信件却被退回。税务员表示，虽然她是为自己的个人收入纳税，但是只有她丈夫才有权签署拒付信。"从财务方面来讲，你是存在的，但是在法律层面上，你并不存在。"[31]这方面的法律完善的进程很缓慢。1893年颁布的一项法律赋予与丈夫分居的女性法定行为能力，1917年颁布的另一项法律允许女性成为子女的监护人。1920年，已婚女性可以在没有丈夫同意的情况下加入工会；1927年之后，妻子与丈夫的国籍可以不同。到1938年，已婚女性的法定行为能力终于得到了认可。公众称之为一次伟大的革命，新的"家庭法典"就此诞生。在《民法典》诞生一百年之际，法典修订委员会于1904年成立。《家庭法典》第212条规定，"夫妻双方应忠贞不渝，互帮互助"，保罗·埃尔维厄①建议，在法典中应加入"互相爱慕"四个字，这个提议得到了委员会的采纳。但是，法典修订委员会的提议并未产生法律效力。提议在参议院中搁置了

---

① 保罗·埃尔维厄（Paul Hervieu，1857—1915），法国小说作家和剧作家。——编者注

6 年之久。直到 1938 年通过的一项法律才废除了法典第 213 条，也就是“妻子应服从自己的丈夫”。法律废除了丈夫在婚姻中的权力，至少是在名义上，丈夫的权力不再被列入法典。妻子被赋予完全的法定行为能力。法律生效之后，如果妻子对丈夫选择的居住地不满意，或丈夫不同意妻子参加工作，妻子可以向法院提起诉讼，而责任也相应地由她来承担。但是在实践中，这些赋予女性的权利有很大一部分都是虚幻的。丈夫虽然没有资格要求妻子服从自己，但是他却被称作“一家之主”，看起来其实还是换汤不换药。而突然赋予已婚女性完全的法定行为能力，又导致该法律与其他法律产生了很多难以解决的问题和冲突，因此，事实上该法律是无法实行的。[32] 只要丈夫向法院提出让妻子去工作有损家庭利益，法庭一般会拒绝已婚女性参加工作的申请，并不就丈夫言论的真实性进行调查。

只有在离婚方面的法律取得了真正的进步——但是，当然，顺利离婚并不是女权主义者的诉求。该项法律的通过经过了几个阶段。1792 年，如果夫妻双方水火不容，或者夫妻双方均同意离婚，离婚申请就可以生效。在拿破仑时期，离婚的条件变得更加严格，只有在存在通奸、虐待或者重大人身伤害的情况时才可以离婚。结果，当时在巴黎，一年之中只有 50 项离婚申请获得了许可，在外省就更是极其稀少了。但是，1816 年，离婚制度被完全废除，直到 1884 年才恢复。1848 年，克雷米厄[①]曾尝试恢复离婚制，但并未成功。而阿尔弗雷德·纳凯（也是犹太人）对恢复离婚制的呼声则从未减弱。他是一位化学教授，还是一名狂热的共和党人，没有宗教信仰，他因为在 1867 年成立秘密社团，以及在 1869 年发表了抨击《宗教、财产与家庭》的文章而被判有罪。最初，他提出恢复 1792 年实行的离婚制度，之后改而提议恢复 1815 年的离婚制度。但他的成功非常

---

① 阿道夫·克雷米厄（Adolphe Crémieux，1796—1880），法国律师和政治家，曾任法兰西第二共和国和第三共和国国防政府的司法部部长。他是法国犹太人权利的坚定捍卫者。——编者注

有限：离婚制重新得到实施，但是它是作为对婚内过错的惩罚手段，而在双方同意下的离婚仍没有获得允许。直到 1904 年，法律才允许婚内出轨方与其出轨对象结婚。通奸尽管可以作为离婚的条件，但仍然是一项罪名，通奸者需要接受惩罚。在实践中，就通奸提起的诉讼非常少见，只是偶尔会对其进行罚款。1884 年颁布的法律比拿破仑时期的还要严苛，因为所有双方同意离婚的情况都不被法律承认，不过法院对虐待或伤害的判定倒是变得越来越灵活。只要夫妻一方拒绝回家，那么另一方提出的离婚申请就能获得通过。有一位妻子以丈夫在她遭到仆人冒犯时置之不理为由提出离婚；另一位妻子提出离婚的原因是丈夫在未经自己同意的情况下变卖了自己的首饰；第三位是因为自己对家庭内部管理没有话语权。她们的离婚申请均获得了通过。[33] 一位丈夫因为妻子没有经过他的允许就去法兰西公学院听课而提出离婚，他说妻子表现了“危险的叛逆及冒险精神”。[34] 1900 年，离婚的夫妻有 7 363 对，1913 年有 15 450 对，1920 年有 29 156 对，1921 年有 32 557 对，但是在 1923—1939 年，离婚夫妻的数量稳定在大约 2 万对。法国有 5.4% 的夫妻的婚姻最终失败，在巴黎，失败婚姻的比例则为 11%。到 1930 年，共有 45 万个家庭因离婚而破裂。[35]

在婚姻中，女性一直都有个关于生育的重大委屈。根据 1920 年 7 月 31 日出台的法律，法国禁止进行有关终止妊娠和避孕的宣传活动：不仅堕胎的做法会受到惩罚，企图堕胎的人也会受到惩罚，就连赞成妇女堕胎的人都会受到惩罚。这项法律的出台是为了提高国家持续走低的出生率。但是，事实上，陪审团拒绝对此类案件判罪，甚至连检察官也拒绝对此类案件进行起诉。1920—1939 年，每年只有大约 350 起案件接受了审判，就连维希政府起诉的案件也不超过 2 000 起。该法律产生的真正影响是限制了避孕措施的使用，而终止妊娠的行为则一直都存在。尽管没有精确数据，但是我们可以合理地预测，在两次世界大战之间的时期，每年进行的终止妊娠的数量为40万～120万起。也就是说，堕胎与分娩一样正常，频率也几乎与分娩一样。1947年的一项研究表明，在接受终止妊娠的女性中，有73%的人是已婚女性，并且她们获得了丈夫的同意。1945年，巴黎共有14家“地下”产院，这些产院专门负责堕胎，而且每个省都至少有一家“地下”产院。[36]

男女同工同酬在1946年正式实行。1848年，女性工人的工资大约是男性工人的一半。在1914—1918年战争期间，从事冶金工业的女性的工资水平有大幅提高：1913年，女性的工资比男性低45%，1917年只低18%，但1921年这一数字又回到了31%。1936年的劳资谈判合同将女性的工资水平固定在比男性低13%～15%。在教育行业，男女同工同酬于1927年实行，而同等最高工资水平则于1932年实行。但是，行政部门整体对女性一直存在歧视，他们限制女性新员工的数量，从而避免男性失业的情况出现；维希政府在1940年严格限制了已婚女性的工作权。女性很早就可以从事各种自由职业，但在1882年，女性执业医生只有7人，1903年有95人，1921年有300人，1929年有519人。1914年，女性执业律师只有12人，1928年有96人。1930年，大学里的女教授有6人。在个人才能上，女性在很久以前就已经非常优秀。1905年，一位女士在主要由男性参加的哲学大赛上获得了第二名；莉莉·布朗热①于1913年因作曲获得了罗马大奖②，奥黛特·波韦尔③又在1925年因绘画获得了该奖；1936年，莱昂·布鲁姆任命了三位女性为副国务卿。但是，总体而言，女性在工作中的地位仍远远不及男性。1960年，在从事自由职业的人中，女性仍然只占14%，而在行政职业中，女性则只占3%。[37]

1944年，女性获得了选举权。之所以用了这么长时间，是因为

---

① 莉莉·布朗热（Lili Boulanger，1893—1918），法国作曲家。——编者注

② 罗马大奖是一项著名的法国国家艺术奖学金，由路易十四创立于1663年，每年颁发给最优秀的艺术专业学生，获奖学生可前往罗马公费学习。——编者注

③ 奥黛特·波韦尔（Odette Pauvert，1903—1966），法国画家。——编者注

参议院一直坚持否决该项提议，这反映了他们对女性强烈且迂腐的偏见。参议院的说辞让我们看到，世纪的更迭和本该广泛传播的启蒙思想对某些群体产生的影响是多么微小。一名参议员引用一些古代作家的话做了一段冗长的演讲，他认为，这些古代作家的名望足以证明对女性诉求的驳斥是多么名正言顺。“拉丁人种的女性没有思想，没有感觉，不像盎格鲁－撒克逊女性和日耳曼族女性那样发展充分。她们在家庭中的地位也与后两者大不相同。”对某些人来说，反对赋予女性选举权的决定性原因是，如果让女性获得了选举权，那么妓女都可以参加选举了。还有人认为，男性和女性混杂在一起在投票站中投票，实在有伤风化。但是，反对的真正原因其实是女性去教堂的频率比男性高得多，所以他们害怕女性会因此将票投给神职人员，从而对现有的世俗共和政体产生威胁。维维亚尼曾在 1901 年提出关于女性选举权的法案；1910 年，163 位代表赞同女性在地方选举中获得投票权；1919 年，议院就是否赋予女性完整的选举权进行了投票，投票结果是 344：97。而后，参议院又以 156：134 的投票结果否决了赋予女性选举权的提议，并对否定决议进行了更新，以使其在接下来的 20 年内有效。战争期间，激进党失势，议会暂停，戴高乐将军才得以于 1944 年提出女性选举法案——一方面是受到了共产主义者的影响，因为共产主义的支持者中有很多是女性；另一方面是因为人民共和运动政党希望能够得到女性天主教教徒的选票。之后的研究表明，85% 的女性与丈夫投给了一样的人，而与男性投票决定不同的大部分是年老的寡妇和未婚的女孩。因此，选举权自身对改善法国女性社会地位能否起作用并不明确。[38]

男权在另一个方面也受到了挑战：为了孩子的发展，法律对父权设了限制。《拿破仑法典》第 375 条规定，如果孩子在 16 岁以前有重大的行为不端，父亲有权向法院申请直接将其逮捕关押；一旦孩子超过了 16 岁，法院则有权决定是否批准父亲的申请。（单亲母亲则需要获得丈夫血缘关系最近的两个亲属的同意才能申请逮捕。）

根据法典第 148 条，25 岁以下的男性或 21 岁以下的女性若要结婚，必须征得父母同意；即便是 30 岁男性或 25 岁女性，结婚仍须征求父母的同意，但如果父母提出了三次反对意见，那么之后的结婚请求可以被忽略。在 19 世纪中叶以后，很多年龄在 30 岁、40 岁甚至 50 岁的已婚人士已经育有子女，而子女却和他们当初一样，对父母言听计从。但是，一项 1889 年出台的法律规定，如果父母酗酒、行为不端或者虐待孩子致其健康、人身安全或心理受到伤害，法院可以依法剥夺父母的权力。1898 年出台的一项法律允许法院剥夺罪犯对孩子的抚养权。在 19 世纪早期，法院鼓励父权的行使，以应对祖父祖母的权力：1825 年及 1853 年之决议规定，父亲有权拒绝孩子与祖父祖母见面。但是，1857 年，法国最高法院开始动摇父亲的绝对权力：法院表示，除了父亲，其他人也有相应的权利。[39] 工厂及教育法进一步限制了父亲的权利。同时，如果孩子留在家里的时间变长，母亲的角色也可能会有所改变，而 1874 年出台的“婴儿必须被送到乳母处喂养”的法律也逐渐无人遵守了。[40] 女性和孩子在这些变化中重新定义了自己的角色，但是 1945 年的情况仍然充满疑惑和不确定性。

法国这些年在立法上发生的变化，从一方面来看，表明人们对现有的家庭关系制度存在不满；另一方面，尽管现有的家庭制度内部存在诸多矛盾，但其力量仍然十分强大。国家分成了无数具有自我意识的家庭，而这将所有其他的关系都复杂化了。家庭赋予人们忠诚、野心及前进的方向，虽然人们很少说起内心的这些感受，但它们却是这个时期人们最深层的动力源泉。如果家庭中所有的私人谈话都被记录下来，那么理论上这些记录可能会以家族和家庭的视角重写法国政治史及经济史。但是，对于构成人类日常生活如此巨大的一部分，历史学家的研究几乎毫不涉及，因此，他们对过去的种种描述也就很难做到客观准确了。①

---

① 圣安东尼学院的伊丽莎白·格拉斯正在利用公证档案撰写一篇有关 19 世纪法国女性的论文。

注释

引言

1 对变革的强调可以从这一时期很多代表性作品的标题中窥见一斑：*The Development of Modern France* by Sir Denis Brogan (1940); *L'Évolution de la troisième république* (1921) by Charles Seignobos; *Gloires et tragédies de la troisième république* by Maurice Baumont (1956)。

2 List of French theses in progress, compiled by Professor J. B. Duroselle (unpublished, typewritten 1969); Boyd C. Shafer, *Historical Study in the West* (New York, 1968), 204.

第一章　装腔作势的资产阶级

1 Charles Morazé, *La France bourgeoise* (1946), 65. See also Régine Pernoud, *Histoire de la bourgeoisie en France* (1960–2); Elinor G. Barber, *The Bourgeoisie in 18th Century France* (Princeton, N.J., 1955); B. Groethüysen, *Les Origines de l'esprit bourgeois en France* (1927).

2 Charles Morazé, *La France bourgeoise* (1946), 149.

3 E. Beau de Loménie, *Les Responsabilités des dynasties bourgeoises* (1943).

4 L. Blum, *A l'échelle humaine* (1945).

5 Natalie Rogoff, 'Social Stratification in France and in the U.S.', *American Journal of Sociology*, 58 (1953), 347–57. Cf. N. Xydias, 'Classes sociales et conscience de classe à Vienne-en-Francc (Isère)' in *Trans. Second World Congress of Sociology* (London, 1954), 2. 246–51.

6 Cf. Hugues Le Roux, *Nos Fils* (1898), on his grandfather, 65–82.

7 Raoul de La Grasserie, *Des Parlers des différentes classes sociales. Études de psychologie et de sociologie linguistiques* (1909), 区分了资产阶级公开使用的语言、资产阶级在家中使用的语言、大众的语言和犯罪分子的语言。详情参见我即将完成的对该作者的研究。

8 Edmond Goblot, *La Barrière et le niveau. Étude sociologique sur la bourgeoisie française* (1925).

9 Vicomte de Marsay, *Du temps des privilèges* (1946), chapter 27; Jean de Bellefond, *La Ménagerie du Vatican* (1906); *Le Crapouillot* (1937), issue on 'Vraie et fausse noblesse'; Woelmont de Brumagne, *La Noblesse francaise subsistante* (1928). See bclow pp. 393 ff. for a discussion of the nobility.

10 Jesse R. Pitts, 'The Bourgeois Family and French Economic Retardation' (Ph. D. Harvard, unpublished thesis, 1957), 235 n.

11 D. Poulot, *Le Sublime* (1870).

12 M. L. Ferré, *Les Classes sociales dans la France contemporaine* (1936) 中有对戈布洛较为全面的评价。

13 A. Vavasseur, *Qu'est-ce que la bourgeoisie*? (1897).

14 对该词的解释参见 Zeldin, *Politics and Anger*, chapter 7。

15 Pierre Sanbert, *Notre Bourgeoisie* (Nancy, 1931); and cf. Jean V. Altier, *Les Origines de la satire antibourgeoise en France* (Geneva, 1966).

16 André Germain, *La Bourgeoisie qui brûle* (1951); Maurice Boudet, *Boungeoisie en appel* (1953); cf. Pierre Lucius, *Déchéances des bourgeoisies d'argent* (1936).

17 R. Aron, *Inventaires III: classes moyennes* (1939), 287–340.

18 Just Haristoy, *L'Heure de la bourgeoisie* (1937), 229.

19 Alfred Ancel, *La Mentalité bourgeoise* (1950), 70.

20 Felix Colmet Daâge, *La Classe bourgeoise. Ses origines, ses lois d'existence, son rôle social* (1959). Cf. Georges Hourdin, *Pour les valeurs bourgeoises* (1968).

21 *La Bourgeoisie alsacienne* (Strasbourg, 1954, published by the Société

savante d'Alsace). Abel Chatelian, *Les Horizons d'une géohistoire de la bourgeoisie lyonnaise* (Lyon, 1950, extract from the *Revue de Géographie de Lyon*).

22 Jules Simon, *Premières Années* (1901), 39, 91, 319.

第二章 医生

1 P. Trisca, *Les Médecins sociologues et hommes d'état* (1923).

2 F. Berard, *Doctrine médicale de Montpellier* (1819).

3 Paul Labarthe, *Nos Médecins contemporains* (1868), 44.

4 See his article in *Annales d'Hygiène* (1839).

5 Dr. Piorry, *La Médecine du bon sens* (1864).

6 C. Sachaille de la Barre, *Les Médecins de Paris jugés par leurs œuvres ou statistique scientifique et morale des médecins de Paris* (1845).

7 Louis Peisse, *La Médecine et les médecins. Philosophie, doctrines, institutions, mœurs et biographies médicales* (1857), 2 vols.

8 Dr. Munaret, *Du Médecin des villes et du médecin de campagne, Mœurs et science* (1840, second edition).

9 Dr. Boismoreau, *Coutumes médicales et superstitions populaires du bocage vendéen* (1911).

10 Jean Éparvier, *Médecins de campagne: enquête* (1953), 23, 49, 64.

11 P. M. M. Laignel-Lavastine, *Histoire générale de la médecine* (1949), 3. 9.

12 Dr. P. Brouardel, *L'Exercice de la médecine et le charlatanisme* (1899), 106, 155, 249, 465–82.

13 Laignel-Lavastine, 3. 576.

14 P. Delore, médecin des hôpitaux de Lyon, *Tendances de la médecine contemporaine. La Médecine à la croisée des chemins* (1936), 164–89; Alexis Carrel (ed.), *Médecine officielle et médecines hérétiques* (1945); A. L. J. Rouot, *Essai sur l'information médicale du public* (Bordeaux, 1959) 是对一个值得深度剖析的话题的简单介绍。

15 H. de Balzac, *Le Médecin de campagne* (1832).

16 Dr. Ch. Fiessinger, *Souvenirs d'un médecin de campagne* (1933), 96.

17 Charton, 394.

18 Charton, 387.

19 Dr. Munaret, *Du Médecin des villes et du médecin de campagne. Mœurs et science* (2nd edition 1840) 是关于社会信息的一部有趣作品，其中赞扬了小资产阶级。

20 Dr. Victor Macrobius, *Malades, médecins et pharmaciens* (1889), 36.

21 Dr. P. Brouardel, *Le Secret médical* (1887), 87. 显而易见，医生们在婚姻市场上的作用并不是无足轻重的。事实上，他们担心必须保守职业秘密的誓言会影响某些婚姻的走向：他们应该透露自己的病人得了梅毒吗？这就是当时在医生当中盛行的保守秘密的氛围——有些医生甚至拒绝给出说明死亡原因的证明书，还有些医生甚至直接拒绝提供死亡证明书。

22 Henry Bérenger et al., *Les Prolétaires intellectuels en France* (1901), 7–9.

23 Dr. Georges Laffitte, *Le Médecin* (1936), xx.

24 J. L. Cariage, *L'Exercice de la médecine en France à la fin du 19ᵉ siècle et au début du 20ᵉ siècle* (1965, privately printed).

25 Dr. Georges Laffitte, *Le Médecin. Sa Formation, son rôle dans la société moderne* (Bordeaux, 1936), 70.

26 Jacqueline Pincemin and Alain Laugier, 'Les Médecim', in *Revue Frarçaise des Sciences Politiques* (Dec. 1959), 881–900; G. Laffitte, *Le Médecin* (Bordeaux, 1936), 31.

27 Dr. Gabriel Maurange, *Livre de raison d'un médecin parisien* 1815–1938 (1938).

28 Dr. Marcel Barbot, 'Médecins, chirurgiens, et apothicaires mendois des origines au 20ᵉ siècle' (1952, unpublished typescript).

29 Édouard Rist, *Vingt-cinq portraits de médecins français 1900–50* (1955) 介绍了法国国家医学院成员的生活。

30 Dr. Paul Labarthe, *Le Carnet du docteur au salon de peinture de 1874* (1874).

31 Dr. François Salières, *Écrivains contre médecins* (1948); René Cruchet, *La Médecine et les médecins dans la littérature française* (Louisiana and Bordeaux, 1933).

32 See Zeldin, *France 1848–1945*, vol. 2; Zeldin, *Anxiety and Hypocrisy* (forthcoming).

第三章　公证人

1 Good bibliography in Albert Amiaud, *Recherches bibliographiques sur le*

notariat français (1881).

2 Édouard Clerc, président de la chambre des notaires de Besançon, *Théorie du notariat pour servir aux examens de capacité* (3rd edition 1861), xxii.

3 Ludovic Langlois, *La Communauté des notaires de Tours de 1512 à 1791* (1911), 472.

4 Jules Rouxel, *La Crise notariale. Étude économique et psychologique du notariat moderne* (1891), 20.

5 A. Jeannest St. Hilaire, *Du Notariat et des offices* (1857), 115.

6 Paul Lefèvre, *Les Notaires* (1969).

7 Lucien Genty, *La Basoche notariale. Origines et histoire du XIV e siècle à nos jours de la cléricature notariale* (1888).

8 E. Charton, *Guide pour le choix d'un état* (1842), 464.

9 Rouxel, 52.

10 Cf. Charton with P. Jacquemart, *Professions et métiers* (1892), 708–10.

11 Rouxel, 2–3.

12 Jeannest, 155.

13 Émile Bender, *La Réforme notariale* (1913), 143.

14 Raoul de La Grasserie, *L'État actuel et la réforme du notariat en France* (1898), 159–60.

15 Raymond Herment, *Sous la poussière des panonceaux* (Nice, 1955), 275.

16 A. Jeannest St. Hilaire, *Du Notariat et des offices* (1857), 346–7.

17 E. Breton, *Les Coulisses du notariat* (1904), 60.

18 A. Granveau, *Analyse philosophique des usages en France* (1865), 46.

19 R..., notaire, *Le Notariat considéré dans ses rapports intimes et journaliers avec la morale* (1847), 104; A. J. Massé, *Le Parfait Notaire* (1807).

20 Fernand Dubas, *Du Rôle actuel économique et social du notariat français* (Caen thesis, Mesnil, Eure, 1918), 60.

21 André Desmazières, *L'Évolution du rôle du notaire dans la constitution des sociétés par actions* (1948).

22 Marcel Brisse, *Essai sur le rôle fiscal du notaire* (1937), 214–17; Charles Collet and André Oudard, *L'Évolution du notariat parisien au cours de l'époque contemporaine 1900–1960* (1961).

23 Jeannest, 168.

24 Herment, 333.

第四章 富人

1 Henry Coston, *Le Retour des 200 familles* (1960), 10–12.

2 Georges Duchêne, *L'Empire industriel* (1869), 299.

3 G. Duchêne, *Études sur la féodalité française* (1867)，37.

4 *Le Crapouillot* (Mar. 1936) issue on 'Les Deux Cent familles', 21–2.

5 Jean Baumier, *Les Crandes Affaires françaises. Des 200 familles aux 200 managers* (1967).

6 Francis Delaisi, *La Démocratie et les financiers* (1910).

7 Based on Annuaire Chaix, *Les Principales Sociétés par action* (1932).

8 Nicole Delfortrie-Soubeyroux, *Les Dirigeants de l'industrie française* (1961) 对这 1 964 名董事进行了分析。

9 J. M. Jeanneney, *Forces et faiblesses de l'économie française* (1956), 259. 统计数据并没有给出公司所有者的信息，公司所有者的人数也许小于公司的数量。

10 A. Fontaine et al., *La Concentration des entreprises* (1913), 59.

11 Augustin Hamon, *Les Maîtres de la France* (1936), 1. 21.

12 P. Sorlin, *La Société française* (1969), 1. 131.

13 Jean Fourastié, *Machinisme et bien être. Niveau de vie et genre de vie en France de 1700 à nos jours* (1962), 52.

14 Ibid., 65.

15 Michael Palmer, 'The Press in the early Third Republic', D.Phil. thesis in preparation at St. Antony's College, Oxford.

16 P. J. Proudhon, *Manuel du spéculateur* (1856).

17 P. Leroy-Beaulieu, *L'Art de placer et gérer sa fortune* (1908 edition), 83, 86, 203, etc.

18 Paul Cornut, *Répartition de la fortune privée en France* (1963), chapter 29.

19 Roger Truptil, *L'Art de gérer sa fortune* (1957), 50–93.

20 Constantin Piron, *L'Art de gérer et de défendre sa fortune* (1935).

第五章 实业家

1 D. Landes, 'French Entrepreneurship and Industrial Growth in the Nineteenth Century', *Journal of Economic History*, 9 (1949), 45–61. 另参见他的大师级

经济学著作 *The Unbound Prometheus* (1969)，它提供了更多参考。

2 Rondo Cameron, ‘L’Économie française, passé, présent, avenir’, *Annales* (Sept.–Oct. 1970), 1418–33; id., ‘Profit, croissance et stagnation en France au XIXe, siècle’, *Économie appliquée* (1957), 409–44; id., ‘Economic Growth and Stagnation in France 1815–1914’, *Journal of Modern History* (1958), 1–13.

3 Alexander Gerschenkron, *Economic Backwardness in Historical Perspective* (Cambridge, Mass., 1962), 62.

4 C. Kindleberger, *Economic Growth in France and Britain 1851–1950* (1964) 是关于这些争论的极佳指南。See the *Cahiers de l’Institut de Science Économique appliquée* for J. Marczewski’s *Histoire quantitative de l’économie française* (in progress).

5 Fernand Motte, *Souvenirs personnels d’un demi-siècle de vie et de pensée 1886–1942* (Lille, 1943, privately printed); Gaston Motte, *Les Motte, étude de la descendance Motte-Clarisse 1750–1950* (Roubaix, 1952, privately printed); Gérard Hannezo, ‘Histoire d’une famille du Nord: les Barrois’ (stencilled, about 1964).

6 A. Siegfried, *Jules Siegfried* 1836–1922 (1946).

7 H. Sée, *Histoire économique* (1951), 2. 302.

8 Kindleberger, 174 n.

9 Jacques Boudet, *Le Monde des affaires* (1952), 644–6.

10 John Sheahan, *Promotion and Control of Industry in Post-War France* (Cambridge, Mass., 1963), 139. G. Fohlen, *L’Industrie textile au temps du second empire* (1956).

11 Six articles by B. Gille (some of them under the pseudonym of J. B. Silly) on concentration in *Revue d’Histoire de la Sidérurgie* (1962, 1963, and 1965).

12 M. Pinson, ‘La Sidérurgie française’ in *Cahiers de l’I.S.E.A.* (Feb. 1965), 11–12.

13 B. Gille, ‘Esquisse d’une histoire du syndicalisme patronal dans l’industrie sidérurgique française’, *Revue d’Histoire de la Sidérugie*, 5 (1964), 209–49.

14 J. B. Silly, ‘Les plus grands sociétés métallurgiques en 1881’, *Revue d’Histoire de la Sidérurgie*, 6 (1965), 255–72. Cf. *Entreprise*, 31 Oct. 1964.

15 André François-Poncet, *La Vie et l’œuvre de Robert Pinot* (1927).

16 N. J. G. Pounds and W. N. Parker, *Coal and Steel in Western Europe* (1957), 309.

17 Comité des Forges, *La Sidérurgie française* (1864–1914) (about 1920), 64.

18 J. P. Courthéoux, 'Les Pouvoirs économiques et sociaux dans un secteur industriel: la sidérurgie', Revue *d'Histoire Économique et Sociale* (1960), 339–76.

19 B. Gille, *Les Origines de la grande industrie métallurgique en France* (1947), 161.

20 René Sédillot, *La Maison de Wendel de 1704 à nos jours* (1958, privately printed), 122, 164, 247, 274; B. Gille, 'La Psychologie d'un maître de forges', *Revue d'Histoire de la Sidérurgie*, 6 (1965), 61–72.

21 See further J. Vial, *L'Industrialisation de la sidérurgie française 1814–64* (1967), 1. 170–85, 199. G. Thuillier, *Georges Dufaud et les débuis du grand eapitalisme dans la métallurgie en Nivernais au 19e siecle* (1959) 以生动的笔触描述了 19 世纪一名铁匠的生平。卡罗尔·肯特（Carol Kent）所撰写的关于卡米耶·卡瓦利耶和蓬塔穆松的论文（Oxford D. Phil. 1972）立足于该公司的档案史料，是对大卫·兰德斯理论的一次极有价值的探讨。

第六章 银行家

1 A. Toussenel, *Histoire de la féodalité financière* (1847).

2 J. S. E. Wilson, *French Banking Structure and Credit* (1957).

3 G. Charpenay, *Les Banques régionalistes* (1939).

4 Quoted by G. Palmade, *Capitalisme et capitalistes français au 19e siècle* (1961), 71.

5 B. Gille, *La Banque et le crédit en France de 1815 à 1848* (1959), 371.

6 G. Piron and M. Byé, *Traité d'économie politique*, vol. 4, *Le Crédit* (n.d.), 131.

7 Jean Bouvier, *Le Crédit Lyonnais de 1863 à 1882* (1961).

8 R. Girault, 'Pour un portrait nouveau de l'homme d'affaires français vers 1914', *Revue d'Histoire Moderne et Contemporaine*, 16 (1969), 329–49.

9 Henry Laufenberger, *Les Banques françaises* (1940), 43, 77–80, 168; Robert Bigo, *Les Banques françaises au cours du 19e siècle* (1947); J. J. Laurendon, *Psychoanalyse des banques* (n,d., about 1963).

10 See F. Braudel and E. Labrousse, *Histoire économique et sociale de la France*, tome 3, vol. 1 (1976), especially the chapters by Maurice Lévy-Leboyer, pp. 347–467. See also the latter's *Les Banques européennes et l'industrialisation* (1964).

第七章 普通人的野心

1 Dr. J. B. F. Descuret, *La Médecine des passions ou les passions considérées dans leurs rapports avec les maladies, les lois et la religion* (1841), 9, 572–91.

2 L. F. L. Bergeret, *Les Passions, dangers et inconvénients pour les individus, la famille et la société. Hygiène morale et sociale* (1878), 25–9.

3 Dr. A. Culerre, *Les Enfants nerveux* (1914), 291–2.

4 Dr. Toulouse, *Comment conserver la santé* (1914); Dr. Pierrot, *Travail et surménage* (1911).

5 Silvain Rondès, *L'Homme qui réussit. Sa Mentalité. Ses Méthodes* (1908), 70–85, 183–94.

6 E. Charton, *Guide pour le choix d'un état ou dictionnaire des professions* (1842). 关于对沙尔东观点的呼应，参见 J. H. Donnard, *Balzac, les réaliiés économiques et sociales dans la comédie humaine* (1961), 277, 其中引用了沙普塔尔和七月王朝时期报纸的观点。

7 E. Charton, *Dictionnaire des professions* (3rd edition 1880 in collaboration with Paul Laffitte and Jules Charton), 152, 286, 328–30.

8 Paul Jacquemart, *Professions et métiers. Guide pratique pour le choix d'une carrière à l'usage des familles et de la jeunesse* (1892), 326, 524–7, 776.

9 Paul Bastien, *Les Carrières commerciales, industrielles et agricoles* (1906), 203.

10 J. Méline, *Le Retour à la terre* (1905).

11 Gabriel Hanotaux, *Du Choix d'une carrière* (1904).

12 Lt. Col. Péroz, *Hors des chemins battus* (1908).

13 Gaston Valran, *Préjugés d'autrefois et carrières d'aujourd'hui* (Toulouse and Paris, 1908), 135, 356.

14 A. Berlan, *Du Choix d'une carrière par Gabriel Hanotaux et l'empire des affaires par Andrew Carnegie* (Saint-Quentin, 1904)—by a journalist.

15 Jean Liévin, *Les Meilleures Professions pour faire fortune après la guerre* (1916), 19, 25.

16 *Guide général pour la jeunesse Carus* (1934), 213, 478–81, 503–4, 521–3, 527, 571, 667.

17 目前没有关于法国工程师职业的历史著作。M. 泰波正在撰写一部 1815—1848 年的相关作品。Gf. J. Petot, *Histoire de l'administration des ponts et*

chaussées 1599–1815 (1958). 哈佛大学的约翰·魏斯的论文有助于我们了解这一时期的教育情况。

18 Hugues Le Roux, *Nos Fils: que feront-ils?* (1898), 127.

19 François Jacquin, *Les Cadres de l'industrie et du commerce* (1955) 包含一项关于雷诺工厂经理们的有趣调查；David Granick, *The European Executive* (1962) 是一份富有启发性的关于英国、法国、德国、比利时和美国的对比研究。工程师们的个人生活值得研究。

统计数据很难获取，学界需要对此进行更多的研究。关于工程师的讣告，参见 *Mémoires et compte rendu des travaux de la Société des ingénieurs civils de France* (1898), 418–28; (Nov. 1910), 501–19; (Jan. 1912), 17; (May 1912), 634 etc. 关于工程师的文学活动，参见 F. Divisia, *Exposés d'économique: Vol. 1: L'Apport des ingénieurs français aux sciences économiques* (1951)。

20 Henry Junger, *Dictionnaire biographique des grands négociants et industriels* (1895), vol. 9 of Henry Carnoy's series of dictionaries, 101.

21 Georges Lamirand, *Le Rôle social de l'ingénieur (1923, new edition 1937)*; see also Marcel Barbier, *Le Problème français de la formation des ingénieurs, d'après quelques écrits récents* (1955).

22 Jean Fourastié, *Migrations professionnelles 1900–1955* (Institut National d'Études démographiques, travaux et documents,cahier no. 31, 1957), 157; Claude Quin, *Physionomie et perspectives d'évolution de l'appareil commercial français 1950–1970* (1964), 47. J. C. Toutain, *La Population de la France de 1700 à 1959* (1963), 146.

23 L. J. Gras, *Histoire du commerce local et des industries qui s'y rattachent dans la région stéphanoise et forézienne* (St. Étienne, 1910), 398–400, 407, 423.

24 Firmin Didot, *Annuaire Almanach du commerce* (1856 and 1879), lists of *épiciers en détail.*

25 Centre d'Information inter-professionnelles, *Le Commerce: documents* (1943).

26 Victor Ray, *Pour faire fortune, par un ancien commerçant* (Moulins, 1922), 8; A. Demonceaux, *Le Choix d'une carrière commerciale, industrielle ou financière. Guide pratique des parents et de la jeunesse* (3rd edition, n.d., about 1920).

27 Law of 28 Apr. 1893. See Yves Guyot, *Le Commerce et les commerçants* (1909), 203.

28 Gaston Defossé, *Le Commerce intérieur* (1944), 175.

29 E. Charton, 3rd edition, 152.

30 Marcel Porte, *Entrepreneurs et profits industriels* (1901), 183.

31 *Les Informations industrielles et commerciales*, no. 546 (7 Oct. 1955).

32 Maurice Mayer, *Le Secret des affaires commerciales* (1900), 276.

33 Roger Picard, *Distribution et consommation, les cahiers du redressement français*, no. 11 (1927).

34 Francis Jourdain，*Né en '76* (1951), 255–69 描述了科尼亚克的画家父亲和他（父亲最好的客户）的关系。

35 Fernand Laudet, *La Samaritaine* (1933); and Jourdain, 267.

36 Alfred Renouard, *Histoire de l'école supérieure de commerce de Paris* (1898, 3rd edition, expanded, 1920).

37 Daniel Briod, *La Science de la vente et sa place dans l'enseignement commercial* (1929).

38 Paul Cornut, *Répartition de la fortune privée en France* (1963), 247–75. 在 1900—1924 年的巴黎，零售企业的价值按货币计算增长了 8 倍，按实值计算增长了近 2 倍。餐厅和酒店的价值增长了 15 倍，杂货店和小餐馆的价值增长了 10 倍，肉店增长了 8 倍，面包店增长了 6 倍，水果店增长了 4 倍。在整个国家的范围内，零售机构从 1901 年的 19.8 万家增长到了 1912 年的 22.6 万家；在这期间，5%～6% 的企业每年都会易手。A. Bonnefoy, *L'Achat et la vente des fonds de commerce dans l'économie moderne* (1924); *Recherches statistiques sur la Ville de Paris* (1860), vol. 6, 630–1; E. Clementel and M. de Toro, *Larousse commercial* (1930), 607; Diane de Luppé, *Le Commerce de vin dans le département de la Seine de 1851 a 1860 d'après le fonds des faillites du tribunal de commerce de la Seine* (unpublished thesis in the library of the Paris faculty of law, 1968).

第八章　公务员

1 E. Charton, *Guide pour le choix d'un état* (1842), 261.

2 W. R. Sharp, *The French Civil Service, Bureaucracy in Transition* (New York, 1931), 418; F. Ridley and J. Blondel, *Public Administration in France* (2nd

edition 1969), 29.

3 Michel Crozier, *Petits Fonctionnaires au travail* (1955) 中的一项针对 3 500 名办公室职员的调查显示，其中有 33% 是公务员的女儿，有 40% 来自法国西南地区。

4 A. Darbel and D. Schnapper, *Les Agents du système administratif* (1969), 22, 61, 70, 75, 91, 95.

5 Bernard Gournay, *L'Administration* (1964), 83–4.

6 Pierre Legendre, *L'Administration du 18e siècle à nos jours* (1968), 179.

7 Quoted by Vicomte d'Avenel, 'L'Extension du fonctionnarisme depuis 1870', *Revue des Deux Mondes* (1 Mar. 1888), 95,

8 Sharp, 73.

9 See B. le Clère and Vincent Wright, *Les Préfets du second empire* (1973).

10 Vivien, 'Études administratives: Les fonctionnaires publics', *Revue des Deux Mondes* (15 Oct. 1845), 215–70.

11 H. Blerzy, 'Le Fonctionnarisme dans létat', *Revue des Deux Mondes* (15 Sept. 1871), 444–59.

12 Cf. A. Granveau, *Analyse philosophique des usages* (1865), 25–7.

13 Bérenger, *Le Prolétariat intellectuel* (1901), 63.

14 Vicomte d'Avenel, 'Fonctionnaires de l'état et des administrations privées', *Revue des Deux Mondes* (15 July 1906), 391–413.

15 'La Crise des cadres de la nation', *L'Europe Nouvelle* (26 Mar. 1927), special issue.

16 H. Truchy, 'L'Élite et la fonction publique', *Revue Politique et Parlementaire* (10 Dec. 1927), 339–48.

17 Darbel and Schnapper, 94.

18 B. Gournay, *L'Administration* (1964), 82–5.

19 Anon., *Les Fonctionnaires* (3rd edition 1911), 19.

20 René Favarielle, 'Le Fonctionnarisme', *Revue de Paris* (15 Sept. 1901), 405–7. 关于官僚主义思想的内容，参见 André Moufflet, *M. Le Bureau et son âme* (1933)。

21 Auguste Bréal, *Philippe Berthelot* (1937).

22 Henri Chardon, *Les Travaux publics. Essai sur le fonctionnement de nos administrations* (1904), 27, 357.

23 Michel Crozier, *Le Phénomène bureaucratique* (1963).

24 Quoted in Pierre Legendre, *Histoire de l'administration de 1750 à nos jours* (1968), 526. Cf. Jules Ferry's attacks on the Eaux et Forêts in Pierre Soudet, *L'Administration vue par les siens et par d'autres* (1960), 42.

第九章 农民

1 A. Blanqui, 'Tableau des populations rurales de la France en 1850', *Journal des Économistes*, 28 (1851), 9.

2 Joseph Roux, *Pensées* (1885).

3 E. Zola, *La Terre* (1887); Jules Renard, *Nos Frères farouches* (1908).

4 Millet, *Paysanne assise, Paysan greffant un arbre, Femme faisant paître sa vache*; G. Courbet, *Casseurs de pierre*.

5 See J. Antran, *La Vie rurale* (1856).

6 Cf. M. Ballot, *Eugène Le Roy, écrivain rustique* (1949).

7 R. Mathé, *Émile Guillaumin* (1966) 是一部很好的传记。关于对法国农民更富感情、更保守的刻画，参见 R. Bazin, *La Terre qui meurt* (1899)。关于对农民文学的深刻分析，参见 P. Vernois, *Le Roman rustique* (1860–1925) (1962)。

8 Henri Mendras, *Les Transformations du métier d'agriculteur dans la France contemporaine* (1967) 是一份针对“二战”后法国农业变迁问题的有趣研究。

9 Lucien Fabre, *Le Tarramagnou* (1925), 61.

10 M. Bloch, *Les Caractères originaux de l'histoire rurale française* (1931), 在 1956 年出版的第 2 卷中可以看到他对自己观点的修正；R. Dion, *Essai sur la formation du paysage rural français* (Tours, 1934); and E. Juillard *et al.*, *Structures agraires et paysages ruraux: un quart de siècle de recherches françaises* (Nancy, 1957)。

11 O. Leclerc-Thouin, *L'Agriculture de l'ouest de la France* (1843), 43.

12 On this, see A. Soboul, 'La Communauté rurale', *Revue de Synthèse* (1957), 283–307.

13 Jacqueline Moguelet, 'Les Pratiques communautaires dans la plaine vendéenne au 19e siècle', *Annales* (July–Aug. 1963), 666–76. 关于林权，参见 Henri Evrard, *Notes historiques sur les biens communaux du canton de Varennes-en-Argonne* (Paris thesis, Bar-le-Duc, 1912), and Michel Duval,

La Révolution et les droits d'usage dans les forêts de l'ancienne Bretagne (Rennes, 1954)。In general, A. Soboul, 'Survivance féodales dans la société rurale au 19e siècle, *Annales* (Sept.–Oct. 1968), 965–86; 关于世纪之交法国东部的情况，参见 G. Eugène Simon, 'Les Biens communaux', *La Nouvelle Revue*, 88 (1894), 699–719, 其中对个体村庄的描写具体而生动。

14 J. de Crisenoy, 'Statistique des biens communaux et des sections de communes', *Revue Générale d'Administration* (1887), 257–75; R. Graffin, *Les Biens communaux* (1899); Edmond Cleray, *De la mise en valeur des biens communaux* (1900), appendix. 4,855,000 hectares in 1863, 4,316,000 hectares in 1877.

15 Janine Pomponi, 'La Vie rurale de deux communes corses: Serra di Scopamene et Sotta' (Aix, Travaux et mémoires de la faculté de lettres, vol. 26, 1962, stencilled), 60, 100.

16 A. Durand, *La Vie rurale dans les massifs volcaniques des Dares, du Cézallier, du Cantal et de l'Aubrac* (Aurillac, 1946), 146.

17 E. Julliard, *La Vie rurale dans la plaine de Basse-Alsace* (1953), 224–9.

18 R. Lebeau, *La Vie rurale dans les montagnes du Jura méridional* (Lyon, 1955).

19 L. Duguit, *Les Transformations générales du droit privé depuis le code Napoléon* (1912); G. Pirou, 'Duguit et l'économie politique', *Revue d'Économie Politique* (1933).

20 Gaston Morin, *La Révolte du droit contre le code* (1945). 除了农业上的影响，该运动在限制妇女和未成年人就业、没收土地用于公共事业计划、租赁改革和租户保护（1926 年、1927 年和 1933 年）方面都有显著影响。在第一次世界大战和第二次世界大战期间，农民不得不在土地上劳作，因为如果他们荒废了自己的土地，那么土地可能会被别人抢走。

21 J. Michelet, *Le Peuple* (1844; ed. L. Refort, 1946), 32.

22 Alexandre de Brandt, *Droit et coutumes des populations rurales de la France en matière successionale* (1901).

23 G. Lefebvre, 'La Place de la révolution dans l'histoire agraire de la France', *Annales d'Histoire economique et sociale,* 1 (1929), 506–23.

24 Flour de Saint-Genis, *La Propriété rurale en France* (1902), 83.

25 P. Vigier, *Essai sur la répartition de la propriété foncière dans la région alpine. Son évolution des origines du cadastre à la fin du second empire*

(1963).

26 A. de Foville, *Le Morcellement* (1885), 77–8.

27 关于城市对土地的投资，参见 Henri Elhai, *Recherches sur la propriété foncière des citadins en Haute-Normandie* (C.N.R.S., 1965)。

28 Eugène Creveaux, 'Les Cultivateurs du Laonnais', *La Science Sociale*, 87 (Nov. 1911), 33–5.

29 Philippe Bernard, *Économie et sociologie de la Seine-et-Marne 1850–1950* (1953); Pierre Brunet, *Structure agraire et économie rurale des plateaux tertiaires entre la Seine et l'Oise* (Caen, 1960); Michel Philipponneau, *La Vie rurale de la banlieu parisienne* (1956); J. P. Moreau, *La Vie rurale dans le sud-est du bassin parisien* (1958).

30 G. Maydieu, 'Notes pour servir à une monographie du paysan proprietaire du Lot-et-Garonne', *Revue d'économie politique*, 9 (1895), 159–64.

31 A. Focillon, Monograph (Feb. 1859), in Lc Play, *Les Ouvriers européens* (2nd edition 1877), 4. 390 ff.

32 F. Le Play, *Les Ouvriers européens* (1877), 5. 323 ff.

33 A. de Tourdonnet, *Traité pratique du métayage* (1882), 207.

34 L. Durousseau-Dugontier, *L'Évolution du métayage en France* (Poitiers thesis, Tulle, 1905), Pierre Laborderie-Boulou, *Le Métayage, particulièrement en Périgord* (Bordeaux thesis, 1905); P. Rouveroux, *Le Métayage* (1934); J. Dudez, *Le Métayage* (Bordeaux thesis, 1938), G. Pirou, *Traité d'economie politique*, vol. 1, part 2 (1941), 104–12.

35 Roger Dion, *Histoire de la vigne et du vin en France des origines au 19e siècle* (1959) 是一部篇幅巨大的大师级著作；Armand Perrin, *La Civilisation de la vigne* (1938); Robert Laurent, *Les Vignerons de la Côte d'Or au 19e siècle* (1957) 是一篇优秀的论文；Gaston Galtier, *Le Vignoble du Languedoc méditerranéen et du Roussillon. Étude comparative d'un vignoble de masse* (Montepellier, 1960, 3 vols.) 包含大量有趣的信息；C. K. Warner, *The Winegrowers of France and the Government since 1875* (New York, 1960) 包含有价值的立法方面的信息；关于全面的早期调查，参见 Dr. J. Guyot, *Études des vignobles de France* (1868, 3 vols.); 关于传记专著，参见 Paul Descamps, *La Science sociale* (June 1907), and *Les Ouvriers des deux mondes*, 2nd series, vol. 3, no. 166。

36 Françoise Langlois, *Les Salariés agricoles en France* (1962), 9, and annexe

XI; A. Souchon, *La Crise de la main d'œuvre agricole en France* (1914); Alain Touraine, 'Les Ouvriers d'origine agricole', in *Sociologie du travail* (July–Sept. 1960), 230–45.

37 这些不完全具备比较意义的国际数据被引用的出处参见 P. L. Yates, *Food Production in Western Europe* (1940), 19。

38 P. Barral, *Les Agrariens français de Méline à Pisani* (1968), 19, 217, 其中有很多有用的表格。

39 P. Clement and P. Vieille, 'L'Exode rurale', in *Études de comptabilité nationale* published by the Ministry of Finance (Apr. 1960), 57–130 包含了关于此主题的非常全面的参考文献；P. Pinchemel, *Structures agraires et dépopulation rurale dans les campagnes picardes de 1836 à 1936* (1957).

40 André Levesque, *Le Problème psychologique des migrations rurales* (1958), 186.

41 Dr. A. Labat, *L'Âme paysanne* (1939).

42 Cf. M. Latil, *L'Évolution du revenu agricole* (1954), 10–40.

43 Cf. P. Caziot, *La Valeur de la terre en France* (1914), 7–9; D. Zolla, *La Crise agricole* (1904).

44 M. Tracy, *Agriculture in Western Europe, Crisis and Adaptation since 1880* (1964), 31; H. Liepmann, *Tariff Levels* (1938), 413.

45 Société Nationale d'Agriculture de France, *Enquête sur le crédit agricole* (1884), 1. 315, 319, quoted by P. Barral, 90.

46 R. Chatelain, *L'Agriculture française et la formation professionnelle* (1953).

47 Daniel Chabanol, *Le Paysan, prolétaire ou P.G.D.* (1969), 11.

48 M. Augé-Laribé, *La Politique agricole de la France de 1880 à 1940* (1950).

49 Jean Chombart de Lauwe, *Bretagne et pays de la Garonne: évolution agricole comparée depuis un siècle* (1946). A. Armengaud, 'De quelques idées fausses concernant le pays de la Garonne vers 1840', *Revue d'histoire moderne et contemporaine* (Jan.–Mar. 1960) 表明雄巴尔 · 德洛韦指出的巨大反差需要被缩小。

50 Cf. Charles Vezin, *L'Évolution de l'agriculture de la Manche en un siècle, 1830–1930* (Paris thesis, printed at Saint-Lô, 1931).

51 Suzanne Tardieu, 'L'Équipement de la maison', *Revue de synthèse* (July–Sept. 1957), 347–63. 这篇文章引起了人们对 1941—1946 年汇编而成的 1.4 万个专题论述的注意，它们依然在等待人们做出更多探索。

52 Joseph Garavel, *Les Paysans de la Morette: un siècle de vie rurale dans une commune du Dauphiné* (1948). 另一份关于农村的有趣研究，参见 Patrick Higonnet, *Pont-de-Montvert: Social Structure and Politics in a French Village* (Cambridge, Mass., 1971), 其中包含了很多引人深思的观点。

53 Claude Mesliand, 'La Fortune paysanne dans le Vaucluse, 1900–1938', *Annales* (1967), 88–136. 应该强调的是，这一地区非常商业化，在其他地方，例如法国中部，农民投资的情况可能会很不同。

54 Jean Pantard，*Les Disparités régionales dans la croissance de l'agriculture française* (1965), 20, 43, 60.

55 L. Wylie, *Chanzeaux. A Village in Anjou* (Cambridge, Mass., 1966), 130–1. 还可参考该作者的另一部作品：*Village in the Vaucluse* (1961)。

56 J. Chombard de Lauwe, *Les Possibilités de la petite entreprise dans l'agriculture* (1954).

57 Barral, 224, 303.

58 René Dumont, *Voyages en France d'un agronome* (2nd edition 1956).

59 法国进口的奶酪比出口的多：1909—1913 年的进口量为 4 900 万磅，出口量为 3 200 万磅。但是法国人（在 20 世纪 20 年代）消费的奶酪是美国人的 3 倍，而美国人消费的黄油是法国人的近 2 倍。参见 T. R. Pirtle, *History of the Dairy Industry* (Chicago, Ill., 1926)。关于奶酪商人控制下的工业奶酪生产的发展情况，参见 G. Tellier, *L'Industrie fromagère de Roquefort* (Albi, 1926)。但是，至少在 20 世纪 50 年代，罗克福尔的奶酪生产规模还很小。在 1951 年全法国总产量 37.5 万吨的奶酪中，品种为格吕耶尔和埃默河谷的奶酪占 9 万吨，卡芒贝尔奶酪占 8.5 万吨，但没有其他任何一个品种的产量超过 2 万吨。O.E.C.D., *Organisation and Structure of the Milk Markets in O.E.C.D. Member Countries* (1963), 274. 人造黄油是法国人在 1869 年发明的，1939 年以前，法国人使用人造黄油主要是为了在黄油中掺假。J. H. van Stuyvenberg, *Margarine: An Economic, Social and Scientific History 1869–1969* (Liverpool, 1969), 319.

60 Léonce de Lavergne, *The Rural Economy of England, Scotland and Ireland* (English translation, 1855). Cf. W. King, Earl of Lovelace, *Review of the Agricultural Statistics of France* (1848).

61 P. L. Yates, *Food Production in Western Europe* (1940).

62 Jean Maynaud, *La Révolte paysanne* (1963), 17–37, 88.

63 André de Cambiaire, *L'Autoconsommation agricole en France* (1952), 178.

64 For further details see Zeldin, *Politics and Angar*, chapter 1.

65 Cf. H. Mendras, 'Diversité des sociétés rurales françaises' in J. Fauvet and H. Mendras, *Les Paysans et la politique dans la France contemporaine* (1958), 23–35.

66 Comte de Rocquigny, *Les Syndicats agricoles et leur œuvre* (1900).

67 André Hirschfeld, *La Coopération agricole en France* (1957); Jacob Baker et al., *Report of the Inquiry on Cooperative Enterprise in Europe* (Washington D.C., 1937), 144–7; P. Boisscau, *Les Agriculteurs et l'entraide* (1968), 35; *André Cramois, Coopératives agricoles. Pourquoi et comment le paysan français est devenu coopérateur* (n.d., about 1948); International Cooperative Alliance, *Cooperation in the European Market Economies* (1967), 对比数据参见附录；Susanne D. Berger, *Peasants against Politics. Rural Organisation in Finistère* (Harvard Ph.D. thesis, 1966), 这是一项基于田野调查的富有启发性的重要调查工作。

68 M. Roblin, *Les Bûcherons de la Nièvre* (Paris thesis, 1903); R. Braque, 'Aux origines du syndicalisme dans les milieux ruraux de centre', in *Le Mouvement social* (Jan–Mar. 1963), 79–116; and René Bazin, *Le Blé qui léve* (1907).

69 L. Lamoureux, *Les Syndicats agricoles* (1914); A. Hodée, *Les Jardiniers* (1928); G. Rister, *Le Travailieur agricole français* (1923); Y. Tavernier, *Le Syndicalisme paysan* (1969).

70 Gordon Wright, *Rural Revolution in France* (1964) 是一部关于 1930 年之后农民运动的优秀历史著作。Cf. Paul Delourme, *Trente-Cinq Ans de politique religieuse* (1936).

71 Henri Dorgères, *Au XXe siècle, dix ans de Jacquerie* (1959), interesting memoirs, id., *Haut les fourches* (1935), and *Révolution paysanne* (1943); J. M. Royer, 'De Dorgères à Poujade', in J. Fauvet and H. Mendras, *Les Paysans et la politique* (1958), 149–206.

72 P. Caziot in *La Vie de la France sous l'occupation* 1940–4 (1957), 1, 264.

73 L. Salleron, *La Corporation paysanne* (1943) and *Naissance de l'état corporatif* (1942); Michel Cépède, *Agriculture et alimentation en France durant la deuxième guerre mondiale* (1961).

74 J. Fauvet and H. Mendras, 215.

第十章 工人

1 D. Poulot, *Le Sublime* (1870); Léon and Maurice Bonneff, *La Vie tragique des travailleurs. Enquêtes sur la condition économique el morale des ouvriers et ouvrières d'industrie* (n.d., about 1908), 29.

2 Roger Picard, *Les Cahiers de 1789 au point de vue industriel et commercial* (Paris thesis, 1910).

3 Alexandre Plantier, *Le Livret des ouvriers* (Paris thesis, 1900). 1851 年，法兰西第二共和国将债权人的特权地位额度限制在 30 法郎以内，而分期还款的额度限制在工资的 10% 以内。尽管该规定在 1890 年被废除，但据说在此近 20 年之后法国北部的某些地区仍在执行此规定。L. and M. Bonneff, *La Vie tragique des travailleurs* (n.d., about 1908), 23–8.

4 E. Glasson, 'Le Code Civil et la question ouvrière' in *Séances et Travaux de l'Académie des Sciences morales et politiques*, 25 (1886), 843–95; Albert Tissier, 'Le Code Civil et les classes ouvrières' in *Le Code Civil*, *Livre du Centenaire* published by the Société d'Études législatives (1904), 1. 73 ff.; Pierre Lavigne, *Le Travail dans les constitutions françaises* 1789–1945 (1948); G. and H. Bourgin, *Les Patrons, les ouvriers et l'état: le régime de l'industrie en France de 1814 à 1830* (1912–41). Cf. Daphne Simon, 'Master and Servant' in John Saville, *Democracy and the Labour Movement* (1954).

5 Robert Baffos, 'La Prud'homie, son évolution' (Paris thesis, 1908); Émile Mallard, *Des Conseils de Prud'hommes. Étude de la loi du 27 mars 1907* (Poitiers thesis, 1912); E. Cleiftie, *Les conseils de Prud'hommes. Leur organisation et leur fonctionnement au point de vue économique et social* (Paris thesis, 1898).

6 Roger Prioret, *Origines du patronat français* (1963).

7 T. Zeldin, *Émile Ollivier and the Liberal Empire of Napoleon III* (Oxford, 1963), 79–85; F. D. Longe, 'The Law of Trade Combinations in France' in *Fortnightly Review* (1867), 220–5 and 296–309; H. Ferrette, *Manuel de législation industrielle* (1909); Émile Ollivier, *Commentaire de la loi du 25 mai 1864 sur les coalitions* (1864); P. L. Fournier, *Le Second Empire et la législation ouvrière* (Paris thesis, 1911).

8 Isidore Finance, *Les Syndicats professionnels devant les tribunaux et le parlement depuis 1884* (1911); J. Beslier, *Les Syndicats professionnels, leur*

capacité d'après la loi du 21 mars 1884 (Caen Thesis, 1911); Aimé Chevron, *Les Syndicats professionnels devant la justice* (Bordeaux thesis, Barbezieux, 1909); Pierre Aubry, *Des Syndicats professionnels. Étude historique, juridique et économique de la loi du 21 mars 1884* (Nancy thesis, 1899).

9 Henri Pouget, *La Grève an point de vue juridique* (Bordeaux thesis, 1907); V. Diligent, *L'Action syndicale ouvrière* (Caen thesis, Roubaix, 1908).

10 G. Duveau, *La Vie ouvrière en France sous le second empire* (1946), 302–13.

11 G. Duveau, op. cit., 415; *Journal Officiel* (19 Nov. 1875), 9466.

12 A. Perdiguier, *Le Livre du Compagnonnage* (1841), 1. 68; cf. his *Mémoires d'un compagnon* (1914, ed. D. Halévy), and J. Briquet, *Agricol Perdiguier* (1955).

13 W. H. Sewell, 'La Clause ouvrière de Marseille sous la seconde république', *Le Mouvement Social* (July–Sept. 1971), 27–63，该著作对这一时期各个工种的工人做了详细研究，贡献突出。

14 Paul Chauvet, *Les ouvriers du livre en France* (1956), 213.

15 Ibid., 310.

16 *Les Associations professionnelles ouvrières* (1899–1904), 1. 846–7, 860.

17 Jean Montreuil, *Histoire du mouvement ouvrier en France* (1946), 200–1; Société Positiviste Internationale, *Auguste Keufer* (1925).

18 Auguste Keufer, *L'Éducation syndicale*: *exposé de la méthode organique* (1910), 14–15, 43–4; id., *Rapport sur l'organisation des relations entre patrons et ouvriers* (1920).

19 Maurice Harmel, 'Keufer', in *Les Hommes du jour* (27 Aug. 1910), no. 136 (this includes a portrait of him).

20 A. Keufer, 'Les Grèves de mai dans l'industrie du Livre', *La Revue syndicaliste* (July–Sept. 1906), 51–5, 83–9, 109–15.

21 Pétrus Faure, *Histoire du mouvement ouvrier dans le département de la Loire* (St. Étienne, 1956), 39.

22 P. Guillaume, 'Grèves et organisations ouvrières chez les mineurs de la Loire au milieu du 19e siècle', *Le Mouvement social* (Apr.–June 1963), 5–18.

23 Office du Travail, *Les Associations ou rières professionnelles* (1904), 1. 344.

24 C. Bartnel, 'Un Oublié, Michel Rondet', *La Vie ouvrière* (5 Jan. 1913). 15–24; cf. André Philippe, *Michel Rondet* (1948).

25 加来海峡省 1886 年的矿工数量为 1 万，1890 年的矿工数量为 3.6 万；

北部省对应的数据分别为 1.5 万和 1.9 万。E. Lozé, *La Grève de 1891 dans les bassins homillers du Nord et du Pas-de-Calais* (Arras, 1891), 36. 这两个省 1869 年的煤炭产量占全国总产量的 32%，1903 年这一数字为 63.3%。E. Levasseur, *Questions ouvrières et industrielles en France* (1907), 35.

26 C. Lespilette, *La Vérité sur la grève des mineurs du Nord et du Pas-ds-Calais en 1893* (Lille, 1894), 83–6.

27 巴斯利其实有点儿羞愧：这家咖啡店只是在他名下而已，他从来没去过。关于这一点，参见 *Procès-verbaux de la commission chargée de faire une enquête sur la situation des ouvriers de l'industrie et de l'agriculture en Frarnce* (1884), 225–6。

28 Marcel Gillet, 'L'Affrontement des syndicalismes ouvriers et nationales dans le bassin homiller du Nord et du Pas-de-Calais de 1884 à 1891', *Bulletin de la Société d'histoire moderne* (Mar.–Apr. 1957). 7–10.

29 C. Lespilette, *La Vérité sur la grève des mineurs du Nord et du Pas-de-Calais en 1893* (Lille, 1894) 中有许多有趣的细节。

30 Comité Central des Homillères de France, *Documents relatifs à la grève des mineurs de 1902* (1903), 23, 94, 231.

31 J. Julliard, 'Jeunes et vieux syndicats chez les mineurs du Pas-de-Calais (à travers les papiers de Pierre Monatte)', *Le Mouvement social* (Apr.–June 1964), 7–30.

32 G. Dumoulin, 'La Fédération des Mineurs et la C. G. T.', *Le Mouvement socialiste* (Nov. 1908), 321–38.

33 G. Dumoulin, 'La Fédération des mineurs', *Le Mouvement socialiste* (Oct. 1908), 241–57 (an informative history). E. Merzet, 'L'Unité minière', *Le Mouvement socialiste* (Jan. 1907), 75–83; G. Dumoulin, 'Le Dernier Congrès des mineurs', *La Vie ouvrière* (5 June 1911), 671–80; G. Dumoulin, 'Avec le bureau fédéral des mineurs contre Basly', *La Vie ouvrière* (20 Jan. 1913), 65–79.

34 Cf. C. A. de Janzé, *Les Serfs de la voie ferrée* (1881).

35 Guy Chaumel, *Histoire des cheminots et de leurs syndicats* (1948), 19–23, 87–99; F. Caron, 'Essai d'analyse historique d'une psychologie du travail: les mécaniciens et chauffeurs de locomotives du réseau du Nord de 1850 à 1910', *Le Mouvement social* (Jan.–Mar. 1965), 3–40.

36 Caron, 34–40.

37 Anon., 'Le Congrès des cheminots de l'Est', *La Vie ouvrière* (20 Jan. 1911), 120–2.

38 Raymond Joran, *L'Organisation syndicale dans l'industrie du bâtiment* (Paris thesis, 1914), 81, 90, 104, 232; Albert Thomas, 'Chez les travailleurs du bâtiment: deux ans d'organisation et de lutte', *La Revue syndicaliste* (May 1908), 1–6; *Les Associations professionnelles ouvrières* (1899–1904), 4. 1–56, 446–64.

39 *Les Associations professionnelles ouvrières*, 1 (1889), 515–49. P. Hubert-Valleroux, 'Les Syndicats professionnels en France', in *Revue sociale et politique* (Brussels, 1892), 431.

40 关于对革命工团主义的精到分析，参见 Félicien Challaye, *Syndicalisme révolutionnaire et syndicalisme réformiste* (1909)。这部作品包含了一些有价值的参考文献——工人写的关于这个主题的文章。遗憾的是，作者没有将这些文章和置身运动之外的知识分子的作品区分开来。另可参考 F. Ridley, *Revolutionary Syndicalism in France* (1970)。

41 Mermeix, *Le Syndicalisme contre le socialisme, origine et développement de la C.G.T.* (1907), 200.

42 Guérard in *Humanité* (31 May 1907), quoted by F. Challaye, *Syndicalisme révolutionnaire* (1909), 132 n.

43 Victor Diligent, *Les Orientations syndicales* (1910), 170.

44 V. Griffuelhes, *L'Action syndicaliste* (1908), 8.

45 Christian Demay de Goustine, 'Emile Pouget' (unpublished thesis in the Library of the Faculty of Law, Paris, 1961).

46 M. Leclercq and E. Girod de Fléaux, *Ces Messieurs de la C.G.T., profils révolutionnaires* (1908); J. Julliard, *Clemenceau, briseur de grèves* (1965), 115.

47 Maurice Claverie (of the Paris gas workers' union), 'Révolutionnaires soit, mais réformistes d'abord', in *Action ouvrière*, 1 Dec. 1909, quoted by Pierre A. Carcanagues, *Sur le mouvement syndicaliste réformiste* (Paris thesis, 1912), 36.

48 L. Niel, 'Les Réformes révolutionnaires', *Bulletin de la Bourse du Travail de Reims* (15 June 1909), and id., 'Évolution ou révolution', *Travailleur syndiqué de Montpellier* (Dec. 1901), quoted op. cit., 36, 39.

49 Carcanagues, 21 and appendix.

50 P. M. André, 'La Débâcle du socialisme anarchisant', *Le Socicdisme* (9 Nov. 1909), quoted op. cit., 43.

51 F. Challaye, *Syndicalisme révolutionnaire et syndicalisme réformiste* (1909), 120 n. 3.

52 Carcanagues, 68.

53 Challaye, 127. Cf. A. Keufer, 'Le Syndicalisme réformiste', *Mouvement socialiste* (Jan. 1905), 18. 改革派的主要报刊为《工团主义者评论》(1905—1910)，后来更名为《社会主义者评论》(1910—1914)，其中刊载了许多信息量丰富的关于工会生活的文章。

54 J. B. Séverac, *Le Mouvement syndical* (1913), 74 n. and 75 n.

55 'Le Congrès des cheminots de l'Est' (anon.), *La Vie ouvrière* (20 Jan. 1911), 120–2); cf. A. Picart, 'Le Troisième Congrès du bâtiment', *La Vie ouvrière* (5 May 1910) 547–58, 552.

56 Charles Rist, 'La Situation financière des syndicats ouvriers français', *Revue économique internationale* (Brussels, Jan. 1911), off-print in Musée Social.

57 Victor Griffuelhes, *Voyage révolutionnaire* (1911); cf. also his *L'Action syndicaliste* (1908).

58 *Statistiques des grèves*.

59 Cf. Jean Charles, *Les Débuts du mouvement syndical à Besançon: la fédération ouvrière 1891–1914* (1962).

60 M. Lartigue (*née* Vecchie), 'Les Grèves des dockers à Marseille de 1890 à 1903', *Provence historique*, 10 (1960), 146–79.

61 G. Airelle, 'Le Mouvement ouvrier dans les Vosges', in *Le Mouvement socialiste* (Feb.–Apr. 1906), 218–31, 333–63, 455–75.

62 See G. de Molinari, *Les Bourses du Travail* (1893), 121–5. 他的提议起初发表在拥护君主制的报纸《公报》上。

63 F. Pelloutier, *Histoire des Bourses du Travail* (1902), 63–4, 74; L. Le Theuff, *Histoire de la Bourse du Travail de Paris* (Paris thesis, 1902), 35; E. Briat, 'La Bourse du Travail de Paris', *Le Mouvement socialiste* (1899), 52–6.

64 Charles Franck, *Les Bourses du Travail et la C.G.T.* (Paris thesis, 1910), 36–7.

65 L. Le Theuff, 59–89; A. Boivin, *Les Bourses du Travail en France* (Lille thesis, 1905) 对劳工交易所和政府的关系做了有用的总结。

66 Maurice Poperen, 'La Création des Bourses du Travail en Anjou 1892–4',

Le Mouvement social, 42 (1962), 39–55.

67 Jacques Julliard, *Fernand Pelloutier* (1971)，这份优秀的研究在本书即将付印时才发表。

68 Jean Montreuil, *Histoire du mouvement ouvrier en France* (1947), 157.

69 V. Dave's preface to Pelloutier's *Histoire des Bourses du Travail* (1906), vi.

70 Maurice Pelloutier, *Fernand Pelloutier, sa vie, son œuvre 1867–1901* (1911), 76.

71 Montreuil, 168–70.

72 E. Dolléans, 'Pelloutier et le réveil du syndicalisme', *Société d'histoire de la Troisième République* (May 1937), 36–40, especially the comments of Zévaès and Halévy.

73 Charles Franck, *Les Bourses du Travail et la C.G.T.* (1910), 71–199.

74 *Annuaire des syndicats professionnels* (1912), xliv–xlix.

75 Paul Delesalle, 'Les Bourses du Travail et leurs difficultés actuelles', *Le Mouvement socialiste* (1908), 161–70; cf. F. Marie, secrétaire de I'Union des Syndicats de la Seine, 'Les Méfaits de la manne officielle: le subventionnisme et l'organisation ouvrière', *La Vie ouvrière* (Oct. and Nov. 1911), 507–26, 635–54.

76 Maurice Gros, *Étude du mouvement syndical ouvrier en France: syndicats jaunes ou indépendants* (Dijon thesis, Paris, 1904), 319.

77 芒热马坦后来成为里昂的助理站长。Gros, 139–43.

78 Auguste Pawlowski, *Les Syndicats Jaunes* (1911); Pierre Bietry, *Le Socialisme et les Jaunes* (1906); J. Jolly, *Dictionnaire des parlementaires français*, 2 (1962), 599–600.

79 *Annuaire des syndicats professionnels* (1912) gives a full list.

80 Élie Reynier, 'L'Organisation syndicale dans l'Ardèche', *La Vie ouvrière* (July–Aug. 1913), 19–26, 93–6, 147–54.

81 阿勒曼也是发动特雷拉泽石板工人开展工会运动的决定性力量。François Lebrun, 'Ludovic Menard et la naissance du syndicalisme ardoisier', *L'Actualité de l'histoire* (Oct.–Dec. 1959), 6–7. 梅纳尔是一个人发动整个工人运动的另一个例子。石板工人后来加入了矿工联合会，增强了其中的革命性元素。阿勒曼的动员工作值得研究。

82 Pierre Cousteix, 'Le Mouvement ouvrier limousin de 1870 à 1939', *L'Actualité de l'histoire* (Dec. 1957).

83 Evidence of Lyonnais to the *Commission chargée de faire une enquête sur*

la situation des ouvriers de l'industrie et de l'agriculture en France, Procès-Verbaux (1884), 103–10.

84 E. Lozé, *Conciliation et arbitrage dans le bassin homiller du Nord et du Pas-de-Calais, 1889–1898* (Paris and Nancy, 1899), 53.

85 Jules Huret, *Les Grèves, enquête* (1901), 140.

86 Ibid., 60–4.

87 Huret, 166–7.

88 Ibid., 117.

89 Fernand Desportes, *Enquête sur les associations syndicales* (1874), 85.

90 Ibid., 148.

91 *Procès-verbaux de la commission... sur la situation des ouvriers* (1884), 279.

92 Ibid., 89.

93 Ibid., 127–31.

94 *Procès-verbaux de la commission... sur la situation des ouvriers* (1884), 272, 274.

95 Ibid., 130.

96 E. Lozé, *La Crève de 1891 dans les bassins homillers du Nord et du Pas-de-Calais* (Arras, 1891), 22–3, 41.

97 G. Olphe-Gaillard, ancien inspecteur du travail, *L'Organisation des forces ouvrières* (1911), 295. Cf. Peter Stearns, 'Employer Policy towards Labour Agitation in France 1900–1954', *Journal of Modern History* (1968), 474–500.

98 Marc Maurice, 'Déterminants du militantisme et projet syndical des ouvriers et des techniciens', *Sociologie du travail* (July–Sept. 1965), 254–72.

99 Dr. Valatx, *Monographie sur le mouvement de la population dans le département du Tarn de 1801 à 1911* (Albi, 1917), quoted by Rolande Trempé, *Les Mineurs de Carmaux 1848–1914* (1971), 1. 184–5.

100 Alain Touraine and O. Ragazzi, *Ouvriers d'origine agricole* (1961).

101 Christian Gras, 'Merrheim et le capitalisme', *Le Mouvement social*, 63 (1968), 143–63.

102 R. Trempé, *Les Mineurs de Carmaux* (1971), 这是一篇一流的、非常具有指导意义的论文。

103 A. Touraine, *La Conscience ouvrière* (1966), 55, 60, 106–7, 138, 173, 119–215, 242.

104 P. Chombart de Lauwe, *La Vie quotidienne des familles ouvrières* (1956), 7

n., 25.

105 Janet Jacobs, 'A Working Class Community: St. Étienne 1870–1914' (thesis in preparation at St. Antony's College, Oxford).

106 Pierre Pierrard, *La Vie ouvrière à Lille sous le second empire* (1965), 302.

107 Jean Beaudemoulin, *Enquête sur les loisirs de l'ouvrier français* (Paris thesis, 1924), 212–36.

108 Denis Poulot, *Le Sublime, ou le travailleur comme il est en* 1870 *et ce qu'il peut être* (1872).

109 Henry Steele, *The Working Classes in France: A Social Study* (1904), 17, 121.

110 Georges Navel, *Travaux* (1945), 28, 66.

111 René Kaës, *Images de la culture chez les ouvriers français* (1968). On isolation, see also Maurice Halbwachs, *La Classe ouvrière et les niveaux de vie* (1913), 119–23.

112 Bernard Georges and D. Tintant, *Léon Jouhaux* (1962), 102–58.

113 Jacques Julliard, 'La C.G.T. devant la guerre (1900–1914)', *Le Mouvement social*, 49 (Oct.–Dec. 1964), 47–62; A. Kriegel and J. J. Becker, *1914, la guerre et le mouvement ouvrier français* (1964); M. Gallo, 'Quelques aspects de la neutralité et du comportement ouvriers dans les usines de guerre 1914–18', *Le Mouvement social*, 56 July–Sept. 1966), 3–33.

114 Roger Picard, *Le Syndicalisme durant la guerre* (1927) (Carnegie Endowment for International Peace; Economic and Social History of the World War: French Series); Alfred Rosmer, *Le Mouvement ouvrier pendant la guerre* (1936–59).

115 Cf. Robert Veyssié, *Le Régime des huit heures en France* (1922).

116 Georges Lefranc, *Le Mouvement syndical sous la Troisième République* (1967), 283 ff. 从法国总工会的视角给出了一份有价值的描述。勒弗朗是教师工会的负责人。

117 美国出版了一些关于战时劳资关系的好书，著名的有 Val R. Lorwin, *The French Labor Movement* (Cambridge, Mass., 1954); Henry W. Ehrmann, *French Labor from Popular Front to Liberation* (New York, 1931)。See also François Sellier, *Stratégie de la lutte sociale. France* 1936–60 (1961); Pierre Laroque, *Les Rapports entre patrons et ovuriers* (1938); Adolf Sturmthal. 'Nationalisation and Workers' Control in Britain

and France', *Journal of Political Economy*, 61 (Feb. 1953), 43–79.

118 Saposs, 127; Ehrmann, 25. 对工会数量的详细统计，参见 Annie Kriegel, *La Croissance de la C.G.T. 1918–21* (1966)，以及 Antoine Prost, *La C.G.T. à l'époque du front populaire, 1934–39: essai de description numérique* (1964)。

119 关于公务员，参见 Georges Mer, *Le Syndicalisme des fonctionnaires* (1929)。

120 A. Kriegel, *Aux origines du communisme français* (1964), 1. 359–547, 该著作立足于包括雇主档案的大量新文献，包含了对铁路工人罢工的深入研究。E. L. Shorter and Charles Tilly, 'Le Déclin de la grève violente en France de 1890 à 1935', *Le Mouvement social* (July-Sept. 1971), 95–118, 它表明"一战"以后，暴力罢工的频率是以前的 6 倍。这两部作品认为，这显示了工人一体化程度的提高。

121 See Zeldin, *France 1848–1945*, vol. 2, chapter 23; Zeldin, *Anxiety and Hypocrisy*, chapter 9 (forthcoming).

122 Maurice Labi, *La Grande Division des travailleurs, première scission de la C.G.T. 1914–21* (1964).

123 Salomon Schwarz, 'Les Occupations d'usines en France en mai et juin 1936', *International Review for Social History*, 2 (Amsterdam, 1937), 50–104; Alexander Werth, *The Destiny of France* (1936), 296–310, vivid journalistic reports for the *Manchester Guardian*.

124 Michel Collinet, *L'Ouvrier français. Esprit de syndicalisme* (1951), and id., *Essai sur la condition ouvrière 1900–1950* (1951) 是有价值的、富有启发性的研究。另可参考 Jean Bruhat and Marc Piolot, *Esquisse d'une histoire de la C.G.T. 1895–1965* (1966)。关于之后的发展情况，参见 Richard F. Hamilton, *Affluence and the French Worker in the Fourth Republic* (Princeton, N. J., 1967)。

第十一章 婚姻和道德

1 Alexandre Laya, *Causes célèbres du mariage ou les infortunes conjugales* (1883).

2 Georges Rotvand, *L'Imprévisible Monsieur Durand* (1956), 131.

3 Roberte Franck, *L'Infidélité conjugale* (1969), 86.

4 French Institute of Public Opinion, *Patterns of Love and Sex: A Study of the*

French Woman and her Morals (1961), 133–49.

5 Jules Thabaut, *L'Évalution de la législation sur la famille* (1913), 17 n.

6 H. Bordeaux, *Le Mariage* (1921), 167.

7 J. Droz, *Essai sur l'art d'être heureux* (1853), 189.

8 Armand Hayem, *Le Mariage* (1872), 152.

9 C. E. Young, *The Marriage Question in the Modern French Drama* (1850–1911), Ph.D. Wisconsin, in *Bulletin of the University of Wisconsin*, no. 771, Philology and literature series, vol. 5, no. 4 (Madison, Wis., 1915), 19, 44.

10 Albert Eyquem, *Le Régime dotal. Son histoire, son évolution et ses transformations au 19e siècle sous l'influence de la jurisprudence et du notariat* (1903); Jacques Lelièvre, *La Pratique des contrats de mariage chez les notaires au Châtelet de Paris de 1769 à 1804* (1959), 391; P. Bureau, *L'Indiscipline des mœurs* (1927), 60.

11 Édouard Schuré, art critic, quoted by Ph. Pagnat, *Enquête sur l'amour* (1907), 60–2.

12 Marie Dugard, *De l'éducation moderne des jeunes filles* (1900), 51.

13 关于忏悔和性关系之间的关系，参见 Theodore Zeldin (ed.), *Conflicts in French Society* (1970), 13–50。

14 Léon Richer, *Lettres d'un libre penseur à un curé de campagne* (1868), chapter 14, 'Ce qui se passe dans la famille'.

15 Adèle Esquiros, *L'Amour* (1860).

16 Dr. Louis Fiaux, *La Femme, le mariage et le divorce. Étude de physiologie et de sociologie* (1880), 27–8.

17 Gustave Droz, *Monsieur, madame et bébé* (published by Hetzel, 1866), 112.

18 Dr. Nicolas Venette, *Tableau de l'amour conjugale* (new edition by Dr. Caufeynon (pseudonym for Dr. Jean Fauconney) (1907)).

19 A. Debay, *Hygiène et physiologie du mariage* (n.d., 54th edition).

20 Dr. Charles Montalban, *La Petite Bible des jeunes époux* (1885), 36, 56.

21 Georges Anquetil and Jane de Magny, *L'Amant légitime ou la bourgeoisie libertine* (1923), 518.

22 J. P. Dartigues, *De l'amour expérimentale ou des causes d'adultère chez la femme au 19e siècle. Étude d'hygiène et d'économie sociale, résultant de l'ignorance du libertinage et des fraudes dans l'accomplissement des devoirs conjugaux* (Versailles, 1887), 124, 188.

23 French Institute of Public Opinion, op. cit., 173.

24 Abbé Charles Grimaud, *Futurs Époux* (1920), 287–90, 301–15.

25 H. Bordeaux, 208–10.

26 *L'Église et l'éducation sexuelle*. Proceedings of the seventh national congress of the Association du Mariage Chrétien (1929).

27 Grimaud, 37–8.

28 Dr. Louis Seraine, *De la santé des gens mariés* (2nd edition 1865), 112–16.

29 Paul Janet, *La Famille* (4th edition 1861).

30 Amédie de Margerie, *De la famille* (1878, first published 1860, five editions in all), 1. xxxi, 209.

31 H. Bordeaux, op. cit.

32 Léon Blum, *Le Mariage* (1907).

33 Institut de France, *Statistique: mariage civil et religieux des pauvres* (1846).

34 Évariste Carrance, *Le Mariage chez nos prèes* (Bordeaux, 1872).

35 *Journal Matrimonial. Gazette des families* (1 May 1850).

36 Auguste Carlier, *Le Mariage aux États-Unis* (1860)，这是一份有趣的对托克维尔的评论。

37 Dr. Louis Seraine, *De la santé des gens mariés* (1865), 136.

38 Dr. L. F. E. Bergeret, *Des Fraudes dans l'accomplissement des fonctions génératrices. Dangers et inconvénients pour les individus, la famille et la société* (1868).

39 Armand Hayem, *Le Mariage* (1872), 243.

40 E. Jeanselme, *La Syphilis. Son aspect pathologique et social* (1925) ; *L'Église et l'éducation sexuelle* (1929), 156; Louis Fiaux, *Le Police des mœurs devant la commission extra-parlementaire du régime des mœurs* (1907–10), 1. cxxxix, cxlvi; A. Fournier, *Les Dangers sociaux de la syphilis* (1905); id., *Syphilis et mariage* (1880); id., *Traité de la syphilis* (1899–1906).

41 Dr. Louis Seraine, 23.

42 Dr. Louis Fiaux, *La Femme, le mariage et le divorce* (1880), 43.

43 Abbé Timon-David, *Traité de la confession des enfants et des jeunes gens* (1865, 14th edition 1924); cf. C. Féré, *La Pathologie des émotions* (1892), 269–71.

44 J. M. W. van Ussel, *Sociogenese en evolutie van het probleem der seksuele propaedeuse* (Amsterdam thesis, 1967).

45 Dr. J. Agrippa, *La Première Flétrissure* (3rd edition 1877).

46 Henriques, 259.

47 French Institute of Public Opinion, op. cit., 121.

48 Roberte Franck, 86.

49 Pierre Veron, *Paris vicieux*: *le guide de l'adultère* (1883); T. Revel, *L'Adultère* (1861); E. Cademartori, *L'Adultère à Marseille* (1866).

50 Jacques Baroche, *Le Comportement sexuel de l'homme marié en France* (1969).

51 Henriques, 224.

52 关于各阶层中兼职妓女的研究，参见 L. Fiaux, *La Police des mœurs* (1907–10), 1. 37; Roberte Franck, *L'Infidélité conjugale* (1969), 224。

53 Alphonse Esquiros, *Les Vierges folles* (1840, new edition 1873).

54 Dr. Félix Regnault, *L'Évolution de la prostitution* (1906); Fiaux, op. cit., 其中包含了大量文献。这方面的最佳历史性著作是由两位大师级作者合著而成的：J.-J. Servais and J. P. Laurend, *Histoire et dossier de la prostitution* (1967)。See also Marcel Rogeat, *Mœurs et prostitution. Les Grandes Enquêtes sociales* (1935), and the pioneering work of Dr. Parent-Duchâtelet, *De la prostitution dans la ville de Paris* (1836), enlarged edition (1857).

55 Paul Bureau, *L'Indiscipline des mœurs* (1927); Paul Gremähling, *L'Immoralité péril pour la race* (Bordeaux n.d., about 1925, published by Le Relèvement Social and the Ligue pour le Relèvement de la Moralité Publique).

56 Tribunal de la Seine (11th Chamber), 11 Feb. 1884.

57 Claude Fougerol, *Scènes de la vie galante. Les Amours d'une ingénue* (1862).

58 Tribunal de Vervins, 29 Nov. 1902.

59 Albert Eyquem, *De la répression des outrages à la morale publique et aux bonnes mœurs ou de la pornographie au point de vue historique, juridique législatif et social* (1905); Jules Gay, *Bibliographie des ouvrages relatifs à l'amour, aux femmes, au mariage et des livres facétieux, pantagruéliques, scatologiques, satiriques etc.* (4th edition 1894); F. Drujon, *Catalogue des ouvrages, écrits et dessins de toute nature poursuivis, supprimés ou condamnés 1814–77* (1879).

60 Ambroise Tardieu, *Étude médico-légale sur les attentats aux mœurs* (7th edition 1878), 195–217 ; Michel du Coglay, *Chez les mauvais garçons*

(1937); *Larousse du XIXe siècle*, 'Pédérastie'; *Le Crapouillot*, issue on 'Les Pédérastes'(1970).

第十二章 儿童

1 *Statistique des families* (1906 and 1936).
2 André Scherrer, *La Condition juridique de l'orphelin de la guerre de 1914–1919* (Nancy, 1933), 11.
3 Vicomte d'Haussonville, *L'Enfance à Paris* (1879).
4 P. Ariès, *Centuries of Childhood* (1962); D. Hunt, *The Psychology of Family Life in Early Modern France* (1970).
5 Alice Ryerson, 'Medical Advice on Child Rearing 1550–1900' (Harvard Ph.D. thesis, 1960, unpublished).
6 Congrès international pour la protection de l'enfance: *L'Évolution de la puériculture* (1933), 114.
7 See Roger Mercier, *L'Enfant dans la société du 18e siècle* (avant *Émile*) (1961).
8 T. H. Barrau, *Amour filial. Récits à la jeunesse* (1862), 375.
9 Robert Rochefort, *Dans le royaume du père* (1946), 1, 4.
10 Hippolyte Durand, *Le Règne de l'enfant* (1889), 7.
11 Comtesse de Ferry, *Les Enfants bien élevés* (Mame, Tours, 1886; reprinted eight times before 1913; 1924 edition), 45, 49.
12 Fernand Nicolay, *Les Enfants mal élevés. Étude psychologique, anecdotique et pratique* (1890).
13 Louis Doucy, *Introduction à une connaissance de la famille* (Éditions familiales de France, 1946); Abbé F.-M. L., *Devoirs des enfants envers leurs parents* (Librairie Catholique, Lyon, 1896); anon., *Dieu et famille, l'enfant et la conception laïque de ses droits et des devoirs des parents* (n.d., about 1925).
14 Henri Pradel, *Les Devoirs de vacances des parents* (1935), 5–8, 233–45.
15 Gabriella Parca, *Italian Women Confess* (1963). Cf. also F. J. Kieffer, *L'Autorité dans la famille et à l'école* (1916, 14th edition 1924).
16 Jean Viollet, *Éducation da la pureté et du sentiment* (1925, 32nd thousand, 1944), vi, 1, 33, 50, 69 n., 78–80.
17 Bishop F. A. P. Dupanloup, *Le Mariage chrétien* (1869), *L'Enfant* (1869),

and *L'Éducation des filles* (1873–4). Cf. the odd but significantly titled work by Angely Fentré, *Contre le mariage actuel. Tout en faveur des enfants* (1882).

18 Bernard Perez, *La Psychologie de l'enfant: les trois premières années* (1882, 11th edition 1911), 70–90, 123–6, 329.

19 G. Compayré, *L'Évolution intellectuelle et morale de l'enfant* (1893), 307, 315.

20 Paul Tissot, *Notes pour servir à l'histoire de la puériculture* (Chambéry, 1959), 4; Dr. B. Weill-Hallé, *La Puériculture et son évolution* (1929), 9.

21 Alfred Binet, *Les Idées modernes sur les enfants* (1910); Edith J. Varon, *The Development of Alfred Binet's Psychology* (1935).

22 Dr. Victor Pauchet, *L'Enfant* (1929), xv, 91, 227–8; id., *Le Chemin du bonheur* (1929).

23 G. Collin, *Précis d'une psychologie de l'enfant* (1943), 49, 64–8.

24 Laurence Wylie, 'Youth in France and the U.S.', in E. Erikson, *Youth: Change and Challenge* (N. Y., 1963), 243–60.

25 E. Bourdet, *Des maladies du caractère* (1858); Azam, *Le Caractère dans la santé et dans la maladie* (1887); B. Perez, *Le Caractère de l'enfant à l'homme* (1891); Ribot, 'Sur les diverses formes du caracteres' in *Revue philosophique* (Nov. 1891); F. Paulhan, *Les Caractères* (1894); F. Queyrat, *Les Caractères et l'Éducaion Morale: étude de psychologie appliquée* (1896); Abbé J. H. Michon, *Système de graphologie* (1878); J. Crépieux-Jamin, *L'Écriture et le caractère* (4th edition 1896; 7th edition 1921).

26 J. Michelet, *Ma Jeunesse* (1884), *Nos Fils* (1869, reprinted 1903), 94–5.

27 Paul Janet, *La Famille* (1856, 4th edition 1861), 145.

28 Gustave Droz, *Monsieur, madame et bébé* (1866), 339–45.

29 Ernest Legouvé, *Les Pères et les enfants au 19e siècle (enfance et adolescence)* (1867), 1–3, 347–52.

30 Alain, 'Les Sentiments familiaux' in *Cahiers de la Quinzaine*, 18th series, no. 8 (1927).

31 E. Durkheim, *L'Éducation morale* (1938), 168.

32 Dr. Gilbert Robin, *La Guérison des défauts et des vices chez l'enfant. Guide pratique d'éducation* (1948), 59. Cf. also his *Les Haines familiales* (1926); *L'Enfant sans défauts* (1930); *Les Drames et les angoisses de la jeunesse* (1934); *Les Troubles nerveux et psychiques de l'enfant* (1935); *Comment*

dépister les perturbations intellectuelles et psychiques des tout petits (1936); *L'Éducation des enfants difficiles* (1942); *Enfances perverses* (1946), etc.

33 Marie Dugard, *De l'éducation moderns des jeunes filles* (1900), 52–3.

34 关于那些过度保护孩子的母亲，参见 André Rouède, *Le Lycée impossible* (1967)。

35 Jean Lacroix, *Force et faiblesse de la famille* (1948), chapter 1. Cf. G. Mendel, *La Révolte contre le père* (1968).

36 P. Mendousse, *L'Âme de l'adolescent* (1909); G. Compayré, *L'Adolescence* (1910); Auguste Lemaître, *La Vie mentale de l'adolescent et ses anomalies* (1910); Paul Gaultier, *L'Adolescent* (1914).

37 Henri Mazel, 'Nos Enfants, à quoi rêvent-ils?', *La Revue des Français* (Jan.–Apr. 1912); F. Laudent, 'Enquête sur la jeunesse', *Revue hebdomadaire* (Mar.–June 1912); Agathon in *L'Opinion*, reprinted as *Les Jeunes Gens d'aujourd'hui* (1913); *Émile Henriot*, in *Le Temps*, reprinted as *A quoi rêvent les jeunes gens* (1913); Gaston Riou, *Aux écoutes de la France qui vient* (1913).

38 *L'Éducation* (Oct. 1929).

39 G. L. Duprat, *La Criminalité dans l'adolescence* (1905).

40 Pierre de Courbertin, 'Le Sport et la société moderne', *Revue Hebdomadaire*, 6 (1914), 376–86.

41 Abel Bonnard, 'Le Préjugé de la jeunesse', *La Revue de Paris* (1 Dec. 1922), 655–63.

42 F. Mauriac, *Le Jeune Homme* (1926), 79.

43 A. Gide, *Le Retour de l'enfant prodigue* (1922).

44 Justin O'Brien, *The Novel of Adolescence in France* (New York, 1937), 187.

45 Jules Vallès, *L'Enfant* (1879).

46 Jules Renard, *Poil de carotte* (1894); dramatic version 1904.

47 Georges Rotvand, *L'Imprévisible Monsieur Durand* (1956), 124, 131–4.

48 J. Fontanel, *Psychologie de L'adolescence. Nos lycéens. Études documentaires* (1913), 56, 82, 262.

49 Jesse R. Pitts, 'The Bourgeois Family' (Harvard, unpublished Ph.D. thesis, 1957).

50 Roger Cousinet, *La Vie sociale des enfants. Essai de sociologie enfantine* (1950).

51 Françoise Dolto, 'French and American Children as seen by a French

Child Analyst' in Margaret Mead and Martha Wolfenstein, *Childhood in Contemporary Cultures* (1955), chapter 23.

52 M. Wolfenstein, 'French Parents take their Children to the Park', ibid. chapter 7.

第十三章 女性

1 Léon Richer, *Le Code des femmes* (1883); Charles Lefebvre, *La Famille en France dans le droit et dans les mœurs* (1920); Frances I. Clark, *The Position of Women in Contemporary France* (1937).

2 Edmée Charrier, *L'Évolution intellectuelle féminine* (1931), 这是关于女性学术成就的宝藏数据库。

3 P. J. Proudhon, *La Pornocratie de la femme dans les temps modernes* (1875).

4 L. Sauna, *Figures feminines 1909–1939* (1949), 42.

5 Violet Stuart Wortley, 'Feminism in England and France', in *The National Review*, 51 (Mar.–Aug. 1908), 793–4.

6 Amélie Gayrand, *Les Jeunes Filles d'aujourd'hui* (1914), 61.

7 Miss Betham-Edwards, *Home Life in France* (1905), 89.

8 René Viviani et al., *Cinquante Ans de féminisme 1870–1920* (1921).

9 关于她非常保守的道德观点，参见 Maria Deraismes, *Nos Principes et nos mœurs* (1868)。

10 Louise Weiss, *Ce que femme veut* (1946), 41.

11 Li Dzeh-Djen, *La Presse féministe en France de 1809 à 1914* (1934), 208: well-informed and far broader in scope than the title suggests; cf. Evelyne Sullerot, *Histoire de la presse féminine en France des origines à 1848* (1966).

12 André Leclerc, *Le Vote des femmes en France. Les causes de l'attitude particulière de notre pays* (1929).

13 Yvonne Delatour, 'Les effets de la guerre sur la situation de la française d'après la presse féminine 1914–1918' (D.E.S. May 1965, unpublished, copy in M. Durand library), 23.

14 L. Weiss, 24. 这些回忆录非常有趣，对女权运动中鲜为人知的刻薄行为做了大量揭露。

15 André Isoré，*La Guerre et la condition privée de la femme* (Paris thesis, 1919), 481–97.

16 Jean Daric, *L'Activité professionnelle des femmes en France* (1947), an excellent monograph, as are also Madeleine Guilbert, *Les Fonctions des femmes dans l'industrie* (1966), and id., *Les Femmes et l'organisation syndicate avant 1914* (1966).

17 E. and J. de Goncourt, *Renée Mauperin*, preface to the edition of 1875.

18 See G. Sand, *Indiana* (1831), Preface.

19 A. Maurois, *Lélia ou la vie de George Sand* (1952), 125, 147–9, 151, 165, 367–9, 423, 493.

20 V. Margueritte, *La Garçonne* (1922); Colette Yver, *Les Cervelines* (1903) and *Princesses de sciences* (1907); Gabrielle Reval, *Les Sévriennes* (1900) and *Ruban de Vénus* (1906); Marcel Prévost, *Les Vierges fortes* (1900). Camille Marbo, *Hélène Barraux, celle qui défiait l'amour* (1926); Renée-Tony d'Ulmès, *Histoire de Sibylle* (1904–9); Marcelle Tinayre, *La Rebelle* (1905); cf. Jules Bertaut, *La Littérature féminine d'ujourd'hui* (1907).

21 Semaines Sociales de France, Nancy, 19th session, 1927: *La Femme dans la société* (Lyon, 1928): 'La femme forte, c'est la mère de famille', 31–66.

22 Delatour, 84.

23 Amélie Gayrand, *Les Jeunes Filles d'aujourd'hui* (1914).

24 C. Yver, *Dans le jardin d féminisme* (1920), 111.

25 Fernand Goland, *Les Féministes françaises* (1925), 其中包含源自女性期刊的大量摘录。Cf. Marcel Prévost, 'Les femmes lisent-elles?', in *La Revue de France* (15 Oct. 1922), 673–94 and id., 'Comment lisent les femmes', ibid. (15 Nov. 1922), 225–44.

26 Genevieve Gennari, *Le Dossier de la femme* (1965), 266; Evelyne Sullerot, *La Presse féminine* (1963).

27 Simone de Beauvoir, *Mémoires d'une jeune fille rangée* (1358), *La Force de l'âge* (1960), *Le Deuxième Sexe* (1949).

28 H. Taine, *Vie et opinions de Thomas Graindorge* (1867).

29 E. About, *Le Progrès* (1864).

30 M. A. Martin, *La Jeune Fille française dans la littérature et la société 1850–1914* (Rennes, n.d., *c.* 1930).

31 L. Weiss, 115.

32 Jane Cérez, *La Condition sociale de la femme de 1804 à l'heurs présente, étude de sociologie juridique* (1940), disappointing but not useless; Charles

Vacheng, *L'Application pratique de la loi du 18 février 1938 sur la capacité de la femme mariée* (Aix thesis, 1941), solid; Thomas Kallai, *La Notion de chef de famille* (1950).

33 André Mollier, *La Question du divorce* (Dijon law thesis) (Besançon, 1930).

34 Célia Bertin, *Le Temps des femmes* (1958), 39.

35 Mollier, 90, 95. G. Le Bras and M. Ancel, *Divorce et séparation de corps dans le monde contemporain* (1952), vol, 1, 这是一份附带参考文献的实用总结。

36 Andrée Michel and Geneviève Texier, *La Condition de la française d'aujourd'hui* (1964), 1. 122–4.

37 E. Charrier, *passim*, and Michel and Texier, 1. 143.

38 Mattei Dogan and Jacques Narbonne, *Les Françaises face à la poliique* (1955), 187–92; Joseph Barthélemy, *Le Vote des femmes* (1920).

39 Louis Delzons, *La Famille française et son évolution* (1913); Jules Thabaut, *L'Évolution de la législation sur la famille depuis 1804* (Toulouse thesis, 1913).

40 参见左拉的《繁殖》一书，书中对婴儿抚育方式的可怕情况做了记录。E. Sorre, *Des modifications à apporter à la loi de protection des enfants en bas âge* (Loi Roussel) (Paris medicine thesis, 1903), 1, 49, 它印证了左拉的相关描述的准确性。Bertrand Dreyer-Dufer, *De la protection des enfants du premier âge* (Paris law thesis, 1900), 这是一部关于这个问题的优秀著作。1810—1860 年，由于婴儿抚育方式的传播，未满周岁婴儿的死亡率从 16% 上升到 18%。乡村医生们公布的详细统计数据使政府对婴儿的死亡进行了正式调查，并于 1874 年通过了相关法律。这大大降低了婴儿的死亡率，但是有些省份直到世纪之交才开始执行该法律。